이 책을 펴고 있는 그대를 환영합니다.

밑줄을 긋고
형광펜을 칠하고
메모를 하고
틀리고 맞고를 반복할 그대

쿵. 쿵. 쿵

알아가는 즐거움으로
심장이 벅차게 뛰기를

이 책을 펴고 있는 그대를 응원합니다.

BETTER CONTENT BETTER LIFE

한국사1

WRITERS

강승호 과천여고 교사
곽영수 서문여고 교사
조용래 부개여고 교사
최효성 유신고 교사

COPYRIGHT

인쇄일 2025년 2월 3일(1판2쇄)
발행일 2024년 11월 11일

펴낸이 신광수
펴낸곳 ㈜미래엔
등록번호 제16-67호

중고등개발본부장 하남규
중고등개발2실장 김용균
개발책임 김문희
개발 송지영, 황대근, 유민재, 민상욱

디자인실장 손현지
디자인책임 김기욱
디자인 페이퍼눈

CS본부장 장명진

ISBN 979-11-7311-132-7

내신과 수능을 다 잡는 **필수 개념 기본서**

연벽

한국사
내신 I

구성과 특징

핵심 개념과 필수 자료로 완성하는 개념 학습

꼭! 알아야 할 개념을 파악하고,
꼭! 챙겨야 할 자료와 연관 지어 함께 학습할 수 있습니다.

교과서 핵심 개념 정리

핵심 개념을 쉽게 이해할 수 있도록
일목요연하게 정리하였습니다.

자료 Pick

개념 이해에 도움이 되는 자료만
Pick하여 분석하였습니다.

교과서 보충 개념 설명

어려운 용어를 설명하고, 개념 이
해를 도울 수 있는 자료를 제시하
였습니다.

자료 Pick 플러스

자료 Pick에서 다룬 내용을 시험
문제 풀이에 잘 적용할 수 있도록
도식화하였습니다.

바른답·알찬풀이

기본 해설

문제를 풀 때 알아야 할 핵심 개념을 설명
하였습니다.

알찬 선지 분석

모든 선지에 대해 왜 옳은 서술인지, 왜
틀린 서술인지 자세히 풀이하여 꼼꼼히
학습할 수 있도록 하였습니다.

개념을 다양한 문제에 적용하여 익히는 유형 학습

개념을 다양한 유형의 문제에 적용하여 익히면서
탄탄하게 실력을 다져 나갈 수 있습니다.

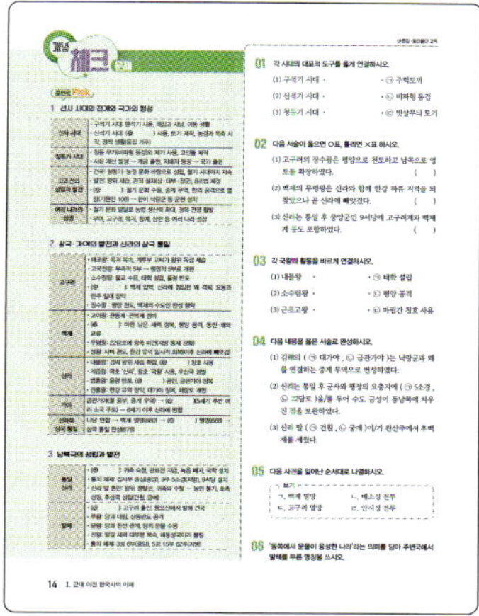

개념 체크 문제

핵심 개념을 정확히 알고 있는지 빠르게 확인할 수 있는 문제로 구성하였습니다.

실력 완성 문제

학교 시험 문제와 유사한 형태의 다양한 선다형 문항과 서술형 문항으로 구성하였습니다.

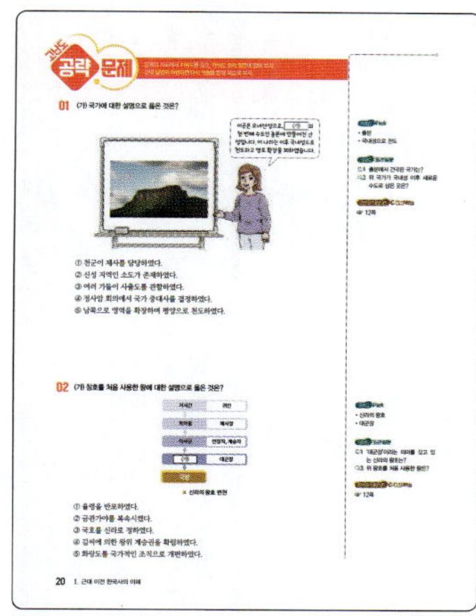

고난도 공략 문제

고득점을 위한 고난도 문제 유형을 익혀 실전 감각을 키울 수 있도록 구성하였습니다.

개념을 빠르고 확실하게 점검하는 단원 마무리 학습

대단원의 중요한 개념을 빠르게 정리하고
실전 문제로 점검할 수 있습니다.

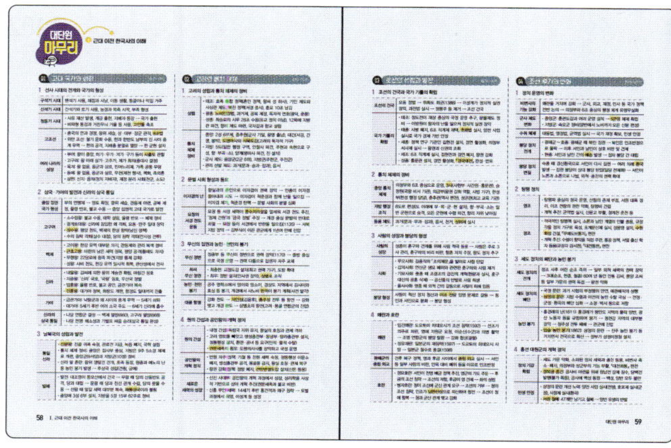

대단원 마무리

대단원의 내용을 한눈에 파악할 수 있도록 중단원별로 개념을 정리하였습니다.

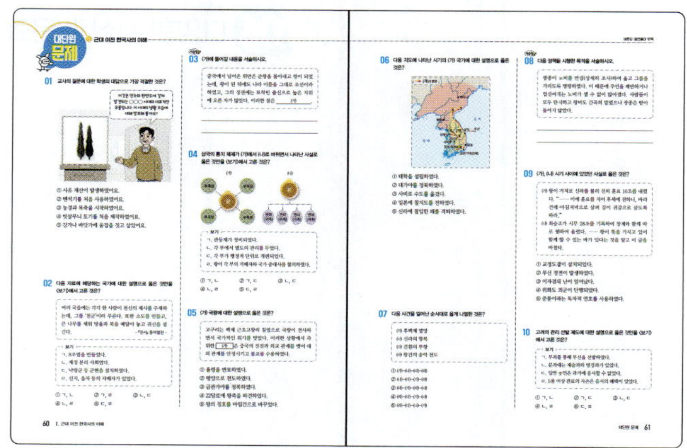

대단원 문제

중간·기말고사를 완벽하게 대비할 수 있도록 대단원 종합 문제로 구성하였습니다.

 차례

엔픽 한국사2에서는 무엇을 배울까요?

❶ 내가 가지고 있는 교과서의 출판사명과 공부할 단원을 확인한 후 엔픽에서
해당 쪽수를 찾아 공부한다.

❷ 예를 들어 미래엔 한국사 교과서의 'I. 근대 이전 한국사의 이해' 단원에서
'04 조선 후기의 변화' 부분 42~49쪽은 엔픽 46~57쪽을 공부하면 된다.

리베르스쿨	비상교육	씨마스	지학사	천재교과서	한국학력평가원	해냄에듀
10~21	8~17	10~21	10~21	10~19	9~24	8~21
22~29	18~27	22~31	22~33	20~26	25~32	22~33
30~37	28~35	32~41	34~43	27~34	33~38	34~41
38~45	36~43	42~49	44~51	35~41	39~45	42~53
50~59	48~57	58~63	56~67	48~59	51~64	60~67
60~67	58~65	64~73	68~77	60~71	65~74	78~87
68~77	66~73	74~81	78~83	72~83	75~82	88~95
78~89	74~85	82~91	84~97	84~99	83~96	68~77
104~111	96~105	106~113	110~117	110~116	107~116	108~111
112~131	106~125	114~131	118~133	117~134	117~138	112~135
144~159	142~153	144~157	146~157	135~145	151~165	136~147
132~143	126~141	132~143	134~145	146~159	139~150	148~151

I

근대 이전
한국사의 이해

01 고대 국가의 성장

선사 시대의 전개와 국가의 형성
└ 문자 기록이 없는 역사 시대 이전의 시기

1 구석기 시대와 신석기 시대

구석기 시대	• 시기: 한반도와 만주 일대의 구석기 시대는 약 70만 년 전부터 시작 • 도구: 주먹도끼 등 뗀석기 사용 • 생활: 채집과 사냥으로 식량 확보, 무리 지어 이동 생활, 주로 동굴이나 막집 거주
신석기 시대	• 시기: 약 1만 년 전부터 전개 • 도구: 간석기와*빗살무늬 토기, 가락바퀴와 뼈바늘(옷, 그물 제작) 등 사용 • 생활: 농경과 목축 시작, 강가나 바닷가에 정착, 움집을 짓고 살면서 부족 형성

2 청동기 시대와 고조선의 등장

(1) 청동기 시대

농기구를 비롯한 생활 도구는 대부분 돌이나 나무로 제작

① 시기: 기원전 2000년에서 기원전 1500년 무렵

② 도구: 반달 돌칼 등 사용, 청동으로 만든 무기와 제기 사용(비파형 동검, 거친무늬 거울 등)

③ 생활: 생산력 발달 → 부족 규모 확대, 사유 재산 발생, 계급 출현 → 지배자 등장,*고인돌 제작, 천손 사상을 내세워 부족 통합 → 국가 출현

(2) 고조선의 성립과 발전 ―『동국통감』에 따르면 고조선은 기원전 2333년에 건국되었다.

건국	• 청동기 문화와 농경 문화를 바탕으로 성립 → 철기 시대까지 지속 **자료❶** • '단군왕검': 제정일치의 지배자가 통치　제(祭): 제사 + 정(政: 정치) → 　정치적 지배자와 제사장이 일치하는 정치 체제
발전	• 기원전 4세기경 중국의 연과 다툴 만큼 성장, 왕위 세습(부왕 → 준왕), 상·대부·장군 등 관직 설치 • 8조법: 사유 재산, 계급과 형벌 존재 등 고조선 사회 모습 짐작 가능 **자료❷**
*위만 조선	• 진·한 교체기에 위만이 고조선으로 넘어옴 → 준왕을 몰아내고 왕이 됨(기원전 194) • 철기 문화 적극 수용, 주변 지역 정복, 중국의 한과 한반도 남부의 진 사이에서 중계 무역으로 번성
멸망	한 무제의 침략으로 멸망(기원전 108) → 한이 낙랑군 등 군현 설치

3 철기 문화의 발달과*여러 나라의 성장

철기 문화의 발달	기원전 5세기경 만주와 한반도 지역에 철기 문화 발달 → 농업 생산력 확대, 정복 전쟁 활발 → 여러 나라 등장(규모나 발전 단계에서 차이 있음)
부여 **자료❸**	• 마가, 우가, 저가, 구가 등 여러 가(加) 들이 사출도 관할 • 풍습: 순장, 영고(제천 행사, 12월)
고구려	• 졸본 지역에서 건국, 왕 아래 상가·고추가 등 가(加)들이 각자 관리를 거느림, 제가 회의 　고구려의 귀족 회의이다. • 풍습: 서옥제, 동맹(제천 행사, 10월)
옥저, 동예 **자료❹**	• 읍군과 삼로 등 정치적 지배자 존재 　다른 읍락을 침범하면 노비나 소·말로 배상하는 풍속이다. • 풍습: 민며느리제와 가족 공동 무덤(옥저), 책화와 족외혼(동예), 무천(동예의 제천 행사)
삼한 **자료❺**	• 제정 분리: 신지·읍차(정치적 지배자), 천군(제사 주관),*소도 존재 • 변화: 마한(백제에 통합), 진한(사로국이 신라로 발전), 변한(가야 소국 성장)

빗살 모양의 가는 선 무늬를 새긴 토기이다. 한반도 전역에 걸쳐 출토되며, 식량의 보관과 음식 조리 등에 사용되었다.

청동기 시대의 대표적인 무덤 양식으로 거대한 크기의 고인돌은 당시 지배층의 권력이 강했음을 보여 준다.

＊ 위만 조선

위만은 왕이 된 뒤에도 나라 이름을 그대로 조선이라 하였고, 그의 정권에는 토착민 출신으로 높은 지위에 오른 자가 많았다. 이러한 점은 위만 조선이 단군 조선을 계승한 사실을 보여 준다.

＊ 여러 나라의 성장

＊ 소도

천군이 제사를 거행하던 지역으로 군장의 세력이 미치지 않았다. 삼한이 제정 분리 사회였음을 보여 준다.

자료 ① 청동기 시대와 고조선의 성립

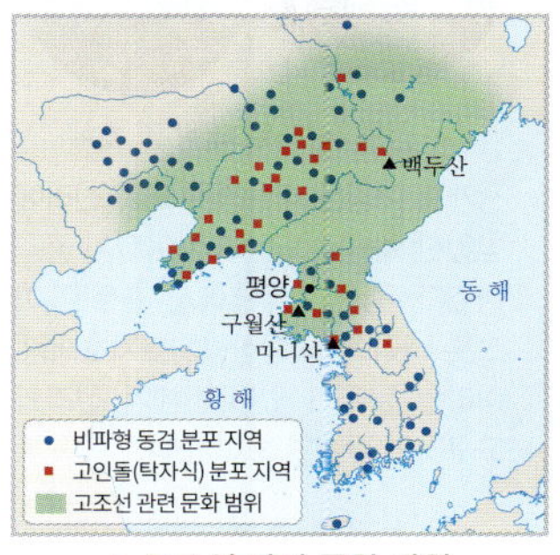
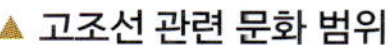

▲ 고조선 관련 문화 범위

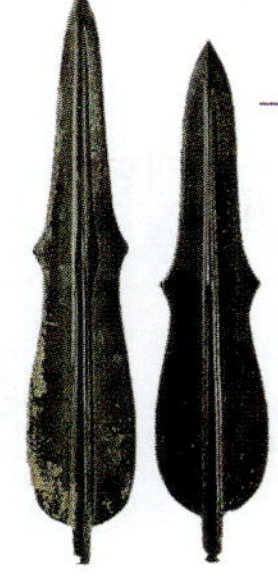

▲ 비파형 동검

우리 역사상 최초의 국가인 고조선은 청동기 문화와 농경 문화를 바탕으로 성립하였다. 고조선 관련 문화 범위는 비파형 동검, 탁자식 고인돌 등의 분포 지역을 토대로 짐작할 수 있다.

자료 ② 고조선의 8조법

사람을 죽인 자는 즉시 죽이고, 남에게 상처를 입힌 자는 곡식으로 갚는다. 도둑질한 자는 노비로 삼는다. 이를 용서받고자 하는 자는 한 사람마다 50만 전을 내야 한다. …… 여자들은 모두 정숙하여 음란하고 편벽된 짓을 하지 않았다. - 『한서』 -

（주석: 개인의 노동력 중시, 농업 중심 사회 / 사유 재산 중시 / 화폐의 사용 / 계급 사회）

고조선은 사회 질서를 유지하기 위해 8조법을 제정하였는데, 현재 3개 조항만 전해진다. 8조법의 내용을 통해 고조선은 노동력과 사유 재산을 중시하였고, 계급과 형벌이 있었음을 알 수 있다.

자료 ③ 부여와 고구려

- 부여에는 군왕이 있고, (그 아래) 마가·우가·저가·구가 등이 있다. …… 제가들은 별도로 사출도를 주관하였다.
- (고구려에서는) 죄를 지은 자가 있으면 제가가 모여 회의하여 사형에 처하고 그 아내와 자식은 노비로 삼는다. - 『삼국지』 위서 동이전 -

부여와 고구려는 연맹체 국가였다. 부여에서는 왕이 중앙을 다스리고, 여러 가(加)들은 사출도라고 불리는 영역을 관할하였다. 초기 고구려는 상가, 고추가 등의 가(加)들이 각자 관리를 거느렸고, 나라의 중대한 일은 제가 회의에서 결정하였다.

자료 ④ 옥저와 동예

- (옥저에는) 왕이 없고 읍락에는 각각의 대를 잇는 우두머리가 있다.
- (동예에는) 대군장이 없고 한대 이래로 읍군·삼로의 관직이 있어서 하호를 통치하였다. - 『삼국지』 위서 동이전 -

옥저와 동예는 읍락을 다스리는 읍군, 삼로 등의 정치적 지배자가 있었지만 왕은 없었다. 이들 국가는 연맹체 국가로 발전하지 못한 채 고구려에 흡수되었다.

자료 ⑤ 삼한

여러 국읍에는 각각 한 사람이 천신의 제사를 주재하는데, 그를 '천군'이라 부른다. 또한 소도를 만들고, 큰 나무를 세워 방울과 북을 매달아 놓고 귀신을 섬긴다. - 『진서』 동이열전 -

삼한은 신지, 읍차 등 정치적 지배자가 있었고, 별도로 천군이 제사를 담당하는 제정 분리 사회였다. 신성 지역으로 소도가 있었는데, 이곳은 정치적 지배자의 세력이 미치지 않았다.

❋ 청동기 문화와 국가의 출현

도구	• 석기로 된 농기구(반달 돌칼) • 청동기(비파형 동검, 청동 제기)
사회 변화	사유 재산 발생 → 계급 출현, 지배자 등장, 천손 사상 → 국가 출현(고조선)

TIP 청동기 시대에 사유 재산의 발생으로 계급이 등장하였고, 이후 국가가 출현하였음을 기억하자.

❋ 고조선의 변천

건국과 발전
• '단군왕검'이 건국 • 중국의 연과 대결(기원전 4세기) • 왕위 세습(부왕 → 준왕), 8조법, 관직(상·대부·장군) 설치

↓

위만 조선
• 철기 문화 수용, 한과 진 사이 중계 무역 • 한의 침략으로 멸망(기원전 108)

❋ 부여와 고구려

구분	부여	고구려
정치	사출도	제가 회의
풍습	순장, 영고(제천 행사)	서옥제, 동맹(제천 행사)

❋ 옥저와 동예

구분	옥저	동예
정치	읍군·삼로(정치적 지배자)	
풍습	민며느리제, 가족 공동 무덤	책화, 족외혼, 무천(제천 행사)

❋ 삼한의 변화

마한 지역	백제에 통합
진한 지역	사로국이 신라로 발전
변한 지역	가야 소국들이 성장

🄑 삼국·가야의 발전과 신라의 삼국 통일

1 삼국과 가야의 발전

(1) **초기 연맹체 국가**: 여러 부(部)가 모여 형성된 연맹체, 왕은 국가 중대사를 각 부의 지배자와 협의하여 결정(백제의 정사암 회의, 고구려의 제가 회의, 신라의 화백 회의)

(2) **중앙 집권적 고대 국가의 기틀 마련**: 왕권 강화(왕위 세습, 각 부가 행정적 단위로 개편) → 통치 체제 정비(관등제 마련, 공복 제정, 율령 반포, 불교 수용 등)
— 각 부의 지배자는 중앙 귀족으로 전환

(3) **삼국의 성장과 통치 체제의 정비** `자료 6`
— 관리들이 공적인 자리에서 입는 복장으로, 관등의 높낮이에 따라 색깔을 다르게 하여 위계질서를 나타냈다.

고구려	• 태조왕(1~2세기) : 옥저 복속, 요동 진출 시도, 계루부 고씨의 왕위 독점적 세습 • 고국천왕(2세기): 5부 개편(부족적 전통 → 행정 구역적 성격) • 미천왕(4세기): 낙랑군을 몰아내고 대동강 유역 확보 • 소수림왕(4세기): 전진과 수교, 불교 수용, 태학 설립, 율령 반포 • 광개토 대왕(4~5세기): 백제 압박, *신라에 침입한 왜 격퇴, 요동과 만주 일대 장악 • 장수왕(5세기): 국내성에서 평양으로 천도, 백제 한성 함락, 한반도 중부 지역까지 영토 확장
백제	• 고이왕(3세기): 한강 유역 대부분 차지, 관등제·관복제 정비 • 근초고왕(4세기): 마한 남은 세력 정복, 고구려 평양 공격, 동진 및 왜와 교류 • 침류왕(4세기): 동진으로부터 불교 수용 • 무령왕(6세기): 22담로에 왕족 파견(지방 통제 강화) • 성왕(6세기): 사비 천도, 한강 하류 회복(신라의 공격으로 상실), 관산성 전투에서 전사
신라	• 내물왕(4~5세기): 김씨 왕위 계승 확립, *마립간 칭호 사용, 가야·왜의 침입 격퇴 • 지증왕(6세기): '신라' 국호, '국왕' 칭호 사용, 우산국 정벌 • 법흥왕(6세기): 율령 반포, 불교 공인, 금관가야 정복 • 진흥왕(6세기): 한강 유역 장악, 대가야 정복, 화랑도 개편, 함경도 진출
가야	• 금관가야(김해): 철 풍부, 낙랑군과 왜를 잇는 중계 무역, 5세기 고구려의 공격으로 쇠퇴 • 대가야(고령): 5세기 후반 여러 소국 주도 → 6세기 이후 백제와 신라의 압박으로 약화

— 백제는 나세기 칠지도를 만들어 일본에 전하였다.
— 이때 고구려의 고국원왕이 전사하였다.
— 진흥왕은 영토를 확장한 후 단양 신라 적성비와 4개의 순수비를 세웠다.
— 가야는 각 소국의 독자성이 강하여 중앙 집권적 고대 국가로 발전하지 못하고 6세기 이후 신라에 흡수되었다.

2 신라의 삼국 통일

(1) **6세기 말 동아시아**: 중국을 통일한 수·당의 고구려 침략 → 살수(수), 안시성(당)에서 격퇴

(2) **삼국 통일**: 신라가 백제의 공격으로 위기 → 나당 연합 체결 → 백제 멸망(660) → 고구려 멸망(668) → 나당 전쟁 승리(매소성과 기벌포 싸움) → 신라의 삼국 통일(676)
— 신라의 삼국 통일은 대동강 이남의 영토만 확보했다는 한계가 있으나 삼국 문화를 융합하여 민족 문화의 기틀을 마련하였다는 의의가 있다.

🄓 남북국의 성립과 발전 `자료 7`

통일 신라	• 무열왕(김춘추, 통일 전쟁 시작, 백제 멸망) → 문무왕(고구려 멸망, 나당 전쟁 승리, 삼국 통일) → 이후 무열왕 직계 자손이 왕위 계승 • 신문왕: 진골 귀족 숙청(김흠돌의 난), 관료전 지급, 녹읍 폐지, 국학 설치 • 중앙 통치 체제 정비: 집사부 중심 운영, 중시(시중)의 권한 강화, 사정부(관리 감찰) • 지방 행정 제도: 9주 5소경(수도 금성이 동남쪽에 치우친 점 보완) • 고구려, 백제의 옛 지배층 포용, *9서당(중앙군, 유민 포용 의도) 설치 • 신라 말 혼란: 8세기 후반부터 왕위 쟁탈전 전개, 농민 봉기 발생, → 호족 세력 등장(*선종 후원), 6두품의 개혁 주장 → 후삼국 시대 전개 `자료 8`
발해 `자료 9`	• 고구려 출신 대조영이 동모산에서 발해 건국(698) • 무왕: 당과 대립, 당의 산둥반도 공격 • 문왕: 당과 친선 관계 수립, 당의 문물을 수용하여 통치 체제 정비 • 선왕: 말갈 세력 대부분 복속, 최대 영토 확보, 주변국으로부터 '해동성국'이라 불림 • 중앙 통치 체제 정비: *3성 6부 설치 • 지방 행정 제도: 5경 15부 62주로 정비, 지방 말단 촌락은 촌장이 관리 • 멸망: 지배층 내분으로 국력 약화 → 거란의 침략으로 멸망(926)

— 지방 세력으로 스스로 성주나 장군이라 칭하였다.
— 견훤이 완산주에서 후백제를 세우고, 궁예가 송악에서 후고구려를 건국하였다.
— 동쪽에서 문물이 융성한 나라라는 뜻이다.

*** 신라에 침입한 왜 격퇴**

광개토 대왕은 내물왕을 도와 신라에 침입한 왜를 격퇴하고 가야까지 공격하였다. 경주 호우총에서 출토된 이 그릇 바닥에 '국강상광개토지호태왕'이라는 문구가 있어, 5세기 신라와 고구려의 관계를 보여 준다.

*** 마립간**

▲ 신라의 왕호 변화

신라 초기에는 박·석·김 3성(姓) 중에서 연장자를 의미하는 이사금을 선출하였다. 이후 내물왕 때 '대군장'을 뜻하는 마립간으로 왕호가 변경되었다.

*** 9서당**

통일 신라의 중앙군으로 고구려계, 백제계, 말갈인 등도 포함시켰다.

*** 선종**

불교 종파의 하나로, 교리보다는 참선 수행을 통한 깨달음을 중시하였다.

*** 발해의 3성 6부**

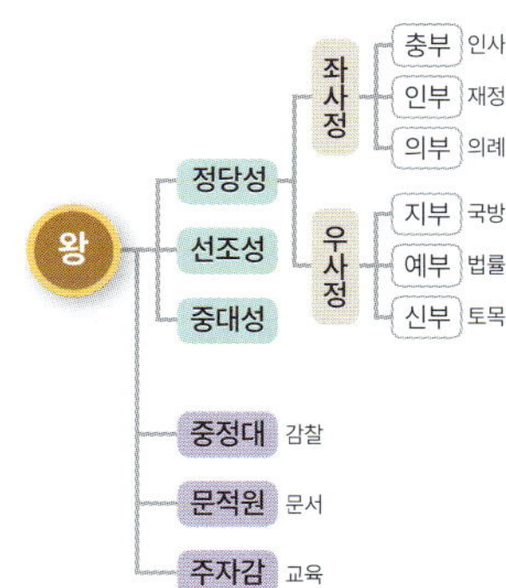

발해는 당의 3성 6부 제도를 수용하여 중앙 통치 체제를 마련하였다. 그러나 행정을 총괄하는 정당성에 권력이 집중되고 6부의 명칭에 유교 이념이 반영되는 등 그 명칭과 운영 방식에서는 독자성을 보였다.

자료 6 삼국의 성장

▲ 백제의 발전(4세기)

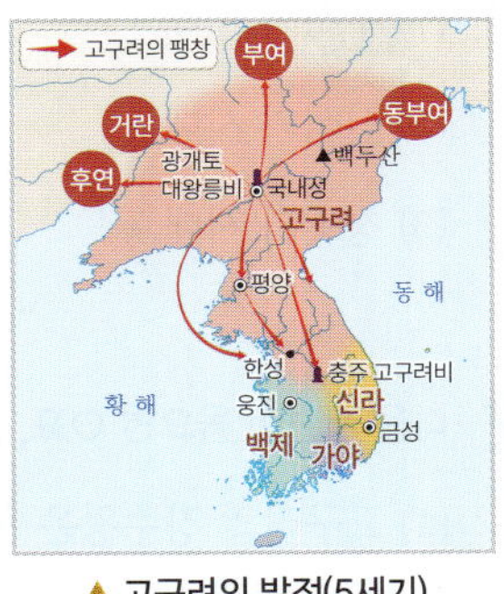

▲ 고구려의 발전(5세기)

▲ 신라의 발전(6세기)

중앙 집권적 고대 국가의 기틀을 마련한 삼국은 활발한 정복 활동을 벌이며 치열하게 경쟁하였다. 특히 한강 유역은 인구와 물자가 풍부하고 바다를 통한 중국과의 교류가 편리한 요충지로, 삼국은 이곳을 차지하여 항쟁의 주도권을 잡으려고 하였다.

자료 7 통일 신라와 발해의 지방 행정 제도

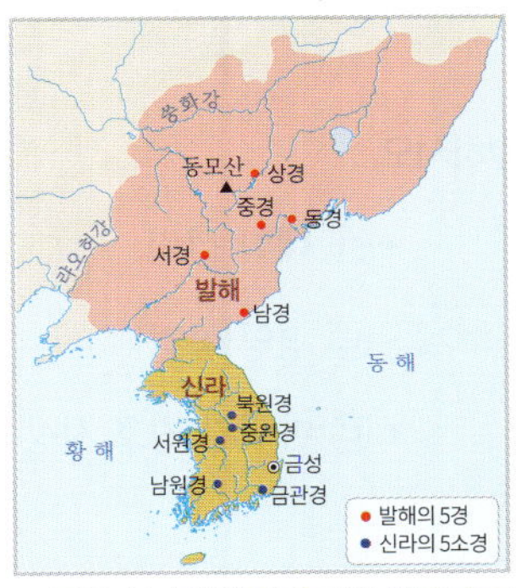

▲ 통일 신라와 발해의 지방 행정 제도

- 통일 이후 신라는 지방을 9주 5소경 제도로 정비하였다. 주 아래에는 군과 현을 두어 지방관을 파견하였으며, 촌은 토착 세력인 촌주가 관리하게 하였다. 군사·행정의 요충지에는 5소경을 두어 수도가 동남쪽에 치우친 점을 보완하고자 하였다.
- 발해는 지방 행정 구역을 5경 15부 62주로 정비하여 전략적 요충지에 5경을 설치하고 15부와 62주에는 지방관을 파견하였다. 지방의 말단 촌락은 촌장이 관리하게 하였다.

자료 8 신라 말 농민 봉기

진성 여왕 3년(889) 나라 안의 모든 주·군에서 공물과 세금을 보내지 않아 창고가 텅텅 비고 나라 재정이 궁핍해졌다. 왕이 사신을 보내 독촉하니 곳곳에서 도적이 벌떼처럼 일어났다. 이때 원종과 애노 등이 사벌주에서 반란을 일으켰다.
　　　　　　　　　　　　　　　　　　　　　　　　　　　　　　　 - 『삼국사기』 -

신라 말 왕위 쟁탈전이 전개되며 중앙 정치가 혼란스러운 가운데 귀족은 농장과 노비, 사병을 늘려 세력을 확대하고 농민을 가혹하게 수탈하였다. 이를 견디지 못한 농민은 유력자의 노비로 전락하거나 도적이 되기도 하였고, 전국 곳곳에서 봉기를 일으켰다.

자료 9 고구려를 계승한 발해

- 우리나라는 고(구)려의 옛 땅을 회복하였으며 부여의 습속을 가지고 있다.
　　　　　　　　　　　　　　 - 『속일본기』 -
- 대조영은 본래 고(구)려의 별종이다.
　　　　　　　　　　　　　　 - 『구당서』 -

▲ 발해 수막새

▲ 고구려 수막새

고구려 출신 대조영이 고구려 유민, 말갈인 등과 함께 세운 발해는 고구려 계승 의식을 분명히 하였다. 발해 왕들은 일본에 보낸 외교 문서에 고구려 계승 의식을 드러냈으며, 발해의 기와 무늬, 온돌 등에서도 발해 문화와 고구려 문화의 유사성이 나타난다.

✷ 삼국 항쟁의 주도 국가

백제	4세기 근초고왕
고구려	5세기 광개토 대왕, 장수왕
신라	6세기 진흥왕

Tip 백제(4세기), 고구려(5세기), 신라(6세기) 순으로 삼국 항쟁의 주도권을 잡았음을 기억하자.

✷ 통일 신라와 발해의 체제 정비

구분	통일 신라	발해
중앙	집사부 중심 (중시 권한 강화)	3성 6부
지방	9주 5소경	5경 15부 62주

✷ 신라 말의 혼란

헌덕왕 때 김헌창의 난 등의 정치 혼란 → 치열한 왕위 쟁탈전(왕권 약화) → 중앙 정부의 지방 통제력 약화

↓

- 귀족들의 농민 수탈
- 호족 성장, 6두품의 개혁 주장

↓

- 농민 몰락 → 전국에서 봉기 발생
- 지방 호족의 독자적 세력 형성 → 후삼국 시대 전개

✷ 고구려를 계승한 발해

발해의 고구려 계승 근거
- 고구려 출신 대조영이 고구려 유민, 말갈인 등과 함께 건국 - 고구려 계승 의식 표방 - 고구려 문화와 발해 문화의 유사성

개념 체크 문제

포인트 Pick

1 선사 시대의 전개와 국가의 형성

선사 시대	• 구석기 시대: 뗀석기 사용, 채집과 사냥, 이동 생활 • 신석기 시대: (❶　　　　) 사용, 토기 제작, 농경과 목축 시작, 정착 생활(움집 거주)
청동기 시대	• 청동 무기(비파형 동검)와 제기 사용, 고인돌 제작 • 사유 재산 발생 → 계급 출현, 지배자 등장 → 국가 출현
고조선의 성립과 발전	• 건국: 청동기·농경 문화 바탕으로 성립, 철기 시대까지 지속 • 발전: 왕위 세습, 관직 설치(상·대부·장군), 8조법 제정 • (❷　　　　): 철기 문화 수용, 중계 무역, 한의 공격으로 멸망(기원전 108) → 한이 낙랑군 등 군현 설치
여러 나라의 성장	• 철기 문화 발달로 농업 생산력 확대, 정복 전쟁 활발 • 부여, 고구려, 옥저, 동예, 삼한 등 여러 나라 성장

2 삼국·가야의 발전과 신라의 삼국 통일

고구려	• 태조왕: 옥저 복속, 계루부 고씨가 왕위 독점 세습 • 고국천왕: 부족적 5부 → 행정적 5부로 개편 • 소수림왕: 불교 수용, 태학 설립, 율령 반포 • (❸　　　　): 백제 압박, 신라에 침입한 왜 격퇴, 요동과 만주 일대 장악 • 장수왕: 평양 천도, 백제의 수도인 한성 함락
백제	• 고이왕: 관등제·관복제 정비 • (❹　　　　): 마한 남은 세력 정복, 평양 공격, 동진·왜와 교류 • 무령왕: 22담로에 왕족 파견(지방 통제 강화) • 성왕: 사비 천도, 한강 유역 일시적 회복(이후 신라에 빼앗김)
신라	• 내물왕: 김씨 왕위 세습 확립, (❺　　　　) 칭호 사용 • 지증왕: 국호 '신라', 왕호 '국왕' 사용, 우산국 정벌 • 법흥왕: 율령 반포, (❻　　　　) 공인, 금관가야 정복 • 진흥왕: 한강 유역 장악, 대가야 정복, 화랑도 개편
가야	금관가야(철 풍부, 중계 무역) → (❼　　　　)(5세기 후반 여러 소국 주도) → 6세기 이후 신라에 병합
신라의 삼국 통일	나당 연합 → 백제 멸망(660) → (❽　　　　) 멸망(668) → 삼국 통일 완성(676)

3 남북국의 성립과 발전

통일 신라	• (❾　　　　): 귀족 숙청, 관료전 지급, 녹읍 폐지, 국학 설치 • 통치 체제: 집사부 중심(중앙), 9주 5소경(지방), 9서당 설치 • 신라 말 혼란: 왕위 쟁탈전, 귀족의 수탈 → 농민 봉기, 호족 성장, 후삼국 성립(견훤, 궁예)
발해	• (❿　　　　): 고구려 출신, 동모산에서 발해 건국 • 무왕: 당과 대립, 산둥반도 공격 • 문왕: 당과 친선 관계, 당의 문물 수용 • 선왕: 말갈 세력 대부분 복속, 해동성국이라 불림 • 통치 체제: 3성 6부(중앙), 5경 15부 62주(지방)

01 각 시대의 대표적 도구를 옳게 연결하시오.

(1) 구석기 시대 •   • ㉠ 주먹도끼

(2) 신석기 시대 •   • ㉡ 비파형 동검

(3) 청동기 시대 •   • ㉢ 빗살무늬 토기

02 다음 서술이 옳으면 ○표, 틀리면 ✕표 하시오.

(1) 고구려의 장수왕은 평양으로 천도하고 남쪽으로 영토를 확장하였다. (　　　)

(2) 백제의 무령왕은 신라와 함께 한강 하류 지역을 되찾았으나 곧 신라에 빼앗겼다. (　　　)

(3) 신라는 통일 후 중앙군인 9서당에 고구려계와 백제계 등도 포함하였다. (　　　)

03 각 국왕과 활동을 바르게 연결하시오.

(1) 내물왕 •   • ㉠ 태학 설립

(2) 소수림왕 •   • ㉡ 평양 공격

(3) 근초고왕 •   • ㉢ 마립간 칭호 사용

04 다음 내용을 옳은 서술로 완성하시오.

(1) 김해의 (㉠ 대가야 , ㉡ 금관가야)는 낙랑군과 왜를 연결하는 중계 무역으로 번성하였다.

(2) 신라는 통일 후 군사와 행정의 요충지에 (㉠ 5소경 , ㉡ 22담로)을/를 두어 수도 금성이 동남쪽에 치우진 점을 보완하였다.

(3) 신라 말 (㉠ 견훤 , ㉡ 궁예)이/가 완산주에서 후백제를 세웠다.

05 다음 사건을 일어난 순서대로 나열하시오.

> **보기**
>
> ㄱ. 백제 멸망   ㄴ. 매소성 전투
> ㄷ. 고구려 멸망   ㄹ. 안시성 전투

06 '동쪽에서 문물이 융성한 나라'라는 의미를 담아 주변국에서 발해를 부른 명칭을 쓰시오.

실력 완성 문제

01 다음 도구를 처음 제작한 시대의 생활 모습으로 옳은 것은?

① 토기를 사용하였다.
② 계급이 출현하였다.
③ 사유 재산이 발생하였다.
④ 비파형 동검을 사용하였다.
⑤ 주로 동굴이나 막집에서 살았다.

중요

02 다음 토기가 제작된 시기의 사실로 옳은 것만을 〈보기〉에서 고른 것은?

표면에 빗살 모양의 무늬를 새긴 토기로 한반도 전역에서 출토된다. 식량의 보관과 음식 조리 등에 사용되었다.

보기

ㄱ. 뗀석기를 처음 사용하였다.
ㄴ. 농경과 목축을 시작하였다.
ㄷ. 청동으로 만든 거울을 사용하였다.
ㄹ. 강가나 바닷가에 움집을 짓고 살았다.

① ㄱ, ㄴ   ② ㄱ, ㄷ   ③ ㄴ, ㄷ
④ ㄴ, ㄹ   ⑤ ㄷ, ㄹ

03 다음 문화유산을 통해 짐작할 수 있는 당시 사회 모습으로 가장 적절한 것은?

① 지배자가 등장하였다.
② 농경과 목축을 시작하였다.
③ 무리 지어 이동 생활을 하였다.
④ 주먹도끼를 여러 용도로 사용하였다.
⑤ 토기를 만들어 사용하기 시작하였다.

04 다음 법을 제정한 국가에 대한 설명으로 옳지 않은 것은?

사람을 죽인 자는 즉시 죽이고, 남에게 상처를 입힌 자는 곡식으로 갚는다. 도둑질한 자는 노비로 삼는다. 이를 용서받고자 하는 자는 한 사람마다 50만 전을 내야 한다. …… 여자들은 모두 정숙하여 음란하고 편벽된 짓을 하지 않았다.

① 왕위 세습이 이루어졌다.
② 한의 공격으로 멸망하였다.
③ 철기 문화를 바탕으로 성립하였다.
④ 상, 대부, 장군 등의 관직을 두었다.
⑤ 중국의 연과 다툴 만큼 성장하였다.

05 (가) 국가에 대한 설명으로 옳은 것은?

[(가)]에는 대군장이 없고, 한대 이래로 읍군·삼로의 관직이 있어서 하호를 통치하였다. …… 읍락을 서로 침범하면 노비, 소, 말로 배상하게 하였는데, 이를 '책화'라 한다.

① 소도를 관장하였다.
② 낙랑군을 설치하였다.
③ 중국의 연과 세력을 다투었다.
④ 연맹체 국가로 발전하지 못하였다.
⑤ 제가 회의에서 국가 중대사를 결정하였다.

06 다음 자료에서 설명하는 국가를 지도에서 옳게 고른 것은?

> 군왕이 있고, (그 아래) 마가·우가·저가·구가 등이 있다. …… 제가들은 별도로 사출도를 주관하였다.

① (가)　② (나)　③ (다)　④ (라)　⑤ (마)

07 (가) 국가에 대한 설명으로 옳은 것은?

> ☐ (가) ☐에서는 죄를 지은 자가 있으면 제가가 모여 회의하여 사형에 처하고 그 아내와 자식은 노비로 삼는다.

① 민며느리제의 풍습이 있었다.
② 신지, 읍차 등의 지배자가 있었다.
③ 연맹체 국가로 발전하지 못하였다.
④ 상가, 고추가가 각자 관리를 거느렸다.
⑤ 한과 한반도의 진 사이에서 중계 무역을 하였다.

08 밑줄 친 ㉠의 특징으로 적절하지 <u>않은</u> 것은?

> 삼국은 주변의 소국을 정복하며 영토를 넓히는 과정에서 이를 주도한 왕의 권력이 강화되어 점차 ㉠중앙 집권적 고대 국가로 발전하였다.

① 왕위가 세습되었다.
② 공복이 제정되었다.
③ 율령이 반포되었다.
④ 관등제가 마련되었다.
⑤ 각 부의 독자성이 강화되었다.

09 (가)에 들어갈 내용으로 가장 적절한 것은?

① 태학을 설립하였어요.
② 평양으로 천도하였어요.
③ 신라를 도와 왜병을 격퇴하였어요.
④ 5부를 행정적 성격으로 개편하였어요.
⑤ 계루부 고씨가 왕위를 세습하게 되었어요.

중요

10 다음과 같은 형세가 나타난 시기 (가) 국가에서 벌어진 사건으로 옳은 것은?

① 사비로 천도하였다.
② 일본에 칠지도를 전하였다.
③ 22담로에 왕족을 파견하였다.
④ 관등제와 관복제를 정비하였다.
⑤ 신라에 침입한 왜를 격퇴하였다.

11 (가) 국가에 대한 설명으로 옳은 것은?

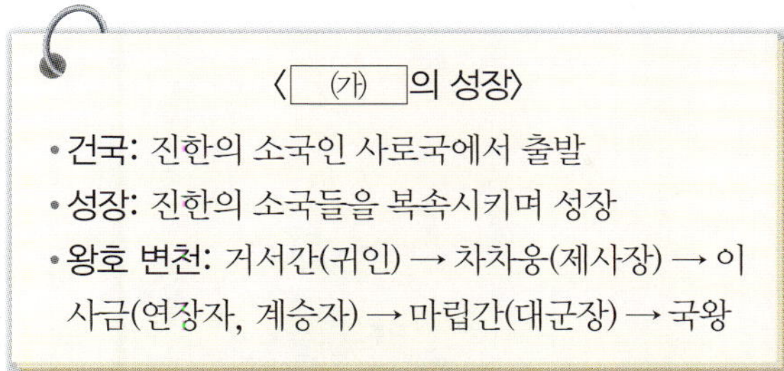

① 위만이 왕위에 올랐다.
② 서옥제의 풍습이 있었다.
③ 8조법으로 사회 질서를 유지하였다.
④ 무천이라는 제천 행사를 개최하였다.
⑤ 화백 회의에서 국가 중대사를 결정하였다.

12 밑줄 친 '이 국가'에 대한 설명으로 옳은 것만을 〈보기〉에서 고른 것은?

보기
ㄱ. 한강 유역에서 건국하였다.
ㄴ. 고구려군의 공격을 받아 쇠퇴하였다.
ㄷ. 낙랑군과 왜를 연결하는 중계 무역을 하였다.
ㄹ. 박, 석, 김의 3성 중에서 지배자를 선출하였다.

① ㄱ, ㄴ   ② ㄱ, ㄷ   ③ ㄴ, ㄷ
④ ㄴ, ㄹ   ⑤ ㄷ, ㄹ

13 (가)에 해당하는 지역으로 옳은 것은?

① 금강   ② 한강   ③ 낙동강
④ 섬진강   ⑤ 임진강

14 (가) 국왕의 활동으로 옳은 것은?

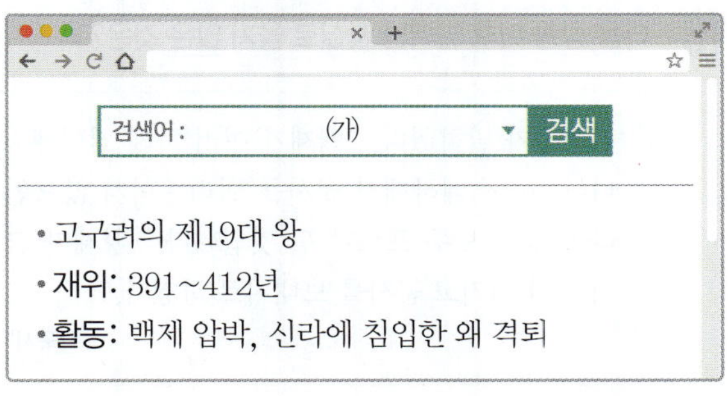

① 마한을 정복하였다.
② 율령을 반포하였다.
③ 동진으로부터 불교를 수용하였다.
④ 평양을 공격하여 고국원왕을 전사시켰다.
⑤ 거란 등을 격파하고 만주 일대를 장악하였다.

15 밑줄 친 ⊙에 해당하는 유물로 옳은 것은?

① ▲ 칠지도

② ▲ 고구려 수막새

③ ▲ 세형 동검

④ ▲ 청동 '광개토 대왕'명 호우

⑤ ▲ 경주 태종무열왕릉비

17 다음 지도의 지방 행정 체제를 마련한 국가에 대한 설명으로 옳은 것은?

① 주자감을 설립하였다.
② 사비로 수도를 옮겼다.
③ 당의 3성 6부를 수용하였다.
④ 중앙 정치를 집사부 중심으로 운영하였다.
⑤ 낙랑군을 몰아내고 대동강 유역을 확보하였다.

16 다음 상황 이후 일어난 사실로 옳지 <u>않은</u> 것은?

> 김춘추가 말하였다. "백제가 여러 차례 침범해 왔습니다. …… 폐하께서 군사를 빌려주시지 않으면 신라 백성은 모두 포로가 될 것입니다." 황제가 그 말이 옳다 여기고 군사를 보내기로 하였다.
> – 『삼국사기』 –

① 백제가 멸망하였다.
② 고구려가 멸망하였다.
③ 살수에서 수의 군대가 패하였다.
④ 신라가 삼국 통일을 완수하였다.
⑤ 매소성 싸움에서 신라가 승리하였다.

18 다음 자료에 나타난 시기의 사회 상황으로 옳은 것은?

> 나라 안의 모든 주·군에서 공물과 세금을 보내지 않아 창고가 텅텅 비고 나라 재정이 궁핍해졌다. 왕이 사신을 보내 독촉하니 곳곳에서 도적이 벌떼처럼 일어났다. 이때 원종과 애노 등이 사벌주에서 반란을 일으켰다.

① 호족 세력이 등장하였다.
② 단양 신라 적성비가 세워졌다.
③ 백제의 왕이 관산성에서 전사하였다.
④ 녹읍을 폐지하여 귀족을 약화시켰다.
⑤ 고구려가 안시성에서 당을 격퇴하였다.

기출 변형

19 (가) 국가에 대한 설명으로 옳은 것은?

> 고구려 유민들이 중심이 되어 동모산 아래에서 나라를 세우고, 그 이름을 진국이라 하였다. 이후 나라 이름을 ［(가)］로 바꾸었다. 제2대 무왕이 군사를 보내 등주를 습격하였다. 이에 화가 난 당 현종이 군사를 동원하여 바다를 건너 공격하도록 하고, 신라의 성덕왕에게는 관작을 더해 주며 ［(가)］의 남쪽 방면을 치게 하였다.

① 중앙군으로 9서당을 편성하였다.
② 전성기에 해동성국이라고 불렸다.
③ 감찰 기관인 사정부가 설치되었다.
④ 6두품이 중앙 행정 실무를 담당하였다.
⑤ 무열왕 직계 자손이 왕위를 독점하였다.

중요 ☆

20 (가)에 들어갈 내용으로 가장 적절한 것은?

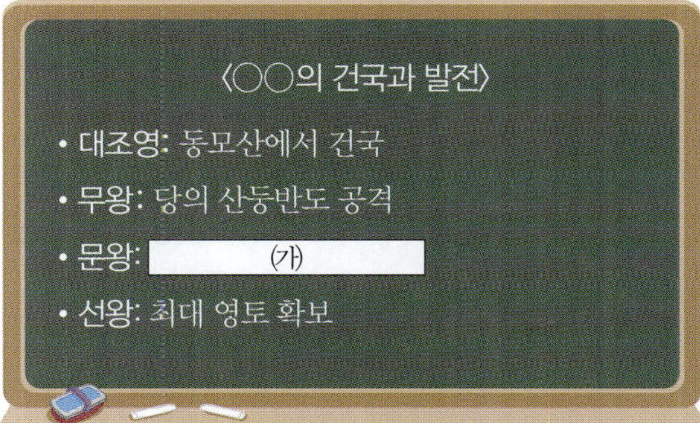

① 국학 설립
② 우산국 복속
③ 한강 유역 확보
④ 김흠돌의 난 진압
⑤ 당의 문물과 제도 수용

서술형 문제

21 다음을 읽고 물음에 답하시오.

▲ 단양 신라 적성비

다음은 신라의 ［(가)］이 고구려 지역이었던 적성을 공략한 뒤 세운 비석이다. ［(가)］은 영토를 확장한 후 단양 신라 적성비와 4개의 순수비를 세웠다.

(1) (가)에 들어갈 왕을 쓰시오.

(2) (가) 왕의 영토 확장과 정책에 대해 <u>두 가지</u> 이상 서술하시오.

22 다음 자료를 통해 유추할 수 있는 발해의 특징을 서술하시오.

> • 대조영은 본래 고(구)려의 별종이다.
> — 『구당서』 —
> • 고구려의 유민이 모여 북으로 태백산 아래에 의거하여 나라 이름을 발해라고 하였다.
> — 『삼국사기』 —
> • 우리나라는 고(구)려의 옛 땅을 회복하였으며 부여의 습속을 가지고 있다.
> — 『속일본기』 —

문제의 자료에서 **키워드**를 찾고, **키워드 꼬리 질문**에 답해 보자.
만약 **답변이 어렵다면** 다시 **학습**을 통해 복습해 보자.

01 (가) 국가에 대한 설명으로 옳은 것은?

① 천군이 제사를 담당하였다.
② 신성 지역인 소도가 존재하였다.
③ 여러 가들이 사출도를 관할하였다.
④ 정사암 회의에서 국가 중대사를 결정하였다.
⑤ 남쪽으로 영역을 확장하며 평양으로 천도하였다.

02 (가) 칭호를 처음 사용한 왕에 대한 설명으로 옳은 것은?

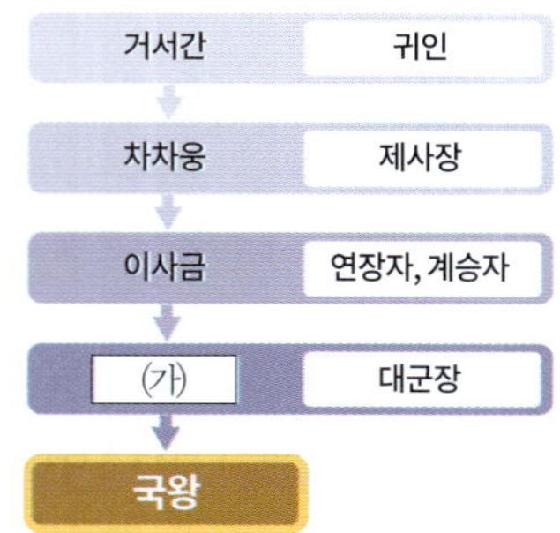

▲ 신라의 왕호 변천

① 율령을 반포하였다.
② 금관가야를 복속시켰다.
③ 국호를 신라로 정하였다.
④ 김씨에 의한 왕위 계승권을 확립하였다.
⑤ 화랑도를 국가적인 조직으로 개편하였다.

03 다음 사건이 일어난 시기의 사회 상황으로 옳은 것은?

> 헌덕왕 14년 3월, 웅천주 도독 헌창이 아버지 주원이 왕이 되지 못한 것에 불만을 품고 반란을 일으켰다. 나라 이름을 '장안', 연호를 '경운'으로 하였다. 무진주(무주), 완산주(전주), 청주(강주), 사벌주(상주) 등 네 주의 도독과 국원경(중원경), 서원경, 금관경의 관리 및 여러 군현의 수령을 위협하여 자신의 아래에 예속시켰다.
>
> — 『삼국사기』 —

① 백제가 평양을 공격하였다.
② 고구려가 대동강 유역을 확보하였다.
③ 새로운 세력으로 호족이 등장하여 선종을 후원하였다.
④ 연개소문 사후 고구려 지배층 사이에 분열이 일어났다.
⑤ 낙랑군과 왜를 연결하는 중계 무역이 활발하게 전개되었다.

키워드 Pick
- 헌덕왕
- 헌창
- 왕이 되지 못한 것
- 반란

키워드 꼬리 질문

Q1 8세기 이후 반란, 농민 봉기, 호족의 성장 등으로 지배 체제가 동요한 국가는?

Q2 위 국가의 말기에 새롭게 등장한 지방 세력은?

답변이 어렵다면 다시 학습
☞ 12쪽

---

04 다음과 같이 중앙 정치 기구를 운영한 국가에 대한 설명으로 옳은 것은?

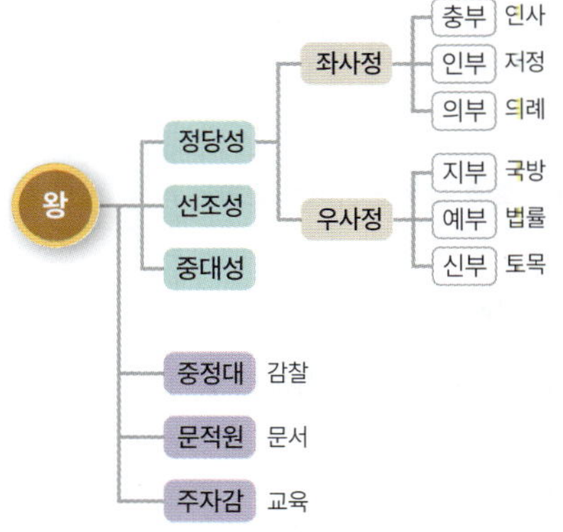

① 궁예가 송악에서 건국하였다.
② 동진으로부터 불교를 수용하였다.
③ 소수림왕의 정책으로 안정을 찾았다.
④ 선왕 때 말갈 세력 대부분을 복속시켰다.
⑤ 군사·행정의 요충지에 5소경을 설치하였다.

키워드 Pick
- 정당성, 선조성, 중대성
- 충부, 인부, 의부, 지부, 예부, 신부
- 주자감

키워드 꼬리 질문

Q1 당의 3성 6부를 수용하여 6부의 명칭에 유교 이념을 반영한 국가는?

Q2 위 국가의 전성기를 이끈 국왕은?

답변이 어렵다면 다시 학습
☞ 12쪽

02 고려의 통치 체제

🔶 고려의 성립과 통치 체제의 정비

1 *고려의 후삼국 통일

(1) **고려 건국**: 송악의 호족 출신 왕건이 궁예를 몰아내고 건국(918) → 송악으로 천도(919)

(2) **후삼국 통일**: 발해 유민 포용, 견훤 항복, 신라 경순왕 항복, 후백제 격파 → 후삼국 통일(936)

2 국가 기틀의 확립

> 태조는 유력한 호족과의 혼인을 통해 왕권을 안정시키고, 군사적 기반을 강화하고자 하였으나, 혼인 정책은 태조 사후 일어난 왕위 다툼의 원인이 되었다.

태조	• 호족 정책: 호족과 혼인 관계를 맺거나 왕씨 성 하사(포용), *기인 제도와 사심관 제도(견제) • 민생 안정 정책 실시(조세 부담 감면, 흑창 설치), 훈요 10조(후대 왕에게 정책 방향 제시) • 북진 정책: 고구려 계승 의식을 바탕으로 서경(평양) 중시, 청천강 유역까지 영토 확장
광종 자료 ❶	• *노비안검법: 공신과 호족 출신 세력의 경제력·군사력 약화, 국가 재정 확충 • 과거제 실시: 유교적 소양을 갖춘 신진 세력 등용 → 왕권 뒷받침 • 공복 제정(관리 기강 확립), 독자적 연호 사용(광덕, 준풍)
성종	• 최승로의 시무 28조 수용: 유교 정치 이념에 바탕을 둔 통치 질서 확립 자료 ❷ • 체제 정비: 중앙 관제 정비(2성 6부), 지방관 파견, 향리제 마련, 국자감과 향교 설립

3 통치 체제의 정비

(1) **중앙 통치 조직** 자료 ❸

2성 6부	• 중서문하성: 최고 중앙 관서, 국정을 총괄하는 재신과 간쟁·봉박을 담당하는 낭사로 구성 • 상서성: 6부 관리, 정책 집행
중추원	추밀(군사 기밀), 승선(왕명 출납)으로 구성
대간	• 어사대(감찰 기구)의 관원과 중서문하성의 낭사를 가리킴 • 간쟁, 봉박, 서경 → 왕과 고위 관리를 견제, 감시
도병마사, 식목도감	• 국방 문제(도병마사), 법률과 제도 제정(식목도감) • 고려만의 독자적 기구, 중서문하성과 중추원의 고위 관리인 재신과 추밀의 합의제로 운영

> 간쟁은 왕의 잘못을 논하는 것, 봉박은 잘못된 왕명을 시행하지 않고 돌려보내는 것, 서경은 관리 임명이나 법률 개정에 대한 동의권을 의미한다.

(2) **지방 행정 조직과 군사 제도** 자료 ❹

정비	성종 때 12목에 지방관 파견 이후 점차 정비, 지방 호족 일부는 향리로 변화
5도	• 일반 행정 구역, 안찰사 파견(도내 지역 순찰) • 도 아래 군현(*주현과 속현)과 특수 행정 구역(향·부곡·소) 설치
양계	군사 행정 구역, 병마사 파견(군사, 행정 업무), 양계 아래 국방 요충지에 진 설치
중앙군	2군(국왕 친위 부대), 6위(수도와 국경 방어)
지방군	주현군(5도에 주둔), 주진군(양계 지역 수비)

(3) **교육 제도와 관리 선발 제도**

교육 제도	유학 교육 장려 → 국자감(유학 교육과 기술 교육, 개경), 향교(지방) 설립
관리 선발 제도	• *과거제: 시험을 통해 관리 선발(문과, 잡과, 승과) • 음서: 공신이나 5품 이상 관리의 자손을 과거를 거치지 않고 관리로 채용

> 무신을 뽑는 무과는 거의 시행되지 않았으며, 조선 시대에 제도화되었다.

> 고위 관료가 되기 위해서는 과거에 급제하는 것이 유리했기 때문에 음서로 관리가 되더라도 과거에 응시하는 경우가 많았다.

＊고려의 후삼국 통일

＊ 기인 제도와 사심관 제도

기인 제도는 지방 호족의 자제를 수도에 인질로 머물게 한 제도이고, 사심관 제도는 중앙 고위 관리를 출신 지역의 사심관으로 임명하여 그 지역을 다스리게 한 제도이다. 태조는 두 제도를 통해 호족 세력을 견제하고 지방 통치를 보완하였다.

＊ 노비안검법

억울하게 노비가 된 자를 조사하여 다시 양인이 될 수 있도록 조처한 제도이다. 이를 통해 양인의 수를 늘려 국가 재정을 확충하였다.

＊ 주현과 속현

주현은 지방관이 파견되는 현, 속현은 지방관이 파견되지 않는 현이다. 고려 시대에는 속현이 다수를 차지하였고, 주현의 지방관이 속현을 관리하는 것이 일반적이었다.

＊고려의 과거제

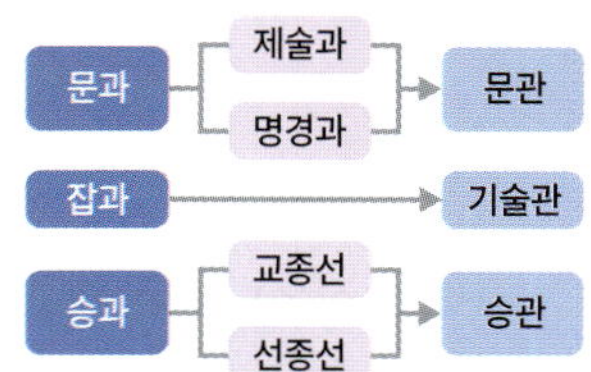

문과는 문학적 재능과 정책 시험, 잡과는 실용 기술학 시험, 승과는 불교 경전 이해 능력 시험이었다.

자료 ① 노비안검법과 과거제

- 광종이 노비를 안검(상세히 조사)하여 옳고 그름을 가리도록 명령하였다. 이 때문에 주인을 배반하거나 업신여기는 노비가 셀 수 없이 많아졌다. 사람들이 모두 탄식하고 왕비도 간곡히 말렸으나 광종은 받아들이지 않았다.
- 광종이 쌍기의 건의를 받아들여 과거를 실시하여 관리를 뽑았다. …… 과거에는 제술업, 명경업과 의업 등의 잡업이 있었다.

— 『고려사』 —

태조 사후 왕위 계승을 둘러싼 외척 간의 다툼으로 왕권이 불안정하였다. 이러한 상황에서 즉위한 광종은 노비안검법과 과거제를 실시하는 등 왕권 강화를 위한 여러 정책을 추진하였다.

✱ 광종과 성종의 정책

광종	성종
• 노비안검법 실시	• 2성 6부 정비
• 과거제 실시	• 12목 설치
• 공복 제정	• 향리 제도 마련
• 독자적 연호 사용	• 국자감·향교 설립

자료 ② 최승로의 시무 28조

7조　왕이 백성을 다스리는 것은 집집마다 가서 매일 돌보는 것이 아닙니다. 수령을 파견하여 백성의 이익과 손해를 살피는 것입니다. …… 청컨대 외관을 두십시오.

11조　예악·시·서의 가르침과 군신·부자의 도리는 마땅히 중국을 본받아 비루한 풍속은 개혁하되, 그 밖의 수레나 의복 제도는 우리 풍속을 따라도 좋을 것입니다.

20조　불교의 가르침을 행하는 것은 자신을 수양하는 근본이고, 유교의 가르침을 행하는 것은 나라를 다스리는 근원입니다.

— 『고려사』 —

최승로는 시무 28조를 통해 정치 이념으로서 유교의 중요성을 강조하였고, 지방관 파견 등 구체적인 개혁안을 제시하였다. 성종은 최승로의 건의를 수용하여 유교 정치 이념에 바탕을 둔 통치 질서를 확립하였다.

✱ 최승로의 시무 28조

항목	내용	목적
7조	지방관 파견	중앙 집권 체제 강화
11조	중국 문물의 자주적 수용	민간 풍습 등은 독자성 유지
20조	유교 정치 이념 제시	유교 중심 통치 체제 확립

자료 ③ 고려의 중앙 통치 조직

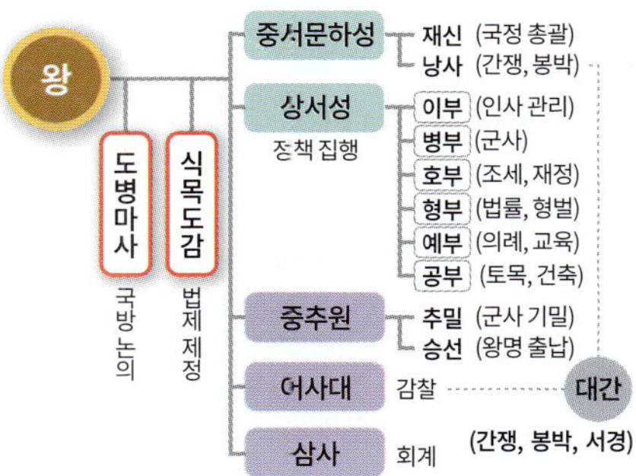

▲ 고려의 중앙 통치 조직

고려는 당의 3성 6부와 송의 제도를 참고하여 2성 6부제를 중심으로 중앙 통치 조직을 정비하였다. 중서문하성이 국정을 총괄하였고, 상서성이 6부를 관리하며 정책을 집행하였다. 중추원은 군사 기밀과 왕명 출납을 담당하였으며, 감찰 기구인 어사대 관원은 중서문하성의 낭사와 함께 대간으로 불리며 왕이나 고위 관리를 견제하고 감시하였다. 고려만의 독자적인 회의 기구인 도병마사와 식목도감은 중서문하성의 재신과 중추원의 추밀이 국가 중대사를 합의하여 결정하였다.

✱ 고려의 중앙 통치 조직

중서문하성	• 재신(국정 총괄) • 낭사(간쟁, 봉박)	
상서성	6부 관리, 정책 집행	
중추원	• 추밀(군사 기밀) • 승선(왕명 출납)	
대간	어사대 관원, 낭사	
도병마사	재신, 추밀	국방 논의
식목도감		법률, 제도 제정

TIP 고려의 중앙 통치 조직의 명칭과 역할을 기억하자.

자료 ④ 고려의 지방 행정 조직

▲ 지방 행정 조직

- 고려 시대 향리에 대한 처벌

명종이 조서를 내려 "고을의 향리가 백성을 침탈하여 자기의 이익을 채우거나, 공사를 빙자하여 개인의 이익을 도모하는데도 관청에서 엄히 금지하지 못한다. …… 안찰사가 그 죄를 물어 벌을 주도록 하라."라고 명하였다.

— 『고려사』 —

고려는 일반 행정 구역인 5도를 두어 안찰사를 파견하였고, 군사 행정 구역인 양계를 두어 병마사를 파견하였다. 또한 지방관이 파견되지 않은 속현에서는 향리가 지방 행정 실무를 직접 맡아 처리하였기 때문에 향리가 백성의 삶에 끼치는 영향은 매우 컸다.

✱ 고려의 지방 행정 조직

5도	양계
• 일반 행정 구역	• 군사 행정 구역
• 안찰사 파견	• 병마사 파견
• 군현, 향·부곡·소 설치	• 국방상 요충지에 진 설치

2 문벌 사회 형성과 동요

1 문벌 사회의 형성

문벌	일부 가문이 여러 대에 걸쳐 고위 관료를 배출 → 문벌 형성 → 과거·음서를 통한 관직 진출, 경제적 풍요(과전과 녹봉 받음, 대토지 소유), 문벌 및 왕실과의 혼인으로 지위 강화
문제점	불법적인 토지 확대, 고리대를 통한 부 축적, 왕실의 외척이 되어 권력 장악

2 문벌 사회의 동요

└ 이자겸은 자신의 권력을 유지하기 위해 대부분의 신하들이 반대한 금의 사대 요구를 수용하였다.

이자겸의 난 자료 ⑤	• 배경: 이자겸이 예종·인종에게 딸들을 시집보내며 권력 장악 → 인종이 측근 세력과 함께 이자겸 제거 시도 • 전개: 이자겸이 척준경과 함께 난을 일으킴(1126) → 인종에게 포섭된 척준경이 이자겸 제거, 이후 척준경이 탄핵되며 진압 → 국왕 권위 실추, 문벌 사회의 분열 심화
*묘청의 서경 천도 운동	• 배경: 금의 사대 요구에 대한 반발, 개경의 문벌과 서경 출신 신진 관료의 대립, 유교 사상과 풍수지리설의 대립 • 전개: 인종이 서경 세력을 이용하여 개혁 정치 추진 → 묘청, 정지상 등 서경 세력의 서경 천도 추진(칭제 건원과 금국 정벌 주장) → 개경 중심 보수적인 문벌의 반대로 좌절 → 묘청 등이 서경에서 반란(1135) → 김부식이 이끄는 관군에게 진압

└ 황제로 칭하고 연호를 사용한다는 의미이다.

3 무신의 집권과 농민·천민의 봉기

└ 문신에 비해 승진과 처우에서 차별

무신 정변 자료 ⑥	무신에 대한 차별과 하급 군인의 불만 누적으로 정중부 등 무신이 정변을 일으킴(1170) →*중방을 중심으로 국정 운영 → 무신 사이의 권력 다툼으로 여러 차례 집권자 교체
최씨 무신 정권	• 최충헌: 권력 장악 이후 점차 안정 → 교정도감(최고 권력 기구) 설치, 도방(사병 조직) 확대 • 최우: 정방 설치(인사권 장악), *삼별초 조직 → 최씨 정권 4대 60여 년간 지속
농민과 천민의 봉기	정치 혼란, 무신의 농민 수탈, 신분 질서 동요 → 망이·망소이(공주 명학소), 김사미·효심(경상도) 등 봉기, 만적의 봉기 모의(개경, 신분 해방 목표) _{이의민과 같은 천민 출신 권력자 등장}
몽골의 침입 자료 ⑦	• 전개: 몽골 사신 피살을 구실로 몽골의 고려 침략(1231) → 최씨 정권이 강화를 맺은 후 강화도로 천도 → 충주성 전투(노비 중심), 처인성 전투(김윤후와 부곡민) 등 하층민의 항전 → 최씨 무신 정권 붕괴 → 고려 정부가 몽골과 강화 후 개경 환도(1270) • 결과: 국토 황폐화, 황룡사 9층 목탑과 초조대장경 등 문화유산 소실 • 삼별초의 항전: 개경 환도에 반발하여 봉기 → 고려·몽골 연합군에 의해 진압

└ 몽골과의 강화 결정에 반발한 삼별초는 강화도에서 봉기하여 진도와 제주도로 근거지를 옮기며 3년여에 걸쳐 항전하였다.

4 원의 간섭과 공민왕의 개혁 정치

일본 원정 동원, 금·은·인삼·매 등 특산물과 공녀·환관 요구 ┐

원의 내정 간섭	• 고려가 원의 부마국이 됨 → *왕실 호칭과 관제 격하 _{일본 정벌을 위해 설치하였는데 정벌 실패 이후에도 고려의 내정에 간섭하였다.} • 영토 상실(쌍성총관부, 동녕부, 탐라총관부 설치), 정동행성 설치, 물적·인적 수탈
*권문세족	원 간섭기 지배 세력, 친원적 성향, *도평의사사 장악, 토지 수탈로 대농장 차지
공민왕의 개혁 정치 자료 ⑧	• 반원 자주: 기철 등 친원 세력 숙청, 정동행성 이문소 폐지, *영토 회복(쌍성총관부 공격), 왕실 호칭과 관제 복구, 변발 등 몽골풍 금지 _{원 간섭기에 유행한 몽골식 복식·음식 문화} • 왕권 강화: 정방 폐지, 성균관 정비(신진 세력 양성), 전민변정도감 설치(신돈 등용) • 실패: 홍건적·왜구 침입 → 권문세족의 반발 → 신돈 제거, 공민왕 시해로 개혁 중단
신진 사대부와 신흥 무인 세력의 성장	• 신진 사대부: 공민왕의 개혁 추진 과정에서 성장, 성리학 기반, 고려 말 사회 모순 개혁 시도(권문세족 비판, 불교 폐단 지적) • 신흥 무인 세력: 14세기 후반 홍건적, 왜구 토벌 과정에서 성장(최영, 이성계 등)

└ 원의 지배에 반대하여 일어난 한족 반란군으로, 이들 중 일부가 고려에 여러 차례 침입하였다.

└ 요동 정벌을 위해 출정한 이성계는 위화도에서 회군하여 우왕과 최영을 제거하고 실권을 장악하였다.

*묘청의 서경 천도 운동

*중방
상장군과 대장군 등 최고 무신들로 구성된 무신 회의 기구이다. 무신 정변 이후 최고 권력 기구가 되었다.

*삼별초
최우가 설치한 야별초에서 분리된 좌별초와 우별초, 몽골에 포로로 잡혀 갔다 돌아온 병사들로 조직된 신의군을 말한다.

*원 간섭기 왕실 호칭과 관제 격하

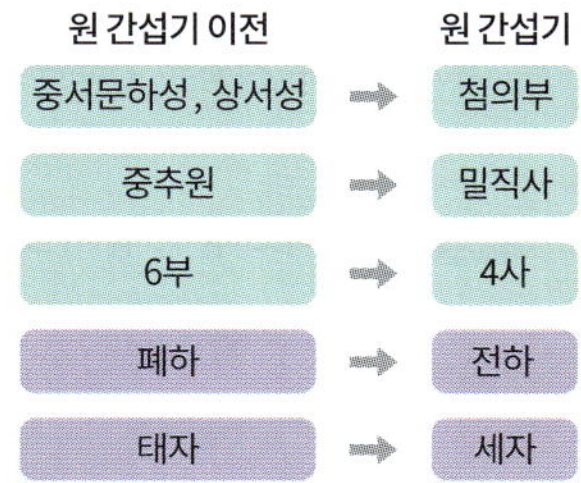

*권문세족의 구성
원과의 특별한 관계를 통해 성장한 세력, 기존 문벌에서 이어져 온 가문, 무신 집권기 새롭게 등장한 가문 등이 권문세족을 이루었다.

*도평의사사
도병마사를 개편한 기구로, 구성원이 확대되면서 최고 정무 기구로 발전하였다.

*공민왕의 영토 회복

자료 ⑤ 이자겸 가문과 왕실의 혼인 관계

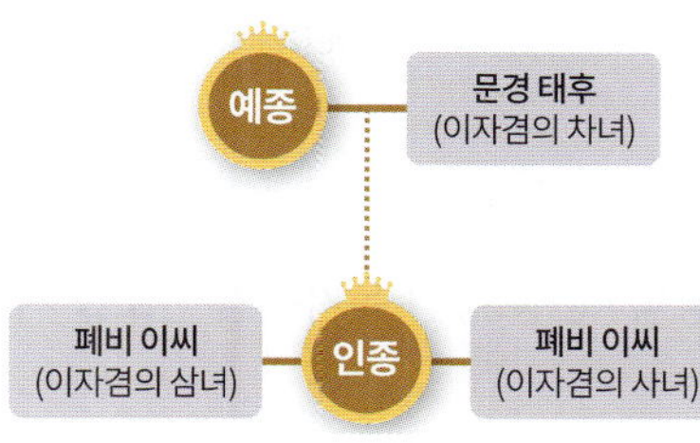

경원 이씨 가문은 대대로 왕실과 혼인을 맺은 대표적인 문벌이었다. 특히 이자겸은 예종과 인종에게 딸들을 시집보내며 왕을 능가하는 권력을 휘둘렀다. 인종이 측근 세력과 함께 그를 몰아내려 하자 이자겸은 부하인 척준경과 함께 난을 일으켰다.

✻ 이자겸의 난

배경	이자겸의 권력 장악 → 인종의 이자겸 제거 시도
전개	이자겸과 척준경의 반란 → 인종의 척준경 포섭, 척준경이 이자겸 제거 → 척준경 탄핵 → 진압
영향	왕권 실추, 문벌 사회 분열 심화

자료 ⑥ 무신 정권의 변화와 지배 기구

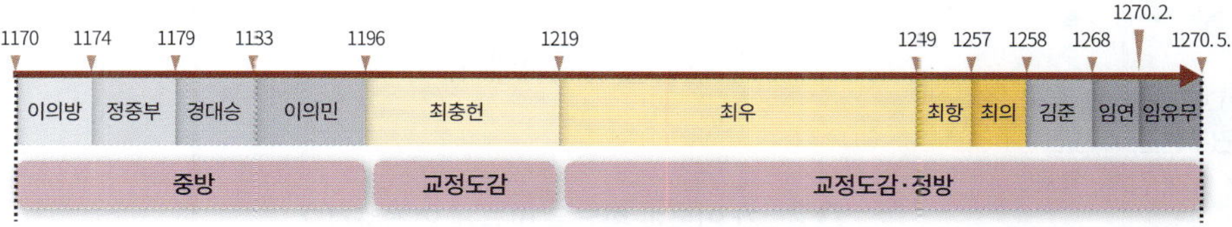

무신 정권 초기 무신들은 중방을 중심으로 국정을 운영하였다. 이후 권력을 잡은 최충헌은 교정도감을 설치하여 최고 권력 기구로 삼고, 사병 조직이었던 도방을 확대하였다. 그의 뒤를 이은 최우는 정방을 설치하여 인사권을 장악하였다.

✻ 무신 정권의 변화

무신 차별, 하급 군인의 불만
↓
정중부, 이의방 등의 무신 정변(1170)
↓
내부 권력 다툼으로 집권자 여러 차례 교체
↓
최충헌 집권 이후 4대 60여 년간 최씨 무신 정권 지속

자료 ⑦ 대몽 항쟁의 양면

- 하층민의 항전, 충주성 전투(1231)

  몽골병이 오자, 충주부사 우종주와 판관 유홍익 등은 모두 성을 버리고 도망갔다. 오직 노비군과 잡류 별초만이 힘을 합해 이를 격퇴하였다.

  － 『고려사』 －

- 최씨 무신 정권의 호화로운 강화도 생활

  최우가 왕족과 고관들을 불러 잔치를 열었는데 비단으로 산더미같이 장막을 만들고 가운데 그네를 매었다. …… 악공에게 각각 은 3근씩 주고 기녀, 광대에게도 각각 비단을 주었다.

  － 『고려사절요』 －

몽골은 여러 차례 고려를 침략하였는데 충주성에서는 노비가 주축이 되어 몽골군을 물리쳤고, 처인성에서는 김윤후가 부곡민을 이끌고 몽골 장수 살리타를 사살하는 등 하층민까지 적극 항전하였다. 반면 강화도로 천도한 최씨 무신 정권은 백성들에 대한 수탈을 일삼았고 사치스러운 생활을 이어갔다.

✻ 몽골의 침입과 격퇴

몽골이 사신 피살을 구실로 침략(1231)
↓
최씨 무신 정권이 강화도로 천도, 하층민의 항전(충주성, 처인성 전투)
↓
몽골과 강화, 개경 환도(1270)
↓
삼별초의 항전(강화도 – 진도 – 제주도) → 고려·몽골 연합군에게 진압

자료 ⑧ 공민왕의 개혁 정치

- 기철 등이 권세를 믿고 임금을 능멸하여 방자하게 위세를 부려 백성에게까지 독을 미쳐 끝이 없었다. …… 몰래 반역을 도모하고 사직을 위태롭게 하였다. 다행히 천지와 신령에게 도움을 받아 기철 등을 다 처형하였다.
- 신돈이 전민변정도감을 설치할 것을 청하였고, "…… 권세가들이 농민의 토지를 강탈하였다. …… 스스로 토지를 반환하는 자는 과거를 묻지 않는다."라고 공포하였다. 권세가들이 빼앗은 것을 주인에게 많이 돌려주니 전국에서 기뻐하였다.

  － 『고려사』 －

14세기 중엽 원이 점차 쇠퇴하자, 공민왕은 기철 등 친원 세력을 숙청하고 내정 간섭 기구인 정동행성 이문소를 폐지하는 등 반원 자주 정책을 펼쳤다. 또한 승려 신돈을 등용하고 전민 변정도감을 설치하여 권문세족이 불법으로 빼앗은 토지를 원래 주인에게 돌려주고, 억울하게 노비가 된 자를 양인으로 풀어 주었다.

✻ 공민왕의 개혁 정치

반원 자주	친원 세력 숙청, 정동행성 이문소 폐지, 쌍성총관부 공격, 왕실 호칭·관제 복구, 몽골풍 금지
왕권 강화	정방 폐지, 신진 세력 등용, 전민 변정도감 설치

Tip 공민왕의 개혁 정치를 반원 자주 정책과 왕권 강화 정책으로 구분해 기억하자.

포인트 Pick

1 고려의 성립과 통치 체제의 정비

국가 기틀 확립	• 태조: 호족 정책(혼인 정책, 왕씨 성 하사, 기인·사심관 제도), 민생 안정, 훈요 10조, 북진 정책(서경 중시) • (❶　　　): 노비안검법, 과거제 실시, 공복 제정, 독자적 연호 사용(광덕·준풍) • 성종: 최승로의 시무 28조 수용, 중앙 관제 정비, 12목 설치(지방관 파견), 향리제 마련, 국자감·향교 설립
통치 체제 정비	• 중앙: 2성 6부, 중추원, 대간(간쟁·봉박·서경), (❷　　　)와 식목도감(고려의 독자 기구) • 지방: 5도(안찰사) 양계(병마사), 주현과 속현, 향·부곡·소 • 군사 제도: 중앙군(2군 6위), 지방군(주현군, 주진군) • 관리 선발 제도: (❸　　　)(문과, 승과, 잡과), 음서

2 문벌 사회 형성과 동요

문벌	관직 독점, 경제적 풍요, 왕실과의 혼인을 통한 지위 강화
이자겸의 난	이자겸의 권력 장악 → 인종의 이자겸 제거 시도 → 이자겸의 난 → 이자겸 제거, 척준경 탄핵 → 문벌 사회의 분열 심화
묘청의 서경 천도 운동	묘청 등 서경 천도 추진 → 개경 중심 문벌의 반대 → 묘청 등 서경에서 반란 → 김부식이 이끄는 관군에게 진압

3 무신의 집권과 농민·천민의 봉기

무신 정변	정중부 등 무신 정변(1170) → (❹　　　) 중심 국정 운영
최씨 무신 정권	• 최충헌: 교정도감 설치, 도방 확대 • 최우: (❺　　　) 설치로 인사권 장악, 삼별초 조직
농민·천민의 봉기	• 망이·망소이(공주 명학소), 김사미·효심(경상도) 등 봉기 • 사노비 (❻　　　)의 봉기 계획(개경)
몽골의 침입	몽골의 침략 → 최씨 무신 정권이 강화도로 천도, 하층민의 충주성·처인성 전투 → 몽골과 강화, 개경 환도 → 삼별초의 항전 → 고려·몽골 연합군에 진압

4 원의 간섭과 공민왕의 개혁 정치

원의 간섭	• 고려가 원의 부마국이 됨, 왕실 호칭과 관제 격하 • 영토 상실(쌍성총관부, 동녕부, 탐라총관부), 정동행성(일본 원정 동원, 내정 간섭), 물적·인적 수탈 • (❼　　　): 친원적 성향, 도평의사사 장악, 토지 수탈
공민왕의 개혁 정치	• 반원 자주: 친원 세력 숙청, 정동행성 이문소 폐지, 쌍성총관부 공격, 관제 복구, 몽골풍 금지 • 왕권 강화: 정방 폐지, 신진 세력 등용, (❽　　　) 설치(신돈 등용)
새로운 세력의 성장	• (❾　　　): 공민왕의 개혁 과정에서 성장, 성리학 기반, 권문세족과 불교의 폐단 비판 • 신흥 무인 세력: 14세기 후반 (❿　　　)과 왜구 토벌 과정에서 최영, 이성계 등 성장

---

01 송악의 호족 출신으로 궁예를 몰아내고 고려를 건국한 인물의 이름을 쓰시오.

02 다음 서술이 옳으면 ○표, 틀리면 ×표 하시오.

(1) 고려 광종은 광덕·준풍 등의 독자적인 연호를 사용하였다. (　　)

(2) 고려는 중앙군을 주현군과 주진군으로 편성하였다. (　　)

(3) 고려는 원의 내정 간섭을 받았으나 왕실의 호칭과 관제는 유지하였다. (　　)

03 각 인물과 활동을 바르게 연결하시오.

(1) 최충헌　　　•　　　　• ㉠ 처인성 전투

(2) 김윤후　　　•　　　　• ㉡ 교정도감 설치

(3) 망이·망소이　•　　　　• ㉢ 공주 명학소 봉기

04 다음 내용을 옳은 서술로 완성하시오.

(1) 고려의 독자적 기구인 (㉠ 도병마사 , ㉡ 식목도감)은/는 국방 문제를 담당하였다.

(2) 몽골의 침입으로 (㉠ 초조대장경 , ㉡ 팔만대장경)과 같은 문화유산이 소실되기도 하였다.

(3) 공민왕은 승려 신돈을 등용하고 (㉠ 전민변정도감 , ㉡ 정동행성)을 설치하여 권세가를 견제하였다.

05 다음 사건을 일어난 순서대로 나열하시오.

> **보기**
> ㄱ. 개경 환도　　　　ㄴ. 충주성 전투
> ㄷ. 삼별초의 항전　　ㄹ. 몽골의 고려 침략

06 다음 설명에 해당하는 세력을 쓰시오.

> 14세기 후반 홍건적과 왜구의 침입을 토벌하는 과정에서 성장한 세력으로, 최영과 이성계 등이 대표적인 인물이다.

01 (가), (나) 시기 사이에 있었던 사실로 옳은 것은?

> (가) 왕건이 궁예를 몰아내고 신하들의 추대를 받아 왕위에 올랐다.
> (나) 고려가 내분이 일어난 후백제를 격파하고 후삼국을 통일하였다.

① 이자겸의 난이 일어났다.
② 대조영이 발해를 세웠다.
③ 나당 연합군이 결성되었다.
④ 견훤이 후백제를 건국하였다.
⑤ 신라 경순왕이 고려에 항복하였다.

02 (가) 국왕에 대한 설명으로 옳은 것은?

> 이것은 고려를 세운 [(가)]의 청동상이다. [(가)]은/는 고구려의 옛 땅을 회복하고자 북진 정책을 적극 추진하였으며, 평양을 서경으로 삼아 중시하였다.

① 정방을 폐지하였다.
② 훈요 10조를 남겼다.
③ 향리 제도를 시행하였다.
④ 관리의 공복을 제정하였다.
⑤ 2성 6부의 중앙 관제를 마련하였다.

03 다음 정책을 추진한 왕의 재위 기간에 있었던 사실로 옳은 것은?

> 왕이 쌍기의 건의를 받아들여 과거를 실시하여 관리를 뽑았다. …… 과거에는 제술업, 명경업과 의업 등의 잡업이 있었다.

① 노비안검법이 실시되었다.
② 김흠돌의 난이 진압되었다.
③ 만적이 봉기를 모의하였다.
④ 원종과 애노의 난이 일어났다.
⑤ 중앙군에 고구려계와 백제계가 포함되었다.

04 다음 통치 기구를 운영한 국가에 대한 설명으로 옳은 것은?

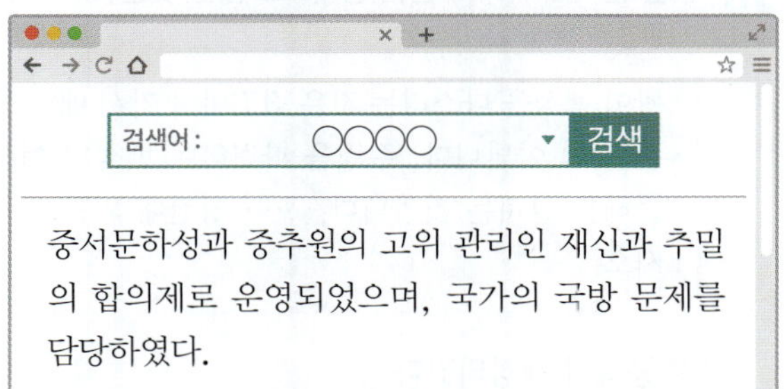

> 중서문하성과 중추원의 고위 관리인 재신과 추밀의 합의제로 운영되었으며, 국가의 국방 문제를 담당하였다.

① 중앙군은 2군 6위로 구성되었다.
② 교육 기관으로 태학을 설치하였다.
③ 지방을 5경 15부 62주로 정비하였다.
④ 중앙은 집사부를 중심으로 운영되었다.
⑤ 군사·행정상의 요충지에 5소경을 두었다.

중요☆
05 다음과 같은 행정 구역을 마련한 국가의 지방 통치에 대한 설명으로 옳은 것만을 〈보기〉에서 고른 것은?

> **보기**
> ㄱ. 22담로에 왕족이 파견되었다.
> ㄴ. 북계와 동계에 병마사가 파견되었다.
> ㄷ. 말단 행정 구역은 촌주가 관리하였다.
> ㄹ. 지방관이 파견되지 않는 속현이 있었다.

① ㄱ, ㄴ　　　② ㄱ, ㄷ　　　③ ㄴ, ㄷ
④ ㄴ, ㄹ　　　⑤ ㄷ, ㄹ

06 다음 건의에 따라 추진된 정책으로 옳은 것은?

> 왕이 백성을 다스리는 것은 집집마다 가서 매일 돌보는 것이 아닙니다. 수령을 파견하여 백성의 이익과 손해를 살피는 것입니다. …… 청컨대 외관을 두십시오.

① 공복이 제정되었다.
② 12목이 설치되었다.
③ 과거제를 실시하였다.
④ 노비안검법을 실시하였다.
⑤ 사심관 제도를 실시하였다.

중요

07 (가) 기구에 대한 설명으로 옳은 것은?

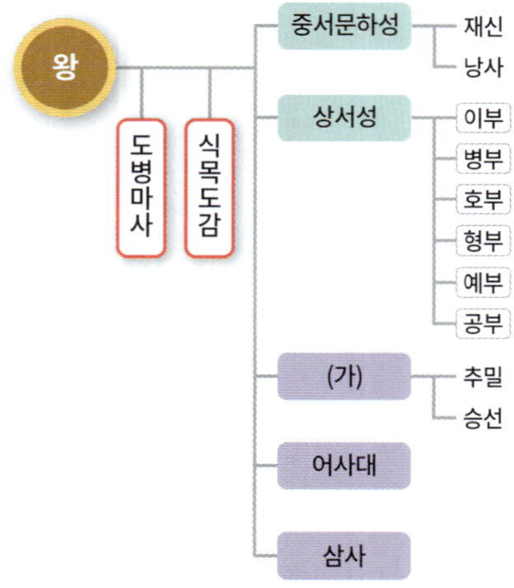

▲ 고려의 중앙 통치 조직

① 국정을 총괄하였다.
② 회계를 담당하였다.
③ 정책 집행을 담당하였다.
④ 낭사와 함께 대간으로 불렸다.
⑤ 군사 기밀과 왕명 출납을 담당하였다.

08 고려의 교육 제도와 관리 선발 제도에 대한 설명으로 옳은 것만을 〈보기〉에서 고른 것은?

> **보기**
> ㄱ. 6두품은 승진에 제한을 받았다.
> ㄴ. 과거가 유일한 관리 선발 방식이었다.
> ㄷ. 과거를 통해 유교적 소양을 평가하였다.
> ㄹ. 지방에 향교를 두어 유학 교육을 실시하였다.

① ㄱ, ㄴ   ② ㄱ, ㄷ   ③ ㄴ, ㄷ
④ ㄴ, ㄹ   ⑤ ㄷ, ㄹ

09 다음 자료를 보고 학생들이 나눈 대화 내용으로 적절하지 <u>않은</u> 것은?

> 명종이 조서를 내려 "고을의 향리가 백성을 침탈하여 자기의 이익을 채우거나, 공사를 빙자하여 개인의 이익을 도모하는데도 관청에서 엄히 금지하지 못한다. …… 안찰사가 그 죄를 물어 벌을 주도록 하라."라고 명하였다.

① 지방관이 향리를 관리하였어.
② 향리가 음서의 혜택을 받았어.
③ 지방관이 파견되지 않은 속현이 있었어.
④ 향리가 백성을 수탈하는 경우가 있었어.
⑤ 향리가 조세 징수 등 행정 실무를 담당하였어.

10 (가) 세력에 대한 설명으로 옳은 것만을 〈보기〉에서 고른 것은?

> 일부 가문이 여러 대에 걸쳐 고위 관료를 배출하며 ____(가)____ 을 형성하였다. 이들은 과거와 음서를 통해 관직에 진출하여 주요 관직을 독점하였다.

> **보기**
> ㄱ. 자제를 수도에 인질로 보내야 했다.
> ㄴ. 도평의사사를 장악하여 국정을 좌우하였다.
> ㄷ. 과전과 녹봉 등으로 경제적으로 풍요로웠다.
> ㄹ. 상호 간 혼인 관계를 맺어 지위를 강화하였다.

① ㄱ, ㄴ   ② ㄱ, ㄷ   ③ ㄴ, ㄷ
④ ㄴ, ㄹ   ⑤ ㄷ, ㄹ

11 다음과 같은 혼인 관계가 형성된 시기의 사실로 옳은 것은?

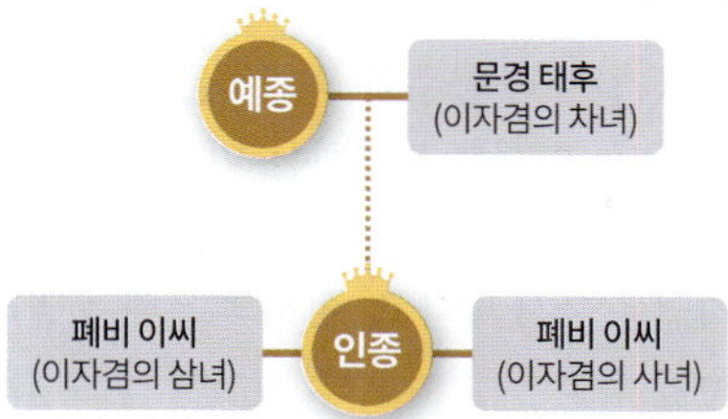

① 서경에 동녕부가 설치되었다.
② 고려군이 일본 원정에 동원되었다.
③ 청천강 유역까지 영토가 확장되었다.
④ 빈민 구제를 위해 흑창이 설치되었다.
⑤ 문벌이 왕권을 능가하는 권력을 행사하기도 하였다.

12 (가)에 해당하는 인물에 대한 설명으로 옳은 것은?

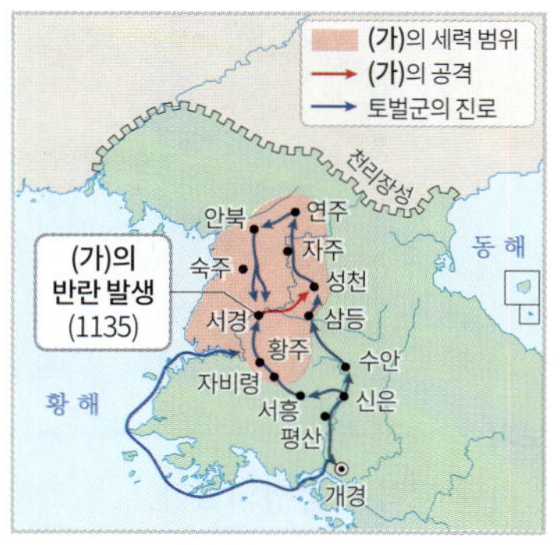

① 김부식 등의 지원을 받았다.
② 척준경과 함께 난을 일으켰다.
③ 금의 사대 요구를 수용하였다.
④ 도방을 군사적 기반으로 삼았다.
⑤ 칭제 건원과 금국 정벌을 주장하였다.

13 다음 자료를 활용한 탐구 활동으로 가장 적절한 것은?

> 대장군 이소응은 무인이지만 얼굴이 수척하고 힘도 약하였는데, 다른 장수와 수박희를 하여 이기지 못하고 달아났다. 문신 한뢰가 갑자기 앞으로 나서며 이소응의 뺨을 후려갈기자 섬돌 아래로 떨어졌다. 이때 왕과 모든 신하가 손뼉을 치면서 크게 웃었다.

① 주현군이 편성된 이유를 파악한다.
② 무신 정변이 발생한 배경을 조사한다.
③ 만적이 봉기를 계획한 이유를 찾아본다.
④ 중앙군인 9서당의 민족 구성을 분석한다.
⑤ 김윤후가 몽골 장수를 사살한 지역을 알아본다.

14 (가) 무신 정권 시기에 있었던 사실로 옳은 것은?

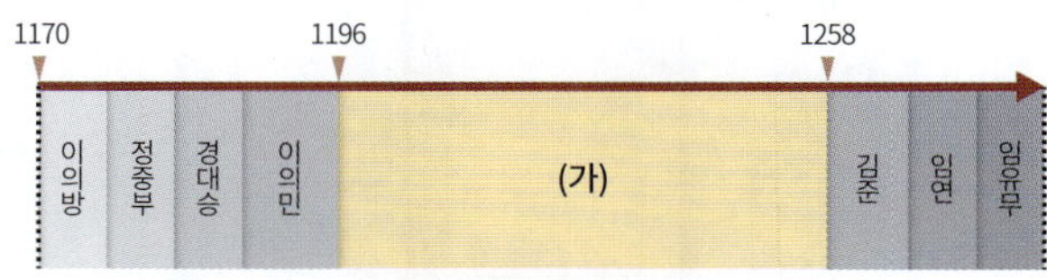

▲ 무신 정권의 변화

① 도병마사가 설치되었다.
② 교정도감이 설치되었다.
③ 개경에 국자감이 설립되었다.
④ 발해가 거란에 의해 멸망하였다.
⑤ 제주도에 탐라총관부가 설치되었다.

15 다음 사건이 일어난 시기의 상황으로 옳은 것은?

> 사노비 만적 등이 "왕후장상(王侯將相)의 씨가 따로 있는가! …… 자기 주인을 죽이고, 노비 문서를 불태워 이 땅의 천민을 없애면 우리도 왕후장상이 될 수 있다."라고 말하였다.

① 몽골풍이 유행하였다.
② 무신들이 권력을 장악하였다.
③ 지방 호족 세력이 등장하였다.
④ 낙랑군 등 군현이 설치되었다.
⑤ 권문세족이 대농장을 차지하였다.

16 (가)에 들어갈 내용으로 가장 적절한 것은?

〈○○ ○○ 시기 농민과 천민의 봉기〉

· 배경: 집권층 간 권력 다툼으로 지방 통제력 약화, 집권층의 토지 수탈, 하층민에게 과도한 세금 부과, 신분 질서 동요
· 내용
  - 망이·망소이의 봉기
  - <u>　　　(가)　　　</u>

① 김흠돌의 난　　　② 이자겸의 난
③ 삼별초의 봉기　　④ 원종과 애노의 난
⑤ 김사미와 효심의 난

18 다음 상황이 나타난 시기의 사실로 옳지 <u>않은</u> 것은?

중국 천자의 공주와 혼인하는 은총을 입으니, 성대하도다. 황제를 보필하는 이로움이여! …… 중국 황제의 외손자는 개경에 돌아와 세자가 되었네. 조상의 기업은 다시 빛나고, 황제의 은혜는 멀리 적셔온다.

① 정동행성이 설치되었다.
② 원이 환관과 공녀를 요구하였다.
③ 고려 왕이 원 황실의 부마가 되었다.
④ 권문세족이 도평의사사를 장악하였다.
⑤ 2성 6부의 중앙 통치 조직이 정비되었다.

중요
17 (가)의 침입이 있었던 시기의 사실로 옳은 것은?

① 승려 신돈이 등용되었다.
② 칠지도가 일본으로 전해졌다.
③ 정중부 등이 권력을 장악하였다.
④ 김윤후가 적장 살리타를 사살하였다.
⑤ 이자겸이 금의 사대 요구를 수용하였다.

중요
19 (가) 국왕의 재위 기간에 있었던 사실로 옳은 것만을 〈보기〉에서 고른 것은?

보기
ㄱ. 친원 세력이 숙청되었다.
ㄴ. 서경 천도가 추진되었다.
ㄷ. 광덕 연호가 사용되었다.
ㄹ. 변발 등 몽골풍이 금지되었다.

① ㄱ, ㄴ　　② ㄱ, ㄹ　　③ ㄴ, ㄷ
④ ㄴ, ㄹ　　⑤ ㄷ, ㄹ

20 (가) 세력에 대한 설명으로 옳은 것은?

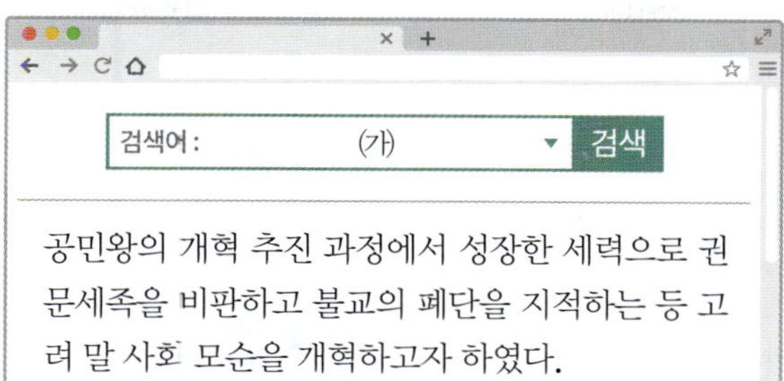

① 일부는 당에 유학하였다.
② 성리학을 사상적 기반으로 삼았다.
③ 토지 수탈로 대농장을 차지하였다.
④ 정방을 설치하여 인사권을 장악하였다.
⑤ 몽골어 통역관, 원 황실의 외척 등의 세력이다.

기출 변형
21 (가), (나) 시기 사이에 있었던 사실로 옳은 것은?

> (가) 이의방과 이고가 몰래 정중부에게 말하기를, "문신은 우대받아 배부르나, 무신은 모두 굶주리고 피곤하니, 이것을 어찌 참겠습니까?"라고 하였다. …… 정중부가 마침내 의종과 태자를 쫓아내고 어린 태손을 죽였다.
>
> (나) 군사가 위화도에 머물면서 좌·우군도통사가 글을 올려 회군을 요청하니 최영이 말하기를, "두 도통사가 있으니 스스로 와서 아뢰는 것이 옳다. 군사를 물리자는 말을 감히 내 입으로 하지 못하겠다."라고 하였다.

① 12목이 설치되었다.
② 묘청의 난이 일어났다.
③ 견훤이 후백제를 세웠다.
④ 사비 천도가 이루어졌다.
⑤ 정동행성 이문소가 폐지되었다.

22 밑줄 친 ㉠에 해당하는 정책을 두 가지 서술하시오.

> 고려 태조는 호족 세력을 통합하고 민생을 안정시키기 위해 노력하는 한편 여러 정책을 통해 ㉠ 호족 세력을 견제하였다.

23 다음을 읽고 물음에 답하시오.

> 무신 정권이 무너지면서 정부는 몽골과 강화를 맺고, 개경 환도를 결정하였다. 이에 ______(가)______는 강화도에서 봉기하여 ㉠ 근거지를 옮기며 3년여에 걸쳐 항전하였지만, 고려·몽골 연합군에 진압되었다.

(1) (가) 부대의 명칭을 쓰시오.

(2) 밑줄 친 ㉠에 해당하는 내용을 서술하시오.

24 다음을 읽고 물음에 답하시오.

> 신돈이 공민왕에게 ______(가)______을 설치할 것을 청하였고, "…… 권세가들이 농민의 토지를 강탈하였다. …… 스스로 토지를 반환하는 자는 죄를 묻지 않는다."라고 공포하였다. …… 전국에서 기뻐하였다.

(1) (가) 기구의 명칭을 쓰시오.

(2) 위와 같은 개혁이 추진된 목적을 서술하시오.

01 밑줄 친 '이 왕'의 업적으로 옳은 것은?

① 공복을 제정하였다.
② 국자감을 설립하였다.
③ 향리 제도를 마련하였다.
④ 송악으로 수도를 옮겼다.
⑤ 청천강 유역까지 영토를 넓혔다.

키워드 Pick
• 연호 '준풍'
• 노비안검법

키워드 꼬리 질문
Q1 준풍 연호를 사용하고 노비안검법을 실시한 왕은?
Q2 위 왕이 관리의 기강을 확립하기 위해 추진한 정책은?

답변이 어렵다면 다시 학습
☞ 22쪽

02 (가) 세력에 대한 설명으로 옳은 것은?

① 풍수지리설을 내세웠다.
② 신흥 무인 세력과 손을 잡았다.
③ 노비안검법 실시로 약화되었다.
④ 기인 제도 등으로 견제를 받았다.
⑤ 삼별초를 군사적 기반으로 삼았다.

키워드 Pick
• 칭제 건원
• 금국 정벌
• 서경에 궁궐을 지을 때

키워드 꼬리 질문
Q1 고려 시대에 서경 천도를 주장한 승려는?
Q2 위 인물이 서경 천도의 근거로 내세운 사상은?

답변이 어렵다면 다시 학습
☞ 24쪽

03 (가)의 침입이 끼친 영향으로 가장 적절한 것은?

① 친원 세력이 숙청되었다.
② 만적이 봉기를 계획하였다.
③ 신진 사대부가 성장하였다.
④ 황룡사 9층 목탑이 소실되었다.
⑤ 금의 사대 요구가 받아들여졌다.

키워드 Pick
• 강화도 천도
• 최씨 무신 정권

키워드 꼬리 질문
Q1 고려가 강화도로 천도하여 항전한 국가는?
Q2 위 국가의 침입으로 소실된 대표적인 문화유산 두 가지는?

답변이 어렵다면 다시 학습
☞ 24쪽

---

04 다음 상황이 나타난 시기의 사실로 옳은 것은?

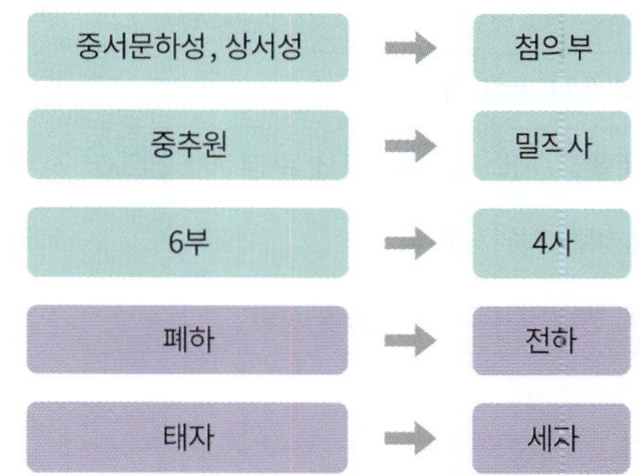

▲ 왕실 호칭과 관제의 격하

① 녹읍이 폐지되었다.
② 화주에 쌍성총관부가 설치되었다.
③ 최승로가 시무 28조를 건의하였다.
④ 중방을 중심으로 국정이 운영되었다.
⑤ 경원 이씨 집안이 권력을 장악하였다.

키워드 Pick
• 첨의부
• 전하
• 세자

키워드 꼬리 질문
Q1 고려에 간섭하여 왕실 호칭과 관제를 격하시킨 나라는?
Q2 위 나라가 고려의 땅을 빼앗아 설치한 세 개의 통치 기구는?

답변이 어렵다면 다시 학습
☞ 24쪽

03 조선의 성립과 발전

1 조선의 건국과 국가 기틀의 확립

1 조선 건국과 유교적 통치 체제 정비

(1) 조선의 건국: 위화도 회군(1388)으로 이성계와 신진 사대부가 정치적 실권 장악 → 과전법 실시, *역성혁명에 반대하던 정몽주 등 제거 → 조선 건국(1392) → 한양 천도

(2) 유교적 통치 체제 정비

	16세 이상의 모든 남자에게 호패를 발행하여 조세 징수와 군역 부과에 이용하였다.
태조	성리학을 통치 이념으로 채택, 유교적 민본 정치 구현을 위한 문물제도 정비, 유교 이념에 따른 한양 건물 배치, 정도전 등 개국 공신 중심의 국정 운영 자료①
태종	정도전의 재상 중심 국정 운영에 불만 → *왕자의 난 → 공신과 왕족의 사병 혁파 후 즉위 → 6조 직계제 채택(국왕의 국정 주도), 호패법과 양전 사업 실시 자료②
세종	집현전 설치, 경연 활성화(학문·정책 토론), 의정부 서사제(왕권과 신권의 조화 추구) 자료②
세조	6조 직계제 실시, 집현전과 경연 폐지(언론 활동 제한), *『경국대전』 편찬 시작
성종	홍문관(집현전 계승) 설치, 『경국대전』 완성·반포(유교적 법치 국가 토대 마련)

수양 대군(세조)은 계유정난으로 단종을 폐위시키고 왕위에 올랐다.

2 통치 체제의 정비

(1) *중앙 통치 체제: 국왕을 정점으로 의정부와 6조를 중심으로 운영

의정부	재상들의 합의 기구, 최고 정무 기구, 국정 총괄
6조	분야별 정책 집행 담당 → 행정의 전문성과 효율성 강화
3사	사헌부, 사간원, 홍문관 → 언론 활동을 통한 권력 독점과 부정 방지 자료③
기타	승정원(국왕 비서 기구), 의금부(국왕 직속 사법 기구), 춘추관(역사 편찬), 성균관(유학 교육), 한성부(수도 행정 담당)

역사서와 실록 편찬, 보관 업무를 담당하였다.

(2) *지방 행정 조직: 전국을 8도로 나누고, 도 아래에 부·목·군·현 설치, 특수 행정 구역(향·부곡·소)은 일반 군현으로 승격하거나 주변 군현에 통합

고려는 일반 행정 구역과 군사 행정 구역을 두었지만, 조선은 건국을 8도로 나누어 지방 행정 조직을 일원화하였다.

관찰사	각 도에 파견 → 각 도의 행정 총괄, 관할 지역의 수령 지휘·감독
수령	모든 군현에 파견 → 국왕의 대리인으로 지방의 행정·사법·군사권 행사, 수령 7사 자료④
향리	수령 보좌, 지방 행정 실무 담당 → 고려 시대에 비해 지위 낮아짐
유향소	지방 사족의 향촌 자치 기구 → 수령 보좌·견제, 향리의 비리 감시, 풍속 교화

(3) 관리 선발 제도

고려와 달리 조선에서는 제도화되었다.

과거	• 문과·무과·잡과(기술관 선발) 실시 • 천인을 제외하고 응시 가능(시간, 비용 문제로 응시자 대부분은 양반층) • 3년마다 정기 시험인 식년시 실시(수시로 특별 시험 실시)
음서	고려 시대에 비해 대상 축소, 고위 관리 승진을 위해 과거(문과) 합격 필요
천거	고위 관리가 추천한 인물 등용, 대부분 기존 관리를 대상으로 실시
인사 관리 제도	서경(5품 이상 관리 임명 시 활용), 상피제(권력 집중 방지)

가족이나 가까운 친인척과 같은 관서에 근무하지 않도록 하거나 출신 지역의 지방관으로 임명하지 않는 제도

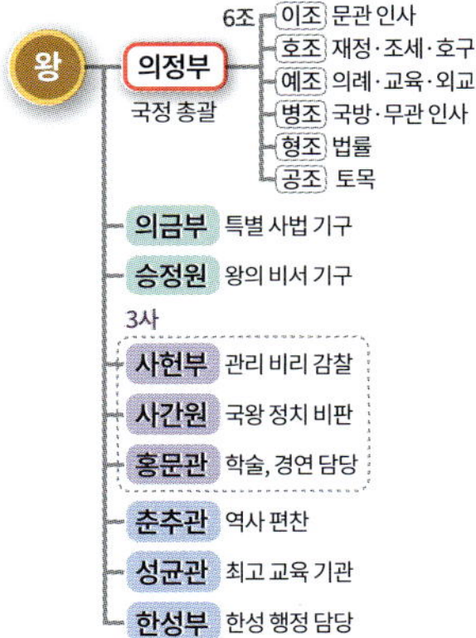

자료 ❶ 태조 이성계의 즉위 교서

대소 신료 등에게 교서를 내렸다. "내가 덕이 적고 우매하여 시기에 따라 조치하는 방법을 알지 못하는데, 그래도 보좌하는 힘에 의지하여 새로운 정치를 이루고자 하니, 백성들은 나의 지극한 마음을 헤아려 본받으라." …… 이 교서는 정도전이 지은 것이다.

– 『태조실록』 –

즉위 교서에는 새로운 정치에 대한 태조 이성계와 정도전의 의지가 담겨 있다. 이성계는 성리학을 새로운 통치 이념으로 내세우며 유교적 민본 정치가 구현될 수 있도록 문물제도를 정비하였다. 한양에는 경복궁을 비롯한 종묘, 사직단, 시전, 관아 건물 등이 유교 이념에 따라 배치되었다.

정도전은 한양을 유교적 원리에 따라 설계하면서 『주례』를 근거로 경복궁의 동쪽에는 종묘, 서쪽에는 사직단을 배치하였다.

자료 ❷ 6조 직계제와 의정부 서사제

- 6조 직계제
  의정부의 서사를 나누어 6조에 귀속시켰다. …… 왕은 의정부의 권한이 막중함을 염려하여 이를 단행하였다. 의정부가 관장한 것은 사대 문서와 중죄수의 심의뿐이었다.

  – 『태종실록』 –

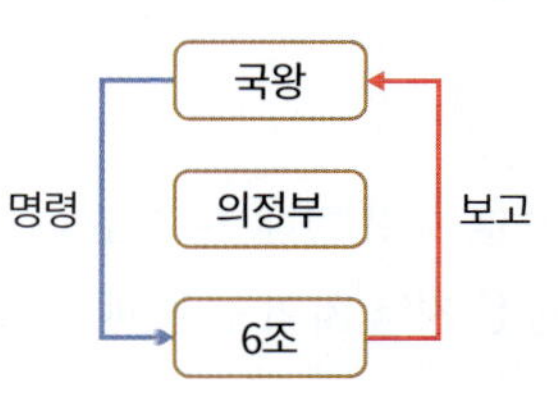

- 의정부 서사제
  6조는 각기 모든 직무를 먼저 의정부에 품의하고, 의정부는 가부를 헤아린 뒤에 왕에게 아뢰어 (왕의) 전지를 받아 6조에 내려 시행한다.

  – 『세종실록』 –

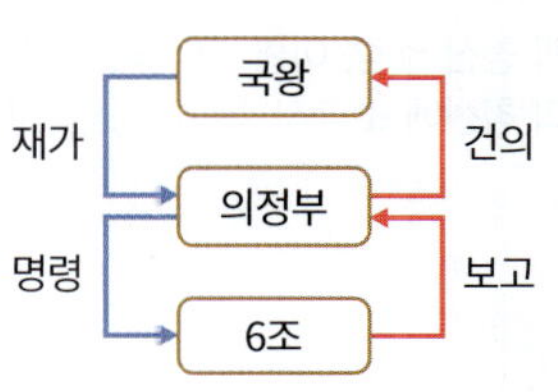

6조 직계제는 6조가 의정부를 거치지 않고 직접 국왕에게 업무를 보고하고 명령을 받아 시행하는 체제로, 국왕의 국정 주도권을 강화해 주었다. 반면, 의정부 서사제는 6조가 먼저 의정부에 업무를 보고하면 의정부 재상들이 이를 심의한 후 국왕의 재가를 얻어 시행하는 체제로, 재상의 국정 주도권을 강화해 주었다.

자료 ❸ 조선 시대 3사의 역할

- 사헌부는 시정을 논하여 바르게 이끌고 모든 관원을 살핀다. 풍속을 바로잡고, 원통하고 억울한 일을 풀어 주며, 거짓된 행위를 금하는 등의 일을 맡는다.
- 사간원은 임금의 옳지 못한 처사에 간언하고, 관리들의 잘못을 논박하는 일을 맡는다.
- 홍문관은 궁궐 안에 있는 서적과 기록을 관리하며, 왕이 물을 일을 대비한다. …… 모두 경연을 겸한다.

  – 『경국대전』 –

사헌부, 사간원, 홍문관으로 이루어진 3사는 언론 활동을 통해 잘못된 정책 결정을 비판하고 견제하는 역할을 하였다. 3사의 언론 활동은 국왕이나 고위 관리도 함부로 막을 수 없었다.

자료 ❹ 수령 7사

농상(농사와 양잠)을 발전시키는 일, 학교를 일으키는 일, 소송을 간략하게 하는 일, 간사하고 교활한 풍속을 방지하는 일, 군정을 정비하는 일, 호구를 늘리는 일, 부역을 고르게 하는 일이 바로 7사입니다.

– 『성종실록』 –

수령 7사는 지방 수령이 고을을 다스리는 데 힘써야 할 일곱 가지 일을 말한다. 조선의 지방 통치 체제는 중앙 집권 체제를 강화하는 방향으로 정비되었다. 전국을 8도로 나누고 도 아래 모든 군현에 수령이 파견되었으며 각 도에는 관찰사를 두고 수령을 지휘·감독하게 하였다.

❋ 조선의 건국

배경	위화도 회군(1388) → 이성계와 신진 사대부의 실권 장악
건국	과전법 실시, 반대 세력 제거 → 이성계 즉위, 조선 건국(1392)
유교 이념 반영	한양 천도, 성리학을 통치 이념으로 채택, 문물제도 정비, 유교 이념에 따라 한양 건물 배치

Tip 조선의 건국과 통치 체제 정비가 유교 이념을 바탕으로 이루어졌음을 기억하자.

❋ 6조 직계제와 의정부 서사제

6조 직계제	의정부 서사제
• 6조가 의정부를 거치지 않고 국왕에게 직접 보고 • 국왕의 국정 주도권 강화	• 6조의 업무를 의정부에서 논의 후 국왕에게 보고 • 재상의 국정 주도권 강화

Tip 6조 직계제와 의정부 서사제를 왕권과 신권의 변화를 중심으로 기억하자.

❋ 조선 시대 3사의 역할

사헌부	관리 비리 감찰
사간원	국왕 정치 비판
홍문관	학술, 경연 담당

❋ 조선 시대의 지방 행정

관찰사	각 도에 파견 → 각 도의 행정 총괄, 수령을 지휘·감독
수령	모든 군현에 파견 → 지방의 행정·사법·군사권 장악
향리	수령 보좌, 지방 행정 실무 담당 → 고려 시대에 비해 지위 낮아짐

② 사림의 성장과 붕당의 형성

1 사림의 성장과 사화의 발생

훈구파	세조의 즉위를 도운 공신 세력 → 조선 전기 국정 주도, 고위 관직 독점, 막대한 토지 차지, 상업 활동에 관여하여 재산 축적
사림	• 조선 건국에 반대한 길재 등의 학문 계승, 향촌 자치 주장, 왕도 정치 추구 • 성종 때 훈구파 견제를 위해 등용(주로 3사에 등용) → 공론을 내세워 훈구파의 비리 비판
사화의 발생	• 무오사화: 연산군과 훈구파가 김종직의 *「조의제문」을 빌미로 사림을 몰아냄 • 갑자사화: 연산군이 생모의 폐위와 관련된 훈구파와 사림 제거 • 기묘사화: 연산군이 쫓겨나고 중종 즉위(중종반정) → 중종이 훈구파 견제를 위해 조광조 등 사림 적극 등용 → 조광조의 급진적인 개혁 추진(현량과 실시, 훈구 대신의 공훈 삭제, 경연·언론 활성화, 소격서 폐지 등) → 훈구의 반발로 조광조 등 사림 희생 자료⑤ • 을사사화: 명종 때 외척 간의 갈등으로 사화 발생

통치자가 덕으로 천하를 다스려야 한다는 유교에서 이상으로 여기는 정치 형태이다.

2 붕당의 형성

(1) **사림의 세력 확대:** 서원과 *향약을 기반으로 세력 확대 → 선조 때 정치 주도권 장악

(2) **붕당의 형성:** 정치적·학문적 성향 및 출신 지역 차이 등을 배경으로 형성

원인	선조 때 척신(외척) 정치의 청산, *이조 전랑 임명 문제로 사림 간 갈등 자료⑥
분화	• 동인: 신진 사림, 척신 정치의 청산 주장, 이황·조식의 학문 계승 • 서인: 기성 사림, 척신 정치의 청산에 소극적, 이이·성혼의 학문 계승

③ 왜란과 호란

1 *왜란의 발발과 극복

일본은 명을 침략하고자 하니 조선에 명으로 가는 길을 빌려달라는 정명가도를 내세웠다.

배경	일본 도요토미 히데요시의 전국 통일 → 내부 불만 세력 무마, 대륙 진출 야욕
전개	일본군의 조선 침략(임진왜란, 1592) → 관군의 연이은 패배, 선조가 명에 지원 요청·의주로 피란 → 수군(이순신)과 의병 활약, 조명 연합군의 평양 탈환 → 명과 일본의 강화 협상 → 결렬 후 일본군의 재침략(정유재란, 1597) → 조명 연합군(직산 전투)과 수군의 일본군 격퇴(명량 대첩) → 도요토미 히데요시 사망, 일본군 철수(1598) → 노량 해전, 전쟁 종결
영향	• 중국: 명의 국력 쇠퇴 → 여진이 성장하여 후금 건국 • 일본: 에도 막부 수립, 약탈한 문화유산과 끌고 간 학자·기술자를 통한 문화 발전 • 조선: 인구 감소, 농토 황폐화, 국가 재정 악화, 문화유산 소실, 명 숭상 관념 확산(만동묘 건립), 에도 막부와 국교 재개(후금 성장에 따른 위기감)

조선의 지배층을 중심으로 확산되었고, 임진왜란 때 조선에 원군을 보낸 명의 신종과 의종을 기리고자 만동묘를 건립하였다.

2 광해군의 정책과 호란의 발발

(1) **광해군의 정책**

① 전후 복구: 토지 개간, 토지 대장과 호적 정비, 국방 강화(성곽, 무기 수리)

② 중립 외교: 명의 군사 지원 요청 → 명과 후금 사이에서 중립 유지 노력 자료⑦

(2) ***호란의 발발**

중립 외교를 비판하던 서인 주도로 광해군을 몰아내고 인조 추대(1623)

정묘호란 (1627)	인조반정 이후 인조와 서인의 친명 배금 정책, 명군의 가도 주둔 → 후금은 물자 부족 해결과 명군에 대한 조선의 지원 차단을 위해 조선 침략 → 관군과 의병의 항쟁 → 화의 성립
병자호란 (1636)	후금이 국호를 청으로 바꾸고 군신 관계 요구 → 주화론·척화론 대립 → 청의 요구 거절 → 청의 침략 → 인조가 남한산성에서 항전 → 삼전도에서 항복(청과 군신 관계 체결) 자료⑧

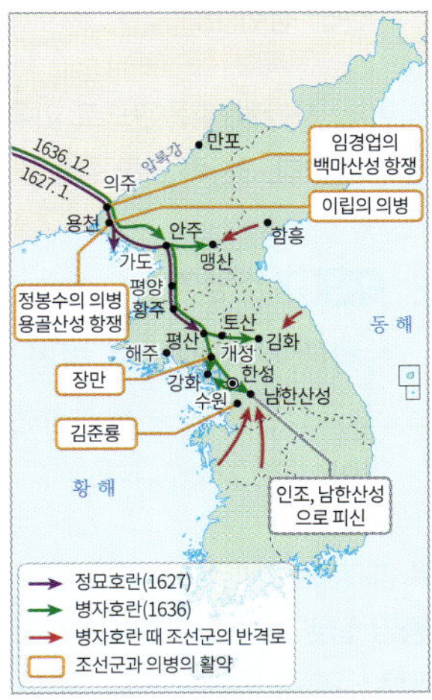

자료 5 현량과 실시

경연에서 조광조가 아뢰기를 "재행(才行)이 있어 임용할 만한 사람을 천거하여, 대궐의 뜰에 모아 놓고 친히 물어 답하게 한다면 인물을 많이 얻을 수 있을 것입니다."라고 하였다. …… 이는 중국 한에서 실시한 현량과의 뜻을 이은 것입니다.
- 『중종실록』 -

조광조는 사림의 여론을 앞세워 급진적인 개혁을 추진하였다. 자신과 뜻을 같이하는 사림을 등용하기 위해 현량과를 실시하고, 경연과 언론을 활성화하였다. 또한 훈구 대신의 공훈을 삭제하여 그들의 경제 기반을 축소하려고 하였다.

✽ 조광조의 개혁 정치

현량과 실시	학문과 덕행이 뛰어난 인재를 추천하여 등용
공훈 삭제	과대평가 된 훈구 대신의 공훈 삭제
소격서 폐지	도교 행사를 주관하는 소격서 폐지

자료 6 이조 전랑 임명 문제

심의겸이 이조 참의로 있을 때 예전의 잘못을 들어 김효원이 전랑이 되는 것에 반대하였지만, 뒤에 김효원은 전랑이 되었다. 그 후 어떤 사람이 심의겸의 동생 심충겸을 전랑으로 천거하자, 김효원이 "이조의 관직이 외척의 물건인가? 심씨 집안에서 차지하려 한단 말이냐?"라고 반대하였다. …… 동인과 서인이라는 말이 여기서 비롯되었으니, 김효원의 집이 동쪽 건천동에 있고 심의겸의 집은 서쪽 정릉동에 있기 때문이었다.
- 『연려실기술』 -

이조 전랑 임명 문제로 심의겸을 중심으로 하는 기성 사림과 김효원을 중심으로 하는 신진 사림이 대립하였다. 이조 전랑은 3사 관리 선발권, 후임 전랑 추천권 등 여러 특권을 가진 요직이었는데, 이조 전랑 자리를 둘러싼 기성 사림과 신진 사림의 대립은 붕당이 형성되는 주요 원인이 되었다.

✽ 동인과 서인

동인	서인
• 신진 사림 • 척신 정치의 청산 주장 • 이황·조식 계승	• 기성 사림 • 척신 정치의 청산에 소극적 • 이이·성혼 계승

Tip 사림이 척신(외척) 정치의 청산과 이조 전랑의 임명 문제를 놓고 동인과 서인으로 분화하였음을 기억하자.

자료 7 광해군의 중립 외교

국왕이 도원수 강홍립에게 지시하였다. "…… 그대는 명군 장수들의 명령을 그대로 따르지만 말고 신중하게 처신하여 오직 패하지 않는 전투가 되도록 최선을 다하라."
- 『광해군일기』 -

후금과 전투를 벌이던 명이 조선에 지원군을 요청하자, 광해군은 강홍립이 이끄는 군대를 명의 지원군으로 보내면서 상황에 따라 대응하도록 지시하였다. 강홍립은 조명 연합군이 패배하자, 후금에 항복하였다. 광해군은 명의 도움 요청을 적절히 거절하며 후금과의 관계를 이어가는 중립적인 외교 정책을 펼쳤다.

✽ 광해군의 정책

전후 복구	토지 개간, 토지 대장·호적 정비, 국방 강화
중립 외교	명과 후금 사이에서 중립 유지 → 국가 안정 도모

Tip 광해군의 정책을 전후 복구와 대외 정책으로 구분해 정리하자.

자료 8 주화론과 척화론의 대립

• 최명길의 주화론
화친을 맺어 국가를 보존하는 것보다 차라리 의를 지켜 망하는 것이 옳다고 하였으나, 이것은 신하가 절개를 지키는 데 쓰는 말입니다. …… 자기의 힘을 헤아리지 아니하고 경망하게 큰소리를 쳐서 오랑캐들의 노여움을 도발, 마침내는 백성이 도탄에 빠지고 종묘와 사직에 제사 지내지 못하게 된다면 그 허물이 이보다 클 수 있겠습니까?
- 『지천집』 -

• 윤집의 척화론
화의로 백성과 나라를 망치기가 …… 오늘날과 같이 심한 적이 없습니다. 중국(명)은 우리나라에 있어서 곧 부모요, 오랑캐(청)는 우리나라에 있어서 곧 부모의 원수입니다. 신하된 자로서 부모의 원수와 형제가 되어서 부모를 저버리겠습니까. …… 차라리 나라가 없어질지라도 의리는 저버릴 수 없습니다.
- 『인조실록』 -

후금이 국호를 청으로 바꾸고 조선에 군신 관계를 요구하자, 조선에서는 청과 화친해야 한다는 주장(주화론)과 청에 굴복해서는 안 된다는 주장(척화론)이 대립하였다. 결국 척화론이 우세하여 조선은 청의 군신 관계 요구를 거절하였고, 이에 청이 조선을 침략하여 병자호란이 일어났다.

✽ 주화론과 척화론

주화론	척화론
• 청과 화친 주장 • 현실, 민생 중시	• 청과 전쟁 주장 • 명과의 의리 중시

개념 체크 문제

포인트 Pick

1 조선의 건국과 국가 기틀의 확립

조선의 건국	(❶)으로 이성계와 신진 사대부가 정치적 실권 장악 → 과전법 실시 → 조선 건국(1392)
국가 기틀의 확립	• 태조: 성리학을 통치 이념으로 채택, 문물제도 정비, 유교 이념에 따른 한양 건물 배치 • 태종: 사병 혁파, 6조 직계제 채택, 호패법, 양전 사업 • (❷): 집현전 설치, 경연 활성화, 의정부 서사제 실시 • 세조: 6조 직계제 실시, 집현전·경연 폐지 • 성종: 홍문관 설치, (❸) 완성·반포

2 통치 체제의 정비

중앙 통치 체제	• 의정부와 6조 중심으로 국정 운영 • 3사(사헌부, 사간원, 홍문관): 정책 결정 비판·견제 • 승정원(국왕 비서 기구), 의금부(사법 기구), 춘추관(역사 편찬), 성균관(유학 교육), 한성부(수도 행정)
지방 행정 조직	• 전국을 8도로 나눔, 도 아래 부·목·군·현 설치 • 관찰사와 수령 파견, (❹)(향촌 자치 기구)
관리 선발 제도	과거(문과, 무과, 잡과), 음서, 천거

3 사림의 성장과 붕당의 형성

사림	• 길재 등의 학문 계승, 향촌 자치 주장, 왕도 정치 추구 • 성종이 훈구파 견제를 위해 적극 등용(주로 3사에 등용)
사화의 발생	• 무오사화: 김종직의 (❺)을 빌미로 발생 • 갑자사화: 연산군의 생모 폐위와 관련된 훈구·사림 제거 • 기묘사화: 중종 때 (❻)의 급진적 개혁에 반발 • 을사사화: 명종 때 외척 간의 갈등으로 발생
붕당의 형성	척신 정치의 청산과 (❼) 임명 문제로 사림 간 갈등 → 동인과 서인으로 분화

4 왜란과 호란

임진왜란	일본군의 조선 침략(1592) → (❽)가 의주로 피란, 명에 지원 요청 → 수군·의병·조명 연합군의 활약 → 명·일본 강화 협상 결렬, 일본군 재침략(정유재란, 1597) → 수군·조명 연합군의 일본군 격퇴 → 일본군 철수(1598)
광해군의 정책	• 전후 복구: 토지 개간, 토지 대장·호적 정비, 국방 강화 • (❾): 명과 후금 사이에서 중립 유지
호란	• 정묘호란: 친명 배금 정책, 명군의 가도 주둔 → 후금의 조선 침략(1627) → 관군·의병 항쟁 → 화의 성립 • (❿): 청이 조선에 군신 관계 요구 → 조선의 거부 → 청의 침략(1636), 인조가 남한산성으로 피란하여 항전 → 삼전도에서 항복(청과 군신 관계 체결)

---

01 다음 설명에 해당하는 용어를 쓰시오.

> 6조가 의정부를 거치지 않고 직접 국왕에게 업무를 보고하고 명령을 받아 시행하는 국정 운영 체제이다. 정책 결정과 시행 과정에서 재상의 역할이 축소되어 국왕의 국정 주도권을 강화하였다.

02 다음 서술이 옳으면 ○표, 틀리면 ×표 하시오.

(1) 조선 시대에는 전국을 8도로 나누어 안찰사를 파견하였다. (   )

(2) 사헌부, 사간원, 홍문관의 3사는 언론 활동을 통해 잘못된 정책 결정을 비판·견제하였다. (   )

(3) 이조 전랑의 임명 문제 등을 놓고 사림이 동인과 서인으로 갈라지면서 붕당이 출현하였다. (   )

03 각 국왕과 활동을 바르게 연결하시오.

(1) 세종 •   • ㉠ 집현전 설치

(2) 세조 •   • ㉡ 『경국대전』 반포

(3) 성종 •   • ㉢ 6조 직계제 실시

04 다음 내용을 옳은 서술로 완성하시오.

(1) 조선의 관리 선발에 있어 (㉠ 음서 , ㉡ 천거)는 고려에 비해 혜택을 받는 대상이 크게 줄었다.

(2) (㉠ 인조 , ㉡ 광해군)은/는 명과 후금 사이에서 중립 외교를 펼쳤다.

(3) 병자호란 당시 인조는 (㉠ 의주 , ㉡ 남한산성)(으)로 피신하였다.

05 다음 사건을 일어난 순서대로 나열하시오.

> **보기**
> ㄱ. 명량 대첩   ㄴ. 평양 탈환
> ㄷ. 일본의 전국 통일   ㄹ. 에도 막부의 수립

06 주로 3사에 등용되어 언론 활동을 통해 훈구파의 비리를 비판하던 세력을 쓰시오.

01 밑줄 친 '나'에 대한 설명으로 옳은 것은?

> 대소 신료 등에게 교서를 내렸다. "<u>나</u>는 덕이 적고 우매하여 시기에 따라 조치하는 방법을 알지 못하는데, 그래도 보좌하는 힘에 의지하여 새로운 정치를 이루고자 하니, 백성들은 나의 지극한 마음을 헤아려 본받으라." …… 이 교서는 정도전이 작성한 것이다.

① 강화도로 천도하였다.
② 교정도감을 설치하였다.
③ 단종을 쫓아내고 왕위에 올랐다.
④ 위화도 회군으로 권력을 장악하였다.
⑤ 공신과 왕족이 소유한 사병을 없앴다.

02 (가), (나) 제도에 대한 설명으로 옳은 것만을 〈보기〉에서 고른 것은?

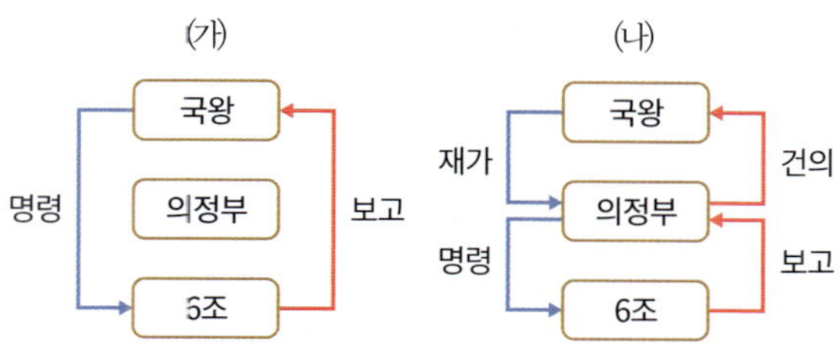

> **보기**
> ㄱ. (가) – 국왕의 권한을 축소하였다.
> ㄴ. (가) – 태종과 세조 때 실시되었다.
> ㄷ. (나) – 재상의 역할을 더욱 확대하였다.
> ㄹ. (나) – 호족 세력 견제를 목적으로 실시되었다.

① ㄱ, ㄴ   ② ㄱ, ㄷ   ③ ㄴ, ㄷ
④ ㄴ, ㄹ   ⑤ ㄷ, ㄹ

03 (가) 인물에 대한 설명으로 옳은 것은?

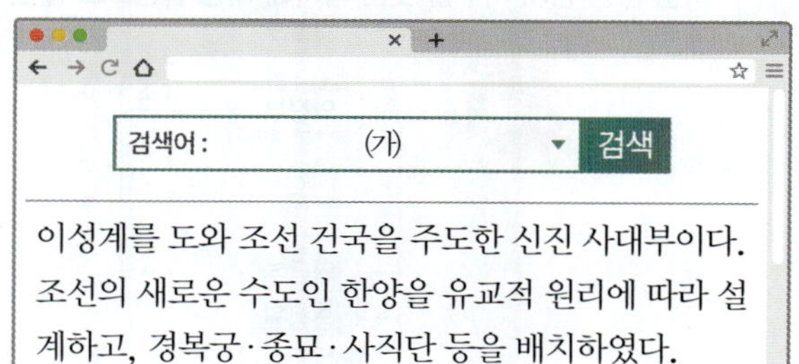

> 이성계를 도와 조선 건국을 주도한 신진 사대부이다. 조선의 새로운 수도인 한양을 유교적 원리에 따라 설계하고, 경복궁·종묘·사직단 등을 배치하였다.

① 훈요 10조를 남겼다.
② 호패법을 실시하였다.
③ 『경국대전』을 반포하였다.
④ 현량과 실시를 건의하였다.
⑤ 재상 중심의 국정 운영을 추구하였다.

04 다음 사건의 결과로 가장 적절한 것은?

> 태조의 왕자들 간에 왕위 계승을 둘러싸고 벌어진 싸움으로, 1차 왕자의 난은 이방원을 비롯한 왕자와 종친 세력이 세자 등을 제거하기 위해 일으켰다. 이후 일어난 2차 왕자의 난은 실권을 장악한 이방원에게 대항하여 이방간이 일으킨 것이다.

① 정도전이 제거되었다.
② 노비안검법이 실시되었다.
③ 김흠돌의 난이 진압되었다.
④ 문벌 사회의 분열이 심화되었다.
⑤ 관료전이 지급되고 녹읍이 폐지되었다.

기출 변형

05 다음 법전을 완성한 왕에 대한 설명으로 옳은 것은?

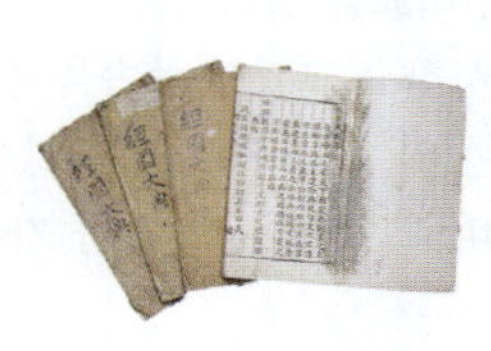

> 이것은 조선 왕조의 기본 법전으로 이전·호전·예전·병전·형전·공전의 6전으로 구성되었다.

① 경연을 폐지하였다.
② 홍문관을 설치하였다.
③ 과전법을 실시하였다.
④ 6조 직계제를 실시하였다.
⑤ 연산군이 폐위되고 왕위에 올랐다.

06 다음 중앙 정치 기구를 갖춘 국가에 대한 설명으로 옳은 것은?

① 당의 3성 6부를 수용하였다.
② 22담로에 왕족을 파견하였다.
③ 경연에서 정책 토론이 이루어졌다.
④ 9서당 10정의 군사 조직을 마련하였다.
⑤ 재신과 추밀이 국방 문제를 담당하였다.

07 (가)에 대한 설명으로 옳은 것은?

> 농상을 발전시키는 일, 학교를 일으키는 일, 소송을 간략하게 하는 일, 간사하고 교활한 풍속을 방지하는 일, 군정을 정비하는 일, 호구를 늘리는 일, 부역을 고르게 하는 일이 바로 [(가)]의 일곱 가지 업무입니다.

① 재상들의 합의 기구이다.
② 향·부곡·소를 관장하였다.
③ 권력의 독점과 부정을 방지하였다.
④ 군현의 행정·사법·군사권을 행사하였다.
⑤ 수령을 보좌하며 행정 실무를 담당하였다.

08 유향소에 대한 설명으로 옳은 것만을 〈보기〉에서 고른 것은?

> **보기**
> ㄱ. 모든 군현에 파견되었다.
> ㄴ. 향리의 비리를 감시하였다.
> ㄷ. 각 도의 행정을 총괄하였다.
> ㄹ. 지방 사족이 설치한 향촌 자치 기구이다.

① ㄱ, ㄷ　　　② ㄱ, ㄹ　　　③ ㄴ, ㄷ
④ ㄴ, ㄹ　　　⑤ ㄷ, ㄹ

09 (가)에 들어갈 내용으로 옳은 것은?

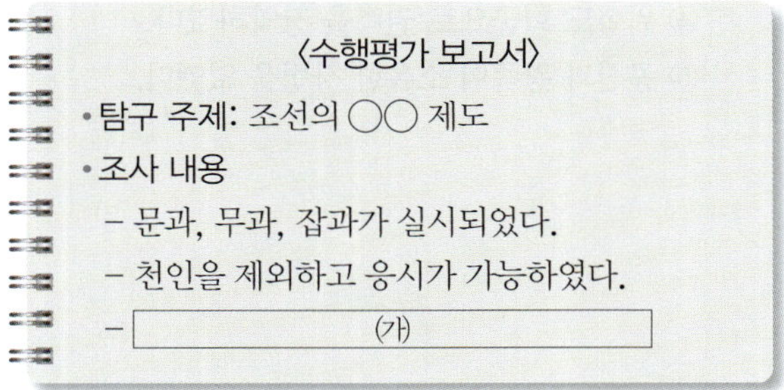

① 무과는 거의 시행되지 않았다.
② 정기 시험인 식년시가 실시되었다.
③ 출신 지역의 지방관으로 임명되었다.
④ 대부분 기존 관리를 대상으로 실시되었다.
⑤ 고위 관리가 추천한 인물을 관리로 등용하였다.

10 자료에 나타난 기구에 대한 설명으로 옳은 것은?

> (사헌부는) 시정을 논하여 바르게 이끌고 모든 관원을 살핀다. …… (사간원은) 임금의 옳지 못한 처사에 간언하고, 관리들의 잘못을 논박하는 직무를 관장한다. …… (홍문관은) 궁궐 안에 있는 서적과 기록을 관리하며, 왕이 물을 일을 대비한다.
> – 『경국대전』 –

① 역사 편찬을 담당하였다.
② 국왕의 직속 사법 기구이다.
③ 수도 한성의 행정을 담당하였다.
④ 중서문하성의 낭사와 함께 대간으로 불렸다.
⑤ 언론 활동을 통해 정책을 비판하고 견제하였다.

11 밑줄 친 '이들'에 대한 설명으로 옳은 것은?

> 고려 말 조선 건국에 반대한 길재 등의 학문 전통을 이어받은 <u>이들</u>은 성종 때부터 중앙 정계에 등장하기 시작하였다. 이들은 주로 3사의 언관직에 등용되어 훈구파의 부정과 비리를 비판하였다.

① 골품제의 폐단을 비판하였다.
② 무신 정변으로 권력을 장악하였다.
③ 세조의 즉위 과정에서 공을 세웠다.
④ 향촌 자치와 왕도 정치를 추구하였다.
⑤ 노비안검법의 실시로 세력이 약화되었다.

12 밑줄 친 '이 사건'으로 옳은 것은?

> 이곳은 김종직의 학문과 덕행을 기리고 지방 사족의 유학 교육을 위해 지어진 예림서원이다. 이곳에 배향된 김종직이 쓴 「조의제문」을 빌미로 <u>이 사건</u>이 일어났다.

① 중종반정　　② 무오사화　　③ 정유재란
④ 병자호란　　⑤ 왕자의 난

13 밑줄 친 '그'에 대한 설명으로 옳은 것은?

① 소격서 폐지를 주장하였다.
② 척신 정치 청산에 소극적이었다.
③ 전민변정도감의 설치를 건의하였다.
④ 신진 사대부의 역성혁명에 반대하였다.
⑤ 한양을 유교적 원리에 따라 설계하였다.

14 다음 주장이 제기된 시기를 연표에서 옳게 고른 것은?

> "재행(才行)이 있어 임용할 만한 사람을 천거하여, 대궐의 뜰에 모아 놓고 친히 물어 답하게 한다면 인물을 많이 얻을 수 있을 것입니다."라고 하였다. …… 이는 중국 한에서 실시한 현량과의 뜻을 이은 것입니다.

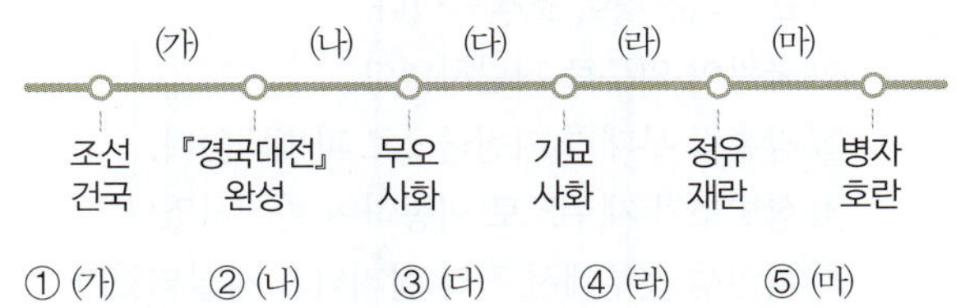

① (가)　② (나)　③ (다)　④ (라)　⑤ (마)

15 다음 자료에서 설명하는 것으로 옳은 것은?

> 사족에 의해 만들어진 향촌의 자치 규약이다. 백성을 유교적으로 교화하고 향촌 사회 질서를 유지하는 기능을 하였으며, 향촌 주민에 대한 사족의 지배력을 강화하였다.

① 향약 ② 향교 ③ 공론
④ 서원 ⑤ 경연

중요

16 다음 지도에 나타난 전쟁 중에 있었던 사실로 옳은 것은?

① 초조대장경이 소실되었다.
② 국왕이 의주로 피란하였다.
③ 강홍립 부대가 지원군으로 파병되었다.
④ 삼별초가 제주도로 이동하여 항전하였다.
⑤ 처인성 전투에서 적장 살리타가 사살되었다.

17 밑줄 친 '이 전쟁'의 영향으로 가장 적절한 것은?

① 왕실의 관제가 격하되었다.
② 신흥 무인 세력이 성장하였다.
③ 조선과 후금이 화의를 맺었다.
④ 개경으로의 환도가 이루어졌다.
⑤ 조선에서 명을 숭배하는 분위기가 확산되었다.

18 (가) 국왕에 대한 설명으로 옳은 것은?

> 선조의 뒤를 이은 [(가)]은 전후 복구 사업에 주력하여 토지를 개간하고 토지 대장과 호적을 정비하였다. 또한 성곽과 무기를 수리하여 국방을 강화하였다.

① 청과 군신 관계를 맺었다.
② 『경국대전』의 편찬을 시작하였다.
③ 서인의 반정으로 왕위에서 쫓겨났다.
④ 집현전을 폐지하여 언론 활동을 제한하였다.
⑤ 생모의 폐위와 관련된 훈구파와 사림을 제거하였다.

19 (가), (나) 시기 사이에 있었던 사실로 옳은 것은?

> (가) 적들을 한산 앞바다로 끌어냈다. 이순신이 명을 내리자, 전선들이 학익진을 펼쳐 적들을 에워쌌다. 이어 여러 가지 화포로 큰 화살과 불화살을 마구 쏘아 적선 수십 척을 부수거나 불태워 크게 이겼다.
>
> (나) 용골대와 마부대가 성 밖에 와서 임금의 출성을 재촉하였다. …… 백관으로 뒤처진 자는 서문 안에 서서 가슴을 치고 뛰면서 통곡하였다. …… 임금이 세 번 절하고 아홉 번 머리를 조아리는 예를 행하였다.

① 최영이 왜구를 토벌하였다.
② 후금이 정묘호란을 일으켰다.
③ 노비들이 충주성에서 몽골군을 물리쳤다.
④ 묘청 등이 금국 정벌을 주장하며 난을 일으켰다.
⑤ 연산군이 쫓겨나고 중종이 새 왕으로 즉위하였다.

중요
20 다음 지도에 나타난 전쟁에 대한 탐구 활동으로 가장 적절한 것은?

① 조명 연합군의 활약을 조사한다.
② 정동행성을 설치한 목적을 알아본다.
③ 일본이 전국 통일 후 일으킨 전쟁을 조사한다.
④ 국왕이 남한산성으로 피란한 경로를 살펴본다.
⑤ 이자겸과 척준경이 난을 일으킨 이유를 알아본다.

21 다음을 읽고 물음에 답하시오.

> 심의겸이 이조 참의로 있을 때 김효원이 전랑이 되는 것에 반대하였지만, 뒤에 김효원은 전랑이 되었다. 그 후 심의겸의 동생 심충겸이 전랑으로 천거되었으나, 외척이라 하여 김효원이 반대하였다. ……   (가) 과   (나) 이라는 말이 여기서 비롯되었으니, 김효원의 집이 동쪽 건천동에 있어서   (가) 이라고 하였고, 심의겸의 집이 서쪽 정릉동에 있어서   (나) 이라 하였다.

(1) (가), (나)에 해당하는 붕당을 쓰시오.

(2) (가), (나) 붕당의 척신 정치 청산에 대한 입장을 각각 서술하시오.

22 다음 자료를 읽고 물음에 답하시오.

> 국왕이 도원수 강홍립에게 지시하였다. "…… 그대는 명군 장수들의 명령을 그대로 따르지만 말고 신중하게 처신하여 오직 패하지 않는 전투가 되도록 최선을 다하라."

(1) 밑줄 친 '국왕'을 쓰시오.

(2) 위 국왕이 추진한 대외 정책에 대해 서술하시오.

문제의 자료에서 **키워드**를 찾고, **키워드 꼬리 질문**에 답해 보자.
만약 **답변이 어렵다면 다시 학습**을 통해 복습해 보자.

01 (가)에 들어갈 내용으로 가장 적절한 것은?

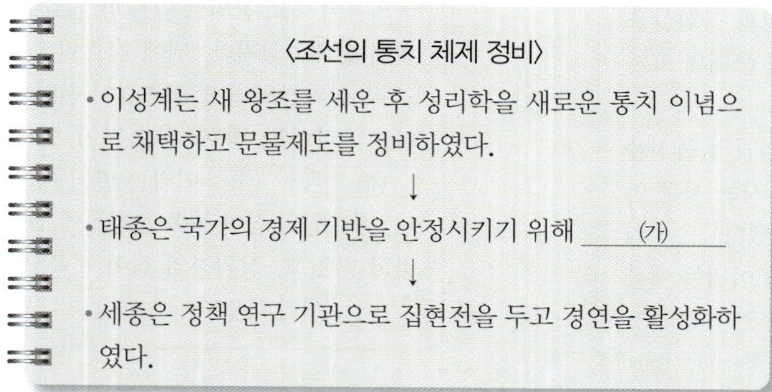

① 정방이 설치되었다.
② 호패법이 실시되었다.
③ 국자감이 설립되었다.
④ 『경국대전』 편찬을 시작하였다.
⑤ 쌍기의 건의로 과거제가 도입되었다.

키워드 Pick
• 태종
• 경제 기반 안정

키워드 꼬리 질문
Q1 이성계가 세운 나라의 이름은?
Q2 태종 때 16세 이상의 모든 남자에게 발급한 것은?

답변이 어렵다면 다시 학습
☞ 34쪽

02 (가) 국가의 지방 행정에 대한 설명으로 옳지 <u>않은</u> 것은?

▲ [(가)]의 지방 행정 조직

① 도 아래 부·목·군·현을 두었다.
② 향·부곡·소가 주변 군현에 통합되었다.
③ 향리의 지위가 고려 시대보다 낮아졌다.
④ 지방관이 파견되지 않은 속현이 많았다.
⑤ 도의 관찰사가 관할 지역의 수령을 감독하였다.

키워드 Pick
• 8도
• 한성

키워드 꼬리 질문
Q1 전국을 8도로 나누어 지방 행정 조직을 정비한 국가는?
Q2 도의 행정을 관할하며 관할 지역의 수령을 지휘·감독하던 지방관은?

답변이 어렵다면 다시 학습
☞ 34쪽

03 다음 전투에 대한 설명으로 옳은 것은?

> 수군을 거느리고 진도 벽파정 아래에 주둔하고 있다가 명량으로 들어가는 (울돌)목에서 왜군을 크게 쳐부수었다. 이로 인하여 적은 다시 해로를 통하여 전라도 지역을 넘보지 못하였고 그 이듬해에 적은 마침내 완전히 철수하고 말았다.

① 가도에 명군이 주둔하는 배경이 되었다.
② 본국으로 철수하는 일본군을 격퇴하였다.
③ 전개 과정에서 황룡사 9층 목탑이 불탔다.
④ 일본과 청의 강화 협상 실패 이후 일어났다.
⑤ 서인의 친명 배금 정책이 빌미가 되어 일어났다.

키워드 Pick
• 명량
• 울돌목
• 왜군을 크게 쳐부수었다

키워드 꼬리 질문
Q1 이순신이 명량에서 일본군에 대승을 거둔 전투는?
Q2 위 전투가 전개된 전쟁은?

답변이 어렵다면 ↻다시 학습
☞ 36쪽

04 다음 주장을 활용한 탐구 주제로 가장 적절한 것은?

> • 자기의 힘을 헤아리지 아니하고 경망하게 큰소리를 쳐서 오랑캐들의 노여움을 도발, 마침내는 백성이 도탄에 빠지고 종묘와 사직에 제사 지내지 못하게 된다면 그 허물이 이보다 클 수 있겠습니까?
> • 중국은 우리나라에 있어서 곧 부모요, 오랑캐는 우리나라에 있어서 곧 부모의 원수입니다. …… 차라리 나라가 없어질지라도 의리는 저버릴 수 없습니다.

① 붕당의 형성
② 사화의 발생
③ 중립 외교의 전개
④ 묘청의 서경 천도 운동
⑤ 주화론과 척화론의 대립

키워드 Pick
• 자기의 힘을 헤아리지 아니하고
• 의리를 저버릴 수 없습니다

키워드 꼬리 질문
Q1 자료의 두 주장을 각각 일컫는 말은?
Q2 자료의 두 주장이 대립하게 된 계기는?

답변이 어렵다면 ↻다시 학습
☞ 36쪽

04 조선 후기의 변화

1 정치 운영의 변화

1 통치 체제 재정비

(1) *비변사의 기능 강화: 군사 문제를 논의하던 임시 기구 → 명종 때 상설 기구화 → 왜란을 거치며 최고 기구로 위상 강화(군사, 외교, 인사 관리, 재정 등 국가 정책 전반 논의) → 의정부와 6조 중심의 기존 행정 체계 유명무실화, 왕권 약화

(2) 군사 제도의 개편

중앙군	• 훈련도감: 왜란 중에 창설, 포수·사수·살수의 삼수병 구성, 직업적 상비군 자료① • 5군영: 훈련도감 창설 이후 어영청, 총융청, 수어청, 금위영 추가 → 5군영 체제 확립
지방군	속오군 정비 → 양반에서 노비까지 모든 신분으로 편성, 평상시 생업 종사, 적이 침입하면 전투 동원 → 점차 양인은 제외되고 천인으로 채워짐

(3) 수취 체제 개편: 대동법, 영정법, 균역법 실시 → 국가 재정 기반 확충, 농민 생활 안정 도모

2 *붕당 정치의 전개

(1) 붕당 정치의 전개: 선조 때 사림이 동인과 서인으로 나뉘면서 시작 → 동인이 북인과 남인으로 분화 → 광해군 때 북인이 정국 주도(전후 복구 사업, 제도 개편 추진) → 인조반정으로 북인 몰락, 서인이 정권 장악 → 서인과 남인이 상호 비판, 견제하며 국정 운영

(2) 붕당 간의 대립: 현종 때 두 차례 예송 발생(1차 예송은 서인, 2차 예송은 남인 주장 수용) → 서인과 남인이 점차 대립

> 효종과 효종의 비가 각각 죽었을 때 효종의 계모였던 자의 대비가 얼마 동안 상복을 입느냐를 놓고 벌어진 의례 논쟁

3 붕당 정치의 변질 자료②

*환국	• 숙종이 여러 정치 세력 조정, 왕권 강화를 위해 환국 일으킴 • 경신환국으로 서인이 집권 → 여러 차례 환국 발생 → 집권 붕당이 상대 붕당 탄압(일당 전제화 경향) → 서인이 노론과 소론으로 분화(남인에 대한 대응 문제를 놓고 나뉨)
영향	• 3사의 언론 활동 변질: 공론을 반영하기보다 자기 붕당의 이해관계 대변 • 외척·종친의 정치적 비중 확대, 정치권력이 고위 관리에 집중, 붕당 간 대립이 왕위 계승 문제로 연결 → 붕당 정치의 폐단 심화 → 붕당 간 세력 균형을 유지하려는 *탕평론 대두

2 탕평 정치

> 노론과 소론의 온건파이며 붕당을 없애자는 영조의 주장에 동의하였다.

영조	• 탕평책: 탕평파 중심의 정국 운영, *산림의 존재 부정, 서원 대폭 정리, 이조 전랑의 권한 약화(3사 관리와 자신의 후임자 추천 관행 없앰), 탕평비 건립 자료③ • 개혁 추진: 균역법 실시, 신문고 부활, 청계천을 청소 및 보수하는 준천 실시
정조	• 탕평책: 적극적인 탕평책 실시, 외척 세력 제거, 소론과 남인 계열 중용, 규장각 육성, 초계문신제 실시, 친위 부대인 장용영 설치, *『무예도보통지』 편찬, 수원 화성 건설 자료④ • 개혁 추진: 수령이 향약을 직접 주관(지방 사족의 향촌 지배 억제), 통공 정책(시전 상인의 특권 축소), 서얼 출신 학자 등용(규장각 검서관), 공노비 해방 추진, 『대전통편』 편찬
의의	국왕의 국정 주도 → 붕당 간 대립 완화, 정국 안정
한계	강력한 왕권으로 붕당 간 갈등을 억누른 데 그침, 정치권력이 왕과 소수 정치 집단에 집중

---

*비변사
16세기 초 여진과 왜구의 침입에 대비하려 설치한 임시 회의 기구이다.

▲ 『비변사등록』

비변사에서 논의하고 결정한 사항을 일기 형식으로 기록한 책이다.

*붕당 정치의 전개와 변질

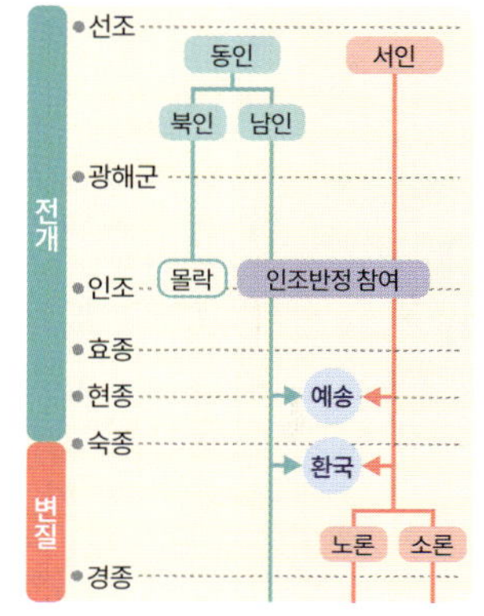

*환국
국정을 주도하는 붕당과 이를 견제하던 붕당이 교체되면서 정국이 급격하게 바뀌는 현상을 말한다.

*탕평(蕩平)
국왕의 정치가 어느 한쪽을 편들지 않고 사심이 없으며, 당을 이루지도 않는 상태에 이르는 것을 의미한다.

*산림
관직은 없으나 재야에서 학식과 덕망을 갖추고 각 붕당에서 공론의 주재자로 인식되었던 이들을 뜻한다.

*『무예도보통지』

정조가 장용영의 장교 백동수와 규장각 검서관 이덕무 등에게 명하여 편찬한 무예책이다.

자료 ① 훈련도감 설치

임금(선조)께서 도감을 설치하여 군사를 훈련시키라고 명하시고 나(유성룡)를 도제조로 삼으셨다. 나는 청하기를 "당속미(唐粟米) 1천 석을 군량으로 하되 한 사람당 하루에 2되씩 준다 하여 군인을 모집하면 응하는 자가 사방에서 모여들 것입니다."라고 하였다.

– 유성룡, 『서애집』 –

훈련도감은 임진왜란 때 중앙군이 제 기능을 하지 못하자 창설되었으며 소속 군인은 급료를 받는 상비군이었다. 훈련도감은 조총으로 무장한 포수, 활로 무장한 사수, 칼이나 창으로 무장한 살수 등 삼수병으로 구성되었다.

자료 ② 붕당 정치의 변질

전하(숙종)께서 왕위에 오르신 이후로 사람의 현명함과 우매함은 묻지도 않고서, 한쪽 사람을 임용하면 한쪽만 모두 등용시키고, 한쪽 사람을 물리치면 한쪽만 모두 물리치게 합니다. 등용시키고 물리치는 사이에 그 당화(黨禍)만 증가시키게 되니 그것이 국맥(國脈)을 손상시킴을 어떻게 하겠습니까?

– 『숙종실록』 –

숙종 때는 환국이 여러 차례 발생하면서 붕당이 상대방의 정책을 비판, 견제하며 국정을 운영하던 풍토가 깨지게 되었다. 집권 붕당이 상대 붕당을 가혹하게 탄압하는 상황이 나타났고, 국왕은 이를 이용해 왕권을 강화하려 하였다. 이러한 과정에서 붕당 정치의 폐단이 심화되었다.

자료 ③ 영조의 탕평 정치

근래에 와서 인재 임용이 당목에 들어 있는 사람만으로 이루어지니 …… 이러한 상태가 그치지 않는다면 조정에 벼슬할 사람이 몇 명이나 되겠는가? …… 이조는 탕평의 정신을 수용토록 하라.

– 『영조실록』 –

▲ 탕평비

자료는 영조가 자신의 탕평 의지를 알리기 위해 반포한 교서 내용, 성균관 앞에 세운 탕평비이다. 영조는 즉위 과정에서 붕당의 극심한 대립을 경험하였고, 이로 인해 탕평을 강조하였다. 영조는 탕평책을 추진하는 한편 『속대전』, 『동국문헌비고』 등을 편찬하여 문물제도를 정비하였다.

자료 ④ 규장각 육성과 수원 화성 건설

▲ 「규장각도」

▲ 수원 화성의 서북공심돈(좌), 화서문(우)

규장각은 일종의 왕실 도서관 기능을 담당하였으나, 정조는 비서실 기능을 부여하고 과거 시험과 관리 교육까지 담당하게 하였다. 수원 화성 건설에는 군사적 방어 기능과 상업적 기능이 함께 고려되었으며, 1997년에 유네스코 세계 유산으로 등재되었다.

※ 조선 후기의 중앙군 체제 확립

선조	훈련도감 설치(임진왜란 중)
인조	• 어영청 설치(수도 방어) • 총융청 설치(수도 외곽 방어) • 수어청 설치(수도 외곽 방어)
숙종	금위영 설치(수도 방어)

↓

5군영 체제 완성(17세기 말)

TIP 조선 후기에 훈련도감이 창설된 후 여러 군영이 추가되어 점차 중앙군이 5군영 체제로 완성되었음을 이해하자.

※ 붕당 정치의 흐름

선조
붕당 정치의 시작(동인, 서인 분화)

↓

광해군 ~ 효종
붕당 간 상호 견제, 비판(상호 공존)

↓

현종
예송 발생(서인과 남인의 대립), 붕당 사이의 갈등 심화

↓

숙종
환국 발생(서인과 남인이 번갈아 집권), 서인이 노론·소론으로 분화, 집권 붕당이 상대 붕당을 탄압

↓

영조, 정조
붕당 간 세력 균형 모색, 탕평책 실시

※ 영조와 정조의 정책

영조	정조
탕평책 실시	
• 산림의 존재 부정 • 이조 전랑의 권한 약화 • 서원 대폭 정리 • 탕평비 건립	• 외척 세력 제거 • 소론과 남인 계열 중용 • 규장각 육성 • 초계문신제 실시

TIP 영조와 정조의 정책을 구분하여 기억하자.

1 세도 정치의 폐단

세도 정치의 전개	• 배경: 정조 사후 어린 순조 즉위 → 일부 외척 세력이 권력 장악 • 전개: 3대(순조, 헌종, 철종) 60여 년 동안 안동 김씨, 풍양 조씨 등 일부 세도 가문의 권력 독점 → 비변사의 주요 관직과 중앙 군영의 지휘권 장악 • 결과: 왕권 약화, 공론 정치와 3사의 언론 활동 기능 상실 _{뇌물을 바치고 관직을 산 관리들은 백성을 수탈하여 이를 보상받으려 하였다.}
세도 정치의 폐단	• 정치 기강의 문란: 세도 가문의 권력 남용, 과거 시험의 부정행위 만연, *매관매직 성행 • *삼정의 문란: 지방 수령과 아전이 농민 수탈 → 삼정의 폐단 심화 → 정부가 암행어사 파견 등으로 해결 시도(근본적 해결은 되지 않음) 자료 ⑤

2 *농민 봉기

홍경래의 난 (1811) 자료 ⑥	• 원인: 정부의 평안도 지역에 대한 차별, 상공업 통제, 지배층의 수탈 • 전개: 몰락 양반 출신 홍경래 주도, 평안도 지역의 몰락 양반·신흥 상공업 세력·광산 노동자·영세 농민·노비 등을 규합하여 봉기 → 청천강 이북 지역 대부분 장악 • 결과: 정주성 전투 패배 → 봉기 후 약 5개월 만에 관군에 진압됨
임술 농민 봉기 (1862)	• 원인: 지방관의 과도한 수탈로 인한 삼정의 문란 • 전개: 단성 농민 봉기, 진주 농민 봉기 → 전국으로 확산(임술 농민 봉기) 자료 ⑦ • 정부의 대응: 암행어사 파견, 관리의 비리 조사, 삼정이정청 설치, 안핵사를 파견하여 주동자 처벌 → 근본적 해결 못함, 농민의 저항 지속 _{지방에 사건이 일어났을 때 처리를 위해 파견한 임시직} • 의의: 농민이 조세 제도의 폐단에 맞서 직접 저항함, 농민의 사회의식 성장을 보여 줌 • 한계: 봉기가 주변 지역과 연대하는 단계로 나아가지 못함

1 통치 체제 재정비

(1) 흥선 대원군의 권력 장악: 철종이 후사 없이 죽고 고종이 어린 나이로 즉위(1863) → 국왕의 아버지인 흥선 대원군이 정치적 영향력 행사, 개혁 실시

(2) 정치 기강 확립: 세도 가문 약화, 소외되었던 정치 세력과 종친 등용, 비변사 축소(사실상 폐지) → 의정부와 *삼군부 기능 부활, 『대전회통』과 『육전조례』 편찬(통치 규범 재정비) _{남인, 북인 등} _{행정권과 군사권을 나누어 맡게 하여 권력 독점 견제}

(3) 경복궁 *중건: 왕실의 권위를 세우기 위한 목적
① 과정: 공사비 마련을 위해 원납전(기부금) 강제 징수, 성문의 통행세 징수, *당백전 발행, 목재 충당을 위해 양반의 *묘지림을 베어 냄, 공사에 백성을 강제 동원
② 결과: 당백전 발행으로 인한 물가 폭등, 백성의 민심 악화, 양반의 불만 _{임진왜란 때 불탐}

2 민생 안정을 위한 개혁 실시 자료 ⑧

(1) 삼정의 문란에 대한 개선 노력
① 전정: 양전 사업 실시 → 세금 회피 위해 토지 대장에서 누락시킨 토지(은결)를 찾아냄
② 군정: 호포제 실시 → 신분 구별 없이 가호 기준 징수(상민에게만 거두던 군포를 양반에게도 징수)
③ 환곡: *사창제로 개편 → 지방관과 향리, 아전의 횡포 방지

(2) 서원 철폐 _{선현에 대한 제사 명목으로 수탈}
① 배경: 붕당의 근거지로서 폐단 초래, 백성 수탈, 면세·면역 특권으로 국가 재정에 악영향
② 시행: 서원 중 47개소만 남기고 철폐 → 서원의 토지와 노비 몰수
③ 영향: 백성의 생활 안정, 국가 재정 확충에 기여, 양반 유생들의 거센 반발 _{흥선 대원군에게 큰 정치적 부담을 주었다.}

---

*매관매직
돈을 받고 관직을 사고파는 행위를 뜻한다.

*삼정
국가 재정 수입의 기반인 전정(토지세), 군정(군포 징수), 환곡(환정, 일종의 농민 구제책)을 가리키는 말이다.

*농민 봉기

▲ 19세기에 발생한 농민 봉기

*삼군부
군사 업무를 총괄하던 최고 기관으로, 중·좌·우군의 3군을 지휘·감독하였다. 조선 초기에 설치되었다가 세종 때 폐지된 것을 흥선 대원군이 부활시켰다.

*중건
절이나 왕궁 등을 보수하거나 고쳐 짓는 것을 뜻한다.

*당백전
흥선 대원군이 경복궁 중건 비용을 마련하기 위해 발행한 화폐이다. 명목 가치가 기존 상평통보 1문의 100배에 달하는 고액 화폐였으나 실질 가치는 5~6배에 불과하여 물가 폭등을 초래하였다.

*묘지림
무덤 근처에 있는 숲을 의미한다.

*사창제
마을 단위로 곡식을 저장해 두었다가 어려운 백성에게 대여해 주는 사창을 설치하고, 마을 안에서 덕망과 경제적 여유를 갖춘 사람에게 운영을 맡긴 제도이다. 환곡은 지방관이 주도하였으나 사창은 민간에서 자치적으로 운영한 점에서 차이가 있다.

자료 ⑤ 환곡의 문란

빌려주고 빌리는 건 양쪽 다 원해야지 / 억지로 시행하면 불편한 것이다. / ……
봄철에 좀먹은 쌀 한 말 받고서 / 가을에는 온전한 쌀 두 말 바치고,
게다가 좀먹은 쌀값 돈으로 내라 하니 / 온전한 쌀 판 돈을 낼 수밖에.
남는 이윤은 교활한 관리 살찌워 / 환관 하나가 밭이 천 두락이고 / 백성 차지는 고생뿐이어서
긁어 가고 벗겨 가고 걸핏하면 매질이라.
　　　　　　　　　　　　　　　　　　　　　　　　　　 - 정약용, 『여유당전서』 -

환곡은 식량이 모자라는 봄에 관청이 비축해 둔 곡식을 빌려주고, 가을에 추수한 후 약간의 이자를 붙여서 갚게 한 일종의 빈민 구제 제도였다. 하지만 탐관오리들은 환곡이 필요 없는 사람에게 억지로 빌리게 하거나 정해진 것보다 많은 이자를 거두어들이는 경우가 많았다.

자료 ⑥ 홍경래 격문

평서대원수는 급히 격문을 띄우노니 관서(평안도) 사람들은 모두 이 격문을 들으라. ……
조정에서는 관서를 버림이 분토(糞土, 썩은 흙)와 다름없다. 심지어 권세 있는 집의 노비들도 관서 사람을 보면 반드시 '평안도 놈'이라고 말한다. …… 지금, 임금이 나이가 어려 권세 있는 간신배가 그 세를 날로 떨치고, 김조순·박종경의 무리가 국가 권력을 갖고 노니, 어진 하늘이 재앙을 내린다.
　　　　　　　　　　　세도 가문　　　　　　　　　　　　 - 『패림』 -

자료 ⑦ 진주 농민 봉기

진주 양민이 소동을 일으킨 것은 오로지 우병사 백낙신의 탐학 때문이다. 그가 부임한 이래 한 짓은 법에 어긋나고 인정에 거슬리지 않는 것이 없고, 오로지 자기 이익만을 추구하였다. …… 병영의 아전들이 먹어 치워 부족하게 된 환곡을 거두기 위해 고을 안의 우두머리 급 백성을 초청하여 잔치를 벌여 꾀기도 하고 잡아 가두어 위협하면서 집집마다 이유 없이 징수한 것이 6만여 냥에 달하였다.
　　　　　　　　　　　　　　　　　　　　　　　　　 - 『진주초군작변등록』 -

경상 우병사 백낙신의 부정부패와 아전들의 수탈에 분노한 진주 농민들은 몰락 양반 유계춘을 중심으로 봉기를 일으켰다. 이들은 진주성을 점령하고 관아를 습격하여 조세 대장을 없앴다.

자료 ⑧ 흥선 대원군의 정책

• 호포제 시행
(호포제 이전에는) 양반 가문, 충신 가문, 효자 및 열녀 가문, 과거 급제자, 현직 관리는 전부 군포가 면제되었다. …… 대원군이 의연히 단행하여 군포를 혁파하고 호포를 징수하여, 귀천 없이 국세를 고르게 부담하니 쌓인 폐단이 한꺼번에 정리되었다.
　　　　　　　　　　　　　　　　 - 박은식, 『한국통사』 -

• 서원 철폐
대원군이 영을 내려 나라 안의 서원을 죄다 허물고 서원 유생들을 쫓아내도록 하였다. …… 조정에서는 어떤 변이라도 있을까 하여 대원군에게 "선현의 제사를 받드는 것은 선비의 기풍을 기르는 것이므로 이 명령만은 거두기를 청합니다."라고 간언하였다. 대원군이 크게 노하여 "진실로 백성에게 해되는 것이 있으면 비록 공자가 다시 살아난다 하더라도 나는 용서하지 않겠다. ……"라고 말하였다.
　　　　　　　　　　　　　　　　 - 박제형, 『근세조선정감』 -

호포제 실시와 서원 철폐는 민생이 안정되는 효과가 있어 백성의 호응을 얻었지만, 양반 유생의 거센 반발을 불러왔다. 한편 경복궁 중건은 백성과 양반 모두의 불만을 샀다.

❋ 세도 정치의 폐단과 흥선 대원군의 개혁

세도 정치의 폐단	
정치 기강 문란	삼정의 문란
세도 정치 전개, 외척의 비변사 장악, 왕권 약화	전정(토지세), 군정(군포), 환곡(농민 구제책)

↓

흥선 대원군의 개혁	
정치 개혁	민생 안정 개혁
세도 가문 약화, 비변사 축소·폐지, 경복궁 중건	양전 실시, 호포제 실시, 사창제 실시

Tip 세도 정치 때 나타난 폐단과, 이를 해결하고자 흥선 대원군이 실시한 개혁을 함께 연결시켜 기억하자.

❋ 19세기의 농민 봉기

구분	홍경래의 난	임술 농민 봉기
공통점	지방관의 과도한 수탈, 삼정의 문란이 원인	
시기	1811년	1862년
지역	평안도 지역의 봉기(평안도 차별에 반발)	전국적 규모의 봉기
주요 사실	몰락 양반, 신흥 상공업자, 광산 노동자 등 참여	단성 농민 봉기, 진주 농민 봉기 거치며 확산
정부 대응	관군이 진압	삼정이정청 설치, 암행어사 파견

Tip 홍경래의 난과 임술 농민 봉기의 특징을 구분하여 기억해 두자.

❋ 흥선 대원군의 주요 정책과 그 결과

경복궁 중건	서원 철폐
왕권 강화 목적, 백성 강제 동원, 원납전 징수, 당백전 발행	민생 안정 목적, 47개 남기고 철폐, 서원의 토지·노비 몰수

↓

| 물가 폭등, 민심 악화, 양반의 불만 | 국가 재정 확충, 백성 생활 안정, 양반 유생 반발 |

포인트 Pick

1 정치 운영의 변화

중앙 정치 변화	(❶)의 기능 강화, 의정부와 6조 약화
군사 제도 변화	• 중앙군: 훈련도감 설치 → 이후 5군영 체제 점차 확립 • 지방군: 속오군으로 정비(양반부터 노비까지 모든 신분)
수취 체제 개편	대동법, (❷), 균역법 실시 → 국가 재정 확보
붕당 정치의 전개	• 선조: 동인과 서인 분화, 동인은 북인과 남인으로 분화 • 광해군: 북인 집권 → 북인이 인조반정으로 몰락 → 서인이 국정 주도, 남인 참여(상호 비판, 견제) • 현종: 서인과 남인 간의 (❸) 발생
붕당 정치의 변질	숙종 때 경신환국으로 서인이 집권 → 여러 차례 환국 발생 → 집권 붕당이 상대 붕당 탄압(일당 전제화), 서인이 남인에 대한 대응 문제를 두고 노론과 소론으로 분화

2 탕평 정치

(❹)	탕평파 육성, 탕평비 건립, 산림의 존재 부정, 서원 대폭 정리, 이조 전랑의 권한 약화, 균역법 실시, 신문고 부활, 청계천 준천, 『속대전』과 『동국문헌비고』 편찬
정조	소론과 남인 계열 인물 중용, (❺)을 정치 기구로 육성, 초계문신제 실시, 장용영 설치, 수원 화성 건설, 『무예도보통지』 편찬, 수령이 향약을 직접 주관, 통공 정책, 서얼 출신 학자 등용(규장각 검서관), 『대전통편』 편찬

3 세도 정치의 폐단과 농민 봉기

세도 정치의 전개	3대(순조, 헌종, 철종) 60여 년 동안 전개 → 안동 김씨, 풍양 조씨 등 일부 세도 가문의 권력 독점 → 왕권 약화
세도 정치의 폐단	• 국정의 문란: 과거 시험의 부정행위 만연, 매관매직 성행 • (❻)의 문란: 지방 수령과 아전이 농민 수탈
농민 봉기	• 홍경래의 난(1811): 홍경래가 (❼) 지역의 몰락 양반, 광산 노동자 등을 규합하여 봉기 → 청천강 이북 지역 대부분 장악 → 정주성 전투 패배 → 관군에 진압됨 • 임술 농민 봉기(1862): 진주 농민 봉기 등을 거치면서 전국으로 확산 → 정부가 수습을 위해 (❽) 설치

4 흥선 대원군의 개혁 정치

흥선 대원군 권력 장악	철종이 후계자 없이 죽은 후 어린 고종 즉위 → 고종의 아버지인 흥선 대원군이 국정 운영 주도
통치 체제 재정비	• 세도 가문 약화, 소외된 정치 세력과 종친 등용, 비변사 축소·폐지, 의정부와 삼군부의 기능 부활, 『대전회통』 편찬 • 경복궁 중건: 공사비 마련을 위해 원납전 강제 징수, 성문의 통행세 징수, (❾) 발행, 백성 강제 동원
민생 안정 개혁	• 삼정의 문란 개선: 양전 실시, 호포제 실시, 사창제 실시 • (❿) 철폐: 47개만 남기고 철폐(양반 유생 반발)

---

01 다음에서 설명하는 부대를 쓰시오.

> 임진왜란 중에 만들어진 부대이다. 조총으로 무장한 포수, 활로 무장한 사수, 칼이나 창으로 무장한 살수 등 삼수병으로 구성되었다. 이 부대의 군인은 급료를 받는 상비군이었다.

02 다음 내용을 옳게 연결하시오.

(1) 숙종 •   • ㉠ 신문고 부활

(2) 영조 •   • ㉡ 규장각 육성

(3) 정조 •   • ㉢ 여러 차례 환국 발생

03 영조가 탕평 의지를 알리기 위해 성균관 앞에 세운 비석의 명칭을 쓰시오.

04 다음 내용을 옳은 서술로 완성하시오.

(1) 광해군 때는 (㉠ 남인 , ㉡ 북인)이 국정을 주도하였으나 인조반정으로 몰락하였다.

(2) 정부의 평안도 지역에 대한 차별과 지배층의 수탈에 맞서 (㉠ 홍경래의 난 , ㉡ 임술 농민 봉기)이/가 일어났다.

(3) 흥선 대원군은 (㉠ 『대전통편』, ㉡ 『대전회통』)을 편찬하여 통치 규범을 재정비하였다.

05 다음 사건을 일어난 순서대로 나열하시오.

> **보기**
> ㄱ. 예송   ㄴ. 경신환국
> ㄷ. 수원 화성 건설   ㄹ. 삼정이정청 설치

06 흥선 대원군의 개혁에 대한 다음 서술이 옳으면 ○표, 틀리면 ×표 하시오.

(1) 서원을 47개만 남기고 철폐하였다.   (   )

(2) 환곡의 문제점을 해결하기 위하여 호포제를 실시하였다.   (   )

(3) 비변사의 권한을 확대하고 의정부와 삼군부의 기능을 축소하였다.   (   )

실력 **완성** 문제

01 밑줄 친 '이 기구'에 대한 설명으로 옳은 것만을 〈보기〉에서 고른 것은?

이 기구에서 논의하고 결정한 사항을 일기 형식으로 기록한 책이다. 임진왜란 전의 기록은 모두 소실되었고, 광해군 9년(1617)부터의 기록이 남아 있다. 이 기구는 왜란을 거치면서 국가 정책 전반을 논의하는 최고 기구로 위상이 높아졌다.

보기
ㄱ. 임진왜란 중에 만들어졌다.
ㄴ. 의정부와 6조의 기능 약화를 초래하였다.
ㄷ. 탕평 정치가 시행되면서 사실상 폐지되었다.
ㄹ. 여진족과 왜구의 침입에 대비하여 설치되었다.

① ㄱ, ㄴ 　② ㄱ, ㄷ 　③ ㄴ, ㄷ
④ ㄴ, ㄹ 　⑤ ㄷ, ㄹ

02 (가)에 이어질 내용으로 적절한 것은?

임금께서 도감을 설치하여 군사를 훈련시키라고 명하시고 나를 도제조로 삼으셨다.

– 유성룡, 『서애집』 –

[자료 분석] 왜란과 호란을 겪으면서 군사 제도가 개편되었다. 전쟁 중에 훈련도감을 새롭게 창설하였고, 이후 어영청, 총융청, 수어청, 금위영이 추가되었다. 한편 지방군은 ＿＿＿＿＿＿ (가)

① 9서당으로 구성되었다.
② 주현군과 주진군으로 편성하였다.
③ 국방상 요충지를 중심으로 진을 설치하였다.
④ 삼별초를 조직하여 군사적 기반으로 삼았다.
⑤ 양반부터 노비까지로 구성된 속오군을 편성하였다.

03 (가)에 들어갈 붕당에 대한 설명으로 적절한 것은?

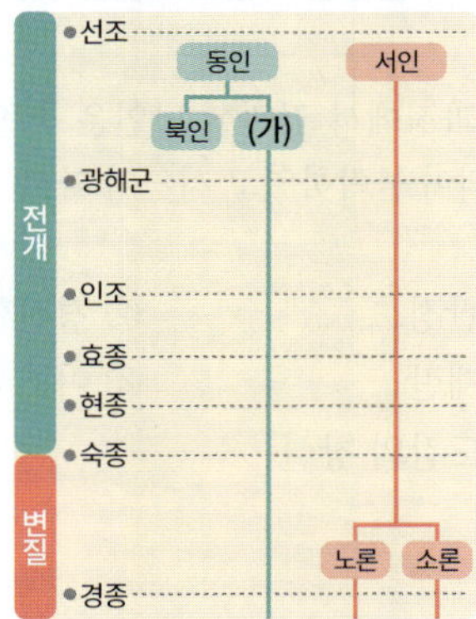

▲ 붕당 정치의 전개와 변질

① 친명 배금 정책을 펼쳤다.
② 인조반정으로 몰락하였다.
③ 무오사화로 피해를 입었다.
④ 예송 때 서인과 대립하였다.
⑤ 광해군 때 국정을 주도하였다.

04 다음 자료를 활용한 탐구 주제로 가장 적절한 것은?

① 왕위 계승의 정통성 논쟁
② 삼정의 문란에 대한 대책 논쟁
③ 임술 농민 봉기의 수습 방법 논쟁
④ 왕이 산림의 존재를 부정하게 된 논쟁
⑤ 김조순 가문과 왕실의 혼인에 대한 논쟁

05 다음 설명과 관련된 사건으로 옳은 것은?

> 예송 과정에서 집권한 남인은 숙종 때 역모 사건에 연루되어 몰락하였고 서인이 다시 정권을 잡았다.

① 중종반정
② 경신환국
③ 정유재란
④ 이조 전랑 약화
⑤ 훈련도감의 창설

06 (가)에 해당하는 사건의 영향으로 가장 적절한 것은?

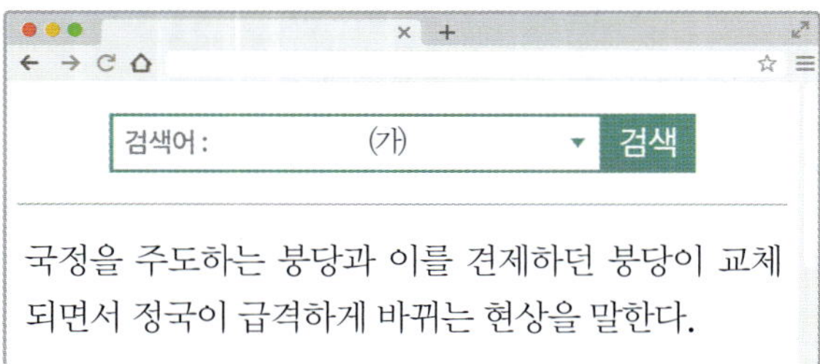

① 금위영이 설치되었다.
② 사림이 서인과 동인으로 분화하였다.
③ 외척이나 종친의 정치적 비중이 커졌다.
④ 훈구파 견제를 목적으로 사림이 등용되었다.
⑤ 권력의 집중을 막기 위해 상피제가 실시되었다.

07 다음 사건들을 일어난 순서대로 옳게 나열한 것은?

> (가) 수취 체제를 개편하여 균역법을 실시하였다.
> (나) 광해군이 인조반정으로 인해 왕위에서 쫓겨났다.
> (다) 환국이 되풀이되는 과정에서 서인이 노론과 소론으로 나뉘었다.
> (라) 군사적 위기 상황에 대처하기 위해 비변사를 임시 기구로 설치하였다.

① (가)-(나)-(다)-(라)
② (나)-(다)-(라)-(가)
③ (다)-(나)-(라)-(가)
④ (라)-(나)-(다)-(가)
⑤ (라)-(다)-(가)-(나)

08 밑줄 친 '왕'에 대한 설명으로 옳은 것은?

> • 왕이 전교하기를, "근래에 와서 인재 임용이 당목에 들어 있는 사람만으로 이루어지니 …… 이러한 상태가 그치지 않는다면 조정에 벼슬할 사람이 몇 명이나 되겠는가? …… 이조는 탕평의 정신을 수용토록 하라.
> • 왕 36년, 오간수문에서 준천 공사를 관찰하였다. 이때 비바람이 거세게 몰아쳐 신하들이 만류하였으나 왕이 받들이지 않았다.

① 훈련도감을 창설하였다.
② 서얼 출신을 등용하였다.
③ 서원을 대폭 정리하였다.
④ 인목 대비를 폐위하였다.
⑤ 통공 정책을 실시하였다.

09 다음 정책들을 추진한 공통적인 목적으로 가장 적절한 것은?

> • 친위 부대인 장용영을 설치하였다.
> • 규장각을 정치 기구로 육성하였다.
> • 수령이 향약을 직접 주관하게 하였다.

① 왕권을 강화하려고 하였다.
② 세도 가문의 횡포를 견제하려 하였다.
③ 진주 농민 봉기의 확산을 막으려 하였다.
④ 3사의 언론 기능 상실을 해결하려 하였다.
⑤ 평안도 지역에 대한 차별을 완화하려 하였다.

10 밑줄 친 '이 왕'에 대한 설명으로 옳은 것은?

이 왕의 명령으로 펴낸 『무예도보통지』의 일부와, 그가 건설한 수원 화성이다. 『무예도보통지』는 당시의 무예와 병기에 대해 종합적으로 알 수 있는 자료로, 문관과 무관의 공동 작업으로 만든 책이다. 수원 화성은 이 왕의 정치적 이상을 실현하는 도시로 건설되었으며, 군사적 방어 기능, 상업적 기능이 함께 고려되었다.

① 비변사를 축소하였다.
② 탕평비를 건립하였다.
③ 삼정이정청을 설치하였다.
④ 초계문신제를 실시하였다.
⑤ 세도 가문 세력을 약화시켰다.

중요

11 밑줄 친 ㉠ 시기에 있었던 사실로 옳은 것만을 〈보기〉에서 고른 것은?

나이 어린 순조가 즉위한 이후 헌종, 철종으로 이어진 ㉠ 60여 년 동안 일부 가문이 정치권력을 독점하는 상황이 전개되었다.

〈보기〉
ㄱ. 과거에서 부정행위가 만연하였다.
ㄴ. 남인과 소론 일파가 권력을 장악하였다.
ㄷ. 왕권이 약화되고 3사의 언론 활동 기능이 상실되었다.
ㄹ. 붕당 간의 대립이 왕위 계승 문제로 이어지기도 하였다.

① ㄱ, ㄴ   ② ㄱ, ㄷ   ③ ㄴ, ㄷ
④ ㄴ, ㄹ   ⑤ ㄷ, ㄹ

12 다음 자료를 활용한 탐구 주제로 가장 적절한 것은?

빌려주고 빌리는 건 양쪽 다 원해야지
억지로 시행하면 불편한 것이다.
……

봄철에 좀먹은 쌀 한 말 받고서
가을에는 온전한 쌀 두 말 바치고,
게다가 좀먹은 쌀값 돈으로 내라 하니
온전한 쌀 판 돈을 낼 수밖에.
남는 이윤은 교활한 관리 살찌워
환관 하나가 밭이 천 두락이고
백성 차지는 고생뿐이어서
긁어 가고 벗겨 가고 걸핏하면 매질이라.
                        – 정약용, 『여유당전서』 –

① 전정의 문란
② 환곡의 문란
③ 통공 정책 실시의 영향
④ 서원 철폐에 대한 반발
⑤ 경복궁 중건 과정에서 나타난 문제점

13 지도에 나타난 봉기에 대한 설명으로 옳은 것은?

① 전국 곳곳을 점령하며 세력을 키웠다.
② 탕평 정치가 실시된 시기에 일어났다.
③ 평안도 지역에 대한 차별에 반발하였다.
④ 왕이 의주로 피란하는 결과를 가져왔다.
⑤ 풍수지리설을 앞세워 서경 천도를 주장하였다.

14 다음 격문을 내세운 봉기가 일어난 시기를 연표에서 옳게 고른 것은?

> 평서대원수는 급히 격문을 띄우노니 관서(평안도) 사람들은 모두 이 격문을 들으라. …… 지금, 임금이 나이가 어려 권세 있는 간신배가 그 세를 날로 떨치고, 김조순·박종경의 무리가 국가 권력을 갖고 노니, 어진 하늘이 재앙을 내린다.
> — 『패림』 —

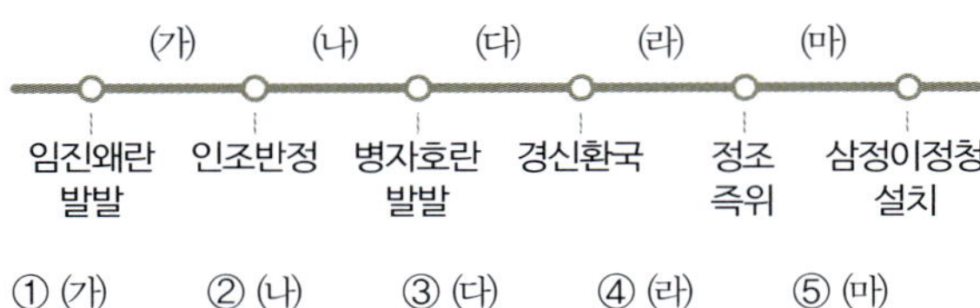

① (가)　② (나)　③ (다)　④ (라)　⑤ (마)

15 다음 사건을 거치면서 전국으로 확산된 봉기에 대한 설명으로 옳은 것은?

> 진주 양민이 소동을 일으킨 것은 오로지 우병사 백낙신의 탐학 때문이다. 그가 부임한 이래 한 짓은 법에 어긋나고 인정에 거슬리지 않는 것이 없고, 오로지 자기 이익만을 추구하였다. …… 집집마다 이유 없이 징수한 것이 6만여 냥에 달하였다.

① 대동법으로 인한 폐단에 반발하였다.
② 서얼에 대한 차별 철폐를 주장하였다.
③ 정주성 전투에서 패배하며 진압되었다.
④ 삼정이정청이 설치되는 계기가 되었다.
⑤ 봉기를 진압하면서 5군영 체제가 정비되었다.

16 다음 화폐가 발행된 배경으로 가장 적절한 것은?

> 명목 가치는 상평통보 1문의 100배였으나 실질 가치는 5~6배에 불과하여 상거래에 혼란을 초래하였다.

① 경복궁이 중건되었다.
② 통공 정책이 시행되었다.
③ 대동법이 경기도에 시행되었다.
④ 붕당 정치의 폐단으로 정치적 불안이 커졌다.
⑤ 병자호란이 발발하여 전쟁 비용이 필요하였다.

17 다음 자료에 대한 해석으로 가장 적절한 것은?

> 흥선 대원군이 집권한 후 어느 회의 석상에서 여러 대신에게 말하기를 "나는 천리를 끌어다 지척을 삼겠으며, 태산을 깎아 내려 평지를 만들고 또한 남대문을 3층으로 높이려 하는데, 여러 공들은 어떠시오?"라고 하였다. …… 천리 지척이라 함은 종친을 높인다는 뜻이요, 태산 평지라 함은 노론을 억압하겠다는 뜻이요, 남대문을 3층으로 높인다 함은 남인을 천거하겠다는 말이다.
> — 황현, 『매천야록』 —

① 세도 가문을 약화시키려고 하였다.
② 왕권의 약화를 초래하는 정책을 펼쳤다.
③ 비변사를 강화하겠다는 의미를 담고 있다.
④ 남인을 천거하면서 그들의 근거지인 서원을 더욱 늘렸다.
⑤ 흥선 대원군의 개혁 정책은 양반 유생의 지지를 받았다.

18 밑줄 친 '대원위'가 가리키는 인물에 대한 설명으로 옳은 것만을 〈보기〉에서 고른 것은?

> 대원위께서 분부하신 내용, "지금 경복궁 지을 때 이른바 원납전은 힘닿는 대로 공역을 도와야 하는데, …… 숙천 향인 차중호는 모두 가난하지 않은 자인데 아직 한 푼도 바친 바가 없으니 무슨 까닭인가? …… 일일이 불러서 그 이유를 따져 묻고 상세히 회답하여 죄를 심리하고 처리하는 바탕이 되도록 하라."
> — 『영건일감』 —

보기

ㄱ. 홍경래의 난을 진압하고 권력을 장악하였다.
ㄴ. 삼군부의 기능을 부활하여 군사권을 맡게 하였다.
ㄷ. 통치 규범의 재정비를 위해 『대전회통』을 편찬하였다.
ㄹ. 임술 농민 봉기를 수습하기 위해 암행어사를 파견하였다.

① ㄱ, ㄴ　② ㄱ, ㄷ　③ ㄴ, ㄷ
④ ㄴ, ㄹ　⑤ ㄷ, ㄹ

19 (가)에 이어질 내용으로 옳은 것은?

> 흥선 대원군은 삼정의 문란으로 인한 문제점을 해결하여 민생을 안정시키고 국가 재정을 확충하고자 하였다. 그 방법으로서 양전을 실시하여 누락시킨 토지를 찾아냈고, ______________ (가)

① 사창제를 실시하였다.
② 균역법을 시행하였다.
③ 영정법을 시행하였다.
④ 수원 화성을 건설하였다.
⑤ 삼군부를 폐지하여 정치 기강을 바로잡았다.

20 (가) 제도 실시의 영향으로 가장 적절한 것은?

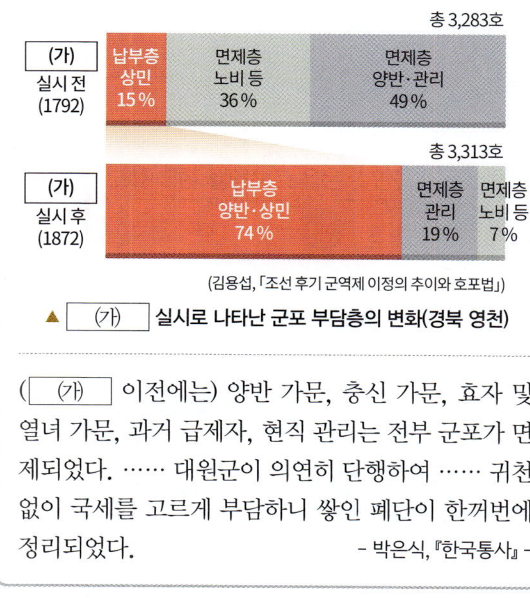

> ((가) 이전에는) 양반 가문, 충신 가문, 효자 및 열녀 가문, 과거 급제자, 현직 관리는 전부 군포가 면제되었다. …… 대원군이 의연히 단행하여 …… 귀천 없이 국세를 고르게 부담하니 쌓인 폐단이 한꺼번에 정리되었다. 　　　　　 - 박은식, 『한국통사』 -

① 환곡의 문란이 시정되었다.
② 양반 계층이 크게 반발하였다.
③ 여러 차례의 환국이 반복되었다.
④ 탕평 정치가 자리를 잡게 되었다.
⑤ 상민 계층의 생활이 더욱 어려워졌다.

21 다음을 읽고 물음에 답하시오.

> 임시로 (가)를 설치하였는데, …… 이것은 일시적인 전쟁 때문에 설치한 것으로 국가의 중요한 모든 일을 다 맡긴 것은 아니었습니다. 그런데 ㉠ 오늘에 와서는 큰일이건 작은 일이건 중요한 것으로 취급되지 않는 것이 없습니다. 그 결과, 의정부는 한갓 헛이름만 지니고 6조는 모두 그 직임을 상실하였습니다. 명칭은 '변방의 방비를 담당하는 것'이지만 과거 시험에 대한 판정이나 비빈을 간택하는 일까지도 모두 여기를 경유해 나옵니다. 　　　 - 『효종실록』 -

(1) (가)에 해당하는 기구를 쓰시오.

(2) 밑줄 친 ㉠과 같은 (가) 기구의 역할 변화를 당시 상황과 함께 서술하시오.

22 다음을 읽고 물음에 답하시오.

> 대원군이 영을 내려 나라 안의 (가)을 죄다 허물고, (가) 유생들을 쫓아내도록 하였다. …… 조정에서는 어떤 변이라도 있을까 하여 대원군에게 "선현의 제사를 받드는 것은 선비의 기풍을 기르는 것이므로 이 명령만은 거두기를 청합니다."라고 간언하였다. 대원군이 크게 노하여 "진실로 ㉠ 백성에게 해되는 것이 있으면 비록 공자가 다시 살아난다 하더라도 나는 용서하지 않겠다. ……"라고 말하였다. 　　　 - 박제형, 『근세조선정감』 -

(1) (가)에 들어갈 기구를 쓰시오.

(2) 밑줄 친 ㉠에 해당하는 내용을 서술하시오.

문제의 자료에서 **키워드**를 찾고, **키워드 꼬리 질문**에 답해 보자.
만약 **답변이 어렵다면 다시 학습**을 통해 복습해 보자.

01 다음 대화의 상황에 대한 설명으로 가장 적절한 것은?

① 효종 때 두 차례 벌어진 정치 논쟁이다.
② 동인과 서인으로 분화하는 계기가 되었다.
③ 2차 논쟁 후 남인이 정국의 주도권을 잡았다.
④ 왕위 계승 문제를 둘러싼 외척 간의 갈등 상황이다.
⑤ 서인은 신권보다 국왕의 권위를 중시하는 입장을 보였다.

02 밑줄 친 '전하'의 재위 시기에 있었던 사실로 옳은 것은?

> 전하께서 왕위에 오르신 이후로 사람의 현명함과 우매함은 묻지도 않고서, 한쪽 사람을 임용하면 한쪽만 모두 등용시키고, 한쪽 사람을 물리치면 한쪽만 모두 물리치게 합니다. 등용시키고 물리치는 사이에 그 당화(黨禍)만 증가시키게 되니 그것이 국맥(國脈)을 손상시킴을 어떻게 하겠습니까?

① 북인이 몰락하였다.
② 균역법을 실시하였다.
③ 후금(청)이 침략하였다.
④ 훈련도감이 창설되었다.
⑤ 서인이 노론과 소론으로 분화되었다.

03 밑줄 친 '일부 가문'에 대한 설명으로 옳은 것은?

① 인목 대비를 폐위하였다.
② 비변사의 기능을 축소시켰다.
③ 관직을 사고파는 행위를 금지하였다.
④ 훈련도감을 비롯한 중앙 군영을 장악하였다.
⑤ 의정부와 삼군부가 정치와 군사 업무를 나누어 맡게 하였다.

04 다음 주장이 제기된 시기의 상황으로 적절한 것은?

> 당백전을 혁파해야 합니다. 전하께서 경비가 부족한 것을 근심하시어 이렇게 의로운 뜻을 펼친 것은 훌륭한 조치입니다. 그러나 시행한 지 2년 동안에 사·농·공·상이 모두 그 해를 입었는데, 그 피해가 되풀이되어 온갖 물건이 축나고 손상을 입었습니다.
>
> – 최익현의 상소 내용 –

① 비변사의 기능이 강화되었다.
② 수원 화성을 다시 짓는 공사가 이루어졌다.
③ 서원의 철폐에 대해 농민이 거세게 반발하였다.
④ 양반에게도 군포를 징수하자 유생들이 적극 지지하였다.
⑤ 토지 대장에서 누락시킨 은결을 찾아내는 사업을 실시하였다.

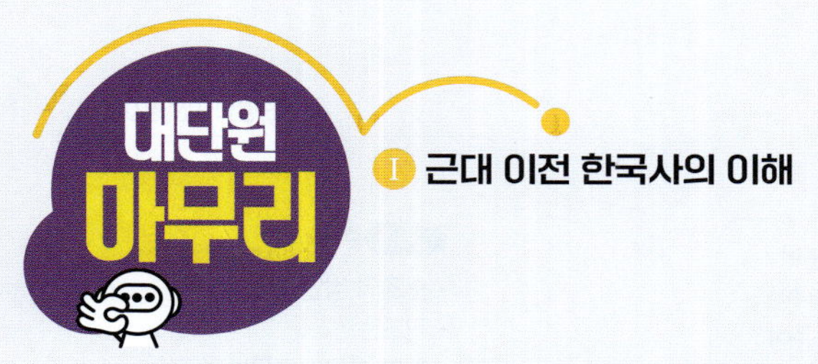

01 고대 국가의 성장   ↻ 10~21쪽

1 선사 시대의 전개와 국가의 형성

구석기 시대	뗀석기 사용, 채집과 사냥, 이동 생활, 동굴이나 막집 거주
신석기 시대	간석기와 토기 사용, 농경과 목축 시작, 부족 형성
청동기 시대	• 사유 재산 발생, 계급 출현, 지배자 등장 → 국가 출현 • 비파형 동검과 거친무늬 거울 등 사용, 고인돌 축조
고조선	• 중국의 연과 경쟁, 왕위 세습, 상·대부·장군 관직, 8조법 • 위만 조선: 철기 문화 수용, 한과 한반도 남부의 진 사이 중계 무역 → 한의 공격, 지배층 분열로 멸망 → 한 군현 설치
여러 나라의 성장	• 부여: 왕이 중앙, 마가·우가·저가·구가 등이 사출도 관할 • 고구려: 왕 아래 상가·고추가, 제가 회의(중대사 결정) • 옥저: 왕 없음, 읍군과 삼로, 민며느리제, 가족 공동 무덤 • 동예: 왕 없음, 읍군과 삼로, 무천(제천 행사), 책화, 족외혼 • 삼한: 신지·읍차(정치 지배자), 제정 분리 사회(천군, 소도)

2 삼국·가야의 발전과 신라의 삼국 통일

중앙 집권 국가 형성	부의 연맹체 → 영토 확장, 왕위 세습, 관등제 마련, 공복 제정, 율령 반포, 불교 수용 → 중앙 집권적 고대 국가로 발전
고구려	• 소수림왕: 불교 수용, 태학 설립, 율령 반포 → 체제 정비 • 광개토대왕: 신라에 침입한 왜 격퇴, 요동·만주 일대 장악 • 장수왕: 평양 천도, 백제의 한성 함락(남진 정책) • 수의 침략 격퇴(살수 대첩), 당의 침략 격퇴(안시성 전투)
백제	• 고이왕: 한강 유역 대부분 차지, 관등제와 관리 복색 정비 • 근초고왕: 마한의 남은 세력 정복, 평양 공격(황해도 차지) • 무령왕: 22담로에 왕족 파견(지방 통제 강화) • 성왕: 사비 천도, 한강 유역 일시적 회복, 관산성에서 전사
신라	• 내물왕: 김씨에 의한 왕위 계승권 확립, 마립간 칭호 • 지증왕: '신라' 국호, '국왕' 칭호, 우산국 정벌 • 법흥왕: 율령 반포, 불교 공인, 금관가야 복속 • 진흥왕: 대가야 정복, 화랑도 개편, 함경도 일대까지 진출
가야	• 금관가야: 낙랑군과 왜 사이의 중계 무역 → 5세기 쇠퇴 • 대가야: 5세기 후반 여러 소국 주도 → 6세기 신라에 흡수
신라의 삼국 통일	• 나당 연합군 결성 → 백제 멸망(660), 고구려 멸망(668) • 나당 전쟁: 매소성과 기벌포 싸움 승리(삼국 통일 완성)

3 남북국의 성립과 발전

통일 신라	• 신문왕: 진골 귀족 숙청, 관료전 지급, 녹읍 폐지, 국학 설립 • 통치 체제 정비: 중앙은 집사부 중심, 지방은 9주 5소경 체제로 개편, 중앙군(9서당)과 지방군(10정) 정비 • 신라 말 혼란: 왕위 쟁탈전 전개, 호족 등장, 원종과 애노의 난 등 농민 봉기 발생 → 후삼국 성립(견훤, 궁예)
발해	• 발전: 대조영이 동모산에서 건국 → 무왕 때 당의 산둥반도 공격, 당과 대립 → 문왕 때 당과 친선 관계 수립, 당의 문물 수용 → 선왕 때 말갈 세력 대부분 복속, 해동성국이라 불림 • 중앙에 3성 6부 설치, 지방을 5경 15부 62주로 정비

02 고려의 통치 체제   ↻ 22~33쪽

1 고려의 성립과 통치 체제의 정비

성립	• 태조: 호족 통합 정책(혼인 정책, 왕씨 성 하사), 기인 제도와 사심관 제도, 북진 정책(서경 중시), 훈요 10조 남김 • 광종: 노비안검법, 과거제, 공복 제정, 독자적 연호(광덕, 준풍) • 성종: 최승로의 시무 28조 수용(유교 정치 이념), 12목에 지방관 파견, 향리 제도 마련, 국자감과 향교 설립
통치 체제 정비	• 중앙: 2성 6부제, 중추원(군사 기밀, 왕명 출납), 대간(서경, 간쟁, 봉박), 도병마사와 식목도감(고려의 독자적 기구) • 지방: 5도(일반 행정 구역, 안찰사 파견, 주현과 속현으로 구성, 향·부곡·소), 양계(병마사 파견, 진 설치) • 군사 제도: 중앙군(2군 6위), 지방군(주현군, 주진군) • 관리 선발 제도: 과거(문과·승과·잡과), 음서

2 문벌 사회 형성과 동요

이자겸의 난	왕실과의 혼인으로 이자겸이 권력 장악 → 인종이 이자겸 몰아내려 시도 → 이자겸이 척준경과 함께 난을 일으킴 → 이자겸 제거, 척준경 탄핵 → 문벌 사회의 분열 심화
묘청의 서경 천도 운동	묘청 등 서경 세력이 풍수지리설을 앞세워 서경 천도 추진, '칭제 건원'과 '금국 정벌' 주장 → 개경 중심 문벌의 반대로 좌절 → 묘청 등이 서경에서 반란을 일으킴(1135) → 서북 지방 장악 → 김부식이 이끈 관군에게 1년여 만에 진압

3 무신의 집권과 농민·천민의 봉기

무신 정변	정중부 등 무신이 정변으로 권력 장악(1170) → 중방 중심으로 국정 운영 → 권력 다툼으로 집권자 자주 교체
최씨 무신 정권	• 최충헌: 교정도감 설치(최고 권력 기구), 도방 확대 • 최우: 정방 설치(인사권 장악), 삼별초 조직
농민·천민 봉기	공주 명학소에서 망이와 망소이, 경상도 지역에서 김사미와 효심 등 봉기, 개경에서 사노비 만적이 봉기 계획(사전 발각)
대몽 항쟁	강화 천도 → 처인성(김윤후), 충주성 전투 등 항전 → 강화 맺고 개경 환도 → 삼별초의 항전(고려·몽골 연합군의 진압)

4 원의 간섭과 공민왕의 개혁 정치

원의 간섭	• 내정 간섭: 독립국 지위 유지, 왕실의 호칭과 관제 격하 • 고려 영토를 빼앗고 쌍성총관부·동녕부·탐라총관부 설치, 정동행성 설치, 환관·공녀 등 요구(인적·물적 수탈) • 권문세족의 횡포: 도평의사사를 장악하고 국정 운영
공민왕의 개혁 정치	• 반원 자주 정책: 기철 등 친원 세력 숙청, 정동행성 이문소 폐지, 쌍성총관부 공격, 몽골풍 금지, 왕실 호칭·관제 복구 • 왕권 강화 정책: 정방 폐지, 전민변정도감 설치(신돈 등용)
새로운 세력의 성장	• 신진 사대부: 공민왕의 개혁 과정에서 성장, 성리학을 사상적 기반으로 삼아 개혁 추진(권문세족과 불교 비판) • 신흥 무인 세력: 14세기 후반 홍건적과 왜구 침략 → 토벌 과정에서 최영, 이성계 등 성장

1 조선의 건국과 국가 기틀의 확립

조선의 건국	요동 정벌 → 위화도 회군(1388) → 이성계가 정치적 실권 장악, 과전법 실시 → 정몽주 등 제거 → 조선 건국
국가 기틀의 확립	• 태조: 정도전이 재상 중심의 국정 운영 추구, 문물제도 정비 → 이방원이 왕자의 난을 일으켜 정치적 실권 장악 • 태종: 사병 폐지, 6조 직계제 채택, 호패법 실시, 양전 사업 실시로 국가 경제 기반 안정 • 세종: 정책 연구 기관인 집현전 설치, 경연 활성화, 의정부 서사제 실시 → 왕권과 신권의 조화 • 세조: 6조 직계제 실시, 집현전과 경연 폐지, 왕권 강화 • 성종: 홍문관 설치, 경연 활성화, 『경국대전』 완성·반포

2 통치 체제의 정비

중앙 통치 체제	의정부와 6조 중심으로 운영, 3사(사헌부·사간원·홍문관), 승정원(국왕 비서 기관), 의금부(왕권 강화 역할, 사법 기구), 한성부(한성 행정 담당), 춘추관(역사 편찬), 성균관(최고 교육 기관)
지방 행정 조직	8도로 편성(도 아래에 부·목·군·현 설치), 향·부곡·소는 일반 군현으로 승격, 모든 군현에 수령 파견, 향리 지위 낮아짐
등용 제도	과거(문과·무과·잡과), 음서, 천거, 상피제 실시

3 사림의 성장과 붕당의 형성

사림의 성장	성종이 훈구파 견제를 위해 사림 적극 등용 → 사림은 주로 3사 관리, 훈구파의 비리 비판, 향촌 자치 주장, 왕도 정치 추구
사화	• 무오사화: 김종직의 「조의제문」을 빌미로 사림 탄압 • 갑자사화: 연산군 생모 폐위와 관련된 훈구파와 사림 제거 • 기묘사화: 중종 때 조광조의 급진적 개혁(현량과 실시, 훈구 대신의 공훈 삭제) → 공신들의 반발로 사림 희생 • 을사사화: 명종 때 외척 간의 갈등으로 사림이 피해 입음
붕당 형성	사림이 척신 정치 청산과 이조 전랑 임명 문제로 갈등 → 동인과 서인으로 분화 → 붕당 형성

4 왜란과 호란

왜란	• 임진왜란: 도요토미 히데요시가 조선 침략(1592) → 선조가 의주로 피란, 명에 지원군 요청, 이순신(수군)과 의병 활약 → 조명 연합군의 평양 탈환 → 강화 협상(결렬) • 정유재란: 일본군의 재침략(1597) → 도요토미 히데요시 사망 → 일본군 철수로 종결(1598)
광해군의 중립 외교	전후 복구 정책, 명과 후금 사이에서 중립 외교 실시 → 서인 등 일부 사림의 비판, 인목 대비 폐위 등을 이유로 인조반정
호란	• 정묘호란: 서인이 친명 배금 정책 추진, 명군의 가도 주둔 → 후금의 조선 침략 → 조선의 저항, 후금이 명 견제 → 화의 성립 • 병자호란: 청이 조선에 군신 관계 요구 → 조선의 거부 → 청의 조선 침략, 인조가 남한산성으로 피신하여 항전 → 조선이 청에 항복 → 청과 군신 관계 맺고 강화

1 정치 운영의 변화

비변사의 기능 강화	왜란을 거치며 강화 → 군사, 외교, 재정, 인사 등 국가 정책 전반 논의 → 의정부와 6조 중심의 행정 체계 유명무실화
군사 제도 변화	• 중앙군: 훈련도감과 여러 군영 설치 → 5군영 체제 확립 • 지방군: 속오군 정비(양반에서 노비까지 모든 신분 편성)
수취 체제	대동법, 영정법, 균역법 실시 → 국가 재정 확보, 민생 안정
붕당 정치 전개	• 광해군~효종: 광해군 때 북인 집권 → 북인은 인조반정으로 몰락 → 이후 서인과 남인이 상호 비판 및 견제 • 현종: 서인과 남인 간의 예송 발생 → 점차 붕당 간 대립
붕당 정치 변질	숙종 때 경신환국으로 서인이 다시 집권 → 여러 차례 환국 발생 → 집권 붕당이 상대 붕당 탄압(일당 전제화) → 서인이 노론과 소론으로 나뉨, 외척·종친의 권력 확대

2 탕평 정치

영조	• 탕평파 중심의 정국 운영, 산림의 존재 부정, 서원 대폭 정리, 이조 전랑의 권한 약화, 탕평비 건립 • 개혁 추진: 균역법 실시, 신문고 부활, 청계천 준천 등
정조	• 적극적인 탕평책 실시, 소론과 남인 계열의 인물 중용, 규장각을 정치 기구로 육성, 초계문신제 실시, 장용영 설치, 수원 화성 건설, 『무예도보통지』 편찬 • 개혁 추진: 수령이 향약을 직접 주관, 통공 정책, 서얼 출신 학자 등용(규장각 검서관), 『대전통편』 편찬

3 세도 정치의 폐단과 농민 봉기

세도 정치의 전개	정조 사후 어린 순조 즉위 → 일부 외척 세력의 권력 장악 → 3대(순조, 헌종, 철종) 60여 년 동안 안동 김씨, 풍양 조씨 등 일부 가문의 권력 독점 → 왕권 약화
세도 정치의 폐단	• 국정 문란: 과거 시험의 부정행위 만연, 매관매직의 성행 • 삼정의 문란: 지방 수령과 아전의 농민 수탈 극심 → 전정·군정·환곡의 폐단 심화 → 소청·벽서 등으로 저항
농민 봉기	• 홍경래의 난(1811): 홍경래가 평안도 지역의 몰락 양반, 광산 노동자 등을 규합하여 봉기 → 청천강 지역의 대부분 장악 → 정주성 전투 패배 → 관군에 진압 • 임술 농민 봉기(1862): 삼정의 문란 → 진주 농민 봉기 등 거치면서 전국으로 확산 → 정부가 삼정이정청 설치

4 흥선 대원군의 개혁 정치

정치 기강 확립	• 세도 가문 약화, 소외된 정치 세력과 종친 등용, 비변사 축소·폐지, 의정부와 삼군부의 기능 부활, 『대전회통』 편찬 • 경복궁 중건: 공사비 마련을 위해 원납전 강제 징수, 당백전 발행(물가 폭등), 공사에 백성 동원 → 백성, 양반 모두 불만
민생 안정	• 삼정의 문란 개선 노력: 양전 사업 실시(전정), 호포제 실시(군정), 사창제 실시(환곡) • 서원 철폐: 47개만 남기고 철폐 → 양반 유생의 반발

01 교사의 질문에 대한 학생의 대답으로 가장 적절한 것은?

① 사유 재산이 발생하였어요.
② 뗀석기를 처음 사용하였어요.
③ 농경과 목축을 시작하였어요.
④ 빗살무늬 토기를 처음 제작하였어요.
⑤ 강가나 바닷가에 움집을 짓고 살았어요.

02 다음 자료에 해당하는 국가에 대한 설명으로 옳은 것만을 〈보기〉에서 고른 것은?

> 여러 국읍에는 각각 한 사람이 천신의 제사를 주재하는데, 그를 '천군'이라 부른다. 또한 소도를 만들고, 큰 나무를 세워 방울과 북을 매달아 놓고 귀신을 섬긴다.
> – 『진서』 동이열전 –

보기
ㄱ. 8조법을 만들었다.
ㄴ. 제정 분리 사회였다.
ㄷ. 낙랑군 등 군현을 설치하였다.
ㄹ. 신지, 읍차 등의 지배자가 있었다.

① ㄱ, ㄴ   ② ㄱ, ㄹ   ③ ㄴ, ㄷ
④ ㄴ, ㄹ   ⑤ ㄷ, ㄹ

---

03 (가)에 들어갈 내용을 서술하시오.

> 중국에서 넘어온 위만은 준왕을 몰아내고 왕이 되었는데, 왕이 된 뒤에도 나라 이름을 그대로 조선이라 하였고, 그의 정권에는 토착민 출신으로 높은 지위에 오른 자가 많았다. 이러한 점은 _______(가)_______

04 삼국의 통치 체제가 (가)에서 (나)로 바뀌면서 나타난 사실로 옳은 것만을 〈보기〉에서 고른 것은?

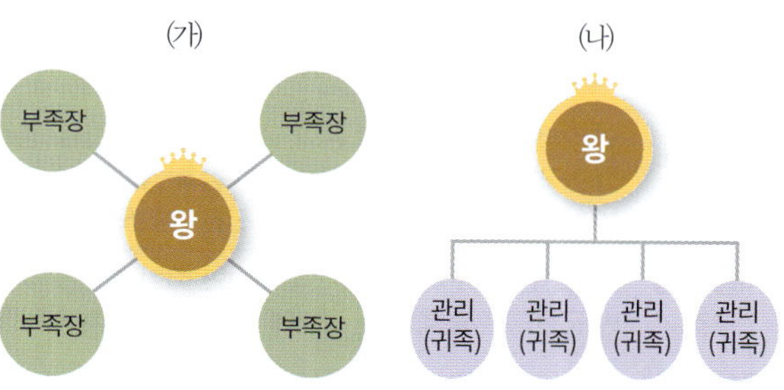

보기
ㄱ. 관등제가 정비되었다.
ㄴ. 각 부에서 별도의 관리를 두었다.
ㄷ. 각 부가 행정적 단위로 개편되었다.
ㄹ. 왕이 각 부의 지배자와 국가 중대사를 협의하였다.

① ㄱ, ㄴ   ② ㄱ, ㄷ   ③ ㄴ, ㄷ
④ ㄴ, ㄹ   ⑤ ㄷ, ㄹ

05 (가) 국왕에 대한 설명으로 옳은 것은?

> 고구려는 백제 근초고왕의 침입으로 국왕이 전사하면서 국가적인 위기를 맞았다. 이러한 상황에서 즉위한 (가) 은 중국의 전진과 외교 관계를 맺어 대외 관계를 안정시키고 불교를 수용하였다.

① 율령을 반포하였다.
② 평양으로 천도하였다.
③ 금관가야를 정복하였다.
④ 22담로에 왕족을 파견하였다.
⑤ 왕의 칭호를 마립간으로 바꾸었다.

06 다음 지도에 나타난 시기의 (가) 국가에 대한 설명으로 옳은 것은?

① 태학을 설립하였다.
② 대가야를 정복하였다.
③ 사비로 수도를 옮겼다.
④ 일본에 칠지도를 전하였다.
⑤ 신라에 침입한 왜를 격퇴하였다.

07 다음 사건을 일어난 순서대로 옳게 나열한 것은?

> (가) 후백제 멸망
> (나) 신라의 항복
> (다) 견훤의 투항
> (라) 왕건의 송악 천도

① (가)-(나)-(다)-(라)
② (나)-(다)-(가)-(라)
③ (다)-(가)-(라)-(나)
④ (라)-(다)-(가)-(나)
⑤ (라)-(다)-(나)-(가)

서술형

08 다음 정책을 시행한 목적을 서술하시오.

> 광종이 노비를 안검(상세히 조사)하여 옳고 그름을 가리도록 명령하였다. 이 때문에 주인을 배반하거나 업신여기는 노비가 셀 수 없이 많아졌다. 사람들이 모두 탄식하고 왕비도 간곡히 말렸으나 광종은 받아들이지 않았다.

09 (가), (나) 시기 사이에 있었던 사실로 옳은 것은?

> (가) 왕이 거처로 신하를 불러 친히 훈요 10조를 내렸다. "…… 이에 훈요를 지어 후세에 전하니, 바라건대 아침저녁으로 살펴 길이 귀감으로 삼도록 하라."
> (나) 최승로가 시무 28조를 기록하여 장계와 함께 따로 봉하여 올렸다. …… 왕이 뜻을 가지고 있어 함께 할 수 있는 바가 있다는 것을 알고 이 글을 바쳤다.

① 교정도감이 설치되었다.
② 무신 정변이 발생하였다.
③ 이자겸의 난이 일어났다.
④ 위화도 회군이 단행되었다.
⑤ 준풍이라는 독자적 연호를 사용하였다.

10 고려의 관리 선발 제도에 대한 설명으로 옳은 것만을 〈보기〉에서 고른 것은?

> **보기**
> ㄱ. 무과를 통해 무신을 선발하였다.
> ㄴ. 문과에는 제술과와 명경과가 있었다.
> ㄷ. 일반 농민은 과거에 응시할 수 없었다.
> ㄹ. 5품 이상 관료의 자손은 음서의 혜택이 있었다.

① ㄱ, ㄴ   ② ㄱ, ㄷ   ③ ㄴ, ㄷ
④ ㄴ, ㄹ   ⑤ ㄷ, ㄹ

11 (가), (나)에 들어갈 내용을 옳게 연결한 것은?

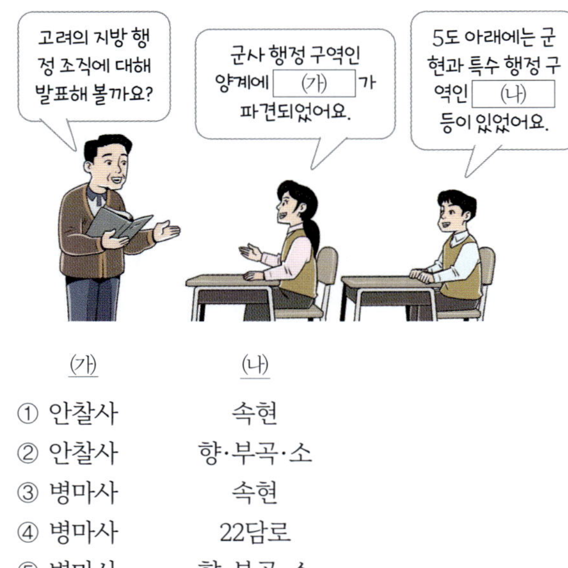

　　　(가)　　　　　　(나)
① 안찰사　　　　　속현
② 안찰사　　　　　향·부곡·소
③ 병마사　　　　　속현
④ 병마사　　　　　22담로
⑤ 병마사　　　　　향·부곡·소

12 밑줄 친 '적'에 대한 당시 고려 정권의 대응으로 옳은 것은?

> • 적이 오자, 충주부사 우종주와 판관 유홍익 등은 모두 성을 버리고 도망갔다. 오직 노비군과 잡류 별초만이 힘을 합해 이를 격퇴하였다.
> • 적이 쳐들어오자, 윤후는 처인성으로 난을 피하였다. 적의 원수 살리타가 와서 성을 치자 윤후가 그를 사살하였다. 왕이 벼슬을 주었으나 윤후는 사양하고 받지 않았다.

① 양계에 주진군을 편성하였다.
② 강화도로 천도하여 항쟁하였다.
③ 이자겸이 사대 요구를 수용하였다.
④ 묘청 등이 금국 정벌을 주장하였다.
⑤ 망이·망소이가 공주 명학소에서 봉기하였다.

13 다음 상황이 나타난 배경으로 가장 적절한 것은?

> 기철 등이 권세를 믿고 임금을 능멸하여 방자하게 위세를 부려 백성에게까지 독을 미쳐 끝이 없었다. …… 몰래 반역을 도모하고 사직을 위태롭게 하였다.

① 고려가 원의 부마국이 되었다.
② 김흠돌이 귀족들과 난을 일으켰다.
③ 개경에서 만적이 봉기를 계획하였다.
④ 왕건이 유력 호족과 혼인 관계를 맺었다.
⑤ 귀족 사이에 치열한 왕위 쟁탈전이 벌어졌다.

14 밑줄 친 '이 제도'가 처음 실시된 시기를 연표에서 옳게 고른 것은?

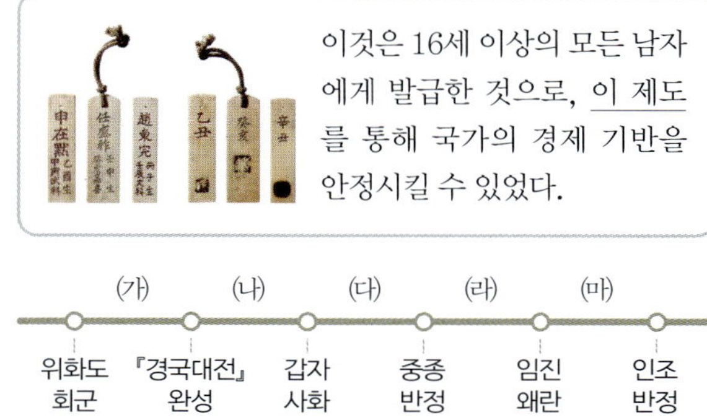

　　　(가)　　　(나)　　　(다)　　　(라)　　　(마)
위화도　『경국대전』　갑자　중종　임진　인조
회군　　완성　　　사화　반정　왜란　반정

① (가)　② (나)　③ (다)　④ (라)　⑤ (마)

15 다음 국정 운영 방식에 대한 설명으로 옳은 것은?

> 6조는 각기 모든 직무를 먼저 의정부에 품의하고, 의정부는 가부를 헤아린 뒤에 왕에게 아뢰어 (왕의) 전지를 받아 6조에 내려보내어 시행한다. 다만, 이조·병조의 관직 제수, 병조의 군사 업무, 형조의 사형수를 제외한 판결 등은 종래와 같이 각 조에서 직접 아뢰어 시행하고 의정부에 보고한다.

① 태종과 세조 때 실시되었다.
② 집사부를 중심으로 운영하였다.
③ 왕권과 신권의 조화를 추구하였다.
④ 국왕의 국정 주도권을 강화하였다.
⑤ 재신과 추밀의 합의제로 운영되었다.

16 밑줄 친 '이 전쟁' 중에 일어난 사실로 옳은 것은?

① 강홍립이 후금에 항복하였다.
② 삼별초가 진도에서 항전하였다.
③ 국왕이 남한산성으로 피란하였다.
④ 의병이 용골산성에서 항쟁하였다.
⑤ 이순신이 명량에서 일본군에 승리하였다.

17 밑줄 친 '왕'에 대한 설명으로 옳은 것은?

▲ 「어전준천제명첩」

이것은 왕이 홍수를 예방하기 위해 청계천 준천을 실시한 것을 기념하여 그린 것이다. '준천(濬川)'은 오물과 토사가 쌓여 수로가 막히는 것을 방지하기 위해 벌이는 개천의 청소 및 보수 작업을 뜻한다.

① 균역법을 실시하였다.
② 훈련도감을 설치하였다.
③ 쓰시마섬을 토벌하였다.
④ 『대전통편』을 편찬하였다.
⑤ 여러 차례 환국을 일으켰다.

18 밑줄 친 '이 왕'의 재위 시기에 있었던 사실로 옳은 것은?

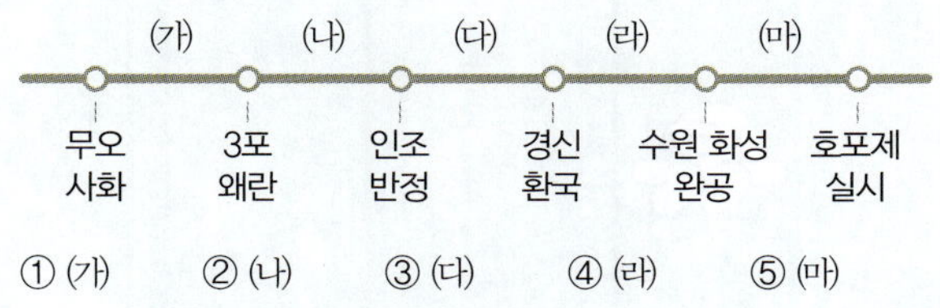

① 집현전과 경연이 폐지되었다.
② 기철 등 친원 세력이 숙청되었다.
③ 외척 간의 갈등으로 사화가 발생하였다.
④ 공신과 왕족이 소유한 사병이 혁파되었다.
⑤ 노론, 소론, 남인이 고루 관직에 기용되었다.

19 다음 사건이 일어난 시기를 연표에서 옳게 고른 것은?

진주 양민이 경상 우병사 백낙신의 탐학과 아전들의 수탈에 분노해 봉기를 일으켰다. 봉기는 북으로는 함흥, 남으로는 제주까지 확산하였다. 이에 정부는 암행어사를 파견하고 삼정이정청을 설치하기로 하였다.

	(가)		(나)		(다)		(라)		(마)	
무오 사화		3포 왜란		인조 반정		경신 환국		수원 화성 완공		호포제 실시

① (가)　② (나)　③ (다)　④ (라)　⑤ (마)

서술형

20 흥선 대원군이 다음 제도를 실시한 목적을 서술하시오.

마을 단위로 곡식을 저장해 두었다가 어려운 백성에게 대여해 주는 사창을 설치하고, 마을 안에서 덕망과 경제적 여유를 갖춘 사람에게 운영을 맡겼다.

II

근대 이전 한국사의 탐구

01 국제 관계와 대외 교류

1 고대의 국제 관계와 대외 교류

1 고대의 대외 관계

(1) **고조선의 대외 관계**: 춘추 전국 시대 중국의 제, 연 등과 교류 → 위만 집권 이후 한과 갈등
→ 한 무제의 침략으로 멸망(기원전 108)

고조선이 한반도 남부의 진과 중국의 한 사이에서 중계 무역으로 이익을 얻는 등 국력이 커지자 한이 고조선을 외교적으로 압박하였다.

상국의 경쟁이 본격적으로 시작된 4~6세기 중국은 5호 16국 시대에서 남북조 시대로 이어지는 분열 시기였다.

(2) **삼국 시대의 대외 관계**: 중국의 정세 변화에 대응하며 외교 활동 전개

고구려	• 남북조와 모두 *조공·책봉 관계 수립, 독자적 천하관 제시 자료① • 수(살수 대첩)와 당(안시성 전투)의 침략 격퇴
백제	동진과 조공·책봉 관계 수립(4세기), 주로 남조와 교류, 북위에 사신 파견(5세기 후반)
신라	고구려·백제 도움으로 중국에 사신 파견 → 한강 유역 차지 후 중국과 직접 교류(6세기 이후)
가야	왜와 교류(철기와 토기 제작 기술 전해 줌)

고구려의 압박에 대항하여 사신을 파견하였다.

2 남북국 시대의 대외 관계와 대외 교류

(1) **신라**

일본이 신라를 조공국으로 간주하여 외교적 마찰이 발생하였다.

신라 – 당	나당 전쟁에서 신라가 당을 몰아내고 삼국 통일 완성 → 발해 협공을 계기로 양국 관계 회복, 성덕왕 이후 당과 공식·비공식 교류 활발(*신라방, 신라관 설치)
신라 – 일본	일본과 외교 마찰 → 국교 단절(8세기 후반), 민간 교류는 지속
대외 교류	당은포(당항성), 사포(울산)가 국제 무역항으로 번영, 장보고가 *청해진을 근거로 해상 무역 장악

(2) **발해**: 건국 초 당과 대립, 일본과 적극 교류, 문왕 이후 당과 친선 관계 유지 자료②

발해는 건국 초부터 외교적 고립을 피하기 위해 일본에 여러 차례 사신을 파견하였다.

2 고려의 국제 관계와 대외 교류

1 고려의 대외 관계

(1) **고려 초 국제 정세**: *10~12세기 동아시아에서 다원적 국제 질서 전개 → 실리적 외교 전개

(2) **거란, 여진과의 관계** 자료③

고려는 발해를 멸망시킨 거란을 적대시하고 송과 친선 관계를 도모하였다.

고려 – 거란	• 1차 침입(993): 서희의 외교 담판으로 강동 6주 획득(송과 외교 단절, 거란과 교류 약속) • 2차 침입(1010): 강조의 정변 구실로 침략 → 개경 함락, 양규 활약 → 거란과 강화 • 3차 침입(1019): 강감찬이 귀주에서 거란군 격파(귀주 대첩) → 국경에 천리장성 축조
고려 – 여진	12세기 윤관이 *별무반을 이끌고 정벌, 동북 9성 축조 → 금의 건국, 금의 사대 요구 수용

(3) **고려 후기의 대외 관계**

고려 정부가 개경 환도를 결정하자 이에 반발하여 삼별초가 봉기하였다.

고려 – 몽골	몽골의 고려 침략 → 강화도 천도, 장기 항전 → 강화 체결, 개경 환도 → 원의 내정 간섭
고려 – 명	명의 *철령위 설치 통보 → 요동 정벌 추진 → 위화도 회군 → 명에 대한 사대 외교

2 고려의 대외 교류 자료④

(1) **고려 전기**: 송, 거란, 여진, 일본, 아라비아 상인 등과 교류, 벽란도가 국제 무역항으로 번성

(2) **고려 후기**: 주로 원과 교류, 고려에서는 *몽골풍 유행, 원에서는 고려양 유행

＊조공·책봉 관계
전근대 동아시아의 외교 형식이다. 조공은 주변국이 중국 왕조에 예물을 바쳐 형식적으로 존중을 표명한 것이고, 책봉은 중국 황제가 주변국 왕의 지배권을 확인해 준 것이다.

＊신라방
당의 산둥반도와 창장강 하류 지역의 도시에 형성된 신라인들의 자치 구역이다.

＊청해진
9세기 장보고는 완도에 해군 기지이자 무역 거점인 청해진을 건설하고 당, 신라, 일본을 연결하는 해상 무역을 주도하였다.

＊10~12세기 동아시아의 정세

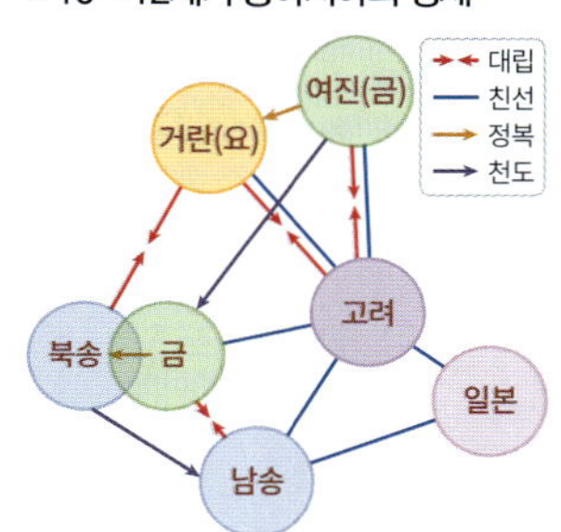

10~12세기경 동아시아에서는 고려, 거란, 송이 세력 균형을 이루면서 다원적 국제 질서가 형성되었다.

＊별무반
윤관의 건의에 따라 편성된 특수 부대로, 신기군(기병), 신보군(보병), 항마군(승려 부대) 등으로 구성되었다.

＊철령위
명이 철령 이북 지역은 원래 원의 영역이었다고 주장하며 이 지역을 다스리기 위해 설치하고자 한 군사 기구이다.

＊몽골풍과 고려양
몽골풍은 고려에 전해진 몽골의 풍습이며, 고려양은 몽골에 전해진 고려의 풍습을 말한다.

자료 ① 고구려의 독자적 천하관

시조 추모왕이 나라를 세웠는데 …… 17세손에 이르러 국강상광개토경평안호태왕이 18세에 왕위에 올라 칭호를 영락 태왕이라 하였다. …… 백잔(백제)과 신라는 예로부터 고구려의 속민으로 조공을 해 왔다.
– 광개토 대왕릉비 –

고구려의 광개토 대왕은 '영락'이라는 연호와 '태왕'이라는 칭호를 사용하였고, 백제와 고구려를 조공국으로 인식하는 등 중국과 구분되는 독자적 천하관을 내세웠다. 고구려 외에 백제와 신라도 자국 중심의 독자적 천하관을 갖고 있었다.

자료 ② 발해와 당과의 관계

- 개원 20년(732) 발해 무예(무왕)가 대장 장문휴를 보내 등주를 공격하였다. 당의 황제는 …… 신라로 하여금 군사를 일으켜 발해의 남쪽 경계를 공격하게 하였다.
- 보응 원년(762) 당 대종은 조서를 내려 발해를 국(國)으로 삼고 흠무(문왕)를 그 왕으로 책봉하였으며, 검교 태위로 직급을 올렸다.
– 『신당서』 –

발해는 건국 초부터 당과 대립하였다. 특히 무왕은 장문휴가 이끄는 수군을 파견하여 당의 등주를 공격하고 이듬해는 요서 지방에 군대를 파견하는 등 당과의 적대 관계를 유지하였다. 그러나 발해는 문왕 즉위 후 당으로부터 '군왕'보다 높은 '국왕'의 칭호를 받는 등 당과의 관계가 개선되었다. 양국의 교류가 활발해지면서 산둥반도에는 발해 사신이 머물던 발해관이 들어서기도 하였다.

자료 ③ 고려와 거란·여진과의 관계

▲ 거란의 침략

◀ 「척경입비도」 윤관이 동북 9성을 쌓은 뒤 고려의 국경을 나타내는 비석을 세우는 모습을 그린 그림이다.

- 거란의 침략을 격퇴한 고려는 이후 거란과 군신 관계를 맺고 평화 관계를 유지하였으나 송과도 활발히 교류하였다.
- 12세기 고려는 별무반을 동원하여 여진 정벌에 나서기도 하였으나 여진(금)의 국력이 강성해지자 금과 사대 관계를 맺었다.

자료 ④ 고려의 대외 교류

▲ 고려의 대외 무역

▲ 족두리

▲ 소줏고리

- 고려는 송, 거란, 여진, 일본 등과 교류하였으며, 개경과 가까운 예성강 하류의 벽란도는 아라비아 상인도 왕래하는 국제 무역항으로 번성하였다.
- 고려 후기 원과의 경제·문화 교류가 활발하였다. 몽골의 풍속은 민간에 전해져 족두리·철릭 등 복식 문화와 소주 등 음식 문화에 영향을 주었다. 몽골에서는 고려의 풍속이 유행하였다.

✖ 삼국과 중국과의 관계

백제	4세기 동진과 외교 관계, 주로 남조의 왕조와 교류
고구려	5세기 남북조와 모두 외교 관계, 수·당과 전쟁
신라	고구려, 백제의 도움으로 중국과 교류, 6세기부터 직접 교류

✖ 발해와 당과의 관계

적대 관계 (무왕 때)	발해가 수군을 파견하여 당의 산둥반도 공격
↓	
친선 관계 (문왕 이후)	적극적으로 교류하며 당의 문물 수용

TIP 발해와 당의 시기별 관계의 변화를 기억하자.

✖ 고려와 거란과의 관계

1차 침입	• 원인: 고려의 친송 정책 • 결과: 서희의 담판, 강동 6주 획득(송과 단절, 거란과 교류 약속)
2차 침입	• 원인: 강조의 정변 • 결과: 개경 함락, 거란과 강화
3차 침입	• 원인: 강동 6주 반환 거부 등 • 결과: 강감찬의 귀주 대첩

TIP 거란의 1~3차 침입의 원인과 주요 사건을 구분하여 기억하자.

✖ 고려의 대외 교류

고려 전기	• 송, 거란, 여진, 일본 등과 폭넓게 교류 • 벽란도가 국제 무역항으로 번성
고려 후기	• 원과 인적·물적 교류 활발 • 몽골풍과 고려양 유행

3 조선 전기의 국제 관계와 대외 교류

1 명에 대한 *사대 외교

(1) **명과의 관계**: 건국 초 명과 외교적 갈등 발생, 태종 이후 관계 회복 → 본격적으로 사대 외교 전개
 └─ 명의 황제가 외교 문서의 표현을 트집 잡아 조선 사신을 억류하며 압박하자, 조선은 요동 정벌을 추진하며 명과 대립하였다.

(2) **사대 외교**
  ① 형식: 조선은 명의 연호를 사용하고 조공, 명은 조선의 국왕이 바뀔 때 책봉
  ② 의미: 조선에 대한 명의 내정 간섭이 없는 형식적·의례적 활동, 조선은 조공 무역을 통해 경제적·문화적 실리 획득
  └─ 조선이 명에 조공품을 바치면 명은 조선에 답례로 여러 물품을 보내는 일종의 공무역이 이루어졌다.

2 여진과 일본에 대한 *교린 정책

(1) **여진과의 관계** `자료 5`
  └─ 함경도 경성과 경원에 무역소를 설치하고 국경 무역을 허용하였다.
  ① 회유책: 국경 지역에 무역소를 설치하고 교역 허용, 관직과 토지를 주어 귀순 장려
  ② 강경책: 최윤덕과 김종서가 4군과 6진 지역 개척(세종)
  └─ 압록강과 두만강을 경계로 하는 국경선을 확정하였다.

(2) **일본과의 관계**
  ① 회유책: 일본의 요청에 따라 3포를 개항하여 제한적 교역 허용(계해약조, 1443)
  └─ 부산포, 제포, 염포
  ② 강경책: 왜구의 약탈 → 세종 때 이종무가 왜구의 본거지인 쓰시마섬 토벌
  ③ 16세기 상황: 조선의 교역 통제 강화 → *3포 왜란(1510), 을묘왜변(1555) 발발

4 조선 후기의 국제 관계와 대외 교류

1 일본과의 관계

(1) **국교 재개** `자료 6`
  ① 과정: 임진왜란으로 양국 국교 단절 → 에도 *막부가 조선과 국교 재개 시도 → 조선이 *회답 겸 쇄환사 파견 → 국교 재개(1607)
  └─ 임진왜란 이후 도쿠가와 이에야스가 세웠다.
  ② 기유약조 체결(1609): 부산포의 왜관에서 일본의 제한적 교역 허용

(2) **통신사 파견**
  └─ 국가 간에 신뢰를 통하기 위해 파견하는 사절이라는 뜻이다.
  ① 파견: 조선이 새로운 쇼군의 계승을 축하한다는 명분으로 파견 → 에도 막부는 쇼군의 정치적 권위를 대내적으로 과시, 선진 문물 수용 기회로 활용
  ② *문화 교류: 조선의 선진 문물을 일본에 전파, 유학·문학·미술·기예 등 다양한 분야에서 문화 교류

2 청과의 관계

군신 관계 체결	조선이 병자호란에서 패배하고 청과 군신 관계 체결, 명과의 관계 단절 → 정기적으로 *연행사 파견 └─ 1636년에 발발하여 이듬해 종료되었다.
북벌 운동 추진 `자료 7`	• 17세기 병자호란의 치욕을 씻고자 청을 정벌하려는 운동 → 효종 때 송시열, 이완 등이 주도, 서인 정권의 지지 → 실행되지 못함 └─ 청에 대한 조선의 문화적 우월성이 담겨 있는 주장으로, 오랑캐인 청은 중화 문명을 계승할 수 없다고 보았다. • 명에 대한 의리 강조 → 조선 중화주의(조선이 명 멸망 이후 중화 문명 계승) 대두
북학론 제기 `자료 7`	• 계기: 청의 정치적 안정 → 청의 국력 강화·문화 발전 • 내용: 18세기경 일부 실학자가 제기, 국가 발전을 위해 청의 앞선 문물을 수용하자는 주장 └─ 홍대용, 박지원, 박제가 등이 해당한다.
백두산 정계비 건립	• 1712년 백두산정계비를 세워 청과 조선의 국경 확정 • 19세기 동쪽의 경계인 토문강 해석을 둘러싸고 조선과 청 사이에 간도 귀속 문제 발생

---

*사대
'큰 나라를 섬기다'라는 의미로 조선은 중국에 사대하며 대내외적인 안정을 추구하였다.

*교린
'이웃과 사귄다'라는 의미로 중국 이외의 여진, 일본 등이 교린의 대상이었다. 이들에 대해 조선은 강경책과 회유책을 병행하며 대하였다.

*3포 왜란
1510년 조선의 3포에서 무역 활동을 하고 있던 일본인들이 폭동을 일으킨 사건이다. 왜란 진압 이후 조선은 일본과의 교역을 이전보다 제한하였다.

*막부
일왕을 대신하여 통치를 담당했던 무사 정권으로 그 최고 수장을 쇼군이라 불렀다.

*회답 겸 쇄환사
일본이 국교 재개를 위해 보낸 국서에 답하고[회답], 왜란 중 잡혀간 사람들을 데려오기[쇄환] 위해 파견한 사절이다.

*통신사의 문화 교류

▲ 마상재

마상재는 달리는 말 위에서 펼치는 여러 가지 곡예이다. 일본의 요청으로 마상재인이 통신사 일행으로 파견되기도 하였다.

*연행사
조선이 청에 보낸 사신 및 사절단으로, 청의 도읍인 연경(지금의 베이징)에 가는 사신이라는 의미이다.

자료 Pick

자료 5 여진에 대한 교린 정책

• 무역소 설치

경성·경원 지방에 야인의 출입을 금하지 아니하면 혹은 떼 지어 몰려들 우려가 있고, 일절 끊고 금하면 …… 변경에 불상사가 생길까 합니다. 원하건대, 두 고을에 무역소를 설치하여 저들로 하여금 와서 물물 교역을 하게 하소서.

— 『태종실록』 —

• 4군과 6진 지역 개척

조선 세종은 최윤덕, 김종서 등을 파견하여 여진을 몰아내고, 4군과 6진 지역을 개척하여 압록강과 두만강을 경계로 하는 국경선을 확정하였다. 삼남 지방의 일부 백성을 새로 확보한 영토로 이주시켜(사민 정책) 개발을 추진하였으며, 지역의 유력자를 토관으로 임명하여 민심을 수습하려 하였다.

조선은 일본과 여진 등에 대해서는 교린 정책을 실시하여 상황에 따라 회유책과 강경책을 펼쳤다. 조선은 북방 국경 지역의 안정을 위해 여진의 귀순을 장려하고 무역소를 열어 교역을 허용하였지만, 여진이 국경을 침범하면 군대를 동원해 토벌에 나서기도 하였다.

자료 6 일본과의 국교 재개

도쿠가와 이에야스의 국서를 받아 오고 선왕의 능을 파헤친 도적을 잡아 보낸다면 우리로서는 마땅히 통신사를 보내야 할 것이다. 어찌 거절만 하고 종사와 백성을 위하는 계책을 세우지 않을 수 있겠는가.

— 『선조실록』 —

임진왜란이 끝난 후 일본은 조선에 여러 차례 국교 재개를 요청하였다. 여러 차례의 교섭이 진행된 후 양국의 국교가 재개되면서 조선은 일본의 요청에 따라 통신사를 파견하였다. 새로운 쇼군의 계승을 축하한다는 명분으로 파견된 통신사는 일본인과 다양한 분야에서 활발하게 교류하였다.

자료 7 북벌론과 북학론

• 정예한 포병 10만을 길러 결사적으로 싸우는 용감한 병사로 만든 다음, 기회를 봐서 저들이 예기치 못할 때 곧장 산해관으로 쳐들어갈 계획이오. 그러면 중원의 의사와 호걸 가운데 어찌 호응하는 자가 없겠소. …… 포로가 된 우리나라 사람들이 몇 만 명인지 모르나 어찌 호응하는 자가 없겠소? 오늘날의 일은 오직 실행하지 않음을 근심할 뿐이지 성공하기 어려움은 근심할 것이 아니오.

— 송시열, 『송서습유』 —

• 혹자는 "지금의 중국을 차지하고 있는 주인은 오랑캐들이다."라고 하면서 배우기를 부끄러워하며, 중국의 옛 법마저도 다 함께 얕잡아 무시해 버린다. …… 진실로 법이 훌륭하고 제도가 아름답다면 오랑캐라도 나아가 배워야 하는 법이다.

— 박지원, 『연암집』 —

조선은 병자호란 이후 청과 사대 관계를 맺었으나 내부적으로는 북벌 운동을 전개하였다. 그 과정에서 조선이 중화 문명의 후계자라고 자부하는 조선 중화주의가 대두하기도 하였다. 하지만 청이 강성해지면서 북벌 계획을 실행하지는 못하였다. 이후 청이 정치적 안정을 이루고 문화를 크게 발전시키자 18세기경 일부 실학자는 청의 문물을 적극 수용해야 한다는 북학론을 제기하였다.

✱ 조선 전기 사대교린 정책

명 (사대)	• 명의 연호 사용 • 국왕 교체 시 명의 책봉, 조공 무역
여진 (교린)	• 회유책: 국경 지역에 무역소 설치 • 강경책: 4군 6진 지역 개척
일본 (교린)	• 회유책: 3포 개항 → 교역 허용 • 강경책: 쓰시마섬 토벌

TIP 사대 외교의 대상과 교린 정책의 대상을 잘 구분하자. 교린 정책의 경우 회유책과 강경책이 병행되었음을 기억하자.

✱ 통신사의 의미와 역할

의미	대등한 국가 간에 신뢰를 통하기 위해 파견하는 사절
역할	• 외교: 새로운 쇼군의 계승을 축하 • 문화: 조선의 선진 문물 전파

✱ 북벌론과 북학론

북벌론	• 병자호란의 치욕을 씻고자 청을 정벌하자는 주장 • 대표적 인물: 송시열, 이완
북학론	• 청을 중화로 인식하고 우수한 청 문물을 수용하자고 주장 • 대표적 인물: 박제가, 박지원

TIP 북벌 운동이 전개되며 조선 중화주의가 대두하였다는 것과 북벌론은 17세기, 북학론은 18세기에 제기되었다는 점을 기억하자.

포인트 Pick

1 고대의 국제 관계와 대외 교류

고조선	• 춘추 전국 시대 중국의 제, 연 등과 교류 • 한 무제의 침략으로 멸망(기원전 108)
삼국 시대	• (❶): 남북조와 조공·책봉 관계, 수와 당의 침략 격퇴 • 백제: 4세기 동진과 조공·책봉 관계 → 주로 남조와 교류 • 신라: 6세기 한강 유역 차지 이후 중국과 직접 교류 • 가야: 왜와 교류(왜의 토기에 영향 줌)
남북국 시대	• 통일 신라: 당과 교류 활발, 일본과 외교적 마찰 • 발해: 건국 초 당과 대립, 문왕 이후 당과 친선 관계

2 고려의 국제 관계와 대외 교류

거란	• 1차 침입: 서희의 외교 담판 → 강동 6주 확보 • 3차 침입: 강감찬의 귀주 대첩
여진	• 윤관이 (❷)을 이끌고 토벌, 동북 9성 축조 • 금 건국 이후 금의 사대 요구를 고려가 수용
몽골	• 사신 피살을 빌미로 침략 → (❸)로 천도하여 항전 • 개경 환도 이후 원의 내정 간섭받음
명	철령위 설치 문제로 갈등 → 고려의 (❹) 추진 → 위화도 회군 → 명에 대한 사대 외교

3 조선 전기의 국제 관계와 대외 교류

명	• 태종 이후 사대 외교 본격적으로 전개 • 조공 무역을 통해 경제적·문화적 실리 획득
여진	• 회유책: 국경 지역에 무역소 설치, 귀순 장려 • 강경책: 세종 때 (❺) 지역 개척
일본	• 회유책: 3포를 개방하여 제한적 교역 허용 • 강경책: 세종 때 왜구의 근거지인 (❻) 토벌

4 조선 후기의 국제 관계와 대외 교류

(1) 일본과의 관계

국교 재개	• 임진왜란으로 국교 단절 → 에도 막부 수립 이후 국교 재개 • (❼) 체결 → 부산포의 왜관에서 제한적 교역 허용
통신사 파견	• 에도 막부의 요청으로 파견 • 일본에 조선의 선진 문물 전파, 다양한 문화 교류

(2) 청과의 관계

군신 관계 체결	(❽) 패배 → 군신 관계 체결, 연행사 파견
북벌 운동	• 효종 때 송시열 등을 중심으로 전개, 서인 정권의 지지 • 명에 대한 의리 강조 → 조선이 중화 문명을 계승하였다는 (❾) 대두
(❿)	18세기 이후 청의 문물을 수용하자는 주장 제기
백두산정계비	압록강과 토문강을 경계로 조선과 청의 국경 확정

---

01 다음에서 설명하는 용어를 쓰시오.

> 전근대 동아시아의 외교 형식이다. 주변국이 중국 왕조에 예물을 바치며 존중을 표명하면 중국 황제는 주변국 왕의 지배권을 확인해 주었다.

02 다음 서술이 옳으면 ○표, 틀리면 ×표 하시오.

(1) 고조선은 수, 당의 침략을 막아내었다.　　　(　　)

(2) 고려는 발해를 멸망시킨 거란을 적대시하고 송과 친선 관계를 도모하였다.　　　(　　)

(3) 조선은 사대교린의 원칙에 따라 명에 대해 교린하고 일본과 여진에 사대하였다.　　　(　　)

03 다음 인물과 관련된 내용을 바르게 연결하시오.

(1) 윤관　　　　　　　　　　• ㉠ 청해진 건설

(2) 장보고　　•　　　　　　• ㉡ 동북 9성 축조

(3) 송시열　　•　　　　　　• ㉢ 북벌 운동 추진

04 다음 내용을 옳은 서술로 완성하시오.

(1) 서희는 (㉠ 거란 , ㉡ 여진)이 침략하자 외교 담판을 벌여 압록강 유역의 강동 6주를 확보하였다.

(2) 조선은 (㉠ 여진 , ㉡ 일본)을 토벌하고 4군과 6진 지역을 개척하였다.

(3) 18세기 이후 발달된 청의 문물을 수용하자는 주장인 (㉠ 북학론 , ㉡ 조선 중화주의)이/가 제기되었다.

05 다음 사건을 일어난 순서대로 나열하시오.

> 보기
> ㄱ. 병자호란　　　　ㄴ. 임진왜란
> ㄷ. 귀주 대첩　　　　ㄹ. 살수 대첩

06 임진왜란 이후 조선 정부가 새로운 쇼군의 계승을 축하한다는 명분으로 파견한 외교 사절의 명칭을 쓰시오.

01 (가)에 들어갈 내용으로 가장 적절한 것은?

① 임진왜란이 일어났어.
② 한 무제가 침략하였어.
③ 연개소문이 정변을 일으켰어.
④ 동진과 조공·책봉 관계를 수립하였어
⑤ 장문휴가 이끄는 수군이 등주를 공격하였어.

02 다음 문화유산을 남긴 국가에 대한 설명으로 옳은 것은?

① 몽골풍이 유행하였다.
② 수와 당의 침략을 막아내었다.
③ 벽란도가 무역항으로 번성하였다.
④ 문왕 때 당과 친선 관계를 맺었다.
⑤ 성덕왕 이후 당과 교류가 활발해졌다.

03 (가), (나) 시기 사이에 있었던 사실로 옳은 것은?

(가) 고구려와 백제의 협공으로 어려움에 처한 신라는 당에 동맹을 제의하여 성사시켰다.

(나) 대조영은 당이 거란의 반란으로 혼란해진 상황에서 무리를 이끌고 동모산에서 새로운 나라를 세웠다.

① 고구려가 멸망하였다.
② 3포 왜란이 발발하였다.
③ 고려가 북진 정책을 추진하였다.
④ 가야가 왜에 토기 제작 기술을 전하였다.
⑤ 백제가 남조의 왕조와 외교 관계를 맺었다.

04 (가) 인물이 활동했던 시기에 볼 수 있는 모습으로 적절한 것만을 〈보기〉에서 고른 것은?

[(가)]는 당·신라·일본을 잇는 국제 무역 항로의 중간 지대에 위치한 지금의 전라남도 완도군 장도에 진(鎭)을 설치하였다.

┌─ 보기 ─
ㄱ. 북벌 운동을 추진하는 국왕
ㄴ. 조공을 강요하는 수의 황제
ㄷ. 신라방과 신라소를 방문한 관리
ㄹ. 사포(울산)에서 교역하는 이슬람 상인

① ㄱ, ㄴ   ② ㄱ, ㄷ   ③ ㄴ, ㄷ
④ ㄴ, ㄹ   ⑤ ㄷ, ㄹ

05 (가) 국가의 대외 관계에 대한 설명으로 옳은 것은?

> <u>(가)</u> 의 무예(무왕)가 대장 장문휴를 보내 등주를 공격하였다. 당의 황제는 …… 신라로 하여금 군사를 일으켜 <u>(가)</u> 의 남쪽 경계를 공격하게 하였다.

① 명에 사대하였다.
② 남조의 왕조와 교류하였다.
③ 북조의 북위에 사신을 파견하였다.
④ 왜구의 침략으로 큰 피해를 입었다.
⑤ 건국 초 일본과의 관계를 강화하였다.

중요
06 다음 회담의 결과로 가장 적절한 것은?

① 고려가 개경으로 환도하였다.
② 발해가 당과 친선 관계를 맺었다.
③ 금과 고려가 군신 관계를 맺었다.
④ 고려가 강동 6주 지역을 확보하였다.
⑤ 신라와 일본의 외교 관계가 단절되었다.

07 다음 자료를 활용한 탐구 활동으로 가장 적절한 것은?

> 강감찬 등이 적과 동쪽 교외에서 맞아 싸웠다. 적의 시체가 들을 덮었고 사로잡은 포로, 노획한 말과 낙타, 갑옷, 병장기를 다 셀 수 없을 지경이었다. 살아서 돌아간 자가 겨우 수천 명이었다.

① 귀주 대첩의 결과를 분석한다.
② 발해가 건국되는 과정을 살펴본다.
③ 홍건적이 침략한 경로를 찾아본다.
④ 병자호란 당시 활약한 장수를 조사한다.
⑤ 신라가 당에 동맹을 제의한 까닭을 알아본다.

08 밑줄 친 ㉠이 일어난 시기를 연표에서 옳게 고른 것은?

> 자료는 「척경입비도」이다. 조선 후기에 그린 그림으로, 윤관이 ㉠ 동북 9성을 설치하고 고려의 국경을 나타내는 비석을 세우는 모습을 담고 있다.

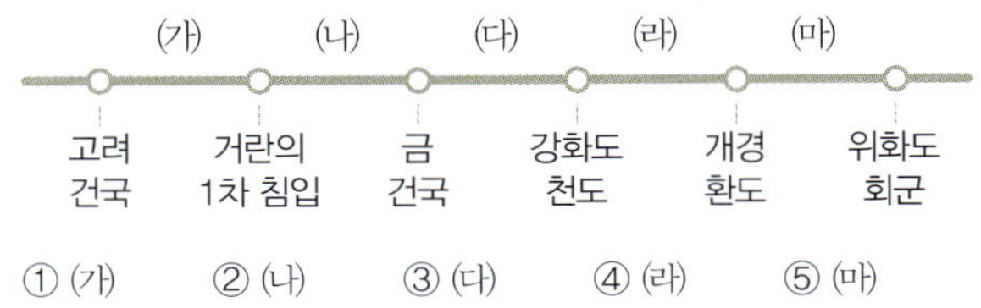

	(가)		(나)		(다)		(라)		(마)	
고려 건국		거란의 1차 침입		금 건국		강화도 천도		개경 환도		위화도 회군

① (가) ② (나) ③ (다) ④ (라) ⑤ (마)

09 밑줄 친 '침략'이 끼친 영향으로 가장 적절한 것은?

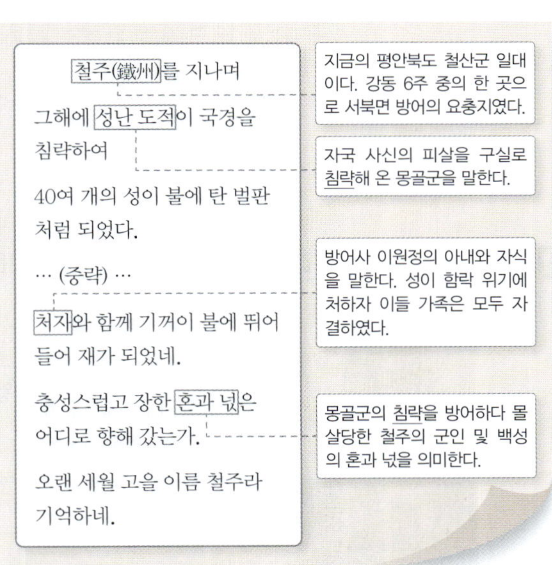

① 송과의 관계가 단절되었다.
② 효종이 북벌 운동을 추진하였다.
③ 신라가 삼국 통일을 완성하였다.
④ 고려가 원의 내정 간섭을 받았다.
⑤ 명과 조선 사이에 외교 분쟁이 발생하였다.

10 밑줄 친 '정벌'의 배경으로 가장 적절한 것은?

① 고려가 거란을 적대시하였다.
② 신라가 고구려를 멸망시켰다.
③ 고조선이 한과 갈등을 빚었다.
④ 별무반이 동북 9성을 개척하였다.
⑤ 명이 고려에 철령위 설치를 통보하였다.

11 밑줄 친 '이 항구'에서 볼 수 있는 모습으로 가장 적절한 것은?

> 송 상인들이 고려에 방문할 때는 수도 개경과 가까운 예성강 하류의 이 항구를 주로 사용하였다. 항구의 명칭은 인근의 객관 벽란정에서 유래하였다. 송 상인들은 주로 6월, 7월경에 밍저우에서 남풍과 해류를 타고 약 20일을 항해하여 이곳에 도착하였다고 한다.

① 쓰시마섬 토벌을 준비하는 군인
② 개경 환도에 반발하여 봉기한 삼별초
③ 기유약조 이후 왜관에 머무르는 일본인
④ 새로운 쇼군의 취임을 축하하는 조선 사절
⑤ 비단을 거래하기 위해 방문한 아라비아 상인

12 밑줄 친 ㉠ 외교의 내용으로 옳지 <u>않은</u> 것은?

> 조선은 명 중심의 국제 질서 속에서 ㉠ 명에 사대하여 경제적·문화적 실리를 챙겼다.

① 명의 연호를 사용하였다.
② 명의 내정 간섭을 받았다.
③ 명에 해마다 여러 차례 조공하였다.
④ 국왕이 바뀔 때 명 황제의 책봉을 받았다.
⑤ 조공 과정에서 일종의 공무역이 이루어졌다.

중요 ☆
13 다음 자료를 활용한 탐구 활동으로 가장 적절한 것은?

> 경성·경원 지방에 야인의 출입을 금하지 아니하면 혹은 떼 지어 몰려들 우려가 있고, 일절 끊고 금하면 야인이 소금과 쇠를 얻지 못하여서 혹은 변경에 불화가 생길 우려가 있습니다. 원하건대, 두 고을에 무역소를 설치하여 저들로 하여금 와서 교역할 수 있도록 하소서.
> – 『태종실록』 –

① 정묘호란의 원인을 분석한다.
② 발해와 당의 관계 변화를 살펴본다.
③ 서희가 담판을 벌인 국가를 알아본다.
④ 수의 중국 통일이 끼친 영향을 알아본다.
⑤ 여진에 대한 교린 정책의 내용을 찾아본다.

14 (가) 국왕 재위 시기에 있었던 사실로 옳은 것은?

① 을묘왜변이 일어났다.
② 동진에 사신이 파견되었다.
③ 당과의 관계가 회복되었다.
④ 김윤후가 처인성에서 항전하였다.
⑤ 김종서가 6진 지역을 개척하였다.

15 밑줄 친 '침략'의 결과로 옳은 것은?

> 도요토미 히데요시는 명이 조공을 허락하지 않은 것에 대해 앙심을 품고 승려 겐소 등을 파견하여 요동을 침범하려 하니 길을 빌려 달라고 청했다. 우리나라에서 대의로 매우 준엄히 거절하자, 적은 드디어 온 나라의 군사를 총동원하여 대대적으로 <u>침략</u>해왔다.

① 연행사가 파견되었다.
② 3포 왜란이 일어났다.
③ 계해약조가 체결되었다.
④ 조선과 일본의 국교가 단절되었다.
⑤ 북쪽 국경에 천리장성이 축조되었다.

16 (가)에 들어갈 내용으로 가장 적절한 것은?

① 개경 환도의 계기를 찾아볼게.
② 조선 중화주의의 내용을 살펴볼게.
③ 회답 겸 쇄환사의 활동을 조사할게.
④ 삼전도의 굴욕이 끼친 영향을 알아볼게.
⑤ 조선이 쓰시마섬을 토벌한 까닭을 분석할게.

17 밑줄 친 '사절단'에 대한 설명으로 옳은 것만을 〈보기〉에서 고른 것은?

> **보기**
> ㄱ. 매년 정기적으로 파견되었다.
> ㄴ. 조공을 하기 위해 파견되었다.
> ㄷ. 에도 막부의 요청으로 파견되었다.
> ㄹ. 학문, 예술 등 다양한 분야에서 교류하였다.

① ㄱ, ㄴ ② ㄱ, ㄷ ③ ㄴ, ㄷ
④ ㄴ, ㄹ ⑤ ㄷ, ㄹ

18 (가)에 들어갈 내용으로 가장 적절한 것은?

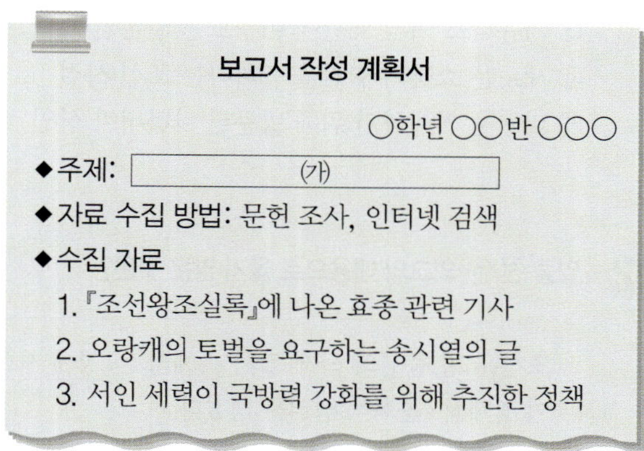

보고서 작성 계획서

○학년 ○○반 ○○○

◆ 주제: ____(가)____
◆ 자료 수집 방법: 문헌 조사, 인터넷 검색
◆ 수집 자료
　1. 『조선왕조실록』에 나온 효종 관련 기사
　2. 오랑캐의 토벌을 요구하는 송시열의 글
　3. 서인 세력이 국방력 강화를 위해 추진한 정책

① 북벌 운동의 추진
② 별무반의 편성과 활동
③ 두 차례 호란의 발발 배경
④ 자국 중심의 독자적인 천하관
⑤ 백두산정계비와 간도 귀속 문제

19 (가), (나) 시기 사이에 있었던 사실로 옳은 것은?

> (가) 후금은 나라 이름을 청으로 바꾸고 조선에 군신 관계를 요구하였으나 조선 정부는 청의 요구를 거절하였다.
> (나) 인조가 승하하고 청에 인질로 잡혀갔던 봉림 대군이 효종으로 즉위하였다.

① 삼별초가 봉기하였다.
② 기유약조가 체결되었다.
③ 광해군이 중립 외교를 펼쳤다.
④ 조선이 명과의 관계를 단절하였다.
⑤ 3포에서 일본의 제한된 교역이 허용되었다.

20 다음 자료를 활용한 탐구 활동으로 가장 적절한 것은?

> 혹자는 "지금의 중국을 차지하고 있는 주인은 오랑캐들이다."라고 하면서 배우기를 부끄러워하며, 중국의 옛 법마저도 다 함께 얕잡아 무시해 버린다. …… 진실로 법이 훌륭하고 제도가 아름답다면 오랑캐에게라도 나아가 배워야 하는 법이다.
> — 박지원, 『연암집』 —

① 북학론의 내용을 파악한다.
② 고구려의 천하관을 조사한다.
③ 사대교린의 의미를 분석한다.
④ 통신사 파견이 끼친 영향을 알아본다.
⑤ 북벌론을 주장한 주요 인물을 살펴본다.

서술형 문제

21 다음 자료를 보고 물음에 답하시오.

자료는 통일 신라 시기 장보고의 주도로 [(가)]이 설치되었던 전라남도 완도군 장도의 모습이다.

(1) (가)에 해당하는 기지의 명칭을 쓰시오.

(2) (가) 기지의 기능에 대해 서술하시오.

22 다음 지도를 보고 물음에 답하시오.

(1) (가) 지역들을 일컫는 명칭을 쓰시오.

(2) (가) 지역을 고려가 획득한 계기를 서술하시오.

01 다음 전투의 영향으로 가장 적절한 것은?

> 보장왕 4년 여러 장수가 안시성을 급히 공격하였다. …… 토산을 쌓기를 밤낮으로 쉬지
> 않았으니, 60일 동안 인력을 들인 것이 50만 명이었고 토산의 정상은 성에서 몇 길 떨어
> 져 아래로 성안을 내려다볼 수 있었다. …… 토산이 무너지며 성을 눌러서 성이 무너졌
> 다. …… 여러 장수에게 명하여 안시성을 공격하였지만 3일 동안 이길 수 없었다. ……
> 황제는 요동이 일찍 추워지고 …… 군량이 떨어지므로 철군하도록 명하였다.

① 신라와 당이 동맹을 맺었다.
② 한 무제가 침략을 감행하였다.
③ 장수왕이 남북조와 외교 관계를 맺었다.
④ 송과의 공식적인 외교 관계가 단절되었다.
⑤ 발해가 일본에 여러 차례 사신을 파견하였다.

키워드 Pick
• 안시성을 급히 공격
• 철군

키워드 꼬리 질문
Q1 자료의 안시성을 지킨 국가는?
Q2 자료의 안시성 공격에 실패하여
　　　철군한 국가는?

답변이 어렵다면 다시 학습
☞ 66쪽

02 (가), (나) 시기 사이에 있었던 사실로 옳은 것은?

> (가) 금이 과거 소국일 때, 요와 우리나라를 섬겼습니다. 그러나 지금 금은 급격히 세력을
> 　　떨쳐 요와 송을 멸망시켰으며, …… 우리와는 국경이 맞물려 있으니 형편상 사대하지
> 　　않을 수 없습니다.
> (나) 최우가 재상들을 자신의 집으로 모아 천도할 일을 의논하였다. …… 이날 최우가 왕
> 　　에게 속히 궁궐을 떠나 서쪽 강화도로 행차할 것을 주청하였다. …… 최우가 녹봉을
> 　　실어 나르는 수레 1백여 량을 빼앗아 집안의 재물을 강화도로 옮겼다.

① 부산포, 염포, 제포 등 3포를 개항하였다.
② 고려를 방문한 몽골의 사신이 피살되었다.
③ 강감찬이 귀주에서 거란의 군대를 물리쳤다.
④ 명과 대립하던 고려가 요동 정벌을 추진하였다.
⑤ 무왕의 명을 받은 군대가 산둥반도의 등주를 공격하였다.

키워드 Pick
• 금, 사대
• 천도, 강화도

키워드 꼬리 질문
Q1 금을 세운 민족은?
Q2 어떤 민족의 침략을 받아 고려
　　　가 강화도로 천도하였는가?

답변이 어렵다면 다시 학습
☞ 66쪽

03 다음 자료를 활용한 탐구 활동으로 가장 적절한 것은?

> 대마도(쓰시마섬)는 …… 제 나라에서 쫓겨나 돌아갈 곳이 없는 사람들이 모두 여기에 모여서 소굴을 만들었다. 그러고는 틈을 타서 몰래 쳐들어와, 벅성을 협박하고 노략질하며 곡식을 빼앗아 가고, 학살을 자행하여 남의 처자를 고아와 과부로 만들며, 남의 가옥을 불태워 없애는 등 흉포하고 극악한 짓을 한 지가 여러 해가 되었다. …… 또 변방 장수에게 명하여 병선을 거느리고 나가 그 섬을 포위하고, 땅을 휩쓸어서 항복해 오기만을 기다리고 있다.

① 삼별초가 항전한 지역을 살펴본다.
② 윤관이 별무반을 이끌고 정복한 지역을 찾아본다.
③ 경성과 경원에 설치된 무역소의 기능을 조사한다.
④ 4군과 6진이 설치되었던 지역을 지도에 표시한다.
⑤ 세종 때 이종무가 이끄는 부대가 파견된 원인을 알아본다.

키워드 **Pick**
• 대마도(쓰시마섬)
• 노략질
• 그 섬을 포위하고, 땅을 휩쓸어서

키워드 꼬리 질문
Q1 쓰시마섬을 근거로 노략질을 하였던 무리는?
Q2 이종무를 파견하여 쓰시마섬을 토벌한 조선의 국왕은?

답변이 어렵다면 다시 학습
☞ 68쪽

04 밑줄 친 '계획'이 추진된 배경으로 가장 적절한 것은?

> 윤휴가 비밀 상소를 올리기를, "효종 대왕께서는 10년 동안 왕위에 계시면서 새벽부터 주무실 때까지 군사 정책에 대해 묻고 인사를 불러들여 사전에 대비하셨으니, 어찌 북쪽으로 나아가 보려는 마음을 하루라도 잊은 적이 있었겠습니까. 안배도 완전하게 하였으며 부서도 두기 시작하였으나, 하늘이 순리대로 돕지 않아 중도에 승하하시어 웅장한 계획과 큰 뜻이 천추의 한을 남기고 말았습니다."라고 하였다.

① 태조 때 명과 외교적 갈등을 빚었다.
② 홍건적의 침략으로 수도가 함락되었다.
③ 광해군이 명과 후금 사이에서 중립 외교를 펼쳤다.
④ 조선이 병자호란에서 패배하고 청과 군신 관계를 맺었다.
⑤ 도요토미 히데요시가 군대를 동원하여 조선을 침략하였다.

키워드 **Pick**
• 효종 대왕
• 군사 정책
• 북쪽으로 나아가 보려는 마음

키워드 꼬리 질문
Q1 자료에서 효종이 추진한 계획은?
Q2 효종이 군사를 동원하여 공격하고자 했던 국가는?

답변이 어렵다면 다시 학습
☞ 68쪽

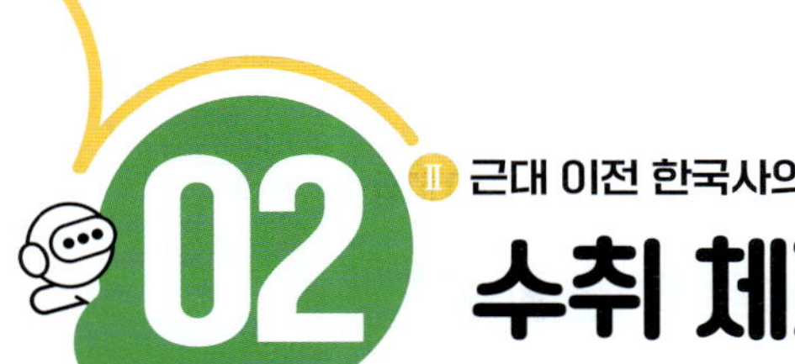

02

수취 체제와 경제생활

📙 고대의 수취 체제와 경제생활

1 삼국 시대의 경제생활

(1) 수취 체제 자료①

① 조세: 재산 정도에 따라 호(戶)를 나누어 곡물과 포를 징수

② 공물: 각 지역의 특산물 징수

③ 역: 15세 이상의 남자 대상으로 공사나 전쟁 등에 노동력 징발

(2) 경제 정책

① 농업 장려: 시비법이 발달하지 못해 매년 경작 불가능 → 철제 농기구 보급, 저수지와 보 축조, 우경 장려 등 농업 장려 정책 시행 _{신라 지증왕 때에 우경을 장려하였다는 기록이 남아있다.}
  _{제천 의림지, 김제 벽골제, 밀양 수산제 등의 수리 시설이 축조되었다.}

② 빈민 구제: 고구려의 *진대법 등 빈민 구제 정책 시행

③ 토지 제도: 왕족이나 귀족 관리에게 녹읍과 *식읍 지급

(3) 상업과 수공업: 관청 소속 장인이 수공업품 생산, 수도에 시장 개설(*동시 설치)

2 남북국 시대의 경제생활

_{통일 신라 신문왕은 귀족 관리에게 조세만을 징수할 수 있는 관료전을 지급하고 노동력 징발이 가능한 녹읍을 폐지하여 귀족의 경제적 기반을 약화시키고 토지와 노동력에 대한 국가의 지배력을 강화하고자 하였다.}

통일 신라	• 토지 제도: 관료전을 지급하고 녹읍 폐지, 백성들에게 *정전 지급 • 수취 제도: 신라촌락문서를 작성하여 조세·공물·역 부과 자료② • 상업: 수도 금성에 서시와 남시 추가 설치
발해	• 경제생활: 밭농사 중심 농업, 목축 발달, 조세·공물·역 징수 • 상업: 수도 상경을 중심으로 상업 발전, 말·모피 등 수출

📙 고려의 전시과 체제와 경제생활

1 경제 정책

_{토지에서 조세를 거둘 수 있는 권리}　　_{전지는 곡식을 거둘 수 있는 논밭이고, 시지는 땔감을 얻을 수 있는 임야이다.}

(1) 전시과 체제: 관리나 직역 담당자에게 수조권 행사가 가능한 전지와 시지 지급

① 운영: *과전, 한인전, 구분전, 군인전 등 지급, 죽거나 관직에서 물러나면 반납하는 것이 원칙

② 변천: 역분전(논공행상적 성격) → 시정 전시과(인품과 관품 기준 지급) → 개정 전시과 (관품 기준 지급) → 경정 전시과(현직 관리 중심으로 지급) 자료③

(2) 수취 체제: 양안(토지 대장)과 호적 작성 → 이를 토대로 조세, 공물, 역 부과 자료④

① 조세: 토지의 비옥도에 따라 3등급으로 구분하여 수확량의 10분의 1 부과

② 공물: 호(戶) 단위로 토산물 징수

③ 역: 군역과 요역으로 구분, 16세 이상 60세 미만 남자에게 부과

2 산업의 발전

_{14세기 후반 문익점이 원에서 목화씨를 들여와 재배에 성공하였다.}

농업	개간과 간척 장려(개간지에 일정 기간 세금 면제), 소를 이용한 깊이갈이 일반화, 시비법 발전, 2년 3작 돌려짓기(밭농사) 보급, 고려 말 남부 일부에 모내기 보급, 목화 재배 시작
수공업	관청 수공업과 소 수공업 발전, 고려 후기는 민영 수공업과 사원 수공업 발달
상업	개경에 시전 설치, 경시서 설치(시전의 상업 행위 감독), *화폐 발행(활구 등)

_{특수 행정 구역인 소에서는 금, 은, 철, 구리, 종이 등을 생산하여 공물로 납부하였다.}

---

*고려 시대의 화폐

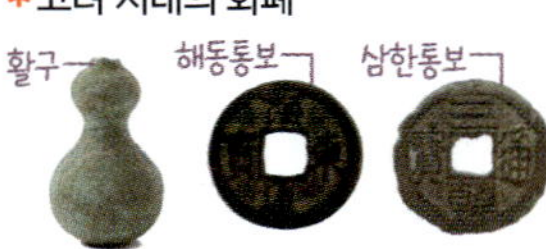

고려 시대에는 상업이 발달하면서 다양한 화폐를 발행하였다. 그러나 널리 유통되지 못하였고, 일상적인 거래에서는 곡식이나 베 등의 현물을 사용하였다.

자료 ❶ 삼국의 수취 제도

- (고구려) 인두세가 베 5필에 곡식 5석이다. 조세는 상등호는 1석의 세금을 내며, 그보다 못한 가구는 7말을, 가난한 집은 5말을 낸다. — 『수서』 -
- (백제) 세는 포목, 명주실과 삼, 쌀 등을 내었는데, 그 해의 풍흉을 헤아려 차등 있게 바치게 하였다. — 『주서』 -
- (신라) 하슬라 사람 중 15세 이상인 자를 징발하여 니하에 성을 쌓았다. — 『삼국사기』 -

삼국은 고대 국가로 성장하는 과정에서 수취 체제를 정비하였다. 조세는 대체로 재산의 많고 적음에 따라 호(戶)를 나누어 거두었고, 토산물을 거두고 노동력을 징발하였다.

✴ 삼국 시대의 수취 제도

조세	재산 정도에 따라 호를 나누어 곡물과 포를 징수
공물	각 지역의 특산물 징수
역	15세 이상의 남자 동원

자료 ❷ 신라촌락문서

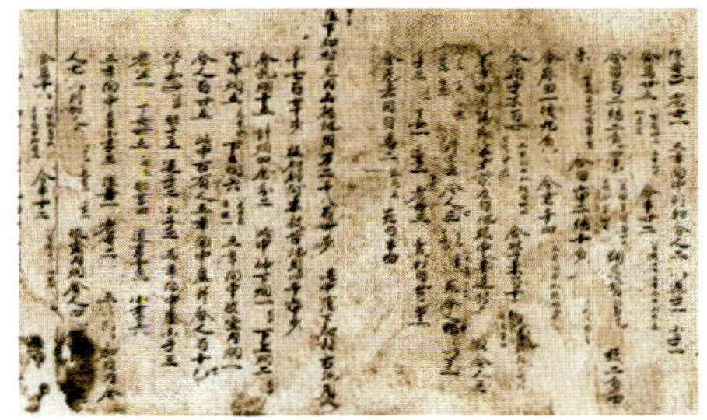

▲ 신라촌락문서(일본 도다이사 쇼소인)

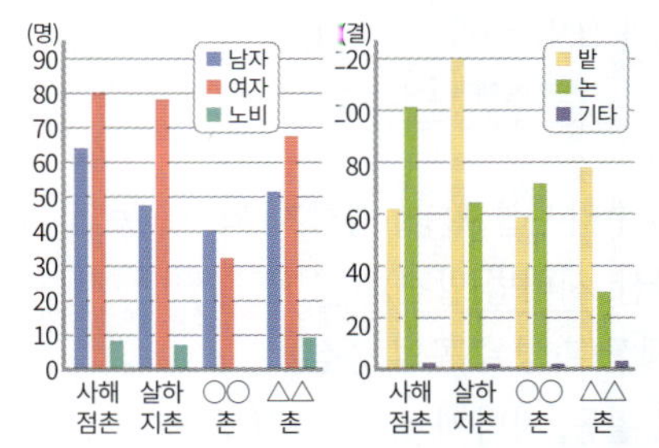

▲ 신라촌락문서에 기록된 인구수(좌)와 토지의 면적(우)

신라촌락문서는 통일 신라 때 서원경에 속한 4개 촌락에 대한 기록으로, 토지와 인구뿐만 아니라 가축과 나무의 종류까지 기록되어 있다. 세금을 거두고 노동력을 동원할 목적으로 작성된 것으로 보인다.

✴ 신라촌락문서의 내용

토지	토지의 종류 및 면적
인구	남녀별로 구분한 후 연령을 기준으로 6등급으로 나누어 기록
가축	소와 말 등의 가축 수 조사
나무	뽕나무, 잣나무, 가래나무 등 나무의 종류와 수량을 파악하여 조세 징수의 대상으로 삼음

자료 ❸ 전시과의 변천

고려의 토지 제도는 개간한 토지의 넓이를 헤아려 기름진 것과 메마른 것을 나누고 문무백관으로부터, 군인, 한인에게 등급에 따라 모두 전지를 나누어 주었다. 또 그 등급에 따라 시지를 주었다. 이를 전시과라 한다. — 『고려사』 -

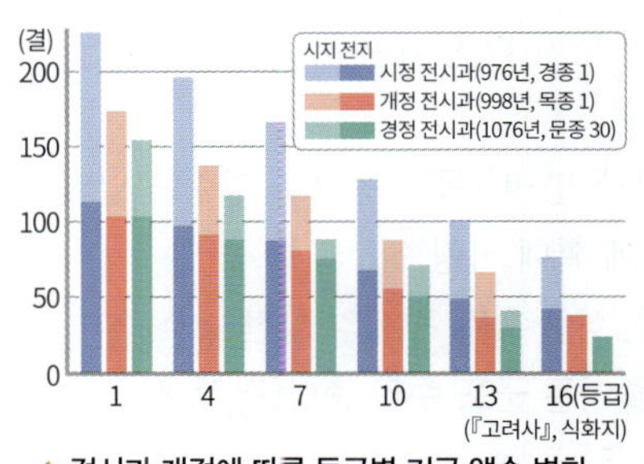

▲ 전시과 개정에 따른 등급별 지급 액수 변화

고려는 관직 복무와 직역의 대가로 수조권을 지급하는 전시과 체제를 마련하였다. 전시과 체제는 12세기 이후 문벌이 대토지를 소유하고 세습하면서 제대로 운영되지 못하다가 무신 정변 이후 붕괴되었다.

✴ 전시과의 변화

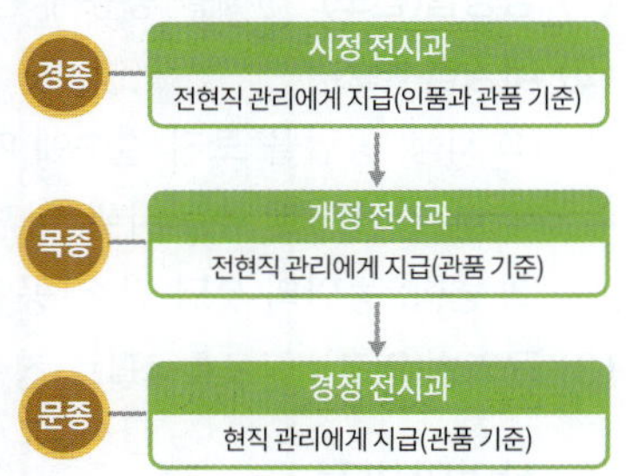

Tip 전시과를 개정하는 과정에서 지급 기준과 대상이 변화하였음을 기억하자.

자료 ❹ 고려의 수취 제도

- 조세의 기준
태조께서 말씀하시기를 "근래에 무자비하게 거두어 …… 민이 삶을 이어갈 수 없으니 …… 지금부터는 마땅히 10분의 1을 거두는 제도를 써서……"라고 하시고, 민간의 3년 동안의 조를 면제하셨습니다.
고려 태조는 계속된 전쟁으로 생활이 어려워진 백성을 위해 조세 부담을 줄여 주었다. — 『고려사』 -

- 역의 기준
나라의 제도에 백성은 나이 16세가 되면 정이 되어 국역에 복무하고 60세가 되면 역에서 면제된다. 주군은 해마다 호구를 헤아려 백성을 호적에 올려 호부에 바친다. 군사 징발과 역의 부과는 호적에 의거하여 정한다. — 『고려사』 -

고려는 체계적인 세금 징수를 위해 양안(토지 대장)과 호적을 작성하고 이를 기준으로 조세, 공물, 역을 부과하였다.

✴ 고려 시대의 수취 제도

조세	토지의 비옥도에 따라 3등급으로 구분, 수확량의 1/10 징수
공물	호 단위로 토산물 징수
역	16세 이상 60세 미만 남자에게 군역과 요역 부과

1 토지 제도

┌ 고려 말 이성계와 신진 사대부의 주도로 마련된 토지 제도이다.

(1) **과전법**: 경기 지역의 토지에 한해 전현직 관리를 대상으로 수조권 지급, 사망 시 반납이 원칙(*수신전·휼양전은 세습 가능) 자료 ❺

(2) **직전법(세조)**: 세습 토지 증가·토지 부족 → 현직 관리에게만 토지의 수조권 지급

(3) **관수 관급제(성종)**: 관리들의 수조권 남용 → 관청에서 조세를 징수하여 관리에게 지급

(4) **직전법 폐지(16세기 중엽)**: 수조권 지급 제도 폐지 → 관리에게 녹봉만 지급

2 수취 체제

(1) **전세**: 수확량의 10분의 1 징수(1결당 최대 30두) → 세종 때*전분6등법, 연분9등법 실시

(2) **공납**: 토산물 징수 → 하급 관리나 상인이 공물을 대신 내고 대가를 챙기는 방납의 폐단 발생

(3) **역**: 16세 이상 60세 미만 남자에게 군역과 요역 부과 → 대립, 방군수포 성행

┌ 다른 사람에게 군역을 대신하게 하는 것이다. └ 관청에서 군역의 대가로 포를 징수하는 관행이다.

3 산업의 발전

(1) **농업**: 중농 정책 실시(『농사직설』 편찬, 수리시설 확충, 경작지 확대), 농업 기술 발달(밭농사 2년 3작, 남부 일부 지방에 모내기 확산, 시비법 발전) └ 시비법의 발전으로 휴경하지 않고 매년 경작할 수 있는 토지가 늘어났다.

(2) **수공업**: 장인을 관청에 소속시켜 물품 생산(관영 수공업 중심)

(3) **상업**: 한성에 시전·경시서 설치, 보부상 활동, 지방에 장시 등장(15세기)

1 수취 체제의 개편

(1) **영정법(인조)**: 전세를 풍흉에 관계없이 토지 1결당 4~6두 징수

(2) *대동법 자료 ❻

　① 시행: 공납을 토지 결수에 따라 쌀·무명·베·동전 등으로 징수(공납의 전세화) → 광해군 때 경기도에 처음 시행, 이후 전국에 확대 시행

　② 영향: 농민의 부담 감소, 공인 등장, 상품 화폐 경제의 발전

(3) **균역법(영조)**: 군포를 1필로 징수 → 줄어든 군포 수입 충당(결작, 선무군관포 등) 자료 ❼

┌ 부유한 양인을 선무군관으로 삼고 군포를 징수하였다. └ 지주에게 토지 1결당 쌀 2두씩을 부과한 토지세이다.

2 산업의 발전

(1) **농업**: 모내기 확산(벼·보리 이모작 확대, 광작 성행), 상품 작물 재배(인삼, 담배, 채소 등, 쌀의 상품화 확산) 자료 ❽ └ 조선 후기에 농민들이 경작지를 늘려서 넓은 토지를 경작하는 현상이다.

(2) **수공업**: 상품 수요 증가 → 민영 수공업 발달, *선대제 수공업 성행

(3) **광업**: 수공업 발달, 청과의 무역으로 은 수요 증가 → 민간의 광산 채굴 허용(덕대가 운영), 은광 개발 활발 └ 상인 물주의 자금 지원을 받아 광산을 운영한 전문 경영인이다.

(4) *상업

┌ 정부에 신고하지 않고 상행위를 벌인 상인과 그 집단

사상	육의전을 제외한 시전 상인의*금난전권 폐지 → 상업의 자유 확대, 만상, 송상 등 사상 성장, 사상 중 일부는 도고로 성장 └ 매점매석으로 이윤을 극대화하는 상행위 또는 이를 하던 상인을 말한다.
장시	장시의 수 증가, 5일장 정착, 보부상이 장시를 연결하며 상업 활동 전개
화폐 유통	상평통보가 전국적으로 유통되며 화폐 사용 확대
대외 무역	개시 무역(국가 공식 허용 무역), 후시 무역(사무역) 발달

└ 대외 무역이 확대되며 무역에 관여한 만상·송상·내상 등이 대상인으로 성장하였다.

자료 ⑤ 과전법

경성에 거주하면서 왕실을 호위하는 자는 직위의 고하에 따라 막론하고 각각 과전을 받는다. …… 본인이 죽은 뒤에 그 처가 자식을 데리고 수절하는 경우에는 토지 전체를 이어받고 …… 부모가 모두 죽고 자손이 어린 경우 아버지 토지 전체를 전해 받도록 한다. (수신전) (휼양전)

– 『고려사』 –

과전법은 전현직 관리에게 수조권을 나누어 준 제도이다. 과전은 받은 사람이 죽으면 국가에 반환하는 것이 원칙이었지만 점차 세습되는 토지가 늘어나면서 신규 관리에게 줄 토지가 부족해졌다. 결국 16세기 중반에는 관리가 토지의 수조권을 받는 제도는 사라지고 녹봉만이 지급되었다.

자료 ⑥ 대동법의 시행

각 고을에서 진상하는 공물이 관청의 방납인에 의해 중간에서 막혀 한 물건의 값이 몇배 혹은 수십, 수백 배까지 되어 그 폐해가 극심하고 특히 경기 지방은 더욱 그러합니다. …… 매년 봄, 가을로 백성에게서 쌀을 거두되, 토지 1결마다 두 번에 걸쳐 8두씩 거두어 본청에 수납하게 하고 본청은 그때의 물가 시세를 보아 쌀로 방납인에게 지급허 수시로 구입해서 납부하게 하소서. (방납의 폐단)

– 『광해군일기』 –

광해군 때에 방납의 폐단을 시정하기 위해 경기도에 대동법이 처음 시행되었다. 이에 따라 공납이 집집마다 특산물을 납부하던 세금에서 토지를 기준으로 쌀, 무명, 삼베, 동전 등을 납부하는 세금으로 변화하였다. 하지만 토지를 소유한 지주들의 반발로 대동법이 전국적으로 확대 시행되는 데 100여 년이 걸렸다.

자료 ⑦ 균역법의 시행

왕이 양역을 절반으로 줄이라고 명하였다. "구전은 한 집안에서 거둘 때 주인과 노비의 명분이 문란해지고, 결포는 이미 정해진 세율이 있어 더 부과하기 어렵다. …… 이제는 1필로 줄이는 것으로 온전히 돌아갈 것이니, 경들은 1필을 줄였을 때 생기는 세입 감소분을 보충할 방법을 강구하라."

– 『영조실록』 –

영조는 균역법을 시행하여 군포를 1필로 거두고 줄어든 군포 수입은 결작, 선무군관포 등으로 보충하였다. 그 결과 농민 부담은 일시적으로 가벼워졌지만 지주가 부담해야 할 결작이 소작인에게 전가되는 경우가 많았고, 군포 징수의 여러 폐단이 계속되며 농민의 부담은 다시 증가하였다.

자료 ⑧ 조선 후기 농업의 변화

• 이앙(모내기)을 하는 것은 세 가지 이유가 있다. 김매기의 노력을 더는 것이 첫째요, 두 땅의 힘으로 하나의 모를 기르는 것이 둘째요, 좋지 않은 것은 솎아 내고 튼튼한 것을 고를 수 있는 것이 셋째이다. (논밭의 잡초를 뽑는 일) (모내기법은 모판에 모를 미리 길러 논에 옮겨 심는 방식이다.) – 서유구, 『임원경제지』 –

• 모시, 오이, 배추, 도라지 등의 농사도 잘 지으면 그 이익이 헤아릴 수 없이 크다. 도회지 주변의 파밭, 마늘밭, 배추밭, 오이밭에서는 10무(4두락)의 밭에서 수만 전(錢)의 수입을 올릴 수 있다. – 정약용, 『경세유표』 –

조선 후기 모내기가 전국적으로 확대되면서 벼농사에 필요한 노동력이 크게 감소하였다. 이에 농민들이 경작지를 늘려 넓은 면적의 토지를 경작하는 광작이 성행하였다. 또한 도시 인구가 늘어나고 상품 유통이 활발해지면서 상업적 농업이 발달하였다. 일부 농민은 광작과 상품 작물 재배 등을 통해 부농으로 성장하였으나 농민 중에는 경작지를 얻지 못해 도시로 나가 영세 상인이 되거나 임노동자로 전락하는 경우도 많았다.

※ 조선의 토지 제도

명칭	내용
과전법 (고려 말)	전현직 관리에게 수조권 부여
직전법 (세조)	현직 관리에게 수조권 부여
관수 관급제 (성종)	관청에서 조세를 거두어 관리에게 지급
직전법 폐지 (16세기)	관리의 수조권 소멸, 녹봉만 지급

Tip 조선의 토지 제도가 변화하며 수조권 지급 대상이 점차 축소되고 결국 수조권 제도가 사라졌음을 기억하자.

※ 조선 후기 수취 체제 개편

영정법	풍흉에 관계없이 토지 1결당 4~6두 징수(전세 고정)
대동법	토지를 기준으로 쌀, 무명, 삼베, 동전 등 징수
균역법	군포 1필 징수

Tip 조선 전기의 수취 체제와 비교하여 변화된 내용을 기억하자.

※ 조선 후기 산업의 발전

농업	모내기법 전국 확대, 광작 유행, 상품 작물 재배
수공업	민영 수공업 발달, 선대제 수공업 등장
광업	민간의 광산 개발 활성화, 덕대(전문 경영인) 경영
상업	공인과 사상의 도고 성장, 장시 증가, 상평통보 전국 유통
무역	개시 무역, 후시 무역

포인트 Pick

1 고대의 수취 체제와 경제생활

삼국 시대	• 수취 체제: 조세, 공물, 역 징수 • 경제 정책: 농업 장려 정책(철제 농기구 보급·우경 장려), 고구려의 (❶) 등 빈민 구제 정책 실시
남북국 시대	• 통일 신라: 관료전 지급·녹읍 폐지, (❷)를 작성하여 조세·공물·역 부과 • 발해: 밭농사·목축 발달, 수도 상경 중심으로 상업 발전

2 고려의 전시과 체제와 경제생활

전시과	• 운영: 전현직 관리와 직역 담당자에게 전지·시지의 (❸) 지급, 죽거나 관직에서 물러나면 반납 • 변천: 역분전 → 시정 전시과 → 개정 전시과 → 경정 전시과
수취 제도	• 조세: 토지를 3등급으로 구분, 수확량의 10분의 1 징수 • (❹): 호 단위로 토산물 징수 • 역: 군역과 요역 부과
산업 발전	• 농업: 깊이갈이, 시비법 발전, 2년 3작 돌려짓기 보급(밭농사), 목화 재배 • 수공업: 관청 수공업과 소 수공업 발전 → 고려 후기에 민영 수공업과 사원 수공업 발전 • 상업: 개경에 시전과 경시서 설치, 화폐 발행(활구 등)

3 조선의 과전법 체제와 경제생활

토지 제도	• 과전법: 경기 지역 토지의 수조권을 전현직 관리에게 지급 • (❺): 현직 관리에게만 수조권 지급 • 수조권 남용 → 관수 관급제(관청에서 조세 징수하여 관리에게 지급) → 직전법 폐지(수조권 폐지, 녹봉만 지급)
수취 제도	• 전세: 수확량 10분의 1 징수 → 전분6등법, 연분9등법 실시 • 공납: 각 지역의 토산물 징수 → (❻)의 폐단 발생 • 역: 군역과 요역 부과 → 대립, 방군수포 성행
산업 발전	• 농업: (❼) 편찬, 2년 3작 밭농사 • 수공업: 관영 수공업 중심 • 상업: 한성에 시전·경시서 설치, 지방에 장시 등장(15세기)

4 조선 후기 수취 체제와 상품 화폐 경제의 발달

수취 체제 개편	• (❽): 풍흉에 관계없이 토지 1결당 4~6두 징수 • 대동법: 공납의 전세화, 공인 등장 → 상품 화폐 경제 발전 • 균역법: 군포 1필 징수(결작, 선무군관포 등으로 부족분 충당)
농업	모내기의 확산 → 노동력 절감, (❾) 성행, 상품 작물 재배 확산(인삼, 채소, 담배 등)
수공업	민영 수공업 발달, 선대제 수공업 성행
광업	민간 광산 채굴 허용(덕대 활동), 은광 개발 활발
상업	• 금난전권 폐지 → 만상, 송상 등 사상의 성장, 도고 등장 • 지방에 (❿) 확산 → 5일장 정착 • 상평통보의 전국적 유통 • 개시 무역과 후시 무역의 대외 무역 발달

---

01 다음에서 설명하는 토지 제도를 쓰시오.

> 고려 시대에 관직에 복무하거나 직역을 담당하는 사람 등에게 수조권을 행사할 수 있는 토지를 지급한 제도이다. 곡식을 징수할 수 있는 전지와 땔감을 얻을 수 있는 시지를 지급하였다.

02 다음 서술이 옳으면 ○표, 틀리면 ✕표 하시오.

(1) 삼국은 농업 생산력을 높이기 위해 철제 농기구를 보급하고 우경을 장려하였다. ( )

(2) 모내기로 벼와 보리의 이모작이 가능해지면서 농업 생산량이 크게 늘어났다. ( )

(3) 18세기 조선 정부가 금난전권을 폐지하자 사상의 상업 활동이 위축되었다. ( )

03 다음 내용을 바르게 연결하시오.

(1) 균역법 •   • ㉠ 공납의 전세화

(2) 대동법 •   • ㉡ 군포를 1필 징수

(3) 영정법 •   • ㉢ 토지 1결당 4~6두 징수

04 다음 내용을 옳은 서술로 완성하시오.

(1) 통일 신라의 신문왕은 관료전을 지급하고 (㉠ 녹읍 , ㉡ 과전법)을 폐지하였다.

(2) 고려에서는 비옥도에 따라 (㉠ 3등급 , ㉡ 9등급)으로 토지를 구분하여 조세를 징수하였다.

(3) 조선 후기 민영 수공업이 발달하면서 (㉠ 소 수공업 , ㉡ 선대제 수공업)이 성행하였다.

05 다음 사건을 일어난 순서대로 나열하시오.

> **보기**
> ㄱ. 과전법 마련   ㄴ. 전시과 제정
> ㄷ. 직전법 실시   ㄹ. 관수 관급제 실시

06 조선 후기에 전국적으로 유통된 화폐의 명칭을 쓰시오.

01 (가)에 들어갈 내용으로 적절한 것만을 〈보기〉에서 고른 것은?

> **삼국 시대의 경제 정책**
>
> 1. 농업 장려: ________ (가)
> 2. 빈민 구제책: 고구려, 진대법 시행
> 3. 토지 제도: 녹읍과 식읍 지급
> 4. 공업: 장인이 관청에 소속되어 생산

> **보기**
> ㄱ. 우경 장려　　　ㄴ. 시비법 발전
> ㄷ. 모내기 확산　　　ㄹ. 철제 농기구 보급

① ㄱ, ㄴ　　② ㄱ, ㄹ　　③ ㄴ, ㄷ
④ ㄴ, ㄹ　　⑤ ㄷ, ㄹ

03 (가)에서 (나)로 토지 제도를 바꾼 목적으로 적절한 것은?

▲ 통일 신라의 토지 제도 정비

① 방납의 폐단을 시정하기 위해서이다.
② 관리의 수조권을 폐지하기 위해서이다.
③ 권문세족의 수탈을 방지하기 위해서이다.
④ 풍흉에 관계없이 전세를 징수하기 위해서이다.
⑤ 노동력에 대한 국가의 지배력을 강화하기 위해서이다.

02 (가)에 들어갈 내용으로 가장 적절한 것은?

① 연분9등법을 실시하였습니다.
② 소에서 공물을 징수하였습니다.
③ 부유한 상민에게 선무군관포를 징수하였습니다.
④ 노동력이 필요한 경우 15세 이상의 남자를 동원하였습니다.
⑤ 토지를 비옥도에 따라 3등급으로 나누어 조세를 징수하였습니다.

04 다음 자료에 대한 학생들의 발표 내용으로 가장 적절한 것은?

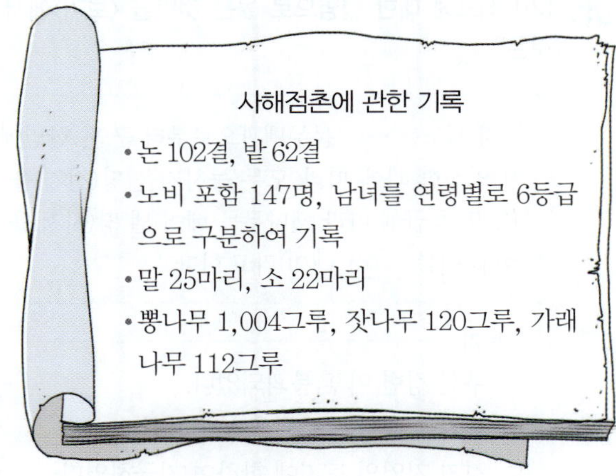

① 직전법 시행에 활용되었습니다.
② 가난한 백성의 구제를 위해 작성되었습니다.
③ 조세·공물·역을 부과하는 근거가 되었습니다.
④ 상품 화폐 경제의 발전을 보여 주는 자료입니다.
⑤ 시전의 상업 행위를 감독하기 위해 기록되었습니다.

05 (가) 국가의 경제에 대한 설명으로 옳은 것은?

> 한국사 주제 사전
>
> ### (가) 의 상업
>
> 수도 상경과 교통의 요충지에는 상업이 크게 발달하였다. 또한 주변국과 교역도 활발히 이루어졌다. 당과는 육로와 해로로 활발히 교역하였고, 일본과의 무역도 규모가 한 번에 수백 명이 오갈 정도로 활발하였다.

① 관수 관급제를 시행하였다.
② 수도에 서시와 남시를 두었다.
③ 벼농사가 농업의 중심을 이루었다.
④ 귀족 관리에게 관료전을 지급하였다.
⑤ 말, 모피 등이 주요 수출 품목이었다.

중요 ☆
06 (가) 제도에 대한 설명으로 옳은 것만을 〈보기〉에서 고른 것은?

> 토지 제도는 …… 문무백관으로부터 군인, 한인에까지 일정한 과에 따라 모두 농사지을 땅(전지)을 주고, 또 등급에 따라 땔나무를 베어 낼 땅(시지)을 주었다. 이를 (가) (이)라고 한다.

보기

ㄱ. 무신 정변 이후 붕괴되었다.
ㄴ. 토지에 대한 수조권을 부여하였다.
ㄷ. 경기 지역의 토지에 한하여 지급하였다.
ㄹ. 지급된 토지는 모두 원칙적으로 세습이 가능하였다.

① ㄱ, ㄴ ② ㄱ, ㄷ ③ ㄴ, ㄷ
④ ㄴ, ㄹ ⑤ ㄷ, ㄹ

07 다음 자료를 활용한 탐구 활동 주제로 가장 적절한 것은?

> 태조께서 즉위하신 지 35일 만에 신하들을 맞이하여 말씀하시기를 "근래에 무자비하게 거두어 민이 삶을 이어갈 수 없으니 …… 지금부터는 마땅히 10분의 1을 거두는 제도를 써서 ……."라고 하시고, 민간의 3년 동안의 조를 면제하셨습니다.

① 전시과 체제의 붕괴
② 직전법이 폐지된 원인
③ 대립과 방군수포의 성행
④ 결작을 추가로 징수한 배경
⑤ 고려 시대 조세 수취의 원칙

08 (가) 국가의 농업에 대한 설명으로 옳은 것만을 〈보기〉에서 고른 것은?

보기

ㄱ. 목화 재배가 시작되었다.
ㄴ. 쌀의 상품화가 확산되었다.
ㄷ. 덕대라는 전문 경영인이 등장하였다.
ㄹ. 소를 이용한 깊이갈이가 일반화되었다.

① ㄱ, ㄴ ② ㄱ, ㄹ ③ ㄴ, ㄷ
④ ㄴ, ㄹ ⑤ ㄷ, ㄹ

09 (가)에 들어갈 내용으로 적절한 것만을 〈보기〉에서 고른 것은?

모둠별 질문 평가지

대상학급: ○학년 ○반

- 과제: 고려 시대 수공업에 대한 토의 질문 만들기
- 평가

모둠	제출한 토의 질문	평가
1모둠	공장안에 등록된 기술자는 어떻게 생활하였을까?	적합
2모둠	언제부터 민영 수공업이 발달하기 시작하였을까?	적합
3모둠	(가)	적합

보기

ㄱ. 선대제 수공업 방식은 무엇일까?

ㄴ. 청에 수출한 주요 품목은 무엇일까?

ㄷ. 소에서 생산되는 물품은 어떤 것이 있을까?

ㄹ. 사원에서 수공업이 발달한 까닭은 무엇일까?

① ㄱ, ㄴ ② ㄱ, ㄷ ③ ㄴ, ㄷ
④ ㄴ, ㄹ ⑤ ㄷ, ㄹ

10 다음 화폐가 주조되었던 시기의 경제 활동에 대한 설명으로 옳은 것은?

▲ 활구

▲ 해동통보

▲ 삼한통보

① 진대법이 시행되었다.

② 개경에 시전이 설치되었다.

③ 5일장의 숫자가 크게 늘어났다.

④ 공인이 관청에 필요한 물품을 조달하였다.

⑤ 고추, 담배 등 상품 작물이 널리 재배되었다.

11 (가)에 들어갈 내용으로 가장 적절한 것은?

① 녹읍을 폐지하도록 하라.

② 직전법을 시행하도록 하라.

③ 전시과를 개정하도록 하라.

④ 역분전을 지급하도록 하라.

⑤ 선무군관포를 징수하도록 하라.

12 밑줄 친 '노력'의 결과로 옳은 것은?

한국사 신문

백성의 의견을 묻다

세종의 지시에 따라 전세 징수 방식에 대한 의견 조사를 실시하였고, 그 결과가 발표되었다. 17만여 명의 백성이 의견 조사에 참여하여, 9만 8,657명이 찬성, 7만 4,148명이 반대한 것으로 집계되었다. 반대 의견이 예상외로 많이 나와, 이를 보완하기 위한 정부의 <u>노력</u>이 필요한 것으로 보인다.

① 영정법이 시행되었다.

② 삼정이정청이 설치되었다.

③ 방납의 폐단이 시정되었다.

④ 농민의 군포 부담이 줄어들었다.

⑤ 전분6등법과 연분9등법이 시행되었다.

13 밑줄 친 ㉠에 해당하는 내용으로 옳은 것은?

> 양반들이 군역에서 벗어나고 그들이 거느린 노비 등
> 도 군역의 대상에서 제외되었다. 그 결과 군역은 양
> 인 장정들에게 집중되었다. 게다가 군역에 나가더라
> 도 군사 훈련보다는 토목 공사 등 가혹한 요역에 시
> 달려야 했다. 16세기에 이르면 군역의 대상자들이
> ㉠ 다른 방식으로 군역을 회피하려는 현상이 빈번하
> 였다.

① 원납전을 징수하였다.
② 호포법을 시행하였다.
③ 홍경래가 난을 일으켰다.
④ 진주 농민 봉기가 일어났다.
⑤ 방군수포가 성행하게 되었다.

14 (가)에 들어갈 내용으로 가장 적절한 것은?

① 결작을 징수하였어.
② 상업적 농업이 발달하였어.
③ 백성에게 정전이 지급되었어.
④ 밭농사에서 2년 3작이 행해졌어.
⑤ 모내기가 전국적으로 확대되었어.

15 다음 상황을 해결하기 위해 도입된 제도에 대한 설명으로 옳은 것은?

> 각 고을에서 진상하는 공물이 관청의 방납인에 의해
> 중간에서 막혀 물건 하나의 가격이 몇 배 또는 몇십
> 배, 몇백 배가 되어 그 폐해가 극심하고 특히 경기 지
> 방은 더욱 그러합니다.　　　　　　　－『광해군일기』 －

① 전세를 4~6두로 고정시켰다.
② 15세 이상의 남자를 요역에 동원하였다.
③ 토지를 기준으로 쌀, 동전 등을 징수하였다.
④ 마을 단위로 사창을 설치하여 백성을 구제하였다.
⑤ 지방 관청이 조세를 거둔 후 관리에게 지급하였다.

16 (가) 농법이 끼친 영향으로 적절한 것만을 〈보기〉에서 고른 것은?

> 　(가)　를 하는 것은 세 가지 이유가 있다. 김매기
> 의 노력을 더는 것이 첫째요, 두 땅의 힘으로 하나의
> 모를 기르는 것이 둘째요, 좋지 않은 것은 솎아 내고
> 튼튼한 것을 고를 수 있는 것이 셋째이다.

─ 보기 ─
ㄱ. 광작이 성행하였다.
ㄴ. 농업 생산량이 크게 감소하였다.
ㄷ. 벼와 보리의 이모작이 가능해졌다.
ㄹ. 농사를 마치고 휴경하는 토지가 늘어났다.

① ㄱ, ㄴ　　　② ㄱ, ㄷ　　　③ ㄴ, ㄷ
④ ㄴ, ㄹ　　　⑤ ㄷ, ㄹ

17 다음 자료에 나타난 시기의 경제 상황으로 적절하지 <u>않은</u> 것은?

> • 한양 안팎과 번화한 큰 도시의 파밭, 마늘밭, 배추밭, 오이밭 등은 10무(畝)의 땅에서 얻은 이익이 수백 냥을 헤아린다. 서도의 담배밭, 북도의 삼밭, 한산의 모시밭, 전주의 생강밭, 강진의 고구마밭, 황주의 지황밭에서 나오는 수확은 가장 좋은 논과 비교해도 그 이익이 열 갑절이나 된다.
> • 돈은 천하에 유통되는 재화이므로 허적과 권대운 등의 대신이 돈을 만들자고 하였다. 이에 임금께서 호조 등의 관청으로 하여금 상평통보를 주조하여 돈 4백 문을 은 1냥의 가치로 정해 시중에 유통시키도록 하였다.

① 도고가 성장하였다.
② 개시·후시 무역이 발달하였다.
③ 만상, 송상 등 사상의 활동이 활발하였다.
④ 은의 수요가 늘어나 은광 개발이 활발해졌다.
⑤ 수공업에서는 관영 수공업이 중심을 이루었다.

18 (가)에 들어갈 내용으로 적절한 것은?

① 식읍을 지급받았어.
② 금난전권을 행사하였어.
③ 장시를 돌아다니며 상품을 판매하였어.
④ 대외 무역에 관여하며 대상인으로 성장하였어.
⑤ 상인 물주의 자본을 조달받아 광산을 운영하였어.

서술형 문제

19 다음을 읽고 물음에 답하시오.

> 대왕대비가 하교하기를 "…… 대신들이 '우리나라 사대부의 녹봉이 박하여 직전법을 갑자기 혁파할 수 없다.'하므로, 나도 또한 그렇게 여겼는데, 지금 들으니 그 <u>폐단</u>이 심하여 백성들이 심히 괴롭게 여긴다 한다. ……"라고 하였다.
> 한명회 등이 아뢰기를, "[(가)]을/를 시행하면 이러한 폐단이 없을 것입니다. ……"라고 하였다.

(1) (가) 제도의 명칭을 쓰시오.

(2) 밑줄 친 '폐단'의 내용을 서술하시오.

20 다음을 읽고 물음에 답하시오.

> 왕이 양역을 절반으로 줄이라고 명하였다. "구전은 한 집안에서 거둘 때 주인과 노비의 명분이 문란해지고, 결포는 이미 정해진 세율이 있어 더 부과하기 어렵다. …… 이제는 ⊙ 1필로 줄이는 것으로 온전히 돌아갈 것이니 경들은 ⓒ 세입 감소분을 보충할 대책을 강구하라."

(1) 밑줄 친 ⊙에 해당하는 제도의 명칭을 쓰시오.

(2) 밑줄 친 ⓒ의 내용을 서술하시오.

01 다음 정책을 시행한 국가에 대한 설명으로 옳은 것은?

> • (○○왕 7년) 5월에 교서를 내려 문무(文武) 관료들에게 토지를 차등 있게 주었다.
> • (○○왕 9년) 봄 정월에 중앙과 지방 관리들의 녹읍을 폐지하고, 해마다 조(租)를 차등 있게 주고 이를 일정한 법으로 삼았다.

① 국경 지역에서 개시와 후시가 이루어졌다.
② 전현직 관리 등에게 전지와 시지를 나누어 주었다.
③ 가난한 농민을 구제하기 위해 진대법을 시행하였다.
④ 문왕 이후 당과 친선 관계를 맺고 문물을 수용하였다.
⑤ 토지와 인구수, 가축 등을 조사한 문서를 3년마다 작성하였다.

키워드 Pick
• 관료들에게 토지를 차등 있게 줌
• 녹읍을 폐지

키워드 꼬리 질문
Q1 관료전을 지급하고 녹읍을 폐지한 국왕은?
Q2 관료전 지급과 녹읍 폐지를 시행한 국가에서 세금을 수취하기 위해 작성한 문서는?

답변이 어렵다면 다시 학습
☞ 78쪽

02 다음 명령이 내려진 시기에 볼 수 있는 모습으로 가장 적절한 것은?

> 왕이 명령을 내리기를, "경기의 주·현에서는 상공 이외에도 요역이 많고 무거워서 백성들이 이를 고통으로 여기어 날이 갈수록 점점 도망을 친다. …… 동·철·자기·종이·먹 등 여러 소에서 공물로 바치는 물품의 징수가 극도로 과중하므로 장인들이 고통을 견디지 못하여 도피한다. 해당 관청에서는 각각의 소에서 바치는 공물의 많고 적음을 적당히 정하여 보고하고 결재를 받도록 하라."라고 하였다.

① 청해진에서 출항을 준비하는 군인
② 동시에서 물품 매매를 감독하는 관리
③ 균역법 시행 소식을 듣고 기뻐하는 농민
④ 관수 관급제 시행에 불만을 토로하는 관리
⑤ 벽란도에 도착하여 물품을 구매하는 아라비아 상인

키워드 Pick
• 여러 소
• 동·철·자기·종이·먹
• 공물

키워드 꼬리 질문
Q1 특수 행정 구역으로 '소'가 있었던 국가는?
Q2 공물은 무엇을 납부하는 세금이었나?

답변이 어렵다면 다시 학습
☞ 78쪽

03 (가) 제도에 대한 설명으로 옳은 것만을 〈보기〉에서 고른 것은?

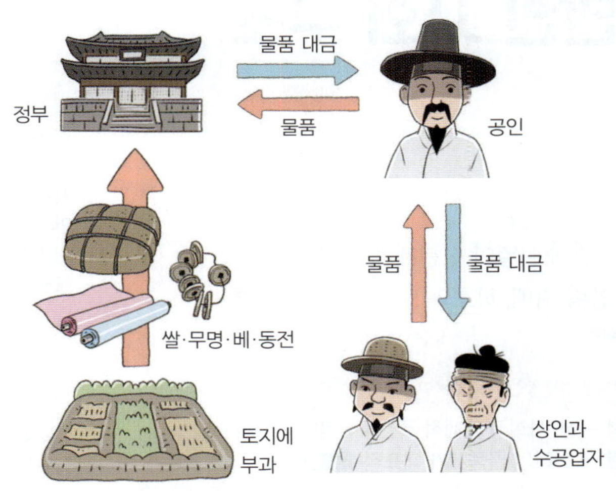

▲ (가) 실시 이후 공납의 변화

보기
ㄱ. 지주들의 반발을 샀다.
ㄴ. 상품 화폐 경제 발전에 영향을 주었다.
ㄷ. 관행적으로 최저 세율로 전세를 징수하였다.
ㄹ. 지주가 부담할 결작이 소작인에게 전가되었다.

① ㄱ, ㄴ　　　② ㄱ, ㄷ　　　③ ㄴ, ㄷ　　　④ ㄴ, ㄹ　　　⑤ ㄷ, ㄹ

04 다음 자료를 활용한 탐구 활동으로 가장 적절한 것은?

당시에 중국의 요청으로 소를 팔았지만, 관청에서 판매하는 예에 따라 교역하였을 뿐, 사상이 따라가는 것은 일체 허락하지 않았다. 그런데 국법으로 금하는 것이 점점 해이해 져서 사상들이 함부로 따라가 저희 마음대로 교역했는데, 이것을 중강 후시라 하였다. 후에 책문 후시도 점차 성행하여 사신이 파견될 때마다 우리나라 상인이 화물을 휴대하 고 가서 교역하니 중국 사람들은 앉아서 이익을 취하여 다시 화물을 싣고 오지는 않았다.

① 발해가 주변국에 주로 수출한 물품을 살펴본다.
② 통신사 일행의 활동이 기록된 기록물을 찾아본다.
③ 장보고의 활동이 대외 교역에 끼친 영향을 분석한다.
④ 만상 등 사상이 대상인으로 성장하게 된 배경을 알아본다.
⑤ 사포(울산)가 국제 무역항으로 번성하였던 시기를 조사한다.

---

03 신분제에 기반한 사회 구조

1 신분제의 성립과 골품제 사회

1 초기 국가의 *신분제

(1) **성립**: 청동기 시대 계급 발생 → 지배층 사이의 위계 서열이 신분제로 발전

(2) **부여, 초기 고구려**: 가, 대가 등이 호민을 통해 읍락 지배, 하호와 노비가 피지배층 형성
└ 경제적으로 부유한 평민　└ 농업에 종사하는 평민

2 삼국의 신분제

중앙 집권적 고대 국가 성립 과정에서 권력자들은 점차 왕권에 복속하여 귀족으로 편제되었다.

지배층	• 귀족과 관인층으로 구성 → 정치권력 독점, 사회적·경제적 특권을 누림 • 지배층 대상으로 별도의 신분제 마련 → 신라의 골품제가 대표적 자료❶
피지배층	• 평민: 생산 활동 종사, 조세 납부·노동력 제공, 자유민이지만 정치적·사회적 제약 • 천민: 대부분 노비, 노비는 재산으로 간주, 전쟁 포로·죄인·채무자 등이 노비가 됨

└ 매매나 상속 증여가 가능하였다.

3 통일 신라와 발해의 신분제

(1) **통일 신라**: 골품제 변화(*성골 소멸, 3~1 두품은 평민과 동등하게 간주), 개인의 정치·사회 활동의 범위를 제한하는 골품제의 기본틀은 유지

진골	최고 신분층, 국가 중대사 결정에 참여, 온갖 특권을 누림
6두품	• 학문적 식견과 실무 능력을 바탕으로 성장, 골품제의 제약으로 승진에 제한 • 일부 6두품은 당에 건너가 활동, 신라 말에 지방 호족과 함께 새로운 사회 건설 모색

(2) **발해**: 지배층인 귀족 및 관인층과 피지배층인 평민, 천민으로 구분된 신분제 운영
└ 고구려 유민이 많았지만 말갈 출신도 존재　고구려 유민보다 말갈인이 다수

2 고려 양천제 사회

1 *고려의 신분 구조

(1) **운영**: 사회 구성원을 양인과 천인으로 구분하는 양천제로 운영

(2) **신분 구조**

지배층 양인	• 최고 지배층: 왕족과 중앙의 고위 관리, 과거·음서를 통해 관직 진출, 일부는 문벌 형성 • 중간 계층: 중앙과 지방의 말단 행정 업무 담당, 서리, 남반, 향리, 하급 장교 등, *직역의 대가로 토지 지급, 직역 세습
피지배층 양인	• 농민과 상인, 수공업자, *향·부곡·소 등 특수 행정 구역의 주민 등 • 백정: 직역이 없는 양인 농민, 조세·공물·역 부담, 법적으로 과거 응시 가능 • 향·부곡·소 주민: 일반 군현민보다 많은 세금 부담, 거주 이전 금지, 과거 응시 제한
천인	• 노비가 천인의 대부분 차지, 재산으로 간주, 부모 중 한 명이 노비이면 자녀도 노비 • 공노비: 국가 기관 소유, 입역 노비(관청 잡역 종사)와 외거 노비(*신공 납부)로 구분 • 사노비: 개인 소유, 솔거 노비와 외거 노비로 구분

2 개방성이 높아진 고려 사회

(1) **신분 상승**: 제한적 신분 상승 가능 → 신라 골품제 사회보다 개방적 사회 자료❷

(2) **여성의 지위**: 여성의 사회 활동 제한, 가족 관계와 일상생활에는 남성과 거의 대등 → 일부 일처제가 일반적, 출생 순 호적 기재, 재산 균분 상속, 여성 재가 허용 자료❸

*신분
혈통이나 가문 등에 따라 구분되는 사람의 지위나 자격 등으로, 세습되면서 개인의 정치적·사회적 활동 범위 등을 제한하였다. 우리나라의 신분제는 19세기 말 폐지되었다.

*성골
골품제에서 최고위 신분을 말한다. 진덕 여왕을 끝으로 성골이 소멸되었고, 무열왕 때부터 진골 출신이 왕위를 계승하였다.

*고려의 신분 구조

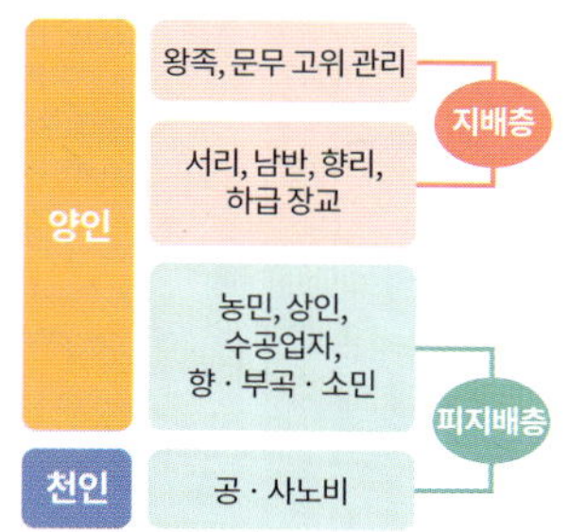

*직역
관직이나 군역과 같은 국가의 공공 업무를 통칭하는 말이다.

*향·부곡·소
고려 시대의 특수 행정 구역이다. 향·부곡의 주민은 대부분 농업에 종사하였고, 소의 주민은 수공업 등에 종사하였다.

*신공
직접 노동력을 제공하지 않는 외거 노비가 관청이나 주인에게 매년 바쳐야 하는 몸값이다.

자료① 신라의 골품제

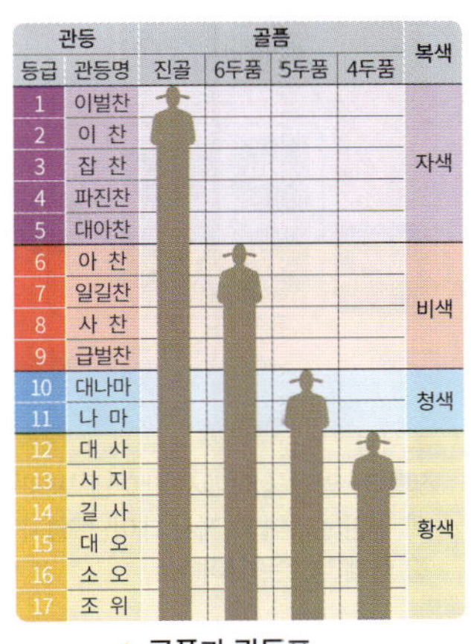

▲ 골품과 관등표

• 진골은 방의 길이와 너비가 24척을 넘지 못한다. ……
6두품은 방의 길이와 너비가 21척을 넘지 못한다. 마
구간은 말 5마리를 넣을 수 있게 한다.

— 『삼국사기』 —

• 설계두가 말하였다. "신라에서는 사람을 등용하는 데
골품을 따진다. 그 족속이 아니면 큰 재주와 뛰어난
공이 있어도 (신분을) 넘을 수가 없다. 나는 중국으로
가서 뛰어난 지략으로 큰 공을 세워 내 힘으로 영광스
러운 관직에 오를 것이다." — 『삼국사기』 —

골품제는 신라의 지배층을 세분하기 위해 만들어진 신분제로, 관등제와 결합하면서 골품에 따라 관등 승진의 상한선이 정해졌다. 또한 골품제는 집의 크기나 수레, 의복 등 일상생활도 제약하였다. 한편 골품제에 불만을 가진 6두품 중 일부는 중국으로 건너가 활동하거나 신라 말 호족과 함께 새로운 사회 건설을 모색하기도 하였다.

자료② 고려 시대의 신분 상승 사례

• 백임지는 남포현 사람으로 농사를 짓고 살았다. 날래고 용맹하여 군인으로 선발되었는데, …… 무인들이 세력을 얻자 드디어 높은 지위에 오르게 되었다.
• 평량은 평장사 김영관 집안의 노비로, …… 농사에 힘써 부유하게 되었다. 그는 권력을 지닌 고관에게 뇌물을 바쳐 천인에서 벗어나 산원동정의 벼슬을 얻었다.
• (하급 장교 출신인) 조인규는 성장하여 공부를 하면서 글을 깨쳤다. 국가에서 뛰어난 자를 뽑아 몽골어를 익히게 하는 데 선발되었다. …… (몽골어 공부를) 게을리하지 않아, …… 여러 관직을 거쳐 장군이 되었다. — 『고려사』 —

고려는 엄격한 신분제 사회였지만, 제한적이나마 지위와 신분을 상승시킬 수 있는 가능성이 열려 있었다. 이러한 사실은 고려 사회가 신라 골품제 사회보다 개방적인 사회였음을 보여 준다.

자료③ 고려 시대 여성의 지위

• 재산의 균분 상속
어머니가 일찍이 재산을 나누어 줄 때 나익희에게는 따로 노비 40구를 남겨 주었다. 나익희는 "제가 6남매 가운데 외아들이라 해서 어찌 사소한 것을 더 차지하여 여러 자녀와 화목하게 살게 하려 한 어머니의 거룩한 뜻을 더럽히겠습니까?"라며 사양하자, 어머니가 옳게 여기고 그 말을 따랐다. — 『고려사』 —

• 재혼한 여성의 지위
어머니가 이승장의 의붓아버지에게 말하기를, "첩이 먹고 살기 위해 수절하지 못하였음을 부끄럽게 여겼습니다. 그러나 그 유복자가 학문에 뜻을 두고 있으니, ……"라고 말하자 마침내 이승장을 솔성재에 입학시켰다. …… 무자년 봄에 시험에 응시하여 …… 진사시에 2등으로 합격하였다. — 이승장 묘지명 —

고려 시대에는 가족 제도에서 여성에 대한 차별이 거의 없었다. 남녀 구분 없이 부모의 재산을 균등하게 상속받았으며, 여성의 이혼과 재혼이 비교적 자유로워 재혼한 여성의 자녀도 차별받지 않았다.

✱ 진골과 6두품

진골	6두품
• 최고 신분층, 국가 중대사 결정에 참여	• 학문과 실무 능력 바탕으로 성장
• 5관등 대아찬 이상 승진 가능	• 6관등 아찬까지만 승진 가능
• 신라 말 왕위 쟁탈전을 전개	• 신라 말 일부는 호족과 새로운 사회 건설 모색

Tip 6두품은 골품제의 한계로 승진에 제한이 있었음을 기억하자.

✱ 고려 시대의 신분 상승 사례

상층 향리	과거에 급제하여 중앙 관리로 승격
하급 장교	전쟁에서 공을 세워 무관으로 승진
백정	잡과에 합격 또는 하급 장교로 선발되어 중간 계층으로 상승
노비	재산을 모아 주인에게 값을 치르거나 큰 공을 세워 양인으로 신분 상승

Tip 고려 시대에는 제한적이었지만 하층민의 신분 상승이 가능하였음을 기억하자.

✱ 고려 시대 여성의 지위

• 일부일처제가 일반적
• 출생 순으로 호적 기재
• 재산의 균분 상속이 원칙
• 여성의 자유로운 재가 허용

↓

**가족 관계와 일상생활에서
여성이 남성과 거의 대등한 지위 차지**

③ 양반 중심의 사회 구조

1 조선의 양천제와 반상제

(1) **양천제**: 양천제의 법제화 → 모든 사회 구성원을 양인과 천인으로 구분

양인	자유민, 조세·공납·역의 의무 부담, 과거 응시 가능
천인	비자유민, 천역 담당, 관직 진출 불가능

(2) **반상제**: 양반이 지배층으로 굳어짐, 중인이 별도의 신분층 형성, 양인층 내에서 양반과 피지배층인 상민을 구분 → 4신분 정착(양반, 중인, 상민, 천민)

2 *조선의 신분 구조 자료④

└─ 문반은 문신 관료를, 무반은 무신 관료를 가리키는 말이다.

양반	• 문반과 무반 관리를 의미 → 그 가족과 가문까지 범위가 확대됨 • 주요 관직 차지, 국역 면제, 경제적으로 풍요로운 생활
중인	• 넓은 의미로는 양반과 상민의 중간 신분, 좁은 의미로는 잡과 출신 기술관 의미 • 서리, 향리, 역관, 의관 등 → 직역을 세습하고 같은 신분끼리 혼인 • *서얼: 양반 첩의 자손, 중인과 같은 신분적 대우를 받음, 재산 상속과 관직 진출에 차별을 받음(문과 응시 금지, 무관직·기술관에는 등용 가능)
상민	• 농민, 수공업자, 상인, *신량역천 등으로 구성 • 조세, 공납, 역의 의무 부담, 과거 응시 가능, 수공업자와 상인은 농민보다 낮은 대우를 받음
천민	• 대부분이 노비, 백정·광대·무당 등도 천민으로 간주 • 노비: 재산으로 취급, 부모 중 한쪽이 노비면 그 자녀도 노비, 공노비와 사노비로 분류

고려 시대에는 직역 없는 양인 농민을 가리키는 말이었지만 조선 시대에는 도살업에 종사하는 계층을 의미한다.

④ 조선 후기의 신분제 동요

1 양반 중심의 신분제 동요

(1) **배경**: 양 난 이후 정치적·경제적 변동 → 각 신분의 계층 분화 활발

(2) **양반층의 분화**: 붕당 정치의 변질, 세도 정치 → 양반이 권반, 향반, 잔반으로 분화 자료⑤

권반은 중앙에서 정치 권력을 갖고 있는 양반, 향반은 지방에서 권세를 유지하던 양반, 잔반은 경제적으로 몰락한 양반을 말한다.

2 신분 상승의 움직임 자료⑥

중인층	• 서얼: 왜란 이후 문과 응시 허용 등 차별 완화, *청요직 진출 허용을 요구하는 집단 상소 → 일부는 규장각 검서관 진출 ─ 관직 진출의 제한을 없애 달라고 요구하였다. • 기술직 중인: 19세기 대규모 소청 운동 → 실패, 독자적인 문화 향유
상민층	• 농업 생산력 향상, 상품 화폐 경제 발달 → 상민층 일부는 부를 축적, 대다수는 임노동자나 영세 상인 전락 • *납속책, *공명첩 구입, 족보 구매·위조 등의 방법으로 부유한 상민의 신분 상승 추구 → 양반의 수 증가, 상민의 수 감소
노비층	• 군공과 납속, 도망 등의 방법으로 신분 상승 추구 • *노비종모법(영조), 공노비 해방(순조) → 노비 인구 감소

└─ 상민의 수를 늘려 군역 대상자를 확대하고 재정을 보충하기 위해 시행하였다.

3 향촌 지배 질서 변화

(1) **향촌 주도권 다툼**: 양반 중심의 향촌 사회 운영(유향소, 향회) → 양반 권위 약화 → 부농층 등 새로운 세력(신향)과 기존 양반(구향) 간의 향촌 지배권을 둘러싼 향전 발생

└─ 지방 양반들의 총회

(2) **결과**: 수령과 향리의 권한 강화 → 향회 역할 변질, 수령과 향리의 농민 수탈 배경

수령권 강화로 수령이 세금을 부과할 때 의견을 묻는 자문 기구로 전락하였다.

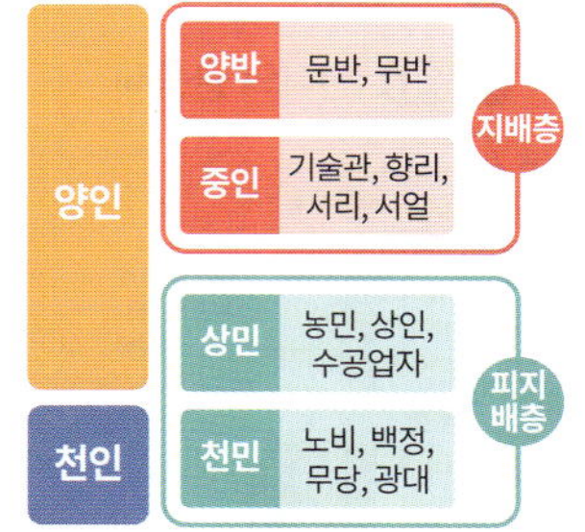

＊ 서얼
양반의 양인 첩에게서 태어난 '서자'와 천민 출신 첩에게서 태어난 '얼자'를 함께 부르는 말이다.

＊ 신량역천
신분은 양인이지만 천한 일을 하는 계층이다. 수군, 조례(관청의 잡역 담당), 나장(형사 업무 담당), 일수(지방 고을 잡역), 봉수군(봉수 업무), 역졸(역에 근무), 조졸(조운 업무) 등에 종사한 일곱 가지 부류로, 칠반천역이라고도 한다.

＊ 청요직
홍문관, 사간원, 사헌부 등의 관직을 말한다. 이 자리를 거쳐야 고위직으로 진출하는 데 유리하였다.

＊ 납속책
국가가 재정 부족을 해결하거나 구호 사업을 위해 곡물을 바치게 하고, 그 대가로 일정한 혜택을 주던 정책으로, 조선 중기 이후에 실시되었다.

＊ 공명첩

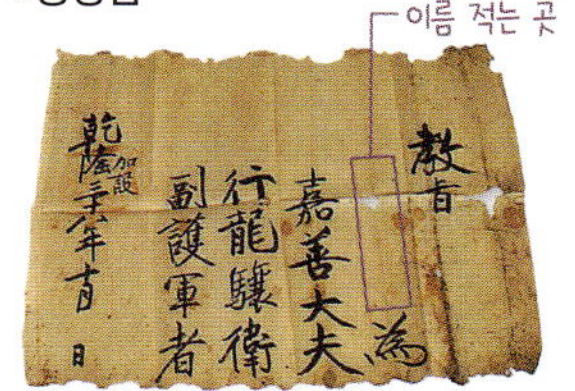

이름을 적는 곳이 비어 있는 관직 임명장이다. 왜란 이후 재정 부족 문제를 해결하기 위해 발급하였다.

＊ 노비종모법
노비 자녀의 신분은 어머니의 신분을 따르게 한 법으로, 아버지가 노비라도 어머니가 양인이면 그 자녀는 양인이 되었다.

자료 ④ 조선의 신분 구조

- 하늘이 백성을 낳았는데 그 백성이 넷이다. 그중 가장 귀한 것이 선비인데, 양반이라고 불리며 그 이익도 막대하다. 농사짓지 않고 장사도 하지 않으며, 글과 역사를 대강 섭렵하면 크게는 문과에 급제하고 적어도 진사가 된다. — 박지원, 『양반전』 -

- 사헌부 대사헌 채수가 아뢰기를, "어제 전지를 보니 의관, 역관을 권장하고 장려하고자 능통하고 재주가 있는 자는 동서 양반에 발탁하여 쓰라고 특별히 명령하셨다니 듣고 놀랐습니다. …… 무당, 의관, 약사, 역관은 사대부의 반열에 낄 수 없습니다. 의관, 역관 무리는 모두 미천한 계급 출신으로서 사족이 아닙니다."라고 하였다. — 『성종실록』 -

- 무릇 노비의 매매는 관청에 신고하여야 한다. …… 나이 16세 이상 50세 이하는 가격이 저화 4천 장이고, 15세 이하 50세 이상은 3천 장이다. — 『전록통고』 -
  _{└ 고려 말기에서 조선 초기까지 사용하였던 종이 돈}

첫 번째 자료는 조선 시대의 신분 중 최고 지배층인 양반이 여러 특권을 누리고 있음을 지적한 글이다. 두 번째 자료는 양반이 기술직 중인을 구분해 차별하고 있음을 보여 준다. 세 번째 자료는 노비의 처지를 보여 주는 것으로, 노비는 재산으로 취급되어 매매·상속·증여의 대상이 되었다.

자료 ⑤ 양반층의 분화

사대부 중에서도 대가(大家)와 명가(名家)의 한계가 있어서 그 명목이 매우 많고, 서로 사귀지도 않는다. 이와 같이 구애되는 것이 많으니 성쇠와 존망의 변화가 없을 수 없다. 그렇기 때문에 사대부도 평민으로 낮아지기도 하고, 평민도 오래 지나면 높아져 사대부가 되기도 한다. — 『택리지』 -

조선 후기에는 붕당 정치의 변질과 세도 정치로 정치권력이 한성과 그 주변에 거주하던 일부 양반에게 집중되면서 다수의 양반이 몰락하였다. 정권에서 밀려난 양반은 관직에 나갈 기회를 얻지 못한 채 향촌 사회에서 겨우 위세를 유지하는 향반에 머물렀다. 일부 양반은 경제적으로도 몰락하여 일반 농민과 다를 바 없는 잔반으로 전락하기도 하였다.

자료 ⑥ 신분 상승의 움직임

근래 세상의 도리가 점차 썩어, 돈 많고 힘 있는 백성들이 군역을 피하고자 한다. 간사한 아전, 임장(호적 담당 임시직)과 한통속이 되어 뇌물을 쓰고 호적을 위조하여 '유학'이라고 거짓으로 올리고 면역하거나 다른 고을로 옮겨 가서 스스로 양반 행세를 한다. 호적이 밝지 못하고 명분이 문란함이 지금보다 심한 적은 없었다. — 『일성록』 -

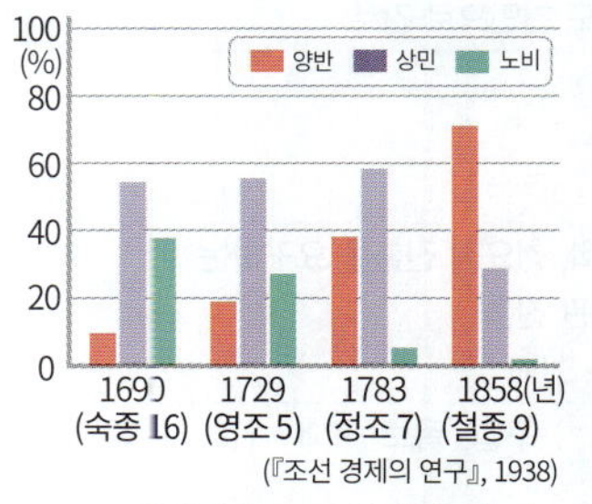

▲ 직역별 호구 구성비(대구)

조선 후기 신분 질서가 동요하면서 부유한 상민 중에서는 납속이나 공명첩 구입 등 합법적인 방법 외에 뇌물이나 족보 위조 등 불법적인 방법으로 양반을 사칭하는 경우도 많았다. 노비들도 군공, 납속, 도망 등 다양한 방법으로 노비 신분에서 벗어나고자 하였다. 그 결과 조선 후기에는 상민과 노비의 수가 줄고 군역을 면제받는 양반의 수가 크게 늘었다.

＊ 조선의 신분 구조

양반	문·무반 관리 및 가족 포함, 주요 관직 차지, 국역 면제
중인	직역 세습, 신분 내 혼인, 서얼 포함
상민	조세·공납·역 부담, 과거 응시 가능
천민	대부분 노비(공노비와 사노비)

Tip 반상제가 일반화되면서 조선의 신분 구조가 양반, 중인, 상민, 천민의 4개 신분으로 정착되었음을 기억하자.

＊ 양반층의 분화

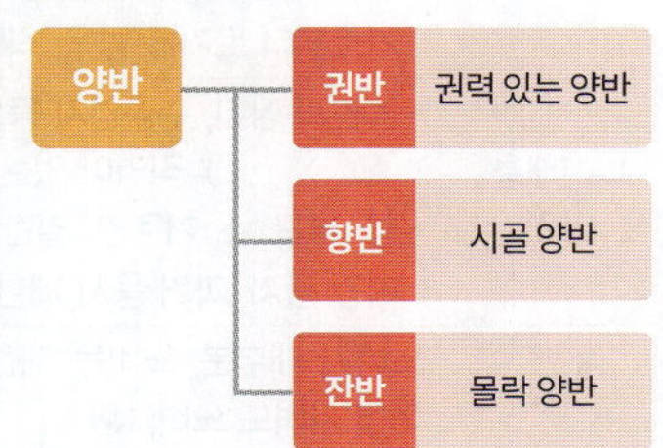

＊ 신분 상승의 움직임

중인	서얼의 관직 진출, 기술직 중인의 소청 운동
상민	납속책과 공명첩 활용, 족보 구매 및 위조
노비	군공, 납속, 도망 등으로 신분 상승 추구, 노비 종모법, 공노비 해방

Tip 조선 후기 신분 상승의 움직임을 각 신분별로 구분하여 기억하자.

개념  체크 문제

포인트 Pick

1 삼국의 신분제

지배층	귀족과 관인층으로 구성, 지배층을 대상으로 별도의 신분제 마련(신라의 (❶)가 대표적)
피지배층	• 평민: 생산 활동에 종사, 국가에 조세 납부·노동력 제공 • 천민: 노비가 대부분(전쟁 포로, 죄인, 채무자 등이 노비가 됨)

2 골품제의 변화

진골	최고 신분층, 국가 중대사 결정에 참여
6두품	• 학문적 식견과 실무 능력을 바탕으로 성장 • 골품제 제약으로 승진에 제한, 일부는 신라 말에 지방 세력인 (❷)과 함께 새로운 사회 건설 모색

3 고려의 신분 구조

지배층 양인	• 최고 지배층: 왕족과 중앙의 고위 관리, 과거·음서를 통해 관직 진출, 일부는 (❸) 형성 • 중간 계층: 서리, 남반, 향리, 하급 장교 등, 직역의 대가로 국가로부터 토지를 받음, 직역 세습
피지배층 양인	• 농민과 상인, 수공업자 등으로 구성 • (❹): 직역이 없는 양인 농민, 조세·공물·역 부담 • 향·부곡·소 거주민: 일반 군현민보다 많은 세금 부담, 거주 이전 금지, 과거 응시 제한
천민	노비가 대부분, 노비는 재산으로 간주, 부모 중 한 명이 노비이면 자녀도 노비, (❺)와 사노비로 구분

4 조선의 신분 구조

(❻)	문반과 무반 관리(→ 가족과 가문으로 확대), 국역 면제
중인	• 서리, 향리, 역관, 의관 등 → 직역 세습 • (❼): 양반 첩의 자손, 문과 응시 금지
상민	• 농민, 수공업자, 상인 등으로 구성, 조세·공납·역 부담 • (❽): 수군, 역졸 등 천한 일을 담당하는 계층
천민	노비가 대부분, 백정·광대·무당 등도 천민으로 간주

5 조선 후기 신분 상승의 움직임

중인층	• 서얼: 문과 응시 허용 등 차별 완화, 청요직 진출을 요구하는 집단 상소 → 일부는 규장각 검서관 진출 • 기술직 중인: 대규모 소청 운동 → 실패
상민층	부유한 상민이 납속책, (❾) 구입, 족보 구매·위조 등의 방법으로 신분 상승
노비층	• 노비의 신분 상승: 군공과 납속, 도망 등 • 정부의 노비 해방 정책: 영조 때 노비 자녀의 신분은 어머니의 신분을 따르는 (❿) 시행, 순조 때 공노비 해방 → 노비 인구 감소

01 다음 설명에 해당하는 용어를 쓰시오.

> 혈통이나 가문 등에 따라 구분되는 사람의 지위나 자격 등으로, 세습되면서 개인의 정치적·사회적 활동 범위 등을 제한하였다.

02 다음 서술이 옳으면 ○표, 틀리면 ×표 하시오.

(1) 노비는 재산으로 간주되어 매매나 상속이 가능하였다.　　　　　　　　　　　　　　(　)

(2) 고려 시대 백정은 도살업에 종사하는 최하층 천민이었다.　　　　　　　　　　　　　　(　)

(3) 고려 시대 상층 향리와 그 자제는 과거에 급제하여 중앙의 관리가 될 수 있었다.　　　　(　)

(4) 조선 시대 서얼은 신량역천과 비슷한 대우를 받았다.　　　　　　　　　　　　　　(　)

03 다음 용어와 설명을 바르게 연결하시오.

(1) 골품제 •　　　　• ㉠ 이름을 적는 곳이 비어 있는 관직 임명장

(2) 공명첩 •　　　　• ㉡ 신라의 지배층을 세분하기 위한 신분 제도

(3) 반상제 •　　　　• ㉢ 법적으로 모든 사회 구성원을 양인과 천인으로 구분

(4) 양천제 •　　　　• ㉣ 조선 시대 지배층인 양반과 피지배층인 상민을 구분

04 다음 내용을 옳은 서술로 완성하시오.

(1) 부여와 초기 고구려에서는 가와 대가 등이 (㉠ 호민 , ㉡ 향리)을/를 통해 읍락을 지배하였다.

(2) 고려 시대 (㉠ 백정 , ㉡ 부곡민)은 거주지 이전이 금지되고 과거 응시에 제한을 받았다.

(3) 조선 시대 (㉠ 상민 , ㉡ 중인)은 좁은 의미로는 잡과로 선발된 기술관을 의미한다.

(4) 영조 때 노비종모법이 시행되면서 아버지가 노비이고 어머니가 양인이면 그 자녀는 (㉠ 노비 , ㉡ 양인)이/가 되었다.

01 다음 자료를 활용한 탐구 주제로 가장 적절한 것은?

> 그 나라의 대가는 농사를 짓지 않으며 앉아서 먹는 인구가 만여 명이나 되는데, 하호들이 먼 곳에서 식량과 생선, 소금을 갖다가 그들에게 바친다.
>
> — 『삼국지』 위서 동이전 —

① 양천제의 성립
② 신라의 골품제
③ 문벌 사회의 형성
④ 상민의 신분 상승 운동
⑤ 초기 고구려의 사회 구조

02 (가) 국가의 사회 모습으로 옳은 것만을 〈보기〉에서 고른 것은?

> **보기**
> ㄱ. 귀족이 정치권력을 독점하였다.
> ㄴ. 서얼이 중인과 비슷한 대우를 받았다.
> ㄷ. 평민은 생산 활동에 종사한 자유민이었다.
> ㄹ. 잡과 합격자들이 좁은 의미의 중인층을 형성하였다.

① ㄱ, ㄴ   ② ㄱ, ㄷ   ③ ㄴ, ㄷ
④ ㄴ, ㄹ   ⑤ ㄷ, ㄹ

03 (가)에 들어갈 내용으로 가장 적절한 것은?

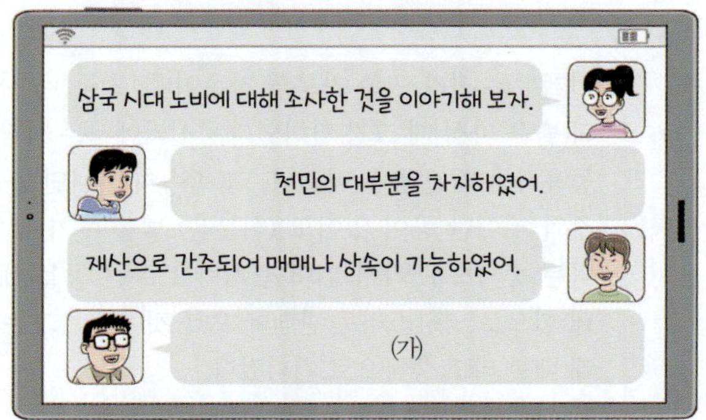

① 호민을 통해 읍락을 다스렸어.
② 국가 중대사 결정에 참여하였어.
③ 점차 평민과 동등하게 간주되었어.
④ 전쟁 포로 출신이 다수를 차지하였어.
⑤ 나라에 세금을 내고 노동력을 제공하였어.

04 다음 자료에 대한 학생의 발표 내용으로 적절하지 <u>않은</u> 것은?

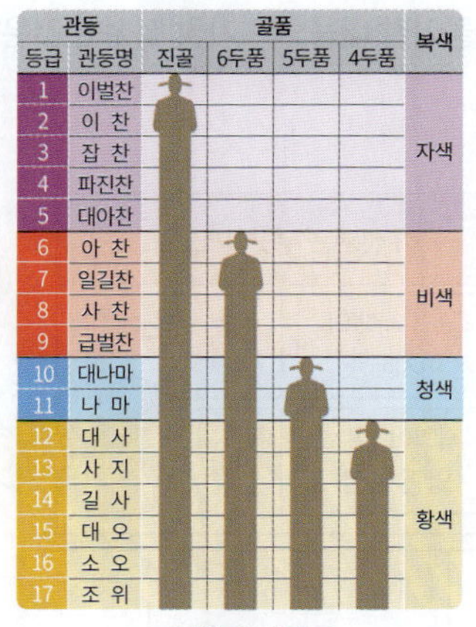

관등 등급	관등명	진골	6두품	5두품	4두품	복색
1	이벌찬					
2	이 찬					
3	잡 찬					자색
4	파진찬					
5	대아찬					
6	아 찬					
7	일길찬					
8	사 찬					비색
9	급벌찬					
10	대나마					청색
11	나 마					
12	대 사					
13	사 지					
14	길 사					황색
15	대 오					
16	소 오					
17	조 위					

▲ 골품과 관등표

① 6두품은 비색 관복만 입을 수 있었어요.
② 4두품은 대사까지만 승진할 수 있었어요.
③ 진골만이 자색 관복을 입을 수 있었어요.
④ 진골은 대아찬 이상까지 승진할 수 있었어요.
⑤ 골품제는 관등제와 밀접하게 연관되어 있었어요.

05 밑줄 친 인물이 속한 신분층에 대한 설명으로 옳은 것은?

> 설계두는 신라 귀족 가문의 자손이다. 친구 네 사람과 술을 마실 때 그가 말하였다. "신라에서는 사람을 등용하는 데 골품을 따진다. 그 족속이 아니면 큰 재주와 뛰어난 공이 있어도 (신분을) 넘을 수가 없다. 나는 중국으로 가서 뛰어난 지략으로 큰 공을 세워 내 힘으로 영광스러운 관직에 오를 것이다." 그는 몰래 배를 타고 중국으로 건너갔다.

① 말갈인이 다수를 차지하였다.
② 주인에게 예속되어 생활하였다.
③ 삼국 통일 이후 최고 신분층이 되었다.
④ 귀족에게 진 빚을 갚지 못한 경우가 많았다.
⑤ 호족과 함께 새로운 사회 건설을 모색하였다.

06  (가)에 들어갈 내용으로 가장 적절한 것은?

① 문벌 형성
② 군포의 면제
③ 관청의 잡역에 종사
④ 법적으로 과거 응시 가능
⑤ 음서를 통해 관직에 진출

07 (가)에 들어갈 내용으로 가장 적절한 것은?

① 주인에게 신공을 납부하였어.
② 매매, 상속, 증여의 대상이 되었어.
③ 국가로부터 녹읍과 식읍을 지급받았어.
④ 거주지 이전이 원칙적으로 금지되었어.
⑤ 중앙 관청에서 말단 행정 실무를 담당하였어.

08 (가) 신분에 대한 설명으로 옳은 것은?

> 태조께서 창업하신 초기에 일부 신하들은 전쟁에 나가서 포로를 얻거나, 혹은 빚을 갚지 못한 이들을 재물로 사서 (가) 로 삼았습니다. 광종 때에 이르러 (가) 들을 안검(按檢, 자세히 조사하여 살핌)하여 본래 그 신분이 아니었던 자들을 가려내도록 하니, 모든 공신들이 탄식하고 원망하였습니다.

① 백정이라고 불렸다.
② 지방의 행정을 담당하였다.
③ 재산을 모아 신분 상승이 가능하였다.
④ 피지배층 양인의 대다수를 차지하였다.
⑤ 화백 회의에서 국가 중대사를 논의하였다.

09 (가)에 해당하는 신분에 대한 설명으로 옳은 것은?

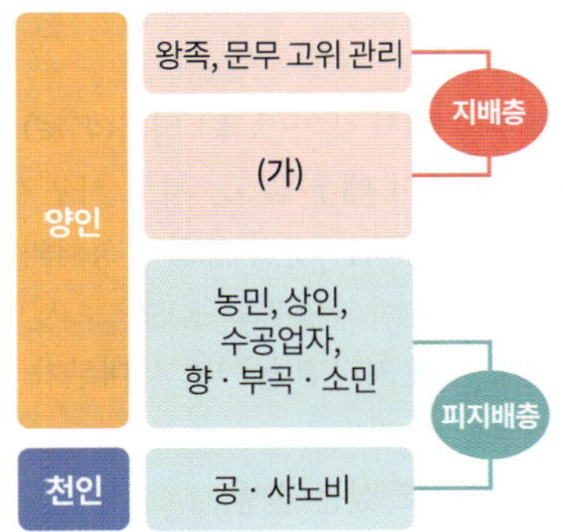

① 매매와 증여가 가능하였다.
② 왕실과 중첩된 혼인 관계를 맺었다.
③ 여러 대에 걸쳐 고위 관직을 독점하였다.
④ 서리, 남반, 향리, 하급 장교 등이 해당한다.
⑤ 일반 군현민에 비해 더 많은 세금을 부담하였다.

기출 변형

10 (가)에 들어갈 내용으로 가장 적절한 것은?

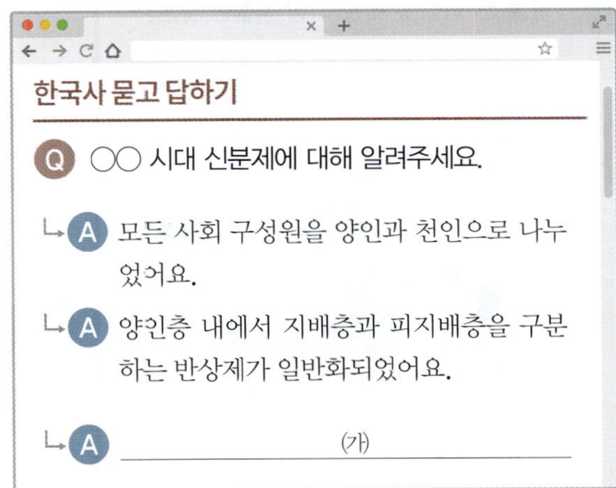

① 귀족이 최고 지배층을 형성했어요.
② 지방 세력으로 호족이 존재하였어요.
③ 가들이 호민을 통해 하호를 다스렸어요.
④ 중인이 하나의 신분 계층으로 자리 잡았어요.
⑤ 지배층에게만 적용되는 신분제가 운영되었어요.

11 다음은 조선 후기의 그림이다. 그림의 (가) 신분에 대한 설명으로 옳은 것은?

① 국역을 면제받았다.
② 천민으로 간주되었다.
③ 재산으로 취급되었다.
④ 문과 응시가 금지되었다.
⑤ 관청에 소속되어 물품을 생산하였다.

12 밑줄 친 '그들'에 대한 설명으로 옳은 것만을 〈보기〉에서 고른 것은?

> 대사헌 채수가 아뢰기를, "어제 전지를 보니 의관, 역관을 권장하고 장려하고자 능통하고 재주가 있는 자는 동서 양반에 발탁하여 쓰라고 특별히 명령하셨다니 듣고 놀랐습니다. …… 그들은 모두 미천한 계급 출신으로서 사족이 아닙니다."라고 하였다.
> – 『성종실록』 –

보기

ㄱ. 사출도를 다스렸다.
ㄴ. 직역을 세습하였다.
ㄷ. 잡과를 통해 관리로 선발되었다.
ㄹ. 유향소를 통해 향촌 사회를 이끌었다.

① ㄱ, ㄴ   ② ㄱ, ㄷ   ③ ㄴ, ㄷ
④ ㄴ, ㄹ   ⑤ ㄷ, ㄹ

13 조선 시대 (가) 신분에 대한 설명으로 옳은 것은?

> (가) 에게 과거와 벼슬을 못 하게 한 것은 우리나라의 옛 법이 아니다. …… 높은 관직을 가진 자의 아들이지만, 오직 외가가 하찮아서 대대로 벼슬길이 막혀, 비록 뛰어난 재주와 쓸 만한 그릇을 가지고 있으면서도 끝내 남에게 머리를 숙이고 향리나 수군만도 못하니 불쌍하도다.
>
> – 『패관잡기』 –

① 음서의 혜택을 받았다.
② 상민의 최하층에 위치하였다.
③ 주로 향·부곡·소에 거주하였다.
④ 재산 상속과 관직 진출에 차별을 받았다.
⑤ 직역을 세습하고 같은 신분끼리 혼인하였다.

14 다음 자료의 신분에 대한 설명으로 옳은 것만을 〈보기〉에서 고른 것은?

> • 조례: 관청에서 잡역을 담당
> • 나장: 형사 업무를 담당
> • 일수: 지방 고을에서 잡역을 담당
> • 봉수군: 봉수 업무를 담당

> **보기**
> ㄱ. 신량역천층에 해당한다.
> ㄴ. 법적으로 양인에 속하였다.
> ㄷ. 국가로부터 관료전을 지급받았다.
> ㄹ. 청요직 진출을 요구하는 상소를 올렸다.

① ㄱ, ㄴ   ② ㄱ, ㄷ   ③ ㄴ, ㄷ
④ ㄴ, ㄹ   ⑤ ㄷ, ㄹ

15 중요 ☆ 다음 상황이 나타나던 시기에 볼 수 있는 모습으로 가장 적절한 것은?

> 사대부 중에서 대가(大家) 명가(名家)의 한계가 있어서 그 명목이 매우 많고, 서로 사귀지도 않는다. 이와 같이 구애되는 것이 많으니 성쇠와 존망의 변화가 없을 수 없다. 사대부도 평민으로 낮아지기도 하고, 평민도 오래 지나면 높아져 사대부가 되기도 한다.

① 농사를 짓고 있는 잔반
② 국학에 재학 중인 진골의 자제
③ 지방에서 군사를 훈련시키는 호족
④ 교정도감에서 국정을 논의하는 무관
⑤ 변발을 하고 손님을 맞이하는 권문세족

기출 변형

16 밑줄 친 '학습 주제'로 가장 적절한 것은?

① 무신 정변의 발생 배경
② 고려 문벌 사회의 형성
③ 양천제와 반상제의 확립
④ 개방성이 높아진 고려 사회
⑤ 조선 후기의 신분 상승 움직임

중요

17 밑줄 친 '이 문서'가 발급되었던 시기의 사회 모습으로 가장 적절한 것은?

① 양반 인구가 급격히 증가하였다.
② 연이은 사화로 정치가 혼란하였다.
③ 골품제가 일상생활까지 규제하였다.
④ 국방상 요충지에 5소경이 설치되었다.
⑤ 국가에서 관리에게 과전을 지급하였다.

18 다음 그래프의 변화가 나타난 배경으로 옳지 <u>않은</u> 것은?

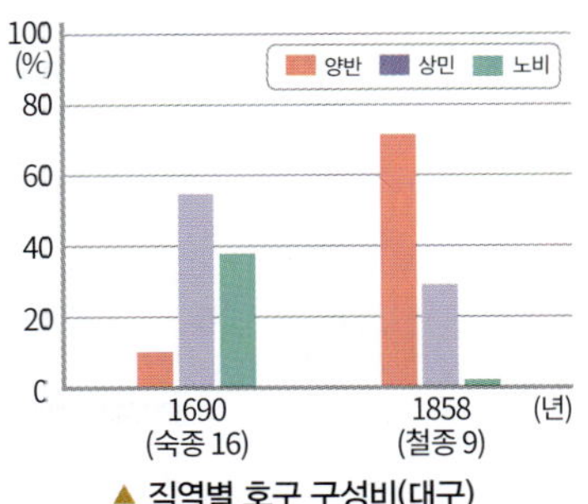

▲ 직역별 호구 구성비(대구)

① 납속책이 시행되었다.
② 신분 제도가 폐지되었다.
③ 족보의 매매와 위조가 많았다.
④ 대부분의 공노비가 해방되었다.
⑤ 도망하여 신분을 숨기는 노비가 많았다.

서술형 문제

19 다음을 읽고 알 수 있는 고려 시대 여성의 지위에 대해 서술하시오.

> 어머니가 이승장의 의붓아버지에게 말하기를 "첩이 먹고살기 위해 수절하지 못하였음을 부끄럽게 여겼습니다. 그러나 그 유복자가 학문에 뜻을 두고 있으니 ……"라고 말하자 이승장을 솔성재에 입학시켰다. 이승장은 무자년 봄에 시험에 응시하여 …… 진사시에 2등으로 합격하였다.

20 다음을 읽고 물음에 답하시오.

> • 공·사노비의 양인 처 소생은 한결같이 어머니의 역을 따르게 법을 세우라고 명하였다. 이에 앞서 판부사 송시열이 아뢰기를, "…… 지금 양민이 날로 줄어들고 있는 것은 실로 (가) 을 시행하지 않기 때문입니다. 속히 제도를 만들어 변통하소서."라고 하였다.
>
> — 『현종실록』 —
>
> • 김상성이 군역의 폐단을 날카롭게 아뢰었다. 그리고 올해 이후로는 (가) 을 시행하여 양인 장정의 수를 늘리자고 하였다.
>
> — 『영조실록』 —

(1) (가)에 해당하는 법을 쓰시오.

(2) (가) 법의 시행 전후 노비 자녀의 신분 결정이 어떻게 바뀌는지 서술하시오.

문제의 자료에서 **키워드**를 찾고, **키워드 꼬리 질문**에 답해 보자.
만약 **답변이 어렵다면** 다시 **학습**을 통해 복습해 보자.

01 밑줄 친 '득난'에 대한 설명으로 옳은 것은?

> 대사의 법호는 무염으로 달마대사의 10대 법손이 된다. 속성은 김씨로 태종 무열왕의 8대손이다. 할아버지 주천은 골품이 진골이고 관위는 한찬(대아찬)이다. 고조와 증조가 나가서는 장수가 되고 들어와서는 재상이 되었음을 집집마다 알고 있다. 아버지는 범청으로 골품이 진골에서 한 등급 떨어져서 <u>득난</u>이 되었다.
>
> – 「낭혜화상탑비」 –

① 신량역천층에 해당한다.
② 도평의사사를 장악하고 국정을 주도하였다.
③ 특수 행정 구역인 향·부곡·소에 거주하였다.
④ 집단 상소를 올려 청요직 진출을 요구하였다.
⑤ 신라 말 호족과 함께 새로운 사회 건설을 도모하였다.

키워드 Pick
• 골품
• 진골에서 한 등급 떨어져

키워드 꼬리 질문
Q1 골품제에서 최고 신분은?
Q2 골품제에서 진골 한 등급 아래의 골품은?

답변이 어렵다면 다시 학습
☞ 90쪽

02 (가) 신분에 대한 설명으로 옳은 것은?

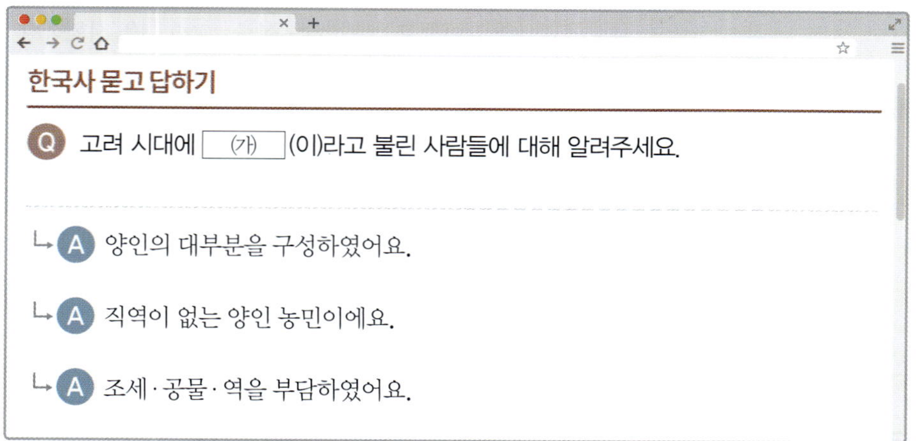

① 농업에 종사하며 신공을 바쳤어요.
② 중방을 통해 권력을 행사하였어요.
③ 공명첩을 매입해 신분을 상승시켰어요.
④ 과거에 합격하여 하급 관리가 될 수 있었어요.
⑤ 향·부곡·소의 주민보다 사회적 지위가 낮았어요.

키워드 Pick
• 양인의 대부분을 구성
• 직역이 없는 양인 농민
• 조세 부담

키워드 꼬리 질문
Q1 법적으로 모든 사회 구성원을 양인과 천인으로 구분하는 신분제는?
Q2 고려 시대 직역이 없는 양인 농민을 부르는 표현은?

답변이 어렵다면 다시 학습
☞ 90쪽

03 다음 자료를 활용한 탐구 활동 주제로 가장 적절한 것은?

- 백임지는 남포현 사람으로 농사를 짓고 살았다. 날래고 용맹하여 군인으로 선발되었는데, …… 무인들이 세력을 얻자 드디어 높은 지위에 오르게 되었다.
- 평량은 평장사 김영관 집안의 노비로, …… 농사에 힘써 부유하게 되었다. 그는 권력을 지닌 고관에게 뇌물을 바쳐 천인에서 벗어나 산원동정의 벼슬을 얻었다.
- (하급 장교 출신인) 조인규는 성장하여 공부를 하면서 글을 깨쳤다. 국가에서 뛰어난 자를 뽑아 몽골어를 익히게 하는 데 선발되었다. …… (몽골어 공부를) 게을리하지 않아 …… 여러 관직을 거쳐 장군이 되었다.

① 반상제의 의미
② 양반층의 분화
③ 골품제 사회의 한계
④ 납속책 실시의 배경
⑤ 고려 시대의 신분 상승

키워드 Pick
- 높은 지위
- 벼슬을 얻었다
- 장군이 되었다

키워드 꼬리 질문
Q1 자료의 사례가 있었던 국가는?
Q2 자료에 나타난 세 가지 사례의 공통점은?

답변이 어렵다면 다시 학습
☞ 92쪽

04 밑줄 친 '저희들'의 신분에 대한 설명으로 옳은 것은?

하삼도 유생 황경헌 등이 상소하기를, "…… 작위의 높고 낮음은 조정에서만 써야할 것이고 적자와 서자의 구별은 한 집안에서만 통용되어야 할 것입니다. …… 천인 신분이었다가 면천된 이들은 벼슬을 받기도 하고 아전이었다가 관직을 받은 이들은 높은 자리에 오르기도 합니다. 그런데 저희들은 한번 낮아진 신분이 대대로 후손에게 이어져 영구히 서족이 되어 훌륭한 임금이 다스리는 세상임에도 그저 버려진 사람들이 되어 있습니다."라고 하였다.

① 노비종모법을 적용받았다.
② 신량역천층으로 분류되었다.
③ 잡과로 선발된 기술관을 의미한다.
④ 규장각 검서관에 기용되기도 하였다.
⑤ 원칙적으로 거주지 이전이 금지되었다.

키워드 Pick
- 적자와 서자의 구별
- 낮아진 신분

키워드 꼬리 질문
Q1 양반의 첩에게서 태어난 '서자'와 '얼자'를 함께 부르는 말은?
Q2 위 계층과 같은 처우를 받았던 신분은?

답변이 어렵다면 다시 학습
☞ 92쪽

04 다양한 사상과 문화 교류

1 고대의 사상과 문화 교류

1 고대의 사상

고구려는 소수림왕 때 전진, 백제는 침류왕 때 동진에서 불교 수용,
신라는 법흥왕 때 이차돈의 순교를 계기로 불교 공인

불교	• 삼국 시대: 국왕을 중심으로 수용 → 왕실과 귀족 중심으로 전파 → 신라의 불교식 왕명, 왕즉불 사상, 업설 → 왕실의 권위 높임, 귀족 중심의 신분 질서 정당화, 호국 불교 성격 • 통일 신라: *석굴암과 불국사 등 사찰 건립, 원효(일심 사상 제시, 불교 대중화에 기여)와 의상(화엄 사상 정립)의 활동 → 신라 말 선종 유행(실천 중시, 참선 수행을 통한 깨달음 추구, 승탑과 탑비 건립) 자료❶ • 발해: 고구려 불교의 전통 계승, 왕실과 귀족 중심으로 성행 → *영광탑, 이불 병좌상 등
유학 자료❷	• 삼국: 국가 통치에 활용 → 고구려(태학, 경당 설치), 백제(오경박사), 신라(임신서기석) • 통일 신라: 국학 설립, *독서삼품과 실시 유교의 다섯 가지 경전인 오경에 능통한 사람에게 준 관직 • 발해: 6부 명칭에 유교 덕목 반영, 주자감 설립, 당 유학생이 *빈공과 합격
도교	• 불로장생과 현세의 복 추구, 신선 사상과 산천 숭배 바탕, 귀족 사회 중심으로 유행 • 관련 유물: 백제의 산수무늬 벽돌과 금동대향로, 고구려 고분의 사신도 등 자료❸
*풍수지리설	신라 말 금성(경주) 중심의 국토관에 변화 초래 → 지방 호족의 근거지 마련에 활용

실무를 담당하던 6부 명칭에 충·인·의·지·예·신 사용

2 고대의 문화 교류 자료❹

문화 수용	한자(각종 서적 편찬), 다양한 사상(국가 운영과 사회 유지에 활용), 과학과 예술 등 수용
문화 교류	서역과 교류, 삼국과 가야가 일본 아스카 문화 발전에 영향, 통일 신라는 하쿠호 문화에 영향

가야의 토기는 일본의 스에키에 영향을 미쳤다.

2 고려의 사상과 문화 교류

1 고려의 사상

개경, 지방에 학교 설립   유교적 소양을 갖춘 관리 등용

유교 발달	• 초기: 태조 때 유교의 민본 사상에 따라 민생 안정책 실시(조세 감면) → 광종 때 과거제 실시 → 성종 때 유학 교육 강화, 유교 이념에 따라 통치 체제 정비(최승로의 시무 28조) • 중기: 보수적 성격으로 변화, 최충(9재 학당 설립)과 김부식의 활약 → 무신 정변 후 침체 • 후기: 안향이 성리학 본격적으로 소개 → 신진 사대부가 개혁 사상으로 수용(불교 비판)
역사서 편찬	중기에 김부식의 *『삼국사기』 편찬 → 무신 정변 후 이규보의 「동명왕편」, 일연의 *『삼국유사』, 이승휴의 『제왕운기』 편찬(단군의 건국 이야기 수록) → 말기에 이제현의 『사략』 편찬
숭불 정책	연등회와 팔관회 거행, 승과 실시, 국사와 왕사 제도 실시, 불교문화 발달 자료❺
불교 통합 운동	• 의천: 해동 천태종 창시, 교종의 입장에서 선종 통합 → 의천 사후 다시 분열, 세속화 • 지눌: 수선사 결사 결성, 선종 중심으로 교종 포용 → 선교 일치의 사상 정립 자료❻
도교	국가의 안정 기원, 국가 차원에서 초제 거행, 일관된 교리 갖추지 못함(민간 신앙으로 유지)
풍수지리설	도참사상과 결합, 서경 길지설은 북진 정책과 묘청의 서경 천도 운동에 영향

2 고려의 문화 교류

거란의 대장경은 고려가 대장경을 간행하는 데 영향을 주었다. 고려는 부처의 힘을 빌려 외적을 물리치고자 거란의 침략 때 초조대장경, 몽골의 침략 때 팔만대장경을 조판하였다.

전기	송과 인적·물적 교류 활발(역사서와 불경 등 각종 서적과 자기 기술 수용), 거란에서 대장경 보냄
후기	만권당에서 원 학자와 교류(성리학 연구), 문익점이 목화 들여옴, 최무선이 화약 제조 기술 수용

충선왕이 원에 세운 독서당   의생활에 영향   왜구 격퇴에 기여

*석굴암

▲ 석굴암 본존불

*영광탑

*독서삼품과
원성왕 때 국학 학생을 대상으로 유교 경전의 이해 수준을 평가하여 관리 선발에 활용한 제도이다.

*빈공과
당에서 외국인을 대상으로 시행한 과거 시험이다.

*풍수지리설
산, 땅, 하천 등 자연환경이 인간 생활에 영향을 미친다는 사상이다.

*『삼국사기』
인종 때 김부식이 왕명을 받아 유교적 합리주의 사관에 입각하여 편찬한 역사서이다. 신라 중심의 역사의식이 담겨 있고 기전체에 따라 구성되었으며, 우리나라에서 현존하는 가장 오래된 역사서이다.

*『삼국유사』
원 간섭기에 편찬되었고, 고조선부터 후삼국 시대까지의 역사와 함께 불교, 설화 등의 내용을 담고 있다. 현존하는 역사서 중 처음으로 단군을 민족의 시조로 기록하였다.

자료 ❶ 원효의 사상

원효가 노래를 지어 세상에 퍼뜨렸다. …
… 가난하고 무지한 사람들도 부처의 이름을 알게 되었고, 모두 '나무(아미타불)'를 칭하게 되었으니 원효의 교화가 컸다.

－『삼국유사』－

원효는 불교 교리를 쉬운 노래로 만들어 부르면서 아미타 신앙을 전파하였다. 아미타 신앙은 내세에 아미타불이 있는 극락세계에 다시 태어나기를 염원하는 신앙이다.

자료 ❷ 신라의 유학 발달

▲ 임신서기석

『시경』, 『상서』, 『예기』, 『춘추전』 등을 차례로 3년 안에 습득할 것을 맹세하였다.

신라의 임신서기석은 두 청년이 나라에 충성하고 유교 경전을 열심히 익힐 것을 맹세한 내용을 돌에 새긴 것이다. 이는 신라에서 유학을 공부하였음을 보여 주는 유물이다.

✸ 원효와 의상의 활동

원효	의상
일심 사상 제시, 화쟁 사상 주장	화엄 사상 정립, 부석사 등 건립
아미타 신앙 전파	관음 신앙 전파
불교 대중화에 기여	당 유학, 신라 화엄종 열었음

Tip 원효와 의상의 사상과 활동을 구분하여 기억하자.

자료 ❸ 삼국 시대의 도교

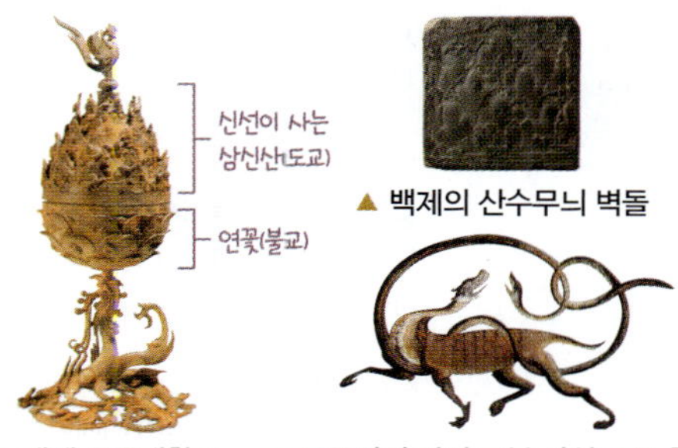
▲ 백제 금동대향로　　▲ 고구려의 강서 고분 사신도 중 현무도

삼국 시대에 도교가 지배층 사이에서 유행하면서 백제 금동대향로와 산수무늬 벽돌, 도교의 방위신인 사신도가 그려져 있는 고구려 고분 벽화 등 도교적 요소가 담겨 있는 문화유산이 제작되었다.

자료 ❹ 삼국 시대의 문화 교류

▲ 고구려의 남포 수산리 고분 벽화　　▲ 일본의 다카마쓰 고분 벽화

고구려와 일본에 있는 두 벽화의 제작 기술과 여인들의 저고리, 색동 주름치마 등 의복이 유사하다. 이를 통해 삼국 시대에 문화 교류가 있었음을 알 수 있다.

✸ 삼국이 일본에 전해 준 문화

삼국의 불상과 재료만 다를 뿐 형태가 거의 비슷하다.

삼국	일본
▲ 금동 미륵보살 반가상	▲ 고류사 목조 미륵보살 반가상

- 고구려: 승려 담징이 종이, 먹 등의 제조 기술과 5경 전달
- 백제: 『천자문』과 『논어』 등 유교 경전, 불교·천문·역법·의술 전달
- 신라: 조선술과 축제술 전수

자료 ❺ 고려의 불교문화

▲ 평창 월정사 팔각구층석탑　　▲ 청자 투각 칠보무늬 향로

자료 ❻ 의천과 지눌의 활동

▲ 대각국사 의천

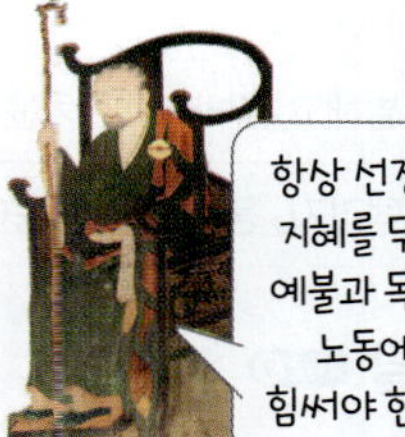

▲ 보조국사 지눌

✸ 의천과 지눌의 활동

의천	지눌
고려 중기	무신 집권기
해동 천태종 창시	수선사 결사 결성
교관겸수 주장 이론 연마와 실천 수행 강조	참선 수행, 교학 공부 정혜쌍수, 돈오점수 주장 깨달음 후 꾸준한 수행
교종 중심으로 선종 통합	선종 중심으로 교종 통합

Tip 고려 시대에 활동했던 의천과 지눌의 차이점을 기억해 두자.

고려 시대에는 불교가 널리 확산되고, 탑과 향로 등이 만들어지는 등 불교문화가 발달하였다. 고려 중기에 활동했던 의천은 화엄종을 중심으로 교종을 통합하고 해동 천태종을 창시하여 교종의 입장에서 선종을 통합하였다. 이후 무신 집권기에 신앙 결사 운동을 전개한 지눌은 선종과 교종의 사상적 갈등을 극복하고, 선종을 중심으로 교종을 포용하는 선교 일치의 사상 체계를 정립하였다.

３ 조선 전기의 사상과 문화 교류

1 성리학의 발달

사상적 흐름	• 건국 초: 건국과 사회 개혁의 사상적 기반, 성리학 이외의 학문과 사상도 수용 • 사림의 정계 진출 이후: 성리학 이외의 사상 배척, 과학 기술 등 실용 학문 천시
학문적 이해 심화	• 이황: 인간 심성의 근원인 '이(理)' 중시, 일본의 성리학 발달에 기여, 『성학십도』 저술 • 이이: 상대적으로 '기(氣)' 중시, 사회 문제 개혁에 관심, 『동호문답』과 『성학집요』 저술
사회 규범 으로 정착	• 윤리서, 의례서 보급: *『삼강행실도』와 *『국조오례의』 편찬, *『소학』과 *『주자가례』 보급 `자료⑦` • 16세기 이후 사림이 *서원 건립, *향약 보급 → 향촌 사회에 성리학적 윤리 확산

실용적인 기술과 자주적인 문화 발전

2 훈민정음 창제와 과학 기술의 발전

훈민정음	세종이 창제하여 반포 → 국가 통치 이념을 백성에게 쉽게 전달, 민족 문화 발전
과학 기술	• 세종 때 『칠정산』(새로운 역법서), 『농사직설』(농사법), 『향약집성방』(약재, 치료법) 편찬 • 해시계인 앙부일구, 물시계인 자격루, 강우량을 측정하는 측우기 등 제작

3 불교와 그 밖의 사상

불교	억불 정책 실시(사원의 토지와 노비 회수, 승려 수 제한) → 일부 왕실과 민간에서 신봉
도교	사원이 정리되는 등 크게 위축, *소격서 설치, 강화 참성단에서 초제 거행
풍수지리설	한양 천도에 반영, 양반의 묘지 선정에 영향

불교를 억제하는 정책 ／ 세조 때 원각사 건립

４ 조선 후기의 사상과 문화 교류

1 실학의 대두

양 난 이후 송시열 등 서인은 성리학적 명분론에 입각한 사회 질서를 강화하였다. 윤휴, 박세당 등이 유교 경전의 재해석을 시도하였으나, 송시열 등이 사문난적으로 몰아 배척하였다.

(1) **배경**: 성리학의 절대화 경향, 성리학이 현실 문제의 해결에 한계 드러냄 → 실학 대두

사회 개혁을 통한 문제 해결에 관심을 가졌다.

(2) **실학자의 개혁론** `자료⑧`

토지 제도 개혁 중시	• 유형원, 이익, 정약용 등 • 토지 소유의 불균형을 문제 원인으로 인식 → 토지 제도 개혁을 통한 자영농 육성 주장
상공업 진흥 중시	• 유수원, *홍대용, 박지원, 박제가 등 • 청과의 적극적 교류 및 선진 문물 수용 주장(북학파) → 19세기 개화사상으로 발전

봉건적 사상과 풍속 등을 타파하고 근대화를 지향하는 사상

청의 문물을 받아들여 상공업 발달과 기술 혁신을 이루자고 주장

2 국학의 발달

국사 연구	안정복의 *『동사강목』, 유득공의 『발해고』(발해사), 한치윤의 『해동역사』(고조선~고려 역사)
지리서, 지도	인문 지리서인 『동국지리지』와 『택리지』 등 편찬, *『대동여지도』 제작

3 천주교 수용과 *동학 창시, 서민 문화 발달 `자료⑨`

천주교 (서학)	• 17세기경 서학으로 소개 → 18세기 후반 남인 계열의 일부 실학자가 신앙으로 수용 • 평등사상 제시, 내세 신앙, 제사 거부 → 정부의 탄압
*동학	19세기 후반 경주의 몰락 양반 최제우가 창시 → 인간의 존엄성과 평등 강조, 서양과 일본 세력의 침략 배척 → 민중의 호응, 교세 확장 → 위기감을 느낀 정부의 탄압(최제우 처형)
서민 문화	서민층이 새로운 문화 주체로 성장 → 한글 소설, 사설시조, 민화, 풍속화, 판소리와 탈춤

이후 2대 교주인 최시형이 교단을 정비하면서 동학은 더욱 확산되었다.

자료 ⑦ 성리학적 사회 규범의 정착

- 탁월한 행실과 높은 절개가 풍속에 휩쓸리지 않아 사람을 깨우치는 자가 많았다. 그 가운데 훌륭한 것을 뽑아 그림을 그리고 글을 지어 안팎에 반포하고자 하니, 배우지 못한 백성도 모두 보고 느낄 것이다. － 『삼강행실도』 서문 －

- 지금부터 (여성의) 재가를 모두 금지하고, 만일 이를 무릅쓰고 재가하는 여성이 있으면 벌한다. 그 자손도 관직에 나아가는 것을 허락하지 않는다. － 『성종실록』 －

성리학을 통치 이념으로 내세운 조선은 『삼강행실도』 등 유교 윤리를 보급하기 위한 각종 윤리서와 의례서를 편찬하였다. 『소학』과 『주자가례』가 백성에게 보급되면서 향촌 사회에서도 성리학적 사회 윤리가 점차 자리를 잡았고, 이에 따라 여성의 재가가 금지되는 등 여성의 지위가 낮아지기도 하였다.

자료 ⑧ 실학자의 개혁론

- 토지 제도 개혁 중심
  여(閭: 마을)에는 여장을 두고 1여의 농토를 그곳에 사는 사람들이 함께 농사짓는데, 내 땅 네 땅의 구별이 없다. 사람들이 하는 일을 여장이 장부에 매일 기록한다. …… (추수가 끝나면) 나라에 바치는 세금을 먼저 떼어 놓고 여장의 봉급을 준 뒤, 장부의 기록을 기준으로 나머지를 분배한다. － 정약용, 『여유당전서』 －

- 상공업 진흥 중심
  비유컨대, 재물은 대체로 우물과 같다. 퍼내면 차고, 버려두면 말라 버린다. 그러므로 비단옷을 입지 않아 나라에 비단 짜는 사람이 없으면 여공이 쇠퇴하고, …… 장인의 일이 없어지면 그 기술과 재주는 사라지게 된다. － 박제가, 『북학의』 －

토지 제도의 개혁을 중시한 실학자인 정약용은 농민의 어려운 생활이 토지 소유의 불균형에서 비롯되었다고 보고, 토지 제도를 개혁하여 자영농을 육성하자고 주장하였다. 한편, 상공업 진흥을 중시한 실학자인 박제가는 도시 인구 증가와 상품 화폐 경제의 발전 등 변화하는 현실에 주목하고, 상공업 진흥과 기술 혁신을 강조하였다.

자료 ⑨ 천주교와 동학

- 천주교 교리의 정당성을 주장한 글
  죽은 사람 앞에 술과 음식을 차려 놓는 것은 천주교에서 금하는 바입니다. 살아 있을 동안에도 영혼은 술과 밥을 받아먹을 수 없거늘, 하물며 죽은 뒤에 영혼이 어떻게 하겠습니까? …… 사람의 자식이 되어 어찌 허위와 가식의 예로써 돌아가신 부모님을 섬기겠습니까? － 정하상, 『상재상서』 －

- 동학의 사상
  사람이 곧 하늘이라. 그러므로 사람은 평등하며 차별이 없나니 사람이 마음대로 귀천을 나눔은 하늘을 거스르는 것이다. 우리 도인은 모든 차별을 없애고 선사의 뜻을 받들어 생활하기를 바라노라. － 최시형의 최초 설법 －

청을 왕래하던 사신들에 의해 서양 문물의 하나로 소개된 천주교(서학)는 조상에 대한 제사 의식을 거부하여 성리학적 사회 질서를 어지럽힌다는 이유로 정부의 탄압을 받았다. 서양 세력과 서학의 침투에 맞서 창시된 동학은 모든 사람이 평등하며 마음속에 한울님이 모셔져 있다는 시천주 사상을 주장하였다.

✻ 『주자가례』에 따른 관혼상제

관례	일종의 성인식, 남자는 상투를 틀고 성인의 옷을 입었고, 여자는 머리를 말아 올리고 비녀를 꽂음
혼례	신부의 집에서 혼례를 올린 후 곧바로 신랑 집에서 생활함
상례	양반들은 부모님이 돌아가시면 3년상을 치름
제례	집안에 사당을 지은 후 조상의 신주를 모시고 유교 절차에 따라 제사를 지냄

Tip 조선 시대에는 점차 가정에서도 유교적 예법을 따르게 되었음을 기억해 두자.

✻ 실학자의 토지 개혁론

유형원의 균전론	토지를 신분에 따라 차등을 두어 일정한 면적 분배
이익의 한전론	생활에 필요한 최소한의 토지는 매매 금지
정약용의 여전론	토지를 공동으로 경작한 뒤, 그 수확량을 노동량에 따라 분배

Tip 실학자의 토지 개혁론 내용의 차이를 알아두자.

정약용은 정조 때 수원 화성 건설에 사용한 거중기를 만들었다. 거중기는 무거운 것을 들어올리는 기구로, 서양 기술을 소개한 『기기도설』을 참고해 제작하였다.

✻ 천주교와 동학

천주교	동학
17세기 학문으로 소개 → 18세기 후반 신앙으로 수용	19세기 최제우가 창시 → 최제우 처형 후 최시형 중심으로 확산
• 평등사상 • 내세 사상	• 평등사상 • 시천주 사상
조상에 대한 제사 거부 → 탄압	세상을 어지럽히고 백성을 속인다며 탄압

Tip 천주교와 동학의 유사점과 차이점을 비교해 알아두자.

포인트 Pick

1 고대의 사상과 문화 교류

불교	• 삼국 시대: 호국 불교(백제 미륵사, 신라 황룡사 9층 목탑 등) • (❶): 일심 사상 제시, 화쟁 사상 주장, 불교 대중화 • 의상: 화엄 사상 정립, 부석사 등 건립, 관음 신앙 전파
유학	• 삼국: 중국과 교류하며 유학 수용 → 고구려에서 태학과 경당 설치, 백제가 오경박사 두고 유학 교육, 신라의 임신서기석 • 통일 신라: (❷) 설립, 독서삼품과 실시, 6두품 활약 • 발해: 6부 명칭에 유교 덕목 반영, 주자감 설립, 빈공과 합격
도교	• 백제의 산수무늬 벽돌과 금동대향로에 반영 • 고구려 고분의 (❸) 등에 반영
풍수지리설	신라 말 유입 → 금성(경주) 중심의 국토관에 변화 초래
문화 교류	서역과 교류, 일본과 교류(아스카 문화, 하쿠호 문화에 영향)

2 고려의 사상과 문화 교류

유교	• 광종 때 (❹) 실시, 성종 때 통치 체제 정비에 영향 • 신진 사대부가 성리학을 개혁 사상으로 수용
역사서 편찬	김부식의 (❺), 이규보의 「동명왕편」, 일연의 「삼국유사」, 이승휴의 「제왕운기」(단군 이야기 수록), 이제현의 「사략」
불교 통합 운동	• 의천: (❻) 창시, 교종의 입장에서 선종 통합 • 지눌: 수선사 결사 결성, 선종 중심으로 교종 통합
풍수지리설	도참사상과 결합하여 유행 → 정치에 영향 → 서경 길지설이 북진 정책과 (❼)의 서경 천도 운동에 영향

3 조선 전기의 사상과 문화 교류

유교 보급	국가 차원으로 「삼강행실도」 편찬, 향촌에서 향약 보급
성리학 발달	• 사림에 의해 학문적 탐구 심화 → 성리학적 명분론 강화 • 이황: 인간 심성의 근원인 '이(理)' 중시, 일본 성리학에 영향 • (❽): 상대적으로 '기(氣)' 중시, 사회 문제 개혁에 관심

4 조선 후기의 사상과 문화 교류

실학	• 토지 제도 개혁 중시: 유형원·이익·정약용 등, 토지 제도 개혁을 통한 자영농 육성 주장, 수취 체제 등 제도 개혁 주장 • 상공업 진흥 중시: 유수원·홍대용·박지원·박제가 등, 청과의 적극적 교류와 선진 문물 수용 주장, 북학파로 불림
국학	• 역사서: 안정복의 (❾), 유득공의 「발해고」(발해사 서술), 한치윤의 「해동역사」(고조선~고려 역사 실증적으로 서술) • 인문 지리서, 지도: 「동국지리지」, 「택리지」, 「대동여지도」 • 국어 연구: 신경준의 「훈민정음운해」, 유희의 「언문지」
천주교	17세기경 청을 왕래하던 사신에 의해 서학으로 소개 → 18세기 후반 남인 계열의 일부 실학자가 신앙으로 수용 → 정부의 탄압
동학	19세기 후반 경주의 몰락 양반 (❿)가 창시, 평등을 강조하고 서양과 일본 배척 → 교세 확장 → 정부의 탄압
서민 문화	서민의 성장 → 한글 소설, 사설시조, 풍속화, 민화, 판소리, 탈춤

---

01 다음 서술이 옳으면 O표, 틀리면 ×표 하시오.

(1) 삼국 시대의 귀족들은 불교의 업설을 내세워 신분 질서를 정당화하였다. ( )

(2) 고려 시대 때 풍수지리설은 묘청의 서경 천도 운동에 영향을 끼쳤다. ( )

(3) 이황은 상대적으로 '기'를 중시하여 사회 문제를 개혁하는 데 관심을 기울였다. ( )

(4) 토지 제도를 개혁하여 자영농을 육성하자고 주장한 실학자들을 북학파라고 한다. ( )

02 다음 내용을 바르게 연결하시오.

(1) 원효 •   • ㉠ 동학 창시

(2) 지눌 •   • ㉡ 「동사강목」 저술

(3) 안정복 •   • ㉢ 아미타 신앙 전파

(4) 최제우 •   • ㉣ 수선사 결사 조직

03 다음에서 설명하는 학문을 쓰시오.

> 조선의 지배층은 성리학적 질서를 절대적 가치로 강조하였지만, 정작 성리학은 당면한 현실 문제를 해결하는 데 한계점을 드러냈다. 이에 사회 전반에 걸친 개혁으로 문제를 해결하고 부국안민을 이룩하고자 하는 학문 경향이 나타났다.

04 다음 내용을 옳은 서술로 완성하시오.

(1) 통일 신라에서는 유교 경전의 이해 수준을 평가하여 관리 선발에 참고하는 (㉠ 과거제 , ㉡ 독서삼품과)를 실시하였다.

(2) 백제의 산수무늬 벽돌과 금동대향로에는 (㉠ 유교 , ㉡ 도교) 사상이 반영되어 있다.

(3) 고려 중기 (㉠ 김부식 , ㉡ 일연)은 왕명을 받아 「삼국사기」를 편찬하였다.

(4) 조선 정부는 (㉠ 동학 , ㉡ 천주교) 신자들이 조상에 대한 제사를 거부하자, 성리학적 사회 질서를 부정한다는 이유로 탄압하였다.

실력 완성 문제

01 다음 인물의 활동과 관련된 종교에 대한 설명으로 가장 적절한 것은?

> 원효가 노래를 지어 세상에 퍼뜨렸다. …… 가난하고 무지한 사람들도 부처의 이름을 알게 되었고, 모두 '나무(아미타불)'를 칭하게 되었으니 원효의 교화가 컸다.
>
> – 『삼국유사』 –

① 백제는 침류왕 때 수용하였다.
② 오경박사가 교육을 담당하였다.
③ 안향에 의해 본격적으로 소개되었다.
④ 지방 호족의 근거지 마련에 활용되었다.
⑤ 국가 차원의 초제 등 행사가 자주 열렸다.

02 다음 문화유산을 남긴 국가에 대한 설명으로 옳은 것은?

▲ 영광탑

① 과거제를 도입하였다.
② 일본의 스에키에 영향을 주었다.
③ 6부의 명칭을 유교 덕목으로 정하였다.
④ 만권당을 세워 원의 학자와 교류하였다.
⑤ 관리 선발에 참고하고자 독서삼품과를 실시하였다.

중요 ☆

03 (가) 종교에 대한 설명으로 옳은 것은?

① 참선 수행을 강조하였다.
② 국학을 설립하여 교육하였다.
③ 정치 이념으로 삼고 진흥하였다.
④ 불로장생과 신선이 되기를 추구하였다.
⑤ 금성(경주) 중심의 국토관에 변화를 가져왔다.

기출 변형

04 (가)에 들어갈 탐구 주제로 가장 적절한 것은?

① 발해와 당의 교류
② 조선의 억불 정책
③ 삼국 문화의 일본 전파
④ 몽골풍의 유행과 고려양
⑤ 통일 신라와 서역의 교류

05 (가) 사상에 대한 설명으로 옳은 것은?

> 부처의 가르침을 행하는 것은 자기 자신을 닦는[修身] 근본이요, (가) 의 가르침을 행하는 것은 나라를 다스리는[治國] 근원입니다.
>
> – 최승로, 시무 28조 일부 –

① 의상에 의해 정립되었다.
②『삼국사기』편찬에 영향을 주었다.
③ 팔관회가 개최되는 배경이 되었다.
④ '왕이 곧 부처'라는 믿음을 확산시켰다.
⑤ 지형적 요인을 살펴 도읍, 묘지 등을 정하였다.

06 (가) 국가가 남긴 문화유산으로 옳은 것은?

> (가) 는 건국 초부터 불교를 적극적으로 지원하였다. 개경을 비롯한 여러 지역에 사찰을 지었고, 대규모 불교 행사도 성대하게 치렀다. 또한 과거에서 승과를 실시하고 신망이 높은 승려를 국사와 왕사로 삼았다.

① 

② 

③ 

④ 

⑤ 

07 (가)에 들어갈 힌트 내용으로 가장 적절한 것은?

① 성리학 소개
②『주자가례』보급
③ 팔만대장경 간행
④ 해동 천태종 창시
⑤ 수선사 결사 결성

08 다음 역사서가 편찬된 시기에 공통적으로 볼 수 있는 모습으로 가장 적절한 것은?

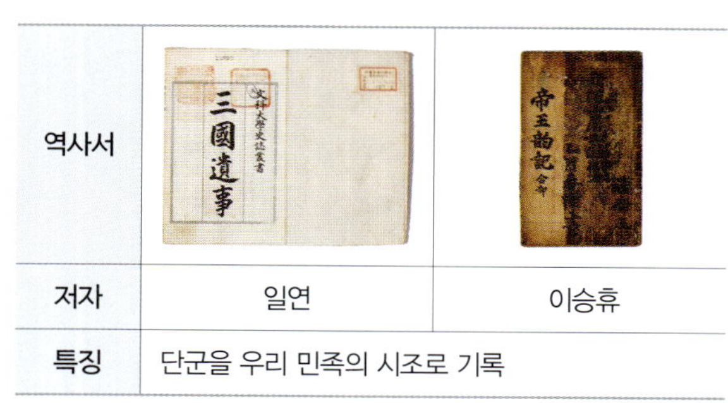

역사서	三國遺事	帝王韻記
저자	일연	이승휴
특징	단군을 우리 민족의 시조로 기록	

① 측우기를 제작하는 장인
② 묘청의 난을 진압하는 군사
③ 내정을 간섭하는 원의 관리
④『삼강행실도』를 편찬하는 학자
⑤ 주자감에서 유학을 공부하는 학생

09 (가)에 들어갈 탐구 주제로 가장 적절한 것은?

◆ 탐구 주제: (가)

◆ 조사 자료

• 탁월한 행실과 높은 절개가 …… 사람을 깨우치는 자가 많았다. 그 가운데 훌륭한 것을 뽑아 …… 반포하고자 하니, 배우지 못한 백성도 모두 보고 느낄 것이다.
• 지금부터 (여성의) 재가를 모두 금지하고, 만일 이를 무릅쓰고 재가를 하는 여성이 있으면 벌한다.

① 신선 사상
② 불교의 대중화
③ 신앙 결사 운동
④ 과학 기술의 발전
⑤ 유교 윤리의 확산

10 (가) 인물에 대한 설명으로 옳은 것은?

[(가)]은 인간 심성의 근원인 '이(理)'를 중시하며 수신과 도덕을 강조하였고, 이이는 상대적으로 '기(氣)'를 중시하여 당시 사회 문제를 개혁하는 데 관심을 기울였다. [(가)]과 이이의 노력으로 조선의 성리학은 독자적인 체계를 갖추었다.

① 『삼국사기』를 편찬하였다.
② 백운동 서원을 건립하였다.
③ 일본 성리학 발달에 기여하였다.
④ 윤휴를 사문난적이라 비판하였다.
⑤ 교종의 입장에서 선종을 통합하였다.

11 밑줄 친 '이곳'에 대한 학생의 발표로 적절한 것은?

① 지눌에 의해 처음 결성되었어요.
② 연등회와 팔관회를 거행하였어요.
③ 도교 행사인 초제를 주관하였어요.
④ 오경박사가 파견되어 유학을 가르쳤어요.
⑤ 지방 사족의 여론을 모으는 역할을 하였어요.

12 밑줄 친 '역법서'가 편찬된 시기의 문화에 대한 설명으로 옳은 것은?

조선은 매년 명에 사신을 보내 명 황제가 하사하는 다음 해의 달력을 받아 와야 했으나, 그 달력은 중국의 수도를 기준으로 계산된 역법에 따른 것이어서 조선에 그대로 적용하기에 무리가 있었다. 이에 조선은 중국과 이슬람의 역법을 참고하여 한성을 기준으로 천체의 운행과 위치를 정확하게 계산한 독자적인 역법서를 완성하였다.

① 석굴암이 조성되었다.
② 훈민정음이 창제되었다.
③ 월정사 팔각구층석탑을 세웠다.
④ 황룡사 9층 목탑이 건립되었다.
⑤ 천주교가 신앙으로 받아들여졌다.

13 (가)에 들어갈 답변 내용으로 가장 적절한 것은?

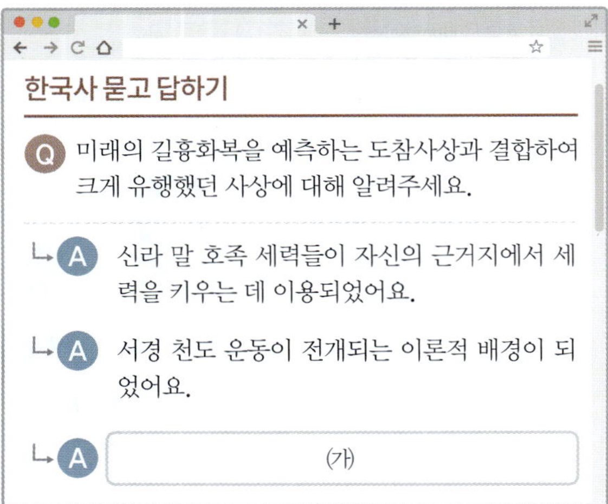

① 조선이 한양으로 천도하는 데 반영되었어요.
② 연등회가 성대하게 개최되는 데 영향을 주었어요.
③ 충선왕이 원에 세운 만권당에서 연구를 하였어요.
④ 일본에서 아스카 문화가 발달하는 데 기여했어요.
⑤ 조선 시대에 강화 참성단에서 초제를 거행하였어요.

기출 변형

14 (가)에 들어갈 학습 주제로 가장 적절한 것은?

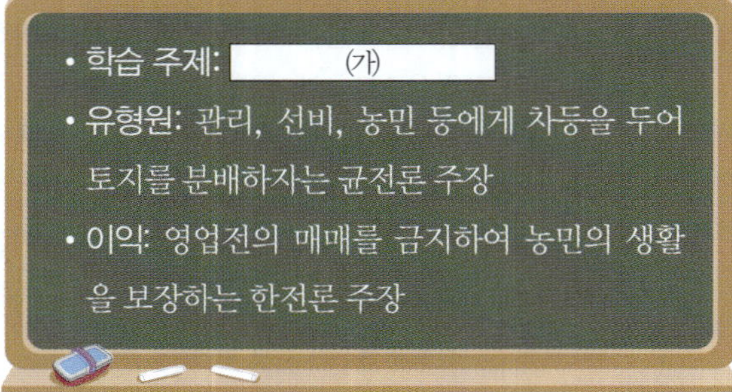

① 소격서의 설치 목적
② 선교 일치 사상의 정립
③ 신진 사대부의 정치 개혁
④ 6두품 세력의 골품제 비판
⑤ 실학자의 토지 제도 개혁론

15 다음 주장을 제시한 인물에 대한 설명으로 옳은 것은?

> 비유컨대, 재물은 대체로 우물과 같다. 퍼내면 차고, 버려두면 말라 버린다. 그러므로 비단옷을 입지 않아 나라에 비단 짜는 사람이 없으면 여공이 쇠퇴하고, …… 장인의 일이 없어지면 그 기술과 재주는 사라지게 된다.

① 북학파라고 불렸다.
② 훈민정음을 창제하였다.
③ 『동사강목』을 저술하였다.
④ 「대동여지도」를 제작하였다.
⑤ 정통성을 강조한 『사략』을 편찬하였다.

16 (가) 인물에 대한 설명으로 옳은 것은?

① 거중기를 제작하였다.
② 화엄 사상을 정립하였다.
③ 서경 천도를 주장하였다.
④ 『해동역사』를 저술하였다.
⑤ 상공업 진흥을 강조하였다.

17 다음 역사서가 편찬된 시기에 볼 수 있는 모습으로 가장 적절한 것은?

[역사 인물 알아보기]

일부 지식인은 민족의 전통과 현실에 대한 관심을 바탕으로 국사, 지리, 국어 등을 연구하였다. 그중 한 명인 유득공이 저술한 역사서 내용을 읽어 보자.

> 부여씨가 망하고 고씨가 망하게 되니 김씨가 그 남쪽 땅을 차지하고 대씨가 그 북쪽 땅을 차지하여 발해라 하였다. 이것을 남북국이라 한다. 그러니 마땅히 남북국사가 있어야 한다.

① 선종을 후원하는 호족
② 팔만대장경을 조판하는 장인
③ 주자감에서 유학을 공부하는 학생
④ 중국 중심의 세계관을 비판하는 학자
⑤ 종이와 먹의 제조 기술을 일본에 전하는 승려

18 (가) 종교에 대한 설명으로 옳은 것은?

> 죽은 사람 앞에 술과 음식을 차려 놓는 것은 [(가)]에서 금하는 바입니다. 살아 있을 동안에도 영혼은 술과 밥을 받아먹을 수 없거늘, 하물며 죽은 뒤에 영혼이 어떻게 하겠습니까? 먹고 마시는 것은 육신의 입에 공급하는 것이요, 도리와 덕행은 영혼의 양식입니다. …… 사람의 자식이 되어 어찌 허위와 가식의 예로써 돌아가신 부모님을 섬기겠습니까?
> – 정하상, 『상재상서』 –

① 서양과 일본 세력의 침략을 배척하였다.
② 고려는 국자감과 향교를 세워 교육하였다.
③ 경주의 몰락 양반인 최제우가 창시하였다.
④ 왕즉불 사상을 내세워 왕권 강화에 기여하였다.
⑤ 남인 계열의 일부 실학자가 신앙으로 받아들였다.

19 다음을 읽고 물음에 답하시오.

> • 문종의 아들인 [(가)]은 해동 천태종을 창시하였다. 그는 이론의 연마와 실천의 수행을 아울러 강조한 교관겸수를 주장하였다.
> • [(나)]은 깨달은 뒤에도 꾸준히 수행할 것을 강조하는 돈오점수, 참선 수행과 교학 공부를 함께 해야 한다는 정혜쌍수를 주장하였다.

(1) (가), (나)에 들어갈 승려를 각각 쓰시오.

(2) (가), (나) 승려가 제시한 불교 통합 논리의 차이점을 서술하시오.

20 다음 자료를 읽고 물음에 답하시오.

> 여(閭: 마을)에는 여장을 두고 1여의 농토를 그곳에 사는 사람들이 함께 농사짓는데, 내 땅 네 땅의 구별이 없다. 사람들이 하는 일을 여장이 장부에 매일 기록한다. …… (추수가 끝나면) 나라에 바치는 세금을 먼저 떼어 놓고 여장의 봉급을 준 뒤, 장부의 기록을 기준으로 나머지를 분배한다.
> – 『여유당전서』 –

(1) 위의 주장을 제시한 학자를 쓰시오.

(2) (1)의 학자가 본 당시 사회의 문제점과 개혁 방향을 서술하시오.

문제의 자료에서 **키워드**를 찾고, **키워드 꼬리 질문**에 답해 보자.
만약 **답변이 어렵다면** 다시 **학습**을 통해 복습해 보자.

01 (가) 종교에 대한 설명으로 옳은 것은?

① 원효의 활동으로 대중화되었다.
② 고구려 고분의 사신도에 반영되었다.
③ 안향에 의해 본격적으로 소개되었다.
④ 소격서에서 관련 행사를 주관하였다.
⑤ 신라 말 금성(경주) 중심의 국토관에 변화를 가져왔다.

키워드 Pick
- 연꽃
- 도교의 신선

키워드 꼬리 질문

Q1 제시된 유물의 이름은?
Q2 연꽃과 관련된 사상은?

답변이 어렵다면 ↻ 다시 학습
☞ 102쪽

02 밑줄 친 '역사서'에 대한 설명으로 옳은 것은?

① 원 간섭기에 편찬되었다.
② 발해사에 대한 관심을 높였다.
③ 단군을 우리 민족의 시조로 내세웠다.
④ 우리나라에서 현존하는 가장 오래된 역사서이다.
⑤ 고조선부터 고려까지의 역사를 실증적으로 서술하였다.

키워드 Pick
- 김부식
- 유교적 합리주의 사관

키워드 꼬리 질문

Q1 김부식이 편찬한 역사서는?
Q2 김부식이 활동한 시대는?

답변이 어렵다면 ↻ 다시 학습
☞ 102쪽

03 (가)에 대한 설명으로 옳은 것은?

[사료로 학습하는 한국사]

예안 ＿(가)＿의 처벌 대상(일부)

• 부모에게 순종하지 않는 자
• 형제간에 서로 싸우는 자
• 집안의 규율을 어지럽힌 자
• 고을 어른을 업신여기는 자

[해설]
이 자료는 퇴계 이황이 명종 11년에 예안으로 낙향한 후 지방의 교화가 미진한 것을 극복하기 위하여 제정한 향촌 자치 규약으로, 극벌·중벌·하벌의 3대 항목으로 나누어 과실을 징벌하는 조목을 두고 있다.

① 지방 사족의 주도로 운영되었다.
② 양반의 묘지 선정에 영향을 주었다.
③ 강화 참성단에서 초제를 거행하였다.
④ 과학 기술 등 실용 학문을 장려하였다.
⑤ 훌륭한 유학자에게 제사 지내는 역할을 하였다.

키워드 Pick

• 이황
• 지방의 교화가 미진한 것을 극복
• 향촌 자치 규약

키워드 꼬리 질문

Q1 이황과 관련된 학문이나 사상은?
Q2 조선 시대에 향촌 자치 규약을 제정한 목적은?

답변이 어렵다면 다시 학습

☞ 104쪽

04 다음과 관련된 사상에 대한 설명으로 옳은 것은?

사람이 곧 하늘이라. 그러므로 사람은 평등하며 차별이 없나니 사람이 마음대로 귀천을 나눔은 하늘을 거스르는 것이다. 우리 도인은 모든 차별을 없애고 선사의 뜻을 받들어 생활하기를 바라노라.

– 최시형의 최초 설법(1865) –

① 한양 천도에 반영되었다.
② 조상에 대한 제사를 거부하였다.
③ 몰락 양반인 최제우가 창시하였다.
④ 성리학적 질서를 절대적 가치로 강조하였다.
⑤ 남인 계열의 일부 실학자가 신앙으로 받아들였다.

키워드 Pick

• 사람이 곧 하늘
• 최시형의 최초 설법(1865)

키워드 꼬리 질문

Q1 '사람이 곧 하늘'의 의미는?
Q2 '최시형'과 관련된 종교는?

답변이 어렵다면 다시 학습

☞ 104쪽

01 국제 관계와 대외 교류   66~77쪽

1 고대의 국제 관계와 대외 교류

고조선	춘추 전국 시대의 제, 연 등과 교류 → 위만 집권 이후 한과 외교 관계 맺음 → 한 무제 때 갈등 시작 → 한 무제의 침략으로 멸망
고구려	전연, 전진, 동진에 사신 파견(조공) → 중국 남북조와 모두 조공·책봉 관계 맺음(실리 추구) → 수와 당의 침략 격퇴
백제	동진과 조공·책봉 관계 맺음, 이후 남조의 여러 왕조와 교류
신라	초기에는 고구려, 백제 도움으로 중국에 사신 파견 → 6세기 한강 유역 차지 → 직접 중국에 사신 파견 → 이후 나당 전쟁
가야	왜에 철기와 토기 제작 기술 전파
발해	건국 초 당과 대립(무왕의 등주 공격), 문왕 때 당과의 관계 개선

2 고려의 국제 관계와 대외 교류

송, 거란	건국 초 거란 적대시, 송과 친선 도모 → 거란의 침략 격퇴 → 거란과 군신 관계 맺음, 송과 공식적 외교 단절(교역은 지속)
여진 (금)	윤관이 별무반을 동원해 토벌(동북 9성 축조) → 금 건국 이후 군신 관계 요구 → 고려가 수용
몽골 (원)	사신 피살을 빌미로 침략 → 강화도 천도, 대몽 항전 → 몽골과 강화, 개경 환도 → 원의 내정 간섭(자주성 지키려 노력)
명	철령위 문제로 갈등 → 요동 정벌 추진(위화도 회군으로 좌절)
대외 교류	송, 일본, 아라비아 상인 등과 교류 → 원 간섭기 몽골풍, 고려양 유행

3 조선 전기의 국제 관계와 대외 교류

명 (사대)	• 건국 초: 명이 조선의 사신을 억류하여 압박 → 명과 대립 • 태종 이후: 사대 외교, 조공 무역 전개(경제적·문화적 실리)
여진 (교린)	• 회유책: 국경 지역에 무역소 설치, 무역 허용, 귀순 장려 • 강경책: 최윤덕과 김종서가 4군 6진 지역 개척, 사민 정책
일본 (교린)	왜구의 약탈 지속 → 이종무가 쓰시마섬 토벌 → 일본의 교역 요청 → 3포 개항, 제한적 교역 허용 → 3포 왜란과 을묘왜변

4 조선 후기의 국제 관계와 대외 교류

일본	• 임진왜란 이후 에도 막부가 조선과의 국교 재개 시도 → 조선이 일본에 회답 겸 쇄환사 파견(국교 재개) • 기유약조: 부산포에 왜관 설치, 제한된 범위 내 무역 허용 • 통신사 파견: 새로운 쇼군의 계승을 축하하는 명분으로 파견, 조선의 선진 문물 전파
청	• 병자호란 패배 → 군신 관계 체결 → 정기적으로 연행사 파견 • 북벌 운동 추진: 효종과 송시열 등 주도, 실행되지 못함 • 명 멸망 후 명에 대한 의리 강조 → 조선 중화주의 대두 • 북학론: 18세기경 청의 발달된 문물 소개 → 일부 실학자(박지원, 박제가 등)가 청 문물 수용 주장 • 국경 문제: 1712년 백두산정계비, 19세기 후반 간도 귀속 문제

02 수취 체제와 경제생활   78~89쪽

1 고대의 수취 체제와 경제생활

경제 정책	• 왕토 사상, 관리와 공신 등에게 녹읍과 식읍 지급 • 조세: 재산의 많고 적음에 따라 호 단위로 징수 • 공물: 지역의 토산물 징수 • 역: 각종 전쟁이나 토목 공사에 노동력 동원
경제생활	• 농업: 철제 농기구 보급, 수리 시설 확충, 개간과 우경 장려 • 고구려의 진대법 등 빈민 구제 정책 시행
통일 신라	• 관료전을 지급하고 녹읍을 폐지, 신라촌락문서 작성 • 조세·공물·역 부과, 금성에 동시 외에 서시·남시 설치
발해	밭농사와 목축 발달, 일부 지역에서 벼농사, 말과 모피 수출

2 고려의 전시과 체제와 경제생활

전시과 체제	• 전현직 관리 등에게 전지와 시지 지급(수조권), 반납 원칙 • 변천: 시정 전시과 → 개정 전시과 → 경정 전시과 → 무신 정변 후 전시과 체제 붕괴
수취 체제	• 조세: 토지 비옥도에 따라 3등급 구분, 수확량의 1/10 부과 • 공물: 호 단위로 토산물 징수 • 역: 16세 이상 60세 미만의 남자, 군역과 요역 부과
산업	• 농업: 깊이갈이 일반화, 시비법 발달, 모내기법 보급, 목화 전래 • 수공업: 전기에는 관청 수공업, 소 수공업 발전 → 후기에는 민영 수공업과 사원 수공업 발달 • 상업: 개경에 시전을 설치, 활구 등 화폐 발행, 국제 무역항으로 벽란도 번성(송, 일본, 아라비아 상인 왕래)

3 조선의 과전법 체제와 경제생활

토지 제도	과전법 → 직전법 → 관수 관급제 → 직전법 폐지, 녹봉 지급
수취 제도	• 조세: 초기는 수확량의 1/10 징수 → 세종 때 전분6등법, 연분9등법 실시(1결당 최대 20두, 최하 4두) • 공납: 각 지방의 토산물을 현물로 징수 • 역: 16세부터 60세까지의 양인 남자, 군역과 요역 부과
농업	중농 정책, 일부 비옥한 지역은 밭농사 2년 3작, 시비법 발달

4 조선 후기 수취 체제와 상품 화폐 경제의 발달

수취 체제 변화	• 전세: 인조 때 영정법 → 토지 1결당 4~6두 징수 • 공납: 광해군 때 대동법 → 방납의 폐단 시정, 공인의 등장 • 역: 영조 때 균역법 → 군포를 1필로 줄여서 징수
농업	• 개간 사업, 모내기 확산 → 벼와 보리의 이모작, 노동력 절감, 농업 생산력 향상 → 광작 성행 → 일부 부농 등장 • 인삼, 면화, 담배, 채소 등 상품 작물 재배
수공업	민영 수공업 발달, 선대제 수공업 성행, 광업 활성화
상업	• 육의전 제외 금난전권 폐지 → 상업의 자유 확대, 도고 성장 • 보부상 활동(장시 발달), 상평통보가 전국적으로 유통 • 대외 무역: 개시 무역, 후시 무역 전개 → 만상·송상 성장

1 신분제의 성립과 골품제 사회

신분제 성립	청동기 시대에 계급 발생 → 지배층 내에 위계 서열 발생 → 신분제 형성(가·대가 등 권력자, 부유한 호민, 하호, 노비)
삼국 시대 신분제	• 귀족 및 관인층: 정치권력 독점, 사회적·경제적 특권 누림 • 평민: 생산 활동 종사, 세금 납부, 노동력 제공 • 천민: 대부분 노비, 재산으로 간주, 매매와 상속 가능
신라의 골품제	• 골품에 따라 정치적·사회적 활동 범위 제한 • 진골의 특권 독점 → 6두품의 불만 → 신라 말 호족과 6두품 결탁, 일부 6두품은 당에 건너가 활동
발해	• 지배층인 귀족 및 관인층과 피지배층인 평민, 천민으로 구분 • 고구려 유민 다수가 고위 관직 독점, 평민은 말갈인이 다수

2 고려 양천제 사회

양천제	• 법적으로 모든 사회 구성원을 양인과 천인으로 구분 • 지배층 양인: 왕족, 고위 관리, 중간 계층 • 피지배층 양인: 농민, 상인, 수공업자, 향·부곡·소 주민 • 천인: 대부분 노비, 공노비와 사노비로 구분
계층 구분	• 최고 지배층: 과거와 음서로 관직 진출, 일부는 문벌 형성 • 중간 계층: 서리, 남반, 향리, 하급 장교 등 → 직역의 대가로 토지 지급받음, 신분 세습 • 농민: 직역이 없어 백정이라 불림, 조세·공물·역 부담 • 향·부곡·소 주민: 세금 부담 가중, 거주 이전 금지
특징	신라의 골품제에 비해 신분 간 상하 이동 가능(개방적 사회)

3 양반 중심의 사회 구조

양천제	법적으로 자유민인 양인과 비자유민인 천인으로 구분
반상제	실제로는 지배층인 양반과 피지배층인 상민으로 구분
양반	• 문반과 무반 관리 및 그 가족과 가문 • 주요 관직 차지, 국역 면제, 경제적으로 풍요로운 생활
중인	• 행정 실무, 기술 업무에 종사하는 하급 지배층, 서얼 포함 • 서리·향리·역관 등, 잡과에 응시한 기술관(직역 세습)
상민	농민(조세·공납·역 부담), 상인, 수공업자, 신량역천(수군·역졸 등, 상민 중 최하층)
천민	대부분 노비, 재산으로 취급, 공노비와 사노비로 구분

4 조선 후기의 신분제 동요

양반	권력층인 권반, 향촌의 향반, 몰락한 잔반으로 분화
중인	• 서얼: 집단 상소 운동, 규장각 검서관으로 기용되기도 함 • 기술직 중인: 소청 운동(실패), 독자적 문화 향유
상민	일부가 신분 상승(납속책, 공명첩, 족보 위조) → 양반 증가
노비	영조 때 노비종모법, 순조 때 공노비 해방 → 노비 수 감소

1 고대의 사상과 문화 교류

불교	• 중앙 집권 강화를 위해 국왕 중심으로 수용(왕즉불 사상) • 통일 신라의 원효(불교 대중화)와 의상(화엄 사상)의 활약 • 신라 말 선종 유행, 호족의 지원 → 지방 문화 발전
유학	• 고구려(태학과 경당), 백제(오경박사), 신라(임신서기석) • 통일 신라(국학 설치, 독서삼품과 실시), 발해(주자감 설치)
기타	지배층을 중심으로 도교 유행, 풍수지리설 유행
교류	중국·서역과 교류, 일본 아스카 문화·하쿠호 문화에 영향 줌

2 고려의 사상과 문화 교류

유교	• 유학 교육: 국자감(중앙), 9재 학당 등 사학 12도 융성 • 고려 중기: 보수적 성격으로 변화 → 최충, 김부식의 활약 • 고려 후기: 성리학 확산 → 신진 사대부 형성(불교 비판) • 역사서 편찬: 『삼국사기』, 『삼국유사』, 『동명왕편』, 『제왕운기』
불교	• 연등회와 팔관회 개최, 승과 실시, 국사·왕사 제도 실시 • 의천이 해동 천태종 창시, 지눌이 수선사 결사 결성 • 고려 말: 권세가와 연결, 대농장 소유, 고리대 운영 → 백성을 괴롭히는 폐단 드러냄 → 신진 사대부의 비판
기타	도교 행사인 초제 거행, 풍수지리설이 서경 천도 운동에 영향
교류	송·거란 등과 교류, 충선왕이 원에 만권당 설치(학자 교류)

3 조선 전기의 사상과 문화 교류

성리학의 발전	• 건국 초: 성리학을 사상적 기반으로 삼아 사회 개혁 추진 • 사림의 정계 진출 후: 이황과 이이의 노력 → 성리학 심화 • 사회 규범화: 『삼강행실도』, 『주자가례』 보급 → 서원 건립, 향약 보급 → 향촌 사회에 성리학적 윤리 확산
기타	• 불교: 억불 정책, 일부 왕실과 민간에서는 여전히 신봉 • 도교: 소격서 설치, 강화 참성단에서 초제 거행 • 풍수지리설: 한양 천도에 반영, 양반의 묘지 선정에 영향

4 조선 후기의 사상과 문화 교류

실학의 대두	• 등장: 성리학이 사회 문제 해결에 한계점 드러냄 → 사회 모순을 해결하려는 실증적 학문인 실학 등장 • 농업 중심의 개혁론: 유형원, 이익, 정약용 등 → 토지 제도의 개혁 주장, 자영농 육성 주장 • 상공업 중심의 개혁론(북학파): 유수원, 홍대용, 박지원, 박제가 등 → 청 문물 수용과 상공업 진흥, 기술 혁신 강조 • 국학 연구: 안정복의 『동사강목』, 유득공의 『발해고』, 한치윤의 『해동역사』, 이중환의 『택리지』, 김정호의 「대동여지도」
천주교와 동학	• 천주교: 17세기경 서학으로 전래 → 18세기 신앙으로 수용 → 평등사상 강조, 조상에 대한 제사 거부 → 정부의 탄압 • 동학: 최제우 창시, 평등 강조 → 탄압 → 교세 확장 지속

01 다음 문화유산을 남긴 국가에 대한 설명으로 옳은 것은?

① 수의 침략을 격퇴하였다.
② 전진으로부터 불교를 수용하였다.
③ 한 무제의 침략을 받아 멸망하였다.
④ 수군을 파견해 당의 등주를 공격하였다.
⑤ 고구려의 압박에 맞서 북위에 사신을 파견하였다.

02 다음 대화가 이루어진 시기를 연표에서 옳게 고른 것은?

> 소손녕이 "내가 조정의 큰 귀인이니, 그대가 마땅히 뜰에서 절해야 한다."라고 말하였다. 그러자 서희가 "신하가 군주에게 아래에서 절을 올리는 것이 예의 지만, 두 나라의 대신이 서로 만나는데 어찌 이같이 할 수 있겠소?"라고 하였다. 소손녕이 마침내 서희 를 마루에 올라와 대등하게 예를 행하도록 하였다.

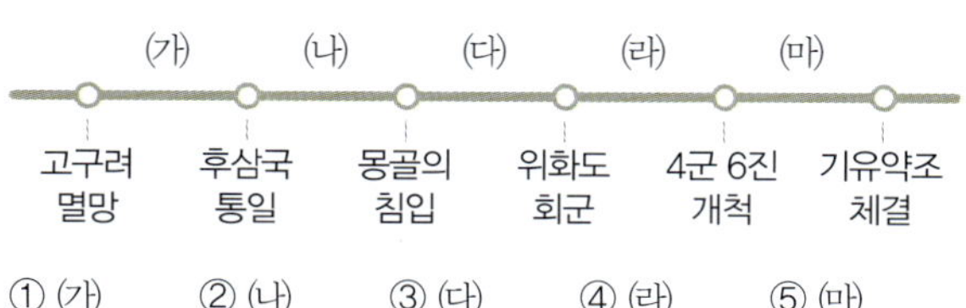

03 (가) 민족에 대한 설명으로 옳은 것은?

> (가) 이 국경 지방을 침입해 약탈하면 조선은 군 대를 동원하여 토벌에 나서기도 하였다. 세종 때는 최윤덕과 김종서가 4군 6진 지역을 개척하여 압록강 과 두만강을 경계로 하는 국경선을 확정하였다.

① 발해를 공격하여 멸망시켰다.
② 고려에 철령위 설치를 통보하였다.
③ 조선이 통신사를 파견한 대상이었다.
④ 조선이 3포를 개방하여 무역을 허용하였다.
⑤ 고려가 별무반을 동원해 토벌에 나서기도 하였다.

04 다음 주장이 제기된 배경으로 가장 적절한 것은?

> 정예한 포병 10만을 길러 결사적으로 싸우는 용감한 병사로 만든 다음, 기회를 봐서 저들이 예기치 못할 때 곧장 산해관으로 쳐들어갈 계획이오. 그러면 중원 의 의사와 호걸 가운데 어찌 호응하는 자가 없겠소.
> – 『송서습유』 –

① 장보고가 청해진을 건설하였다.
② 고려가 북진 정책을 추진하였다.
③ 조선이 청과 군신 관계를 맺었다.
④ 근초고왕이 동진과 조공·책봉 관계를 맺었다.
⑤ 조선이 요동 정벌을 추진하며 명과 대립하였다.

서술형

05 밑줄 친 ㉠의 구체적인 사례를 강경책과 회유책으로 나누어 서술하시오

> 조선은 사대교린을 외교 방침으로 삼았다. 이러한 외교 방침에 따라 조선 전기에는 ㉠일본에 대해서 교린 정책을 펼쳤다.

06 다음 퀴즈의 정답에 해당하는 토지에 대한 설명으로 옳은 것은?

① 과전법에 따라 지급하였다.
② 전지와 시지를 지급하였다.
③ 인품과 관품이 지급 기준이었다.
④ 전민변정도감이 설치되는 배경이 되었다.
⑤ 녹읍과 함께 귀족의 경제적 기반이 되었다.

07 밑줄 친 '이 문서'가 작성된 시기에 볼 수 있는 모습으로 가장 적절한 것은?

① 동시에서 거래를 하는 상인
② 대동법 시행을 환영하는 농민
③ 관청에 물품을 조달하는 공인
④ 농민에게 군포를 징수하는 관청
⑤ 다인철소에서 물품을 제작하는 장인

08 (가), (나) 시기 사이에 있었던 사실로 옳은 것은?

> (가) 신진 사대부는 위화도 회군 직후 토지 제도를 개혁하여 전현직 관리에게 경기 지역 토지의 수조권을 등급에 따라 지급하였다.
> (나) 수조권 남용을 방지하기 위해 지방 관청이 수확량을 조사하여 조세를 거둔 후 관리에게 지급하였다.

① 고려가 요동 정벌을 추진하였다.
② 현직 관리에게만 토지가 지급되었다.
③ 관료전이 지급되고 녹읍이 폐지되었다.
④ 거란과의 담판으로 강동 6주 지역이 확보되었다.
⑤ 영정법을 시행하여 풍흉에 관계없이 전세를 징수하였다.

09 다음 자료를 활용한 탐구 활동으로 가장 적절한 것은?

> (허생은) 대추, 밤, 감, 배, 석류, 귤, 유자 등의 과실을 모두 두 배 값으로 사서 저장하였다. 허생이 과실을 몽땅 사들이자 온 나라가 잔치나 제사를 치르지 못하게 되었다. 그런 지 얼마 아니 되어서 두 배 값을 받은 장사꾼들이 도리어 10배의 값을 치렀다.
> – 『허생전』 –

① 도고의 등장 배경을 살펴본다.
② 덕대의 경영 방식을 파악한다.
③ 전분6등법의 내용을 조사한다.
④ 개정 전시과의 내용을 분석한다.
⑤ 국제 무역항인 벽란도의 기능을 살펴본다.

10 (가) 제도에 대한 설명으로 옳은 것은?

① 수확량의 10분의 1을 징수하였다.
② 농민의 군포 부담을 1필로 줄여 주었다.
③ 토지 비옥도와 풍흉에 따라 차등 징수하였다.
④ 토지가 없는 농민의 세금 부담이 크게 늘어났다.
⑤ 가호마다 토산물을 징수하던 공납을 전세화하였다.

11 다음 그림의 농법이 보급되면서 나타난 현상으로 옳지 <u>않은</u> 것은?

① 목화 재배가 시작되었다.
② 일부 농민이 광작에 나섰다.
③ 상품 작물 재배가 확산되었다.
④ 일부 농민이 부농으로 성장하였다.
⑤ 벼와 보리의 이모작이 확대되었다.

12 (가)에 해당하는 행정 구역의 거주민에 대한 설명으로 옳은 것은?

> 공주 [(가)] 사람 망이·망소이 등이 무리를 불러 모아 산행병마사라 스스로 일컫고 공주를 공격해 무너뜨렸다. …… 망이의 고향인 [(가)] 를 승격해 충순현으로 삼고, 내원승 양수탁을 현령으로, 내시 김윤실을 현위로 삼아 달래게 하였다.

① 백정이라고 불렸다.
② 신공을 납부하였다.
③ 과거 응시에 제한을 받았다.
④ 골품제에 따른 제약을 받았다.
⑤ 국가 중대사 결정에 참여하였다.

13 (가) 신분에 대한 설명으로 옳은 것은?

> 종실과 사대부는 조정에서 벼슬하는 집안이 되고, 사대부보다 못한 계층은 시골 품관, 중정, 공조 따위가 되었다. 이보다 못한 계층은 사서와 장교, 역관, 산원, 의관과 방외의 한산인이 되었다. 더 못한 계층은 아전, 군호, 양민 따위가 되었으며, 이보다 더 못한 계층은 공사의 천한 노비가 되었다. 노비에서 지방 아전까지가 하인 한 계층이고, 서얼과 잡색이 [(가)] 한 계층이며, 품관과 사대부를 함께 양반이라 한다.

① 직역을 세습하였다.
② 사출도를 다스렸다.
③ 신량역천이라 불렸다.
④ 국역 면제의 특권을 누렸다.
⑤ 호족과 새로운 사회 건설을 도모하였다.

14 다음 문화유산에 공통적으로 담겨 있는 사상에 대한 탐구 활동으로 가장 적절한 것은?

▲ 사신도 중 현무도

▲ 산수무늬 벽돌

① 신앙 결사 운동의 내용을 분석한다.
② 선종이 유행하게 된 계기를 파악한다.
③ 『제왕운기』가 편찬된 배경을 살펴본다.
④ 소격서에서 거행된 초제에 대해 알아본다.
⑤ 안향이 고려에 본격적으로 소개한 사상을 조사한다.

15 (가), (나) 인물에 대한 설명으로 옳은 것만을 〈보기〉에서 고른 것은?

(가)

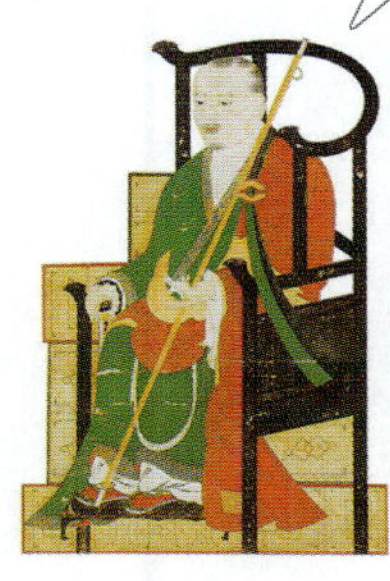

(나)

┌─ 보기 ─────────────
ㄱ. (가) - 『삼국유사』를 편찬하였다.
ㄴ. (가) - 해동 천태종을 창시하였다.
ㄷ. (나) - 수선사 결사를 결성하였다.
ㄹ. (나) - 교종의 입장에서 선종을 통합하였다.
└────────────────────

① ㄱ, ㄴ   ② ㄱ, ㄷ   ③ ㄴ, ㄷ
④ ㄴ, ㄹ   ⑤ ㄷ, ㄹ

16 다음 서적을 편찬한 목적으로 가장 적절한 것은?

• 세종은 충신, 효자, 열녀의 행적을 담은 『삼강행실도』를 편찬하여 보급하였다.
• 성종은 국가와 왕실의 각종 행사를 예법에 맞게 정리한 『국조오례의』를 편찬하였다.

① 실학의 대두
② 유교 윤리의 보급
③ 외세의 침략 극복
④ 아스카 문화의 발달
⑤ 귀족 중심의 신분 질서 정당화

서술형

17 밑줄 친 '이 종교'를 쓰고, '이 종교'가 내세운 주장을 두 가지 서술하시오.

19세기 후반 최제우가 창시한 이 종교는 민중의 큰 호응을 받아 교세가 크게 확장되었다. 이에 정부는 세상을 어지럽히고 백성을 속인다는 죄명을 씌워 최제우를 처형하였다.

18 (가) 인물에 대한 설명으로 옳은 것은?

(가)은 서양 기술을 소개한 『기기도설』을 참고하여 거중기를 만들었다. 거중기는 정조 때 수원 화성 건설에 이용되었다.

① 여전론을 제시하였다.
② 『동사강목』을 저술하였다.
③ 백운동 서원을 건립하였다.
④ 「대동여지도」를 제작하였다.
⑤ 만권당에서 성리학을 연구하였다.

Ⅲ 근대 국가 수립의 노력

이 단원을 학습하기 전에 ______
제국주의 열강의 침략에 대응하여 조선이
어떤 근대적 개혁을 추진하였을지 생각해 보자.

01 국제 질서의 변동과 개항

제국주의의 확산과 동아시아의 변동

1 *제국주의의 확산

(1) **등장**: 산업 혁명 이후 자본주의 성장 → 서구 열강이 식민지 확보 시작(원료 약탈, 상품 판매 시장 확보, 잉여 자본 투자 목적) → 제국주의 등장

(2) **확산**: *사회 진화론과 백인 우월주의를 내세워 침략과 지배를 정당화

2 동아시아의 변동 자료①

> 청과의 무역에서 차, 비단 등의 수입으로 적자가 커졌다.

청	• 개항: 영국이 무역 적자 해소를 위해 인도산 아편을 청에 밀수출 → 청의 아편 단속 → 아편 전쟁 발발 → 청의 패배 → 난징 조약 체결(개항) • 양무운동: 서양의 선진 기술 도입, *중체서용을 바탕으로 추진
일본	• 개항: 미국 페리 제독 함대의 무력시위 → 미일 화친 조약 체결(개항) → 미일 수호 통상 조약(1858) 체결 • 메이지 유신: 서양을 모방한 근대화 추진, 정치·경제·사회·문화 등에 걸친 개혁

통상 수교 거부 정책과 양요

1 양요의 발생과 척화비 건립

19세기 후반 조선의 상황	• 조선 해안에 이양선 출몰 → 서구 열강의 통상 요구 → 조선인들의 위기의식 고조 • 러시아가 아편 전쟁 전후 처리 과정에서 연해주 차지(조선과 국경 접함)
병인박해 (1866)	흥선 대원군의 프랑스를 이용한 러시아 견제 계획 실패, 천주교 탄압 여론 고조 → 수많은 천주교 신자와 프랑스 선교사들을 처형
제너럴 셔먼호 사건(1866)	미국 상선 제너럴 셔먼호가 대동강 일대에서 통상 요구 → 조선의 거절 → 선원들이 불법으로 상륙하여 살인, 약탈 → 평안도 관찰사 박규수의 지휘 아래 관민이 배를 불태워 침몰시킴
병인양요 (1866)	병인박해를 구실로 프랑스군이 강화도 침입 → 문수산성(한성근), 정족산성(양헌수)에서 조선군이 승리 → 프랑스군 퇴각
오페르트 도굴 미수 사건(1868)	독일 상인 오페르트가 조선에 통상 요구 → 거절당하자 남연군의 묘 도굴 시도(실패) → 조선의 서양에 대한 반감 심화 자료②
신미양요 (1871)	미국이 제너럴 셔먼호 사건을 구실로 강화도 침략 → 초지진과 덕진진 점령 → 광성보에서 어재연이 이끄는 수비대 항전(함락) → 흥선 대원군이 통상 수교 협상에 불응 → 조선 개항이 어렵다고 판단한 미군이 퇴각 자료③
*척화비 건립	흥선 대원군이 전국에 건립, 통상 수교 거부 의지 알림

'모양이 다른 배'라는 뜻 (이양선)
대포로 무장하였다. (제너럴 셔먼호)
흥선 대원군의 아버지 (남연군)

2 의의와 한계

의의	자주권 수호, 서양 열강의 침략을 일시적으로 저지
한계	• 병인양요 때 외규장각 도서, 신미양요 때 수(帥)자기 등 문화유산 유출 자료④ • 국제 정세의 변화 속에서 조선의 근대화 지연

---

* **제국주의**
서구 열강이 경제력과 군사력을 바탕으로 약소국을 식민지로 점령한 대외 팽창 정책을 뜻한다.

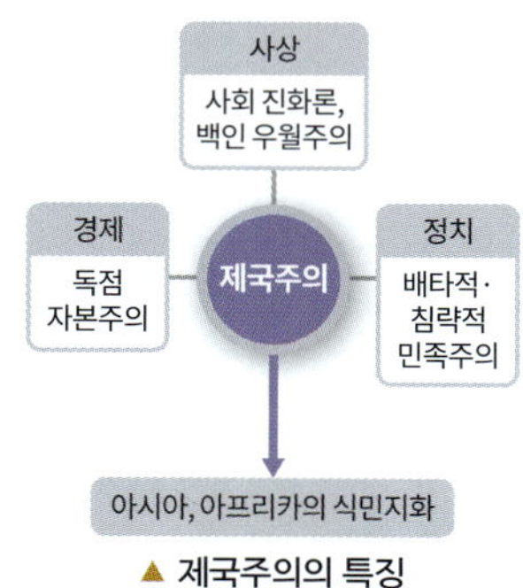

▲ 제국주의의 특징

* **사회 진화론**
생물학적 진화론의 약육강식, 적자생존의 법칙이 인간 사회에도 적용된다고 본 이론이다.

* **중체서용**
중국의 전통 체제를 유지하면서 서양의 기술을 도입한다는 뜻이다.

* **척화비**

▲ 척화비(부산 가덕도)

"서양 오랑캐가 침범하는 데 싸우지 않는 것은 화친하는 것이요, 화친을 주장하는 것은 나라를 파는 일이다." 라는 내용이 새겨져 있다.

자료 ❶ 청과 일본의 개항과 불평등 조약

- 5개 항구의 통상을 허용한다.
- 홍콩을 영국에 할양한다. 영토의 일부를 넘김
- 공행 무역을 폐지하고 자유롭게 통상한다.

— 난징 조약(요약, 1842) —

- 5개 항구를 개항한다.
- 일본의 관세를 상호 협의하여 결정한다.
- 미국의 영사 재판권을 인정한다.

— 미일 수호 통상 조약(요약, 1858) —

자료 ❷ 오페르트의 통상 요구에 대한 조선 정부의 답변

이번 덕산 묘지에서 저지른 사건은 사람으로서 차마 할 수 없는 일이다. …… 무기를 빼앗고 백성의 재물을 강탈하는 것도 사리로 볼 때 용납할 수 없다. 우리나라 신하와 백성은 있는 힘을 다하여 한마음으로 귀국과는 같은 하늘을 이고 살 수 없다는 것을 다짐할 뿐이다.

— 『고종실록』 —

오페르트는 조선과의 통상 교섭에 실패하자 남연군의 무덤을 도굴하여 시체와 부장품을 미끼로 통상을 요구하려 하였다. 그러나 도굴 시도는 실패하였고 이 사건으로 조선에서는 서양인에 대한 반감이 커졌으며, 흥선 대원군은 통상 수교 거부 정책을 강화하였다.

자료 ❸ 병인양요와 신미양요

▲ 병인양요와 신미양요의 전개

조선군은 낡은 무기를 가지고 근대적인 미국 대포에 맞서 싸워 이기려 하였다. 그들은 제압당하기 전까지 결사적으로 싸웠고, 아무런 두려움 없이 진지에서 영웅적으로 전사하였다. 아마도 우리는 가족과 국가를 위해 그토록 용감하게 싸우다 죽은 국민을 다시는 볼 수 없을 것이다.

— 윈필드 S. 슐레이, 『성조기 아래 45년』 —

자료 ❹ 양요 당시 해외로 반출된 우리의 문화유산

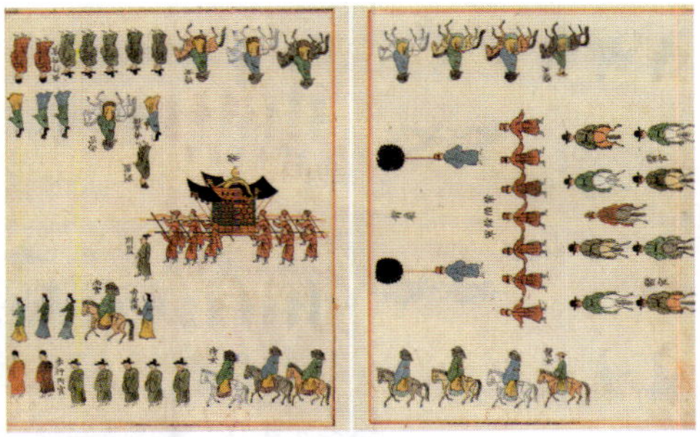

▲ 외규장각 의궤(영조 정순 왕후 가례도감 의궤 중 일부)

▲ 미군에게 탈취당한 수(帥)자기

병인양요 당시 프랑스군이 퇴각하며 약탈해 간 외규장각 의궤의 일부와 신미양요 당시 미군이 광성보를 함락하고 탈취한 어재연 장군의 수자기이다. 외규장각 의궤는 2011년 영구 임대 형식으로 국내에 돌아왔다. 수자기는 2007년 장기 대여 형식으로 국내에 돌아왔다가, 2024년 미국에 반환되었다.

✱ 청과 일본의 개항

청	일본
영국에 개항 (난징 조약, 1842)	미국에 개항 (미일 화친 조약, 1854)
5개 항구 개항, 홍콩 할양	2개 항구 개항
추가 조약 (후먼 조약)	미일 수호 통상 조약
영사 재판권, 최혜국 대우	5개 항구 개항, 관세 상호 협의, 영사 재판권

청과 일본은 개항하고 추가 조약을 통해 영토 일부를 할양하거나 영사 재판권 등을 허용하였다. 이는 상대국에 많은 특권을 허용하며 맺은 불평등 조약이었다.

✱ 통상 수교 거부 정책과 양요

1866
- 병인박해
- 제너럴 셔먼호 사건
- 병인양요

1868
- 오페르트 도굴 미수 사건

1871
- 신미양요
- 척화비 건립

TIP 각 사건이 일어난 순서를 잘 기억해 두자.

✱ 병인양요와 신미양요

병인양요	신미양요
프랑스	미국
1866년	1871년
병인박해를 구실로 침략	제너럴 셔먼호 사건을 구실로 침략
한성근, 양헌수	어재연
문수산성, 정족산성	초지진, 광성보
외규장각 도서 약탈	수자기 약탈

TIP 병인양요와 신미양요의 특징을 비교해 보고, 그 차이점을 기억해 두자.

3 개항과 근대적 조약 체제

1 통상 개화론의 대두

(1) 국내 상황: 박규수, 오경석 등이 통상 개화론 주장(청을 왕래하며 서양 기술 접함, *『해국도지』 등을 들려옴) → 김옥균, 박영효 등의 개화사상에 영향(개화파 형성) 자료 ❺

(2) 대외 상황: 메이지 정부 수립 후 일본이 조선에 새로운 외교 관계 요구 → 조선은 서계(외교 문서)의 형식을 문제 삼아 접수 거부 → 일본에서 조선을 침공하자는 '정한론' 등장

2 조선의 문호 개방과 불평등 조약의 체결

└─ 외부와 교류하기 위한 통로나 수단

(1) 운요호 사건(1875): 일본이 군함 운요호를 보내 조선의 영해 침범(미국의 *포함 외교 모방) → 조선 수비대의 경고 포격 → 운요호가 초지진 포격 → 일본군이 영종도에 상륙하여 살인과 약탈 자행

(2) 강화도 조약(조일 수호 조규, 1876) 자료 ❻

배경	• 운요호 사건을 구실로 일본이 문호 개방 요구(군함, 전권대신 파견) • 국내에서 통상 개화론 대두 • 고종의 *친정과 개화파 인물 등용
체결	조선 측 대표와 일본 측 대표가 강화부에서 협상 → 여러 차례의 회담 후 조약 체결 → 일본 상황과 국제 정세 파악을 위해 제1차 수신사(김기수) 파견
내용	• 조선을 자주국으로 명시 → 청의 간섭 배제 • 부산과 2개 항구 개항 → 이후 부산, 원산, 인천 순으로 개항 • 일본 상인의 자유로운 무역 활동 보장 • 해안 측량권 허용 → 일본인 항해자가 조선의 해안을 측량 • 영사 재판권 인정 → 일본인이 조선에서 저지른 범죄를 일본 영사가 재판(치외 법권 인정)
성격	조선이 외국과 체결한 최초의 근대적 조약이자 불평등 조약

(3) 부속 조약(1876)

조일 수호 조규 부록	일본인 *거류지(조계) 설정, 일본 화폐 유통 허용
조일 무역 규칙	일본으로 양곡의 무제한 유출 가능, 일본 상품에 무관세
결과	일본이 조선에 대한 경제 침략의 발판 마련

(4) 영향: 조선이 만국 공법에 기반한 조약 체제로 편입될 수 있는 발판 마련

3 서양 국가와의 수교

(1) 미국과의 수교 자료 ❼

① 배경: 제2차 수신사 김홍집이 일본에서 가져온 *『조선책략』 유포 → 미국과의 조약 체결에 대한 필요성 제기(청이 일본, 러시아를 견제하고자 미국과의 수교 알선)

② 조미 수호 통상 조약(1882)
- 내용: *거중 조정, 관세 조항, 영사 재판권 인정, *최혜국 대우 규정
- 성격: 서양 국가와 체결한 최초의 조약, 불평등 조약 └─ 조선의 최혜국 대우는 미국과의 조약에서 처음 포함되었다.
- 영향: 미국 특명 전권 공사가 한성에 부임 → 조선은 답례로 *보빙사 파견(1883)

(2) 여러 나라와의 수교: 영국, 독일, 러시아, 프랑스와 조약 체결 프랑스와는 천주교 선교 인정 문제로 조약 체결이 지연되었다. 조약 체결 후 천주교 포교가 승인되었다.

(3) 결과: 근대적 조약 체제에 입각한 국제 질서에 편입, 서구 열강이 조선에서의 이권 침탈 발판 마련

---

*『해국도지』
청의 위원이 지은 세계 지리서이다. 세계 각국의 지리, 역사, 산업, 정치, 종교 등 다방면의 정보를 서술하였고, 근대적 지리관을 전파하였다.

*포함 외교
강대국이 군함을 동원한 무력을 바탕으로 다른 나라를 압박하고 유리한 조건을 얻어내는 외교 방식이다.

*친정
왕이 직접 나라의 정사를 돌본다는 뜻이다.

*거류지
외국인들이 거주하거나 영업을 하도록 토지를 빌려주고, 치외 법권을 부여한 지역이다.

*『조선책략』
일본으로 파견된 청의 외교관 황준헌이 쓴 것으로, 조선이 당면한 외교 과제에 대한 방안을 제시하였다. 이 책에서는 러시아의 남하를 저지하기 위해 조선이 청, 일본, 미국과 우호 관계를 맺을 것을 제안하였다.

*거중 조정
조약을 맺은 양국 중 한 나라가 제3국과 분쟁이 생기면 반드시 서로 돕고 분쟁을 원만히 해결할 수 있도록 주선하는 일을 말한다.

*최혜국 대우
조약 체결 이후 한 국가가 제3국에 더 좋은 조건을 허용할 경우, 조약의 개정 없이 그 조건을 조약 상대국에도 자동으로 부여하는 것을 뜻한다. 이는 불평등 조약의 성격을 갖는 조항이다.

*보빙사

▲ 보빙사 일행

미국에 파견된 사절단으로 민영익, 홍영식 등이 미국 대통령에게 고종의 친서를 전하였다.

자료 ⑤ 박규수의 자주적 개국론

일본이 기세를 부려 우리가 마지못해 서계를 받는다면, 치욕이 클 것입니다. 저들의 마음을 굴복시키고 사죄를 받은 뒤에 서계를 받아 함부로 할 수 없게 만들어야 합니다.

— 박규수, 『환재집』 —

박규수, 오경석 등은 자주적 문호 개방을 통해 서양 문물을 받아들여 부국강병을 이루어야 한다고 생각하였다. 그리하여 박규수는 일본이 보낸 서계를 접수한 뒤 자주적으로 개항할 것을 주장하였다.

자료 ⑥ 강화도 조약과 부속 조약

• 강화도 조약(조일 수호 조규)

제1관   조선국은 자주 국가로 일본국과 평등한 권리를 가진다.

제4관   조선국 정부는 부산과 <u>두 곳의 항구</u>를 별도로 지정하여 일본인이 통상하도록 허가한다.
원산과 인천으로 정해졌다.

제7관   일본국 항해자들이 수시로 조선국 연해의 해안을 측량하도록 허가한다.

제9관   양국 국민은 각자 자유롭게 무역하며 양국 관리들은 간섭하거나 제한 및 금지할 수 없다.

제10관 일본국 국민이 조선국이 지정한 각 항구에 머무는 동안 죄를 범한 것이 조선국 국민에게 관계되는 사건일 때는 모두 일본국 관원이 심판한다.

• 조일 수호 조규 부록

제7관   일본국 국민은 본국에서 사용되는 화폐로 조선국 국민이 보유하고 있는 물자와 마음대로 교환할 수 있다.

• 조일 무역 규칙

제6칙   조선국 항구에 머무르는 일본인은 쌀과 잡곡을 수출입할 수 있다.

자료 ⑦ 『조선책략』과 조미 수호 통상 조약

러시아가 영토를 넓히려고 한다면 반드시 조선으로부터 시작할 것이다. …… 러시아를 막을 수 있는 조선의 책략은 무엇인가? 오직 중국과 친하며 일본과 맺고 미국과 연합함으로써 자강을 도모하는 길뿐이다.

— 황준헌, 『조선책략』 —

제1관   …… 만약 타국이 어떤 불공평하고 경멸하는 일을 일으켰을 때는 일단 확인하고 서로 도와주며, 중간에서 잘 조정하여 두터운 우의를 보여 준다.

제4관   미국인이 …… 조선 인민의 생명과 재산에 손해를 미치는 등의 일이 있을 때는 미국 영사관이나 미국에서 파견한 관원에게 넘겨 미국 법률에 따라 조사하고 체포하여 처벌한다.

제5관   조선에 오는 미국 상인과 상선은 모든 수출입 상품에 대해 관세를 지불해야 한다.

제14관 …… 본 조약에 부여되지 않은 어떠한 권리나 특혜를 다른 나라에 허가할 때에는 자동으로 미국 관민에게도 똑같이 주어진다.

— 조미 수호 통상 조약 일부 —

제2차 수신사 김홍집이 들여온 『조선책략』이 유포되면서 조선에서 미국과의 조약 체결 필요성이 제기되었다. 이런 상황에서 청은 일본과 러시아를 견제하기 위해 미국과의 수교를 알선하였고, 조선과 미국은 조미 수호 통상 조약을 체결하였다.

❋ **조선의 상황 변화와 외교 정책**

흥선 대원군의 권력 장악
통상 수교 거부 정책
• 통상 개화론 대두(박규수 등)   • 일본과 서계(외교 문서) 사건으로 대립

↓

고종의 친정 시작
통상 수교 거부 정책 완화
• 통상 개화론 강화(개화파 관료 등용)   • 운요호 사건 발생

↓

강화도 조약 체결(1876)

❋ **강화도 조약의 내용과 의미**

내용	의미
조선은 자주국	청의 간섭 배제
부산 개항 (이후 원산과 인천을 추가로 개항)	개항장에서 일본인의 자유로운 상업 활동 가능
해안 측량권	군사적 목적으로 활용
영사 재판권	치외 법권 인정

Tip 강화도 조약에는 최혜국 대우 규정이 없다는 점을 기억하자.

❋ **강화도 조약의 부속 조약**

조일 수호 조규 부록	조일 무역 규칙
거류지 설정, 일본 화폐 사용	양곡 무제한 유출 가능, 무관세

❋ **조미 수호 통상 조약**

제1관	거중 조정
제4관	영사 재판권
제5관	수출입 상품에 대한 관세 부과
제14관	최혜국 대우

Tip 조미 수호 통상 조약에는 거중 조정 조항이 포함되어 있다는 점과, 최혜국 대우가 처음으로 부여되었다는 점을 기억하자.

포인트 Pick

1 제국주의의 확산과 동아시아의 변동

제국주의	• 등장: 독점 자본주의와 배타적·침략적 민족주의의 결합 • 확산: (**❶**)과 백인 우월주의로 침략 정당화
동아시아의 변동	• 청: 영국과 아편 전쟁 → 난징 조약 체결로 개항 → 중체서 용을 바탕으로 (**❷**) 추진 • 일본: 미국 페리 함대의 무력시위 → 미일 화친 조약 체결로 개항 → 미일 수호 통상 조약 체결 → 메이지 유신 단행

2 통상 수교 거부 정책과 양요

(**❸**) (1866)	프랑스 이용한 러시아 견제 시도 실패, 조선 내부의 천주교 탄 압 여론 → 흥선 대원군이 천주교 신자와 프랑스 선교사 처형
제너럴 셔먼호 사건 (1866)	미국 상선 제너럴 셔먼호 접근 → 대동강 유역에서 통상 요구 하며 난동 → 평안도 관찰사 박규수의 지휘 아래 평양 관민이 불태워 침몰시킴
병인양요 (1866)	• 배경: 병인박해를 구실로 프랑스가 군함 파견 • 전개: 로즈 제독의 프랑스군이 (**❹**) 침략 → 문수산 성(한성근 부대), 정족산성(양헌수 부대)에서 조선군 저항 → 프랑스군 물리침 • 결과: 의궤 등 (**❺**) 도서와 문화유산 약탈
오페르트 도굴 미수 사건	독일 상인 오페르트가 통상 요구 → 거부당하자 남연군 묘를 도굴 시도(실패) → 흥선 대원군의 통상 수교 거부 정책 강화
(**❻**) (1871)	• 배경: 제너럴 셔먼호 사건 구실로 미국이 배상금, 개항 요구 • 전개: 미군이 강화도 침략 → 광성보에서 어재연의 조선군 이 항전(패배) → 협상 실패한 미군 철수(수자기 약탈)
척화비 건립	신미양요 직후에 건립, 전국에 통상 수교 거부 의지를 알림
의의	침략을 막고자 한 자주적 노력, 열강의 침략 저지
한계	조선의 근대화 지연

3 개항과 근대적 조약 체제

통상 개화론 등장	• 주요 인물: 박규수, 오경석(『해국도지』 등을 접함) • 주장: 자주적 문호 개방과 서양 문물 수용 통한 부국강병
강화도 조약 (조일 수호 조규, 1876)과 부속 조약	• 체결: (**❼**) 구실로 일본이 개항 요구, 통상 개화 론의 대두 → 일본과 협상 끝에 강화도 조약 체결 • 내용: 조선이 자주국임을 명시, 부산 등 3개 항구 개항, 해 안 측량권과 영사 재판권(치외 법권) 허용 • 성격: 최초의 근대적 조약, 불평등 조약 • (**❽**): 일본인 조계(거류지) 설정, 일본 화 폐의 유통 허용 • 조일 무역 규칙: 양곡 무제한 유출, 관세 규정 없음
조미 수호 통상 조약 (1882)	• 배경: (**❾**)의 유포, 청이 일본, 러시아를 견제하고 자 미국과의 수교 알선 • 내용: 제3국과의 분쟁 시 돕는다는 (**❿**) 조항, 관 세 부과, 영사 재판권 인정, 최혜국 대우 규정 • 결과: 조선에 미국 공사 부임 → 조선은 보빙사 파견

---

01 다음에서 설명하는 용어를 쓰시오.

> 독점 자본주의와 배타적·침략적 민족주의가 결합하
면서 등장하였다. 사회 진화론과 백인 우월주의를
내세워 열강의 침략과 지배를 정당화하였다.

02 다음 서술이 옳으면 ○표, 틀리면 ×표 하시오.

(1) 청은 미국과 난징 조약을 체결하고 개항하였다.

( )

(2) 조미 수호 통상 조약에는 처음으로 최혜국 대우가
포함되었다. ( )

(3) 프랑스군이 강화도를 침략하자 양헌수가 이끄는 조
선군이 정족산성에서 프랑스군을 격퇴하였다.

( )

03 다음 사건을 일어난 순서대로 나열하시오.

> **보기**
> ㄱ. 병인박해 ㄴ. 신미양요
> ㄷ. 병인양요 ㄹ. 척화비 건립
> ㅁ. 제너럴 셔먼호 사건 ㅂ. 오페르트 도굴 미수 사건

04 다음 조약과 관련된 내용을 바르게 연결하시오.

(1) 강화도 조약 • • ㉠ 거중 조정

(2) 조일 수호 조규 부록 • • ㉡ 해안 측량권

(3) 조미 수호 통상 조약 • • ㉢ 일본 화폐 사용

05 다음 내용을 옳은 서술로 완성하시오.

(1) 조선은 (㉠ 운요호 사건 , ㉡ 제너럴 셔먼호 사건)
구실로 군함을 보낸 일본에 개항하였다.

(2) (㉠ 프랑스 , ㉡ 미국)이/가 강화도를 침략하자 어
재연이 이끄는 조선군이 광성보에서 항전하였다.

(3) 김홍집이 들여온 (㉠ 『해국도지』, ㉡ 『조선책략』)
은/는 미국과의 수교에 영향을 주었다.

06 조미 수호 통상 조약 체결 후 고종이 미국에 파견한 사절단
의 명칭을 쓰시오.

실력 완성 문제

01 (가) 사상과 관련된 설명으로 옳은 것만을 〈보기〉에서 고른 것은?

백인이 유색 인종을 문명화해야 할 의무를 지고 있다는 주장을 선전하는 그림이다. 서구의 [(가)] 열강은 백인이 인종적으로 우수하고 유색 인종은 미개하다는 백인 우월주의를 내세워 침략과 지배를 정당화하였다.

┌─ 보기 ─
ㄱ. 영국이 일본을 개항하고 동아시아로 진출하였다.
ㄴ. 독점 자본주의와 배타적 민족주의가 결합하였다.
ㄷ. 청이 양무운동을 추진하는 사상적 바탕이 되었다.
ㄹ. 사회 진화론과 결합하여 식민지 쟁탈을 가속화하였다.

① ㄱ, ㄴ   ② ㄱ, ㄷ   ③ ㄴ, ㄷ
④ ㄴ, ㄹ   ⑤ ㄷ, ㄹ

중요☆

02 다음 (가) 조약이 체결된 계기가 된 사건으로 옳은 것은?

[(가)] 조약(요약, 1842)
• 5개 항구의 통상을 허용한다.
• 홍콩을 영국에 할양한다.
• 공행 무역을 폐지하고 자유롭게 통상한다.

① 아편 전쟁이 일어났다.
② 운요호 사건이 발생하였다.
③ 미일 화친 조약이 체결되었다.
④ 러시아가 연해주를 점령하였다.
⑤ 흥선 대원군이 천주교 신자를 박해하였다.

03 다음 사건에 대한 설명으로 옳은 것은?

한성근이 홀로 앞장서서 고함을 치면서 총을 쏘니 몇몇 적이 쓰러졌습니다. 곧바로 50명의 포수가 일제히 총을 쏘자 2척에 배에 있던 적들이 태반이나 쓰러졌는데 대략 60명가량 되었다고 합니다. …… 적들이 문수산성의 남문에 불을 지르고 곧 돌아갔습니다.

① 강화도 조약이 체결되는 계기가 되었다.
② 제너럴 셔먼호 사건을 구실로 발생하였다.
③ 조미 수호 통상 조약 체결에 영향을 주었다.
④ 일본에서 '정한론'이 등장하는 원인이 되었다.
⑤ 외규장각 도서가 약탈당하는 결과를 가져왔다.

04 밑줄 친 '사건'이 일어난 시기를 연표에서 옳게 고른 것은?

이번 덕산 묘지에서 저지른 사건은 사람으로서 차마 할 수 없는 일이다. …… 우리나라 신하와 백성은 있는 힘을 다하여 한마음으로 귀국과는 같은 하늘을 이고 살 수 없다는 것을 다짐할 뿐이다.

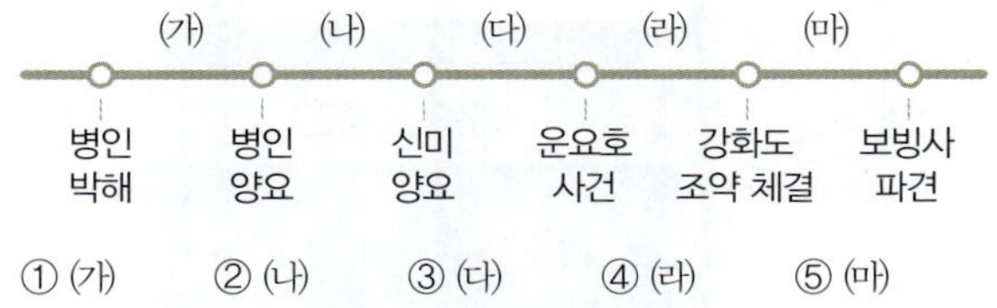

① (가)   ② (나)   ③ (다)   ④ (라)   ⑤ (마)

05 다음 자료에 대한 설명으로 옳은 것은?

화의를 맺는다는 것을 배척한다는 의미로 세운 비석이다. "서양 오랑캐가 침범하는 데 싸우지 않는 것은 화친하는 것이요, 화친을 주장하는 것은 나라를 파는 일이다."라고 적혀 있다.

① 자주적 문호 개방을 주장하였다.
② 운요호 사건을 계기로 건립되었다.
③ 병인양요가 일어나는 원인이 되었다.
④ 러시아 견제를 위한 방법을 제시하였다.
⑤ 통상 수교 거부 정책을 알리고자 세워졌다.

06 밑줄 친 ㉠의 사례로 가장 적절한 것은?

① 김홍집이 『조선책략』을 들여왔다.
② 박규수가 통상 개화론을 주장하였다.
③ 민영익 등이 보빙사로 미국에 파견되었다.
④ 양헌수가 정족산성에서 프랑스군을 물리쳤다.
⑤ 흥선 대원군이 일본의 서계 접수를 거부하였다.

기출 변형

07 밑줄 친 '이 조약'에 대한 설명으로 옳은 것은?

▲ 초지진(인천 강화)

일본 군함 운요호가 허락 없이 강화도에 접근하자, 조선군이 경고 사격을 하였고, 일본군은 함포 사격으로 초지진을 파괴하였다. 이어 일본군은 영종도에 상륙하여 살인과 약탈을 저질렀다. 이를 운요호 사건이라고 한다. 이 사건의 영향으로 조선은 일본과 이 조약을 체결하고 문호를 개방하였다.

① 최혜국 대우를 포함하였다.
② 관세 자주권을 확보하였다.
③ 천주교 포교 문제로 체결이 지연되었다.
④ 미국에 보빙사를 파견하는 계기가 되었다.
⑤ 부산 등 3개 항구를 개항할 것을 규정하였다.

08 다음 내용에 대한 탐구 주제로 가장 적절한 것은?

○○○ 조약　〈용어 정리〉

– 특징: 조선이 외국과 맺은 최초의 근대적 조약
– 조항(요약)
　• 조선을 자주국으로 명시
　• 부산과 2개 항구를 개항
　• 조선의 해안을 측량하도록 허용
　• 지정한 항구에서 일본인이 저지른 범죄는 일본 관원이 심판

① 척화비 건립의 성과
② 불평등 조약의 체결
③ 제너럴 셔먼호 사건의 결과
④ 외규장각 도서의 해외 반출 원인
⑤ 흥선 대원군의 러시아 견제를 위한 외교

중요

09 다음 조약으로 인해 나타난 결과로 옳은 것은?

제7관　일본국 국민은 본국에서 사용되는 화폐로 조선국 국민이 보유하고 있는 물자와 마음대로 교환할 수 있다.

① 신미양요가 일어났다.
② 수입 물품에 관세가 부과되었다.
③ 거중 조정의 조항이 적용되었다.
④ 일본 화폐가 국내에서 통용되었다.
⑤ 부산 외에 원산과 인천이 개항되었다.

중요☆
10 다음 주장의 영향으로 가장 적절한 것은?

> 러시아가 영토를 넓히려고 한다면 반드시 조선으로부터 시작할 것이다. …… 러시아를 막을 수 있는 조선의 책략은 무엇인가? 오직 중국과 친하며 일본과 맺고 미국과 연합함으로써 자강을 도모하는 길뿐이다.

① 조선이 일본에 부산을 개항하였다.
② 제너럴 셔먼호 사건이 발생하였다.
③ 조미 수호 통상 조약이 체결되었다.
④ 병인년에 많은 천주교 신자가 처형되었다.
⑤ 일본이 조선에 새로운 외교 관계를 요구하였다.

11 (가)에 들어갈 내용으로 가장 적절한 것은?

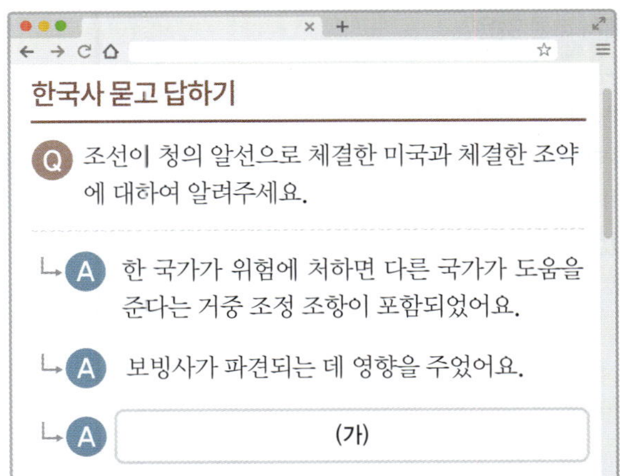

① 미국 공사가 한성에 부임하였어요.
② 운요호 사건을 계기로 체결되었어요.
③ 포함 외교 정책의 성격을 띠고 있어요.
④ 신미양요가 일어나는 데 영향을 주었어요.
⑤ 양곡을 무제한으로 유출하도록 허용하였어요.

12 밑줄 친 '저들'이 침략해 온 구실이 된 사건을 서술하시오.

> 정족산성 수성장 양헌수의 보고에 의하면, "성을 점령할 계책으로 저들의 두령이 말을 타고 동문과 남문으로 나누어 들어오는 것을 우리 군사들이 좌우에 매복하여 있다가 일제히 총탄을 퍼부었다. 저들은 6명이 죽었고, 아군은 1명이 죽었다."라고 하였다.

13 다음 사건 직후 흥선 대원군이 실시한 정책을 서술하시오.

> 조선군은 낡은 무기를 가지고 근대적인 미국 대포에 맞서 싸워 이기려 하였다. 그들은 제압당하기 전까지 결사적으로 싸웠고, 아무런 두려움 없이 진지에서 영웅적으로 전사하였다. 아마도 우리는 가족과 국가를 위해 그토록 용감하게 싸우다 죽은 국민을 다시는 볼 수 없을 것이다.

14 다음 자료를 읽고 물음에 답하시오.

(가) 의 내용		일본의 의도
제1관	조선국은 자주 국가로 일본국과 평등한 권리를 가진다.	(나)
제4관	조선국 정부는 부산과 두 곳의 항구를 별도로 지정하여 일본인이 통상하도록 허가한다.	침략 거점을 확보하려고 하였다.

(1) (가)에 들어갈 조약의 명칭을 쓰시오.

(2) (나)에 해당하는 내용을 서술하시오.

01 (가) 사건에 관한 탐구 활동으로 가장 적절한 것은?

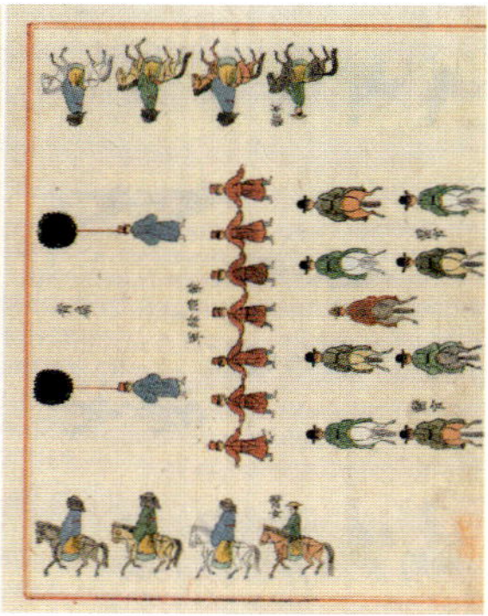

위 사진은 영조 정순 왕후 가례도감 의궤 중 일부이다. ⎡ (가) ⎤ 당시 프랑스군은 강화도에서 퇴각하면서 조선 정부가 외규장각에 보관하던 의궤 등 문화유산을 약탈하였다. 2011년 외규장각 의궤는 영구 임대의 형식으로 국내에 돌아왔지만 완전한 반환이 이루어지지 않고 있다.

① 양헌수의 활약을 알아본다.
② 『조선책략』의 내용을 분석한다.
③ 운요호 사건의 결과를 파악한다.
④ 보빙사가 파견된 이유를 조사한다.
⑤ 어재연이 항전한 전투를 찾아본다.

02 (가)에 해당하는 지역에서 벌어진 역사적 사실로 옳은 것만을 〈보기〉에서 고른 것은?

전투를 지휘하는 장수를 뜻하는 한자 '수(帥)'가 적혀 있는 수자기는 미국이 ⎡ (가) ⎤ 를 침략했던 이 사건 당시 광성보를 함락하고 탈취하였다. 이후 우리나라가 반환을 요구하였지만 전리품이라는 이유로 반환을 거부하였다. 수자기는 우여곡절 끝에 2007년 장기 대여 형식으로 돌아왔지만, 2024년 3월에 다시 미국에 반환되었다. 태극기가 없던 과거에 국기 역할을 대신하기도 했던 수자기는 전쟁사의 중요 유물로 큰 역사적 가치를 지닌 만큼, 영구 반환이 추진되어야 한다는 목소리가 높아지고 있다.

보기

ㄱ. 오페르트가 남연군의 묘를 도굴하려 하였다.
ㄴ. 로즈 제독이 이끄는 프랑스군이 재물을 약탈하였다.
ㄷ. 박규수가 지휘하는 조선 관민이 미국 상선을 불태웠다.
ㄹ. 운요호가 예고 없이 접근하자 조선 수비대가 포격을 가하였다.

① ㄱ, ㄴ　　　② ㄱ, ㄷ　　　③ ㄴ, ㄷ
④ ㄴ, ㄹ　　　⑤ ㄷ, ㄹ

03 다음 사절단이 파견된 해에 볼 수 있었을 모습으로 가장 적절한 것은?

일본에 방문한 제1차 수신사 일행을 그린 그림이다. 예조 참의 김기수를 정사로 하여 76명이 선발된 제1차 수신사는 근대화 문물과 국제 정세를 파악하기 위히 일본을 방문하였다. 수신사 일행은 4월 27일 한성에서 출발하였고 5월 22일 부산에서 증기선을 탔다. 일행은 5월 29일 요코하마에 도착하여 열차편으로 도쿄로 갔다. 수신사는 약 20일간 일본의 근대화 상황을 시찰한 후 6월 18일 도쿄를 출발하여 6월 28일 부산을 거쳐 7월 21일 한성에 도착하였다.

① 『조선책략』을 읽으며 분노하는 유생
② 제너럴 셔먼호를 공격하는 평양 농민
③ 조일 무역 규칙을 체결하는 조선 관리
④ 정족산성에서 프랑스군에 맞서는 조선군
⑤ 보빙사를 수행하여 미국에 파견되는 역관

키워드 Pick
• 일본을 방문
• 제1차 수신사 김기수

키워드 꼬리 질문
Q1 제1차 수신사가 파견되기 직전 체결된 조약은?
Q2 위 조약이 체결된 해는?

답변이 어렵다면 ↻ 다시 학습
☞ 124쪽

04 (가) 국가에 대한 설명으로 옳은 것은?

제1관	만약 타국이 어떤 불공평하고 경멸하는 일을 일으켰을 때는 일단 확인하고 서로 도와주며, 중간에서 잘 조정하여 두터운 우의를 보여 준다.
제5관	조선에 오는 (가) 상인과 상선은 모든 수출입 샹품에 대해 관세를 지불해야 한다.
제14관	본 조약에서 부여되지 않은 어떠한 권리나 특혜를 다른 나라에 허가할 때에는 자동으로 (가) 관민에게도 똑같이 주어진다.

– 『고종실록』, 1882 –

① 외규장각 도서를 약탈하였다.
② 제너럴 셔먼호 사건을 구실로 침략하였다.
③ 운요호 사건을 일으켜 개항을 요구하였다.
④ 연해주를 차지하고 조선과 국경을 접하였다.
⑤ 아편 전쟁을 계기로 청과 난징 조약을 체결하였다.

키워드 Pick
• 중간에서 잘 조정
• 자동으로 …… 똑같이 주어진다.

키워드 꼬리 질문
Q1 1882년에 이러한 내용으로 조선이 외교 관계를 맺은 국가는?
Q2 제5관과 제14관이 의미하는 내용은?

답변이 어렵다면 ↻ 다시 학습
☞ 124쪽

02 근대 국가 수립을 위한 노력

1️⃣ 개화 정책의 추진과 반발

1 개화 정책의 추진

(1) **통리기무아문 설치(1880)**: 개화 정책 총괄, 12사를 두어 사무 담당(외교·통상·군사 등)

(2) **군제 개편**: 신식 군대 *별기군(교련병대) 창설(1881), 5군영을 2영(무위영, 장어영)으로 통합

(3) **사절단 파견**

    ① 영선사(1881): 김윤식 등 청에 파견, 유학생과 기술자가 <u>무기 제조법·군사 훈련법 학습</u>
        └ 이후 근대적 무기 제작 관청인 기기국 설치

    ② 조사 시찰단(1881): <u>박정양 등 일본에 파견</u>, 근대적 시설과 개화 정책 정보 파악
        └ 보수적 유생들을 의식하여 비밀리에 파견

2 *위정척사 운동 자료①

└ 이항로, 기정진 등

(1) **전개**: <u>보수적 유생 주도</u>, 통상 수교 반대 → 개항 반대 → 개화 정책 반대

(2) **의의**: 자주적 반외세·반침략 운동, 1890년대 이후 항일 의병으로 계승
        └ 정부가 미국과 수교하려 하자 이만손이 만인소를 올리며 반발

(3) **한계**: 개화 정책 추진을 지연시킴

3 임오군란(1882)

배경	구식 군인에 대한 차별 대우, 개항 이후 <u>하층민의 궁핍</u> 개항 이후 일본으로 많은 곡물이 유출되었다.
전개	구식 군인이 궁궐과 일본 공사관 공격 → 도시 하층민 가담 → 명성 황후 피신, 흥선 대원군 재집권(통리기무아문 폐지, 개화 정책 중단) → 청군 개입 → 흥선 대원군을 청으로 납치
결과	• 제물포 조약 체결(1882): 일본에 배상금 지급, 일본 공사관에 일본군 주둔 허용 자료② • *청의 내정 간섭 시작: 청군 주둔, 고문 파견(마건상, 독일인 묄렌도르프) • <u>조청 상민 수륙 무역 장정 체결(1882)</u>: 조선을 청의 속국으로 명시, 경제 침투 강화

└ 청의 영사 재판권과 청 상인의 내륙 통상권이 포함

2️⃣ 갑신정변과 열강의 대립

1 개화파의 분화 자료③

개화파는 임오군란을 전후하여 청에 대한 입장 차이, 개화 추구 방식을 둘러싸고 온건 개화파와 급진 개화파로 분화되었다.

(1) **온건 개화파**: 청과의 관계 중시, 서양의 기술 수용, *동도서기(청의 양무운동 모방)

(2) **급진 개화파**: 청의 간섭 배제, 서양의 사상과 제도까지 수용(일본의 메이지 유신 모방)

2 갑신정변과 *열강의 각축

└ 김옥균이 일본에서 차관 도입하려다 실패

배경	친청 세력의 정권 장악, <u>급진 개화파의 입지 약화</u>, 청군 일부 철수, 일본의 군사적 지원 약속
전개 자료④	급진 개화파가 우정총국 개국 축하연에서 정변을 일으킴 → 친청 세력 제거 → 개화당 정부 수립, 개혁 정강 발표 → 청군 개입, 일본군 철수 → 실패(3일 천하)
결과	• 청의 내정 간섭 강화, 일본과 한성 조약 체결(배상금 지불, 일본 공사관 신축비 부담) • 청과 일본이 톈진 조약 체결(조선에서 양국 군대 철수, 향후 조선에 파병 시에 서로 통보)
의의	근대 국민 국가 건설을 목표로 한 최초의 정치 개혁 운동 → 갑오개혁, 독립 협회 등에 영향
한계	소수의 개화파 인사가 주도, 일본의 지원 약속에 의존, 민중의 지지를 이끌어 내지 못함
열강의 각축	• 청의 내정 간섭 심화 → 조러 비밀 협약 추진 → 영국의 거문도 불법 점령(거문도 사건) • 조선 중립화론 등장: 독일 외교관 부들러와 유길준 등이 주장 자료⑤

▲ 신식 소총으로 무장한 별기군

별기군은 일본인 교관을 초빙하여 근대식 군사 훈련을 받았다.

***위정척사**
성리학적 사회 질서를 지키고(위정), 서양의 종교와 사상을 배척한다(척사)는 뜻이다.

***청의 내정 간섭**

▲ 임오군란 이후 청의 조선에 대한 내정 간섭을 풍자한 그림

***동도서기**
전통 제도와 질서(동도)를 유지한 채 서양의 과학 기술(서기)을 수용하자는 주장이다.

***열강의 각축(1882~1885)**

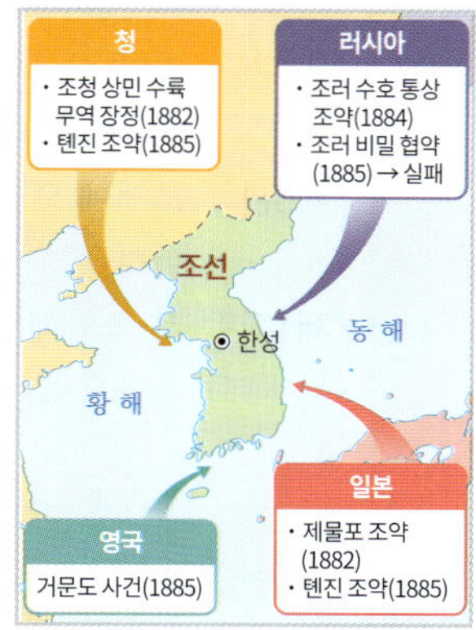

고종이 청을 견제하고자 러시아와 비밀 협약을 추진하자 영국은 러시아의 남하를 막는다는 구실로 거문도를 불법 점령하였다. 이후 영국은 청의 중재로 2년 만에 철수하였다.

자료 1 위정척사 운동의 전개

• 척화 주전론

양이의 화가 금일에 이르러 홍수나 맹수의 해로움보다도 더 심합니다. …… 안으로 사학의 무리를 잡아 베게 하시고, 밖으로 바다를 건너오는 적을 정벌하게 하소서.

– 이항로, 『화서집』 –

• 왜양 일체론

저들이 비록 왜인이라고 하나 실은 양적입니다. 강화가 한번 이루어지면 사악한 서적과 천주의 초상화가 교역하는 가운데 들어올 것입니다.

– 최익현, 『면암집』 –

보수적 양반 유생들은 서양과 일본을 조선의 성리학적 질서를 파괴하려는 오랑카로 인식하고, 위정척사 운동을 전개하였다. 이들은 천주교를 배척하고 서양 세력의 침략을 물리쳐 조선의 전통 질서를 지키고자 하였다.

자료 2 제물포 조약

제3조 조선국은 5만 원을 내어 해를 당한 일본 관리들의 유족 및 부상자에게 주도록 한다.
제5조 일본 공사관에 군인 약간을 두어 경비한다. 그 비용은 조선국이 부담한다.
      └ 조선에 청군에 이어 일본군까지 주둔하게 되었다.

자료 3 청에 대한 입장 차이

• 온건 개화파

조선이 중국의 속방이라는 것을 각국에 알리고 조약에 적어 놓으면, 우리나라에 일이 생겼을 때 청이 다른 나라의 비웃음을 사지 않으려고 우리를 힘껏 구할 것이다.

– 김윤식, 『음청사』 –

• 급진 개화파

이전부터 청이 조선을 속방으로 생각해 온 것은 참으로 부끄러운 일이다. …… 첫째로 해야 할 일은 독립하여 완전한 자주국을 수립하는 것이다.

– 김옥균, 「조선 개혁 의견서」 –

자료 4 갑신정변 당시 개혁 정강

1. 흥선 대원군을 가까운 시일 안에 돌아오게 하고 청에 대한 조공의 허례를 폐지할 것.
2. 문벌을 폐지하여 인민 평등의 권리를 제정하고 능력에 따라 관리를 등용할 것.
3. 지조법을 개혁하여 관리의 부정을 막고 백성을 보호하며 국가 재정을 넉넉히 할 것.
12. 재정은 모두 호조에서 관할하게 하고 그 밖의 재무 관청은 폐지할 것.
13. 대신과 참찬은 합문 안의 의정소에서 회의 결정하고 정령을 공포해서 시행할 것.

– 김옥균, 『갑신일록』 –

      ┌ 보빙사의 일원으로 미국에 남아 유학을 하다가 갑신정변 이후 귀국하여 「중립론」을 집필하였다.

자료 5 유길준의 조선 중립화론

우리나라가 아시아의 중립국이 되는 것은 러시아를 막는 중요한 계기가 될 것이며, 또 아시아의 여러 대국이 서로 균형을 이루는 정략도 될 것이다. …… 오직 중립 한 가지만이 진실로 우리나라를 지키는 방책이지만, 이를 우리가 먼저 제창할 수 없으니 중국이 이를 맡아서 처리해 주도록 청하는 것이 좋을 것이다.

– 유길준, 「중립론」 –

유길준은 중국이 먼저 조선에 대한 중립국 논의를 시작하고 영국, 프랑스, 일본, 러시아 등이 회동하여 참여하는 구체적 방안을 제시하였으나 정부 정책에 반영되지는 않았다.

※ 시기별 위정척사 운동의 전개

시기	내용
1860 년대	• 이항로, 기정진 • 서양의 통상 요구 → 척화 주전론
1870 년대	• 최익현 • 일본의 개항 요구 → 왜양 일체론
1880 년대	• 이만손(영남 만인소) • 정부의 개화 정책, 『조선책략』 유포 → 개화 정책 추진 반대, 미국과의 수교 반대

Tip 위정척사 운동을 시기별로 구분하여 기억하도록 하자.

※ 개화파의 형성과 분화

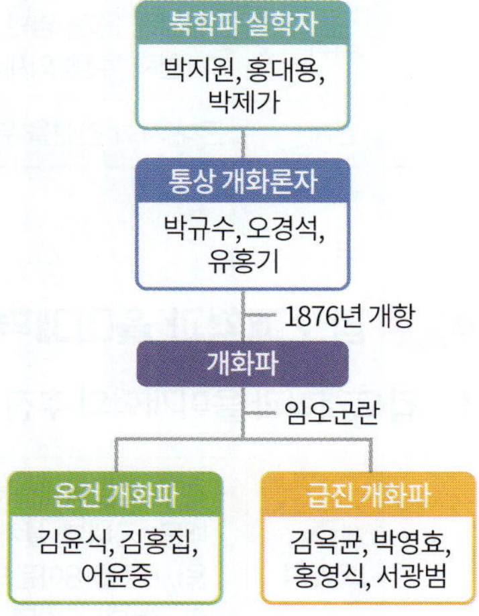

※ 갑신정변 당시 발표된 개혁 정강

정치	청과의 종속 관계 청산, 국왕의 전제권 제한, 내각 제도 수립
경제	지조법 개혁, 국가 재정 일원화(호조 중심)
사회	문벌 폐지, 인민 평등권 추구

Tip 갑신정변은 국왕의 전제권 제한, 내각 제도 수립, 인민 평등권 확립 등을 통해 근대 국민 국가를 건설하고자 했던 우리나라 최초의 정치 개혁 운동임을 기억하자.

❸ 동학 농민 운동

1 농민의 고통과 동학의 확산

(1) **농민의 고통**: 세금 부담 심화, 지방관의 수탈, 곡물 가격 상승 → 농민 봉기 빈발

(2) **동학의 확산**

① 포교 강화: 2대 교주 최시형이 <u>포접제</u> 정비, 경전 간행 → 삼남 지방에 확산
— 동학에서 정비한 조직망으로 전국을 포와 접으로 나누어 관리하였다.

② 교조 신원 운동: <u>삼례·보은 집회</u>(탐관오리 숙청, 외세 배척 주장)
— 일반 농민까지 가담한 대규모 집회로 이어지면서 정치 운동의 성격을 띠게 되었다.

2 동학 농민 운동(1894)의 전개

세금을 거두기 위해 농민을 강제로 동원하여 만든 저수지 —

고부 농민 봉기	고부 군수 조병갑의 폭정 → 전봉준 등이 *사발통문 작성 → 고부 관아 습격, <u>만석보</u> 파괴 → 정부가 새 군수 임명, 사태 수습을 위해 안핵사 파견
*제1차 봉기	안핵사 이용태가 농민 봉기 관련자를 동학교도로 몰아 탄압 → 무장에서 봉기(제1차 봉기) → 백산 이동, 4대 강령과 격문 발표(보국안민, 제폭구민) → 황토현과 황룡촌 전투 승리 → 전주성 점령 폭정을 제거하여 백성을 구한다는 뜻
전주 화약과 집강소 설치	정부가 청에 원병 요청 → 청군 파견, 일본도 조선에 군대 파견(공사관과 거류민을 보호한다는 구실) → 전주 화약 체결 → 농민군이 집강소를 설치, 폐정 개혁안 실천 → 정부도 교정청 설치, 개혁 추진 `자료 ❻`
*제2차 봉기	조선 정부가 청일 양국에 철군 요구 → 일본이 경복궁 점령 → 청의 반발 → 청일 전쟁 발발 → 농민군이 연합 부대 형성(남접 부대 전봉준, 북접 부대 손병희) → 공주 우금치 전투 패배 → 전봉준, 김개남, 손화중 등 지도자 체포 `자료 ❼`
의의	• 반봉건 운동: 양반 중심의 지배 질서 타파 시도 → 갑오개혁에 반영(신분제 폐지 등) • 반침략 투쟁: 외세의 침략을 물리치고자 함 → 잔여 세력이 항일 의병 운동에 가담
한계	근대 사회 건설을 위한 구체적 방안을 제시하지 못함

❹ 갑오개혁과 을미개혁

1 갑오개혁과 을미개혁의 추진

입법권을 가진 초정부적 기구 —

제1차 갑오개혁	• 추진: 일본이 경복궁을 점령, 개혁 강요 → 김홍집 내각 수립, <u>군국기무처</u> 설치 `자료 ❽` • 내용: 궁내부 설치(왕실과 국정 사무 분리), 과거제 폐지, 중국 연호 폐지(*개국 기년 사용), 6조를 8아문으로 개편, 재정을 탁지아문으로 일원화, 은 본위 화폐 제도 실시, 조세의 금납화, 도량형 통일, 신분제 폐지, 조혼 금지, 과부 재가 허용, 고문과 연좌제 폐지
제2차 갑오개혁	• 추진: 청일 전쟁에서 승세를 잡은 일본의 간섭 심화 → 군국기무처 폐지, 김홍집·박영효 연립 내각 수립, 홍범 14조 반포 `자료 ❾` • 내용: 의정부를 내각으로 개편, 8아문을 7부로 개편, 전국 8도를 23부로 재편, 재판소 설치(사법권과 행정권 분리), 교육 입국 조서 반포(근대적 교육 제도 마련)
을미개혁 (제3차 개혁)	• 추진: *삼국 간섭 → 조선의 친러 정책 → *을미사변 → 김홍집과 유길준 등 내각 수립 • 내용: 태양력 사용, '건양' 연호 사용, 단발령 시행, 우편 사무 재개, 종두법 시행, 군제 개편(한성에 친위대, 지방에 진위대), 소학교 설치 • 결과: 단발령에 반발해 을미의병 발생, *아관 파천(1896)으로 을미개혁 중단

2 의의와 한계

의의	동학 농민 운동과 갑신정변의 사회 변혁 요구 반영, 근대적 개혁 운동
한계	일본의 필요와 강요로 이루어짐, 민중의 지지를 이끌어 내지 못함, 국방력 강화 소홀

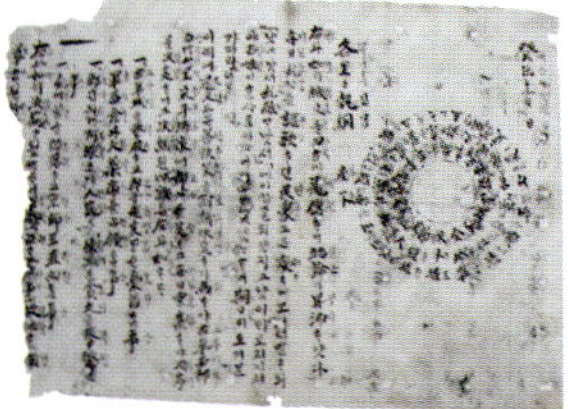

＊사발통문
주모자가 누구인지 알지 못하도록 원을 중심으로 참여한 사람의 이름을 둥글게 돌려 적은 통문이다.

＊제1차 봉기의 전개

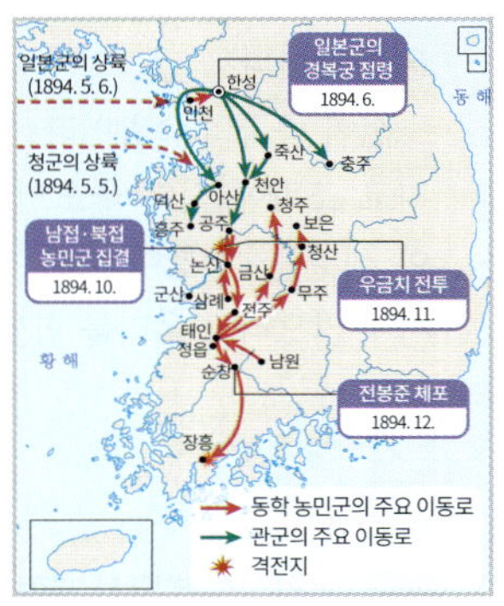

＊제2차 봉기의 전개

＊개국 기년
조선이 건국된 1392년을 원년으로 하여 연도를 표기하는 방식이다.

＊삼국 간섭
청일 전쟁에서 승리한 일본이 시모노세키 조약을 맺어 청으로부터 랴오둥 반도를 할양받자, 러시아, 프랑스, 독일 삼국이 일본을 압박하여 랴오둥반도를 청에 반환하게 하였다.

＊을미사변
일본을 견제하려 고종과 명성 황후가 친러 정책을 추진하자, 일본이 명성 황후를 무참히 시해한 사건이다.

＊아관 파천
고종이 신변의 안전을 꾀하고 일본의 영향력을 약화하기 위해 러시아 공사관으로 피신한 사건이다.

자료 ⑥ 동학 농민군의 폐정 개혁안

1. 정부와의 원한을 씻고 모든 정사에 협력한다.
5. 노비 문서를 소각한다.
6. 천인 차별을 개선하고, 백정이 쓰는 평량갓은 없앤다.
7. 젊어서 과부가 된 여성의 개가를 허용한다.
10. 왜와 통하는 자는 엄중히 징벌한다.
12. 토지는 균등히 나누어 경작하게 한다.

― 오지영, 『동학사』 ―

동학 농민군이 정부에 제시한 폐정 개혁안은 조세 제도의 개혁, 신분 차별 철폐, 일본 침략 반대 등의 내용은 물론 다른 개혁안에서 찾아보기 어려운 토지 제도 개혁 요구가 담겨 있다.

자료 ⑦ 전봉준 공초(재판 기록)

심문자: 1894년 3월 고부에서 무슨 사연으로 민중을 크게 모았는가?
전봉준: 그때 고부 군수(조병갑)의 수탈이 심하여 의거하였다.
심문자: 흩어져 돌아간 후에는 무슨 일로 군대를 봉기하였는가?
전봉준: 안핵사 이용태가 봉기 참가자를 동학교도로 몰아 살육하였기 때문이다.
심문자: 전주 화약 이후 다시 군대를 일으킨 이유는 무엇인가?
전봉준: 일본이 개화를 구실로 군대를 동원하여 왕궁(경복궁)을 공격허 임금을 놀라게 하였기에 충군애국의 마음으로 의병을 일으켜 일본과 싸워 그 책임을 묻고자 함이다.

―『동학난 기록』 ―

지방관의 과도한 수탈로 봉기한 동학 농민군은 조선 정부와 전주 화약을 맺고 반봉건적 개혁을 시도하였다. 또한, 외세의 침략을 물리치고 나라를 지키려 한 반침략적 성격을 띠었다.

자료 ⑧ 군국기무처의 개혁안

1. 죄인 본인 외에 친족에게 연좌의 형률을 일체 시행하지 않는다.
1. 과부가 재혼하는 것은 귀천을 막론하고 자신의 의사에 맡긴다.
1. 공사 노비법을 혁파하고 사람을 사고파는 일을 금지한다.
1. 비록 평민이라도 나라에 이롭고 백성을 편안하게 할 수 있는 의견이 있으면 군국기무처에 글을 올려 회의에 부친다.

― 군국기구처의 「의안」, 1894 ―

제1차 갑오개혁 당시에 일본은 청과 전쟁 중이었기 때문에 적극적으로 간섭하지 못하였고, 조선은 갑신정변이나 동학 농민군의 요구를 반영하여 개혁을 추진하였다.

자료 ⑨ 홍범 14조

1. 청국에 의존하려는 생각을 버리고 자주독립의 기초를 세운다.
4. 왕실 사무와 국정 사무를 나누어 서로 혼돈하지 않는다.
6. 납세는 법으로 정하고 함부로 세금을 거두지 않는다.
11. 총명한 젊은이를 파견하여 외국의 문물을 견습시킨다.
13. 민법과 형법을 제정하여 인민의 생명과 재산을 보전한다.
14. 문벌을 가리지 않고 인재 등용의 길을 넓힌다.

―『관보』 ―

제2차 갑오개혁 당시 고종이 반포한 홍범 14조의 내용 중 일부이다. 홍범 14조에는 청의 종주권 부인, 왕실의 정치 개입 배제, 근대적인 내각 제도 확립 등의 내용이 담겨 있다.

✱ **동학 농민군의 폐정 개혁안**

정치	외세 간섭 배제, 동학 교도와 정부의 협력
경제	토지 균등 분작, 조세 제도 개혁
사회	노비 제도 폐지, 천인 차별 개선, 과부 재가 허용

✱ **동학 농민 운동과 갑오·을미개혁의 전개**

1894. 1. ○ 고부 농민 봉기
1894. 3. ○ **동학 농민군, 제1차 봉기**
1894. 4. ○ 황토현·황룡촌 전투 / 농민군 전주성 점령
1894. 5. ○ 전주 화약 체결 / 집강소 설치(폐정 개혁안)
1894. 6. ○ 일본군, 경복궁 점령 / **제1차 갑오개혁** / 청일 전쟁 발발
1894. 9. ○ **동학 농민군, 제2차 봉기**
1894. 12. ○ **제2차 갑오개혁**
1894. 11. ○ 공주 우금치 전투
1895. 4. ○ 시모노세키 조약 체결 / 삼국 간섭
1895. 8. ○ 을미사변 / **을미개혁(제3차 개혁)**
1896. 2. ○ 아관 파천 / 을미개혁 중단

✱ **갑오개혁과 을미개혁의 주요 내용**

제1차 갑오개혁
과거제 폐지, 개국 기년 사용, 재정 일원화, 신분제 폐지, 과부 재가 허용, 연좌제 폐지

↓

제2차 갑오개혁
의정부를 내각으로 개편, 8아문을 7부로 개편, 전국 8도를 23부로 재편, 재판소 설치, 교육 입국 조서 반포

↓

을미개혁(제3차 개혁)
태양력 사용, '건양' 연호 사용, 단발령 실시, 우편 사무 재개, 친위대와 진위대 설치

Tip 개혁별로 내용을 잘 구분하여 기억할 수 있도록 하자.

⑤ 독립 협회

1 *『독립신문』 창간과 독립 협회 창립

『독립신문』 창간	조선 정부가 민중 계몽의 필요성을 느낌 → 미국에서 돌아온 *서재필을 중추원 고문에 임명 → 서재필이 정부의 지원을 받아 『독립신문』 창간(1896) 자료⑩
독립 협회 창립	• 서재필이 개화파 관료들과 *독립문 건설을 명목으로 독립 협회 창립(1896) • 관료·지식인 중심 운영 → 기금을 내면 회원 가입 허용 → 국민적인 단체로 성장

독립 협회는 독립문 건립 기금을 내면 누구나 회원이 될 수 있도록 하여 학생, 노동자, 상인 등 다양한 계층의 참여를 이끌어냈다.

2 독립 협회의 활동

국민 계몽	• 기관지 『대조선 독립 협회 회보』 간행: 국민의 참여와 지지 유도 목적 • 강연회·토론회 개최: 열강의 이권 침탈 반대, 의회 설립, 민권 신장 등 다양한 주제
자주 국권 운동	• 「구국 운동 상소문」: 열강의 이권 침탈 비판, 재정·군사·인사권의 자주적 행사 주장 • 만민 공동회 개최: 러시아의 절영도 조차 요구 저지, 러시아 군사 교관과 재정 고문 철수
자유 민권 운동	법률에 의한 신체의 자유, 재산권 보호, 언론·출판·집회·결사의 자유 요구, 참정권 운동 전개 → 개혁적인 내각 수립(박정양 중심)
의회 설립 추진	관민 공동회 개최(개혁 지향적 정부 대신과 학생·시민 참여) → 헌의 6조 결의 → 내각이 *중추원 관제 공포(법률 및 칙령을 제정·폐지, 정부의 주요 안건을 심사·의결) 자료⑪

└ 다른 나라의 영토를 빌려 사용

3 독립 협회의 해산

┌ 황제 측근 세력이 보부상을 중심으로 조직한 단체

해산	보수 세력의 모함 → 고종이 황국 협회와 군대를 동원하여 독립 협회 해산(1898)
의의	민중 계몽을 통한 아래로부터의 근대화 운동, 의회 설립을 통한 입헌 군주제 추진
한계	이권 수호 운동 대상이 러시아에 국한, 제국주의 열강의 침략 의도를 간파하지 못함 자료⑫

⑥ 대한 제국과 광무개혁

1 대한 제국 수립

(1) **수립 과정**: 아관 파천 이후 열강의 이권 침탈 심화 → 환궁 여론 증가 → 고종이 경운궁으로 환궁 → 환구단에서 황제로 즉위, '광무'를 연호로 대한 제국 수립 선포(1897)

(2) **대한국 국제 반포**: 고종이 의회 설립 등을 요구하는 독립 협회를 해산 → 황제의 무한한 권력을 명시한 대한국 국제 반포(1899) 자료⑬

2 대한 제국의 개혁 추진과 외교 활동

(1) **광무개혁**: 구본신참의 원칙 아래 점진적인 개혁 추진

┌ 옛것을 근본으로 새로운 것을 참고한다는 뜻

군제 개혁	황제권, 국방력 강화 목적 → 원수부 설치, 징병제 시행 준비, 장교 육성
경제 개혁	양전 사업 실시(실제 경작 농지의 면적을 파악함), *지계 발급, 공장과 회사 설립 지원
교육 진흥	외국에 유학생 파견, 실업 학교와 기술 교육 기관 설립
기술 도입	전화, 전차, 철도, 도로 등 기술 도입 → 근대적 시설 확충
의의	경제·교육·시설 면에서의 자주적 근대화와 국력 증강을 위해 노력
한계	황제권 강화에 집중 → 민권 보장 외면, 국방력 증강 미흡, 열강의 간섭을 벗어나지 못함

(2) **외교 활동**: 한청 통상 조약 체결(1899), 파리 만국 박람회(1900) 참가

└ 청과 대등한 관계로서 새로운 관계 정립

우리나라 최초의 민간 신문이다. 『독립신문』은 한글판과 영문판의 두 종류로 발행되어 국민을 계몽하고 국내 사정을 외국인에게도 전달하였다.

* 서재필

갑신정변 이후 일본을 거쳐 미국으로 망명하였다가 정부 요청으로 귀국하였다. 서양의 민주주의를 직접 체험한 서재필은 자주적 근대 국가를 수립하기 위해 국민을 계몽하여 근대 의식을 일깨워야 한다고 주장하였다.

* 독립문

독립문은 청의 사신을 맞이하던 영은문 자리 앞에 세워졌다.

* 중추원 관제

중추원 관제에 따르면 중추원은 관선 25명, 민선 25명의 의원으로 구성되며, 법률의 개정, 폐지 등의 권한을 가진다.

* 지계

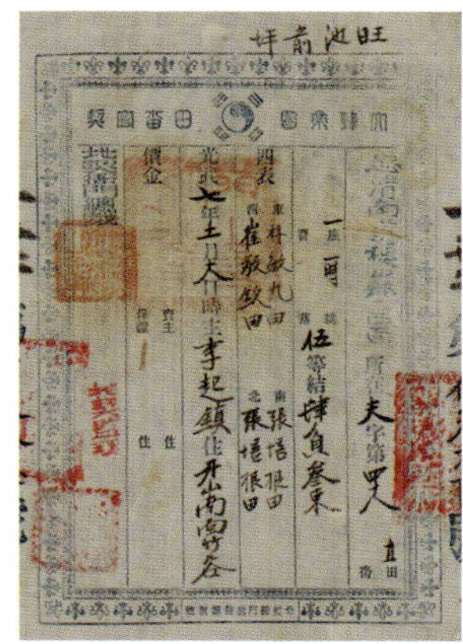

지계는 토지 소유자에게 지급한 토지 소유권 증명서이다. 토지의 명분상과 실제 소유주를 일치시켜 근대적 토지 소유권을 확립하기 위해 발행되었다.

자료⑩ 『독립신문』 창간사

우리가 『독립신문』을 오늘 처음으로 출판하는데 조선에 있는 내외국 인민에게 우리 주의를 미리 알리려 한다. 우리는 …… 정부에서 하는 일을 백성에게 전할 것이요, 백성의 정세를 정부에 전할 것이니 …… 우리는 사실만을 다룰 것이고, 정부 관원이라도 잘못하는 사람이 있으면 우리가 말할 것이며, 탐관오리의 행적을 세상에 알릴 것이고, 백성이라도 불법을 저지르는 사람은 우리가 찾아서 신문에 설명할 것이다.

– 『독립신문』 –

자료⑪ 헌의 6조

1. 외국인에게 의지하지 말고 관민이 합심하여 황제권을 공고히 할 것.
2. 외국과의 이권에 관한 계약과 조약은 해당 부처의 대신과 중추원 의장이 함께 날인하여 시행할 것.
3. 재정은 탁지부에서 전담하여 맡고 예산과 결산을 국민에게 공포할 것.
4. 중대한 범죄는 공판하고 피고의 인권을 존중할 것.
5. 칙임관은 정부에 그 뜻을 물어 과반수가 동의하면 임명할 것.

– 『일성록』 –

헌의 6조는 박정양 내각과 민중이 관민 공동회를 열어 합의한 내용으로 국권 수호, 민권 보장, 국정 개혁의 내용을 담고 있다. 고종의 재가를 얻었지만 수구 세력의 반발로 실천되지는 못하였다.

자료⑫ 독립 협회의 외세에 대한 인식

조선에서는 해·육군을 많이 길러 외국이 침범하는 것을 막을 까닭도 없고, 다만 나라 안에 해·육군이 조금 있어 동학이나 의병 같은 지방의 도둑 떼나 평정시킬 만하면 넉넉하다. 만일 어떤 나라가 조선을 침범하고자 하여도 조선 정부가 세상에 행세만 잘했을 것 같으면, 조선을 다시 남의 나라 속국이 되게 가만둘 리가 없다. 그러므로 조선에서 외국과 싸움할 염려가 없는데, 만일 조선이 싸움이 되도록 일을 할 것 같으면 그때는 화를 면하지 못할 것이다.

– 『독립신문』 –

독립 협회는 제국주의 열강과 교류를 강화하고 근대적 제도와 문물을 받아들이는 데 역점을 둔 나머지 일본과 같은 열강의 침략 의도를 제대로 간파하지 못하였다는 한계를 지닌다.

자료⑬ 대한국 국제

제1조 대한국은 만국이 공인한 자주독립 제국이다.
제2조 대한국의 정치는 만세불변의 전제 정치이다.
제3조 대한국 대황제는 무한한 군주권을 누린다.
제6조 대한국 대황제는 법률을 제정하여 그 반포와 집행을 명하고, …… 대사·특사·감형·복권을 명한다.
제9조 대한국 대황제는 각 조약의 체결 국가에 사신을 파견하고, 선전·강화 및 제반 조약을 체결한다.

– 『고종실록』 –

의회 설립을 추진하던 독립 협회를 해산시킨 고종은 대한국 국제를 반포하여 대한 제국이 자주 독립 제국이며, 황제가 무한한 군주권을 행사하는 전제 군주정임을 분명히 하였다.

✖ 독립 협회 토론회의 주제

제1회	조선의 급선무는 인민의 교육이다.
제3회	상업을 통해 나라를 부강하게 만들어야 한다.
제22회	외국인에게 대한국의 토지를 빌려주는 것은 옳지 않다.
제25회	의회를 설립하는 것이 정치상 제일 중요하다.
제28회	백성의 권리가 튼튼할수록 임금의 지위가 높아지고 나라의 힘을 떨칠 수 있다.

Tip 『독립신문』 창간사를 통해 민중 계몽적 성격을 파악하고, 이를 독립 협회의 토론회 주제들과 연관지어 생각해 보자.

✖ 독립 협회의 활동 목표

자주 국권	• 국가의 자주 자립 • 국가 주권의 수호
자유 민권	• 인민의 자유와 평등 • 인민 참정권 주장 → 관민의 협력에 따른 국정 운영 주장 (헌의 6조)
자강 개혁	정치·경제·사회·문화 등에 걸친 개혁 추진

✖ 독립 협회의 활동과 대한 제국 수립 과정

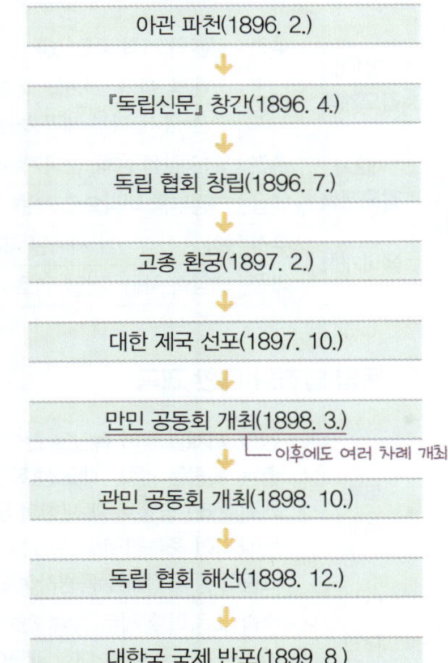

Tip 독립 협회가 대한 제국 시기에 활동하였다는 점을 기억하자.

개념 체크 문제

포인트 Pick

1 개화 정책의 추진과 반발

개화 정책 추진	• (❶) 설치: 개화 정책 총괄, 12사를 두어 실무 담당 • 별기군 창설, 5군영을 2영(무위영, 장어영)으로 개편 등
위정척사 운동	• 1860년대: 이항로, 척화 주전론, 통상 수교 거부 정책 지지 • 1870년대: 최익현, 왜양 일체론, 개항 반대 운동 • 1880년대: 이만손, 개화 정책 추진 반대, 『조선책략』 유포 반대
임오군란	• 배경: 별기군 우대, 구식 군인 차별, 하층민의 생활 곤란 • 전개: 구식 군인의 봉기 → 청군 개입 → 흥선 대원군을 납치 • 결과: 청의 내정 간섭 시작, 일본과 (❷) 체결

2 갑신정변과 열강의 대립

배경	청의 내정 간섭, 청군 절반 철수, 일본의 군사 지원 약속
전개	급진 개화파의 주도로 (❸) 개국 축하연에서 정변 → 개화당 정부 수립(개혁 정강 발표) → 청군 개입으로 실패
결과	청의 내정 간섭 심화, 한성 조약 체결, 톈진 조약 체결(청·일)

3 동학 농민 운동

고부 봉기	고부 군수의 탐학으로 봉기 → 정부의 안핵사 파견(자진 해산)
제1차, 2차 봉기	안핵사 이용태의 동학 탄압 → 제1차 봉기 → 황토현·황룡촌 전투 → 전주성 점령 → 청, 일본의 군대 파병 → (❹) 체결 → 집강소 설치 → 일본군 경복궁 점령, 청일 전쟁 발발 → 제2차 봉기 → (❺) 전투 → 전봉준 등 지도부 체포

4 갑오개혁과 을미개혁

제1차 갑오개혁	추진	일본의 개혁 강요, (❻) 설치(입법권 보유)
	내용	궁내부 설치, 과거제 폐지, 재정의 일원화, 신분제 폐지, 조혼 금지, 과부 재가 허용, 고문과 연좌제 폐지 등
제2차 갑오개혁	추진	일본 간섭 심화, 군국기무처 폐지, (❼) 반포
	내용	의정부를 내각으로 개편, 재판소 설치, 교육 입국 조서
을미개혁	추진	(❽)가 시해된 이후 김홍집·유길준 내각 수립
	내용	태양력 사용, '건양' 연호 사용, 단발령 실시 등

5 독립 협회와 대한 제국

독립 협회	창립: 서재필 등이 독립문 건설을 추진하며 창립 활동: 독립문 건설, 「대조선 독립 협회 회보」 발간, 만민 공동회 개최, 관민 공동회 개최(헌의 6조 채택), (❾) 설립 운동(내각이 중추원 관제 반포) → 공화정을 추구한다는 모함 → 고종이 황국 협회를 동원하여 해산
대한 제국	수립: 고종이 황제로 즉위(국호 대한 제국, 연호 광무) (❿) 반포: 대한 제국이 전제 군주정임을 명문화 광무개혁: 구본신참의 원칙, 원수부 설치, 양전·지계 사업 등

---

01 다음 내용을 옳게 연결하시오.

(1) 일본군의 조선 주둔 허용 •　　• ㉠ 한성 조약

(2) 일본 공사관 신축비 부담 •　　• ㉡ 톈진 조약

(3) 조선에 파병 시 서로 통보 •　　• ㉢ 제물포 조약

02 다음에서 설명하는 기구를 쓰시오.

> 정부와 전주 화약을 체결한 동학 농민군이 전라도 각지에 설치한 민정 자치 기구로, 폐정 개혁안을 실천하고 행정과 치안을 담당하였다.

03 다음 서술이 옳으면 ○표, 틀리면 ×표 하시오.

(1) 조선은 미국에 조사 시찰단을 파견하였다. (　　)

(2) 김옥균, 박영효 등의 급진 개화파는 우정총국 개국 축하연 자리에서 갑신정변을 일으켰다. (　　)

(3) 동학 농민군은 황토현과 황룡촌 전투에서 관군을 격파하고 전주성을 점령하였다. (　　)

04 다음 사건을 일어난 순서대로 나열하시오.

> 보기
> ㄱ. 을미사변　　ㄴ. 아관 파천
> ㄷ. 삼국 간섭　　ㄹ. 교정청 설치
> ㅁ. 홍범 14조 반포　　ㅂ. 군국기무처 설치

05 다음 내용을 옳은 서술로 완성하시오.

(1) (㉠ 최익현 , ㉡ 유길준)은 왜양 일체론을 주장하며 강화도 조약 체결에 반대하였다.

(2) 독립 협회는 (㉠ 보은 집회 , ㉡ 만민 공동회)를 개최하여 러시아의 이권 침탈을 규탄하였다.

(3) 고종은 (㉠ 황국 협회 , ㉡ 중추원)와/과 군대를 동원하여 독립 협회를 해산하였다.

06 대한 제국 수립 후 황제의 무한한 군주권에 대한 내용을 명문화한 것을 쓰시오.

실력 완성 문제

01 밑줄 친 '정책'의 내용으로 옳은 것은?

> 강화도 조약을 체결하고 문호를 개방한 조선은 개화 정책을 총괄하는 통리기무아문을 설치하였다. 통리기무아문은 12사를 두어 사무를 나누어 맡게 하였으며, 개화파를 등용하여 개화 정책을 추진하였다.

① 별기군을 창설하였다.
② 신분제를 폐지하였다.
③ 단발령을 시행하였다.
④ 원수부를 설치하였다.
⑤ 교정청을 폐지하였다.

02 (가), (나)에 대한 설명으로 옳은 것만을 〈보기〉에서 고른 것은?

> (가) 저들이 비록 왜인이라고 하나 실은 양적입니다. 강화가 한번 이루어지면 사악한 서적과 천주의 초상화가 교역하는 가운데 들어올 것입니다.
> (나) 수신사 김홍집이 가져와 유포한 황준헌의 사사로운 책자를 보노라면, 어느새 털끝이 일어서고 …… 눈물이 흐릅니다. …… 러시아, 미국, 일본은 같은 오랑캐입니다.

> **보기**
> ㄱ. (가) – 북학파 실학자를 계승하였다.
> ㄴ. (가) – 강화도 조약 체결에 반대하였다.
> ㄷ. (나) – 이만손 등이 주도하였다.
> ㄹ. (나) – 신분제 폐지를 주장하였다.

① ㄱ, ㄴ   ② ㄱ, ㄷ   ③ ㄴ, ㄷ
④ ㄴ, ㄹ   ⑤ ㄷ, ㄹ

03 기출 변형 | 다음 자료에 나타난 사건의 영향으로 가장 적절한 것은?

> 어윤중이 청의 마건충과 필담을 나누며 이르기를, "우리나라는 근래에 재정이 고갈되어 구식 군인들에게 몇 달째 급료도 지불하지 못하였습니다. 월초에 급료를 줄 때에 창고지기가 썩은 것을 나누어 주었고 또 용량도 지키지 않아서, 군인들이 창고지기와 크게 다투었습니다. 창고의 책임자가 군인들을 잡아 법으로 다스리려 하자 군인들이 궁궐에 들어가 고관들을 살해하였습니다."라고 하였다.

① 군국기무처가 설치되었다.
② 대한국 국제가 반포되었다.
③ 미군이 강화도를 침략하였다.
④ 고종이 친러 정책을 추진하였다.
⑤ 조청 상민 수륙 무역 장정이 체결되었다.

04 중요 ☆ | (가), (나)와 같은 주장을 한 세력에 대한 설명으로 옳은 것만을 〈보기〉에서 고른 것은?

> (가) 조선이 중국의 속방이라는 것을 각국에 알리고 조약에 적어 놓으면, 우리나라에 일이 생겼을 때 청이 다른 나라의 비웃음을 사지 않으려고 우리를 힘껏 구할 것이다.
> (나) 이전부터 청이 조선을 속국으로 생각해 온 것은 참으로 부끄러운 일이다. 나라가 발전할 희망이 없는 것은 여기에 원인이 있다. …… 독립하려면 정치와 외교를 자수 자강해야 한다. 그러나 청을 섬기는 현재의 정부로서는 불가능하다.

> **보기**
> ㄱ. (가) – 김옥균, 박영효 등이 중심인물이다.
> ㄴ. (가) – 동도서기의 입장에서 개혁을 추진하였다.
> ㄷ. (나) – 왜양 일체론을 강조하였다.
> ㄹ. (나) – 일본의 메이지 유신을 본보기로 삼았다.

① ㄱ, ㄴ   ② ㄱ, ㄷ   ③ ㄴ, ㄷ
④ ㄴ, ㄹ   ⑤ ㄷ, ㄹ

05 밑줄 친 '변란'에 대한 설명으로 옳은 것은?

> 우정총국 개국 축하연에서 <u>변란</u>이 일어나자 김옥균과 박영효 두 사람은 왕궁으로 달려갔다. 그리고 침전에 있던 왕에게 난이 일어났으니 거처를 옮기자고 건의하였다. …… 왕은 경우궁으로 피신하면서 김옥균의 의견에 따라 일본 공사관에 사람을 보냈다. 경우궁에 도착하였을 때 다케조에 공사가 일본군을 거느리고 왔다.

① 구식 군인들이 주도하였다.
② 구본신참의 원칙을 표방하였다.
③ 성리학적 질서를 수호하려 하였다.
④ 톈진 조약이 체결되는 계기가 되었다.
⑤ 토지를 균분하여 경작할 것을 주장하였다.

중요 ☆
06 다음 자료를 활용한 탐구 활동으로 가장 적절한 것은?

> 1. 흥선 대원군을 가까운 시일 안에 돌아오게 하고 청에 대한 조공의 허례를 폐지할 것.
> 2. 문벌을 폐지하여 인민 평등의 권리를 제정하고 능력에 따라 관리를 등용할 것.
> 3. 지조법을 개혁하여 관리의 부정을 막고 백성을 보호하며 국가 재정을 넉넉히 할 것.
> 12. 재정은 모두 호조에서 관할하게 하고 그 밖의 재무 관청은 폐지할 것.
> 13. 대신과 참찬은 합문 안의 의정소에서 회의하여 결정하고, 정령을 공포해서 시행할 것.

① 갑신정변의 전개 과정을 조사한다.
② 광무개혁의 주요 내용을 알아본다.
③ 구식 군인들이 봉기한 이유를 찾아본다.
④ 동학 농민군의 폐정 개혁안을 분석한다.
⑤ 삼국 간섭이 조선에 미친 영향을 파악한다.

07 다음 사건이 일어난 원인으로 가장 적절한 것은?

> 영국은 세 척의 함대를 파견하여 조선의 거문도를 점령하였다. 거문도를 점령한 영국군은 영국기를 게양하고 포대와 병영을 쌓는 등 섬 전체를 요새화하였다. 섬 주위에는 급수로와 전선을 가설하였으며, 제방 축조 공사도 진행하였다.

① 우편 사무가 재개되었다.
② 흥선 대원군이 청으로 납치되었다.
③ 민영익 등 보빙사가 미국에 파견되었다.
④ 조선이 러시아와 비밀 협약을 추진하였다.
⑤ 고종이 러시아 공사관으로 처소를 옮겼다.

08 다음 내용이 담긴 통문이 작성된 배경으로 가장 적절한 것은?

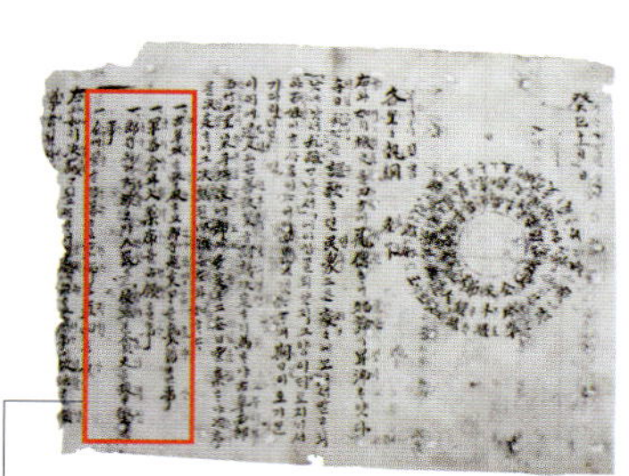

> • 군기창과 화약고를 점령할 것.
> • 군수에게 아첨하여 인민을 못살게 구는 탐관오리를 응징할 것.
> • 전주 감영을 함락하고 서울로 곧바로 나아갈 것.

① 일본군이 인천에 상륙하였다.
② 고부 군수 조병갑이 농민을 수탈하였다.
③ 동학교도들이 교조 신원 운동을 벌였다.
④ 정부가 동학 농민군과 전주 화약을 맺었다.
⑤ 남접과 북접이 척왜를 주장하며 논산에 집결하였다.

09 (가), (나) 시기 사이에 들어갈 내용으로 옳은 것만을 〈보기〉에서 고른 것은?

> (가) 정부는 박원명을 새로이 고부 군수로 임명하고, 사태를 수습하기 위해 안핵사 이용태를 파견하여 사건의 진상을 조사하게 하였다.
>
> (나) 농민군은 전라도 각 지역에 민정 자치 기구인 집강소를 설치하고 치안을 유지하면서 자신들이 주장한 폐정 개혁안을 실행하고자 노력하였다.

보기

ㄱ. 조선 정부와 농민군이 화약을 맺었다.
ㄴ. 농민군이 황토현 전투에서 승리하였다.
ㄷ. 우금치에서 농민군과 일본군이 충돌하였다.
ㄹ. 농민군이 만석보를 파괴하고 아전들을 벌하였다.

① ㄱ, ㄴ 　② ㄱ, ㄷ 　③ ㄴ, ㄷ
④ ㄴ, ㄹ 　⑤ ㄷ, ㄹ

기출 변형

10 (가)에 대한 설명으로 옳은 것은?

> 프랑스 파리에서 열린 제216차 유네스코 집행 이사회는 [(가)] 기록물의 세계 기록 유산 등재를 최종 결정하였다. 총 185점으로 이루어진 이 기록물은 1894~1895년 당시 농민군의 각종 문서와 개인 기록, 지도자 전봉준에 대한 심문 기록 등을 아우른다. 이 기록물은 민중이 주체가 되어 자유·평등·인권의 보편적 가치를 지향했던 내용을 담고 있다는 점에서 세계사적 중요성을 인정받았다.

① 갑오개혁에 영향을 주었다.
② 『조선책략』 유포에 반발하였다.
③ 러시아의 이권 침탈을 저지하였다.
④ 한성 조약이 체결되는 계기가 되었다.
⑤ 통상 수교 거부 의지를 명확하게 하였다.

중요☆

11 다음 자료에 대한 설명으로 옳은 것은?

> 1. 청에 의존하려는 생각을 버리고 자주독립의 기초를 세운다.
> 4. 왕실 사무와 국정 사무를 서로 혼돈하지 않는다.
> 13. 민법과 형법을 제정하여 인민의 생명과 재산을 보전한다.
> 14. 문벌을 가리지 않고 인재 등용의 길을 넓힌다.

① 조선 중립화론을 주장하였다.
② 고문과 연좌제를 폐지하였다.
③ 이만손이 정부에 만인소를 올렸다.
④ 독립 협회의 관민 공동회에서 채택되었다.
⑤ 제2차 갑오개혁의 추진 과정에서 발표되었다.

---

12 다음 대화의 사건이 일어난 시기를 연표에서 옳게 고른 것은?

① (가) 　② (나) 　③ (다) 　④ (라) 　⑤ (마)

13 (가) 거혁에 대한 설명으로 옳은 것은?

> 〈한국사 개념 정리〉
>
> (가)
>
> 1. 배경: 을미사변 이후 새로운 김홍집 내각 수립
> 2. 주요 개혁 내용
>   - 태양력 사용
>   - '건양' 연호 사용
>   - 단발령 실시
> 3. 영향: 을미의병 발생

① 중국 연호를 폐지하였다.
② 아관 파천으로 중단되었다.
③ 조세의 금납화를 추진하였다.
④ 의정부를 내각으로 개편하였다.
⑤ 전국 8도를 23부로 재편하였다.

14 밑줄 친 '이 단체'에 대한 설명으로 옳은 것만을 〈보기〉에서 고른 것은?

> 서재필, 윤치호 등 근대적 개혁 사상을 가진 지식인들의 주도로 이 단체가 창립되었다. 이 단체는 독립문 건설을 주도하고, 강연회와 토론회를 개최하여 민중을 일깨우기 위한 계몽 운동을 펼쳤다. 또한 자주 국권 운동을 전개하여 러시아의 이권 침탈을 저지하기도 하였다.

| 보기 |
ㄱ. 문벌 폐지를 주장하였다.
ㄴ. 「구국 운동 상소문」을 올렸다.
ㄷ. 황제 중심의 전제 군주정을 지향하였다.
ㄹ. 언론·출판·집회·결사의 자유를 요구하였다.

① ㄱ, ㄴ   ② ㄱ, ㄷ   ③ ㄴ, ㄷ
④ ㄴ, ㄹ   ⑤ ㄷ, ㄹ

15 (가)에 들어갈 기구로 옳은 것은?

> 독립 협회는 헌의 6조의 실현을 위하여 박정양 내각과 (가) 을/를 의회식으로 개편하는 안에 합의하였다. 이에 새로운 관제가 공포되어 (가) 이/가 입법권, 조약 비준권 등을 행사하는 의회의 기능할 할 수 있게 되었다.

① 집강소   ② 교정청
③ 중추원   ④ 군국기무처
⑤ 통리기무아문

16 다음 자료에 대한 설명으로 옳은 것만을 〈보기〉에서 고른 것은?

> 1. 외국인에게 의지하지 말고 관민이 합심하여 황제권을 공고히 할 것.
> 2. 외국과의 이권에 관한 계약과 조약은 해당 부처의 대신과 중추원 의장이 함께 날인하여 시행할 것.
> 3. 재정은 탁지부에서 전담하여 맡고 예산과 결산을 국민에게 공포할 것.
> 4. 중대한 범죄는 공판하고 피고의 인권을 존중할 것.
> 5. 칙임관은 정부에 그 뜻을 물어 과반수가 동의하면 임명할 것.

| 보기 |
ㄱ. 박영효가 발표를 주도하였다.
ㄴ. 관민 공동회를 개최하고 결의하였다.
ㄷ. 수구 세력이 반발하여 실현이 좌절되었다.
ㄹ. 징병제 시행을 준비하고 장교를 육성하였다.

① ㄱ, ㄴ   ② ㄱ, ㄷ   ③ ㄴ, ㄷ
④ ㄴ, ㄹ   ⑤ ㄷ, ㄹ

17 다음을 반포한 이후 전개된 사실로 옳은 것은?

> 제1조 대한국은 만국이 공인한 자주독립 제국이다.
> 제2조 대한국의 정치는 만세불변의 전제 정치이다.
> 제3조 대한국 대황제는 무한한 군주권을 누린다.
> 제9조 대한국 대황제는 각 조약의 체결 국가에 사신을 파견하고, 선전·강화 및 제반 조약을 체결한다.

① 과거제를 폐지하였다.
② 교육 입국 조서를 반포하였다.
③ 파리 만국 박람회에 참가하였다.
④ 재정을 탁지아문으로 일원화하였다.
⑤ 재판소를 설치하고 사법권을 독립시켰다.

중요
18 (가)에 들어갈 내용으로 가장 적절한 것은?

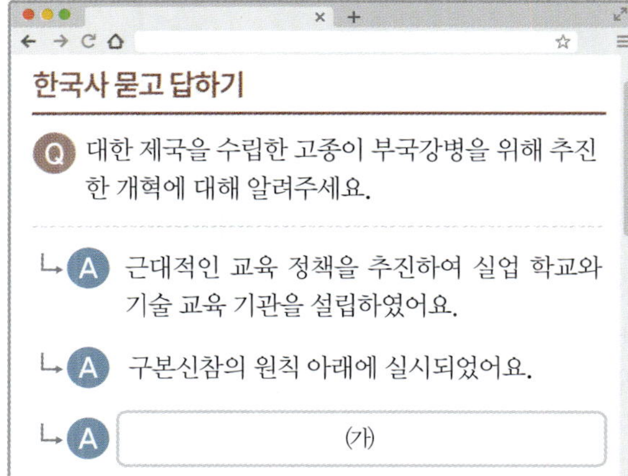

① 단발령을 시행하였어요.
② 궁내부를 설치하였어요.
③ 양전 사업을 실시하였어요.
④ 천인 차별을 개선하였어요.
⑤ 『독립신문』을 창간하였어요.

19 다음을 읽고 물음에 답하시오.

> 임오년 6월 9일, 한성의 군사들이 큰 소란을 피웠다. 갑술년 이후 대궐에서 쓰이는 경비가 끝이 없었다. 호조와 선혜청의 창고도 고갈되어 한성의 관리들은 봉급이 지급되지 않았으며 …… 도태되어 기댈 곳이 없던 이들은 완력으로 난을 일으키려고 하였다.
>
> – 황현, 『매천야록』 –

(1) 밑줄 친 '큰 소란'의 명칭을 쓰시오.

(2) 위 사건의 영향을 조선과 청의 관계를 중심으로 서술하시오.

20 다음 (가) 사건의 의의를 서술하시오.

> 김옥균 일파는 청이 우리나라의 자주권을 침해하는 것을 분하게 여겨 드디어 일본 공사와 협력하여 ___(가)___ 을 일으켜 일본당으로 지목되었다. …… 실패로 끝나자 온 나라가 그들을 역적으로 몰았다.
>
> – 김윤식, 『속음청사』 –

21 밑줄 친 '화약' 이후 농민군의 개혁 활동을 서술하시오.

> 전봉준은 청과 일본에게 군대 주둔의 빌미를 주지 않기 위해서 관군에 폐정 개혁안을 제시하고 이를 정부가 받아들인다면 농민군을 해산하겠다는 강화안을 제시하였다. 홍계훈이 전봉준의 강화안을 수락함으로써 동학 농민군과 정부군은 화약을 체결하였다.

문제의 자료에서 **키워드**를 찾고, **키워드 꼬리 질문**에 답해 보자.
만약 **답변이 어렵다면 다시 학습**을 통해 복습해 보자.

01 다음 계획을 토대로 일어난 사건의 결과로 가장 적절한 것은?

> - 홍영식이 총판으로 있는 우정국 낙성식 날을 거사일로 한다.
> - 우정국 낙성식 축하연 도중 별궁에 불을 질러서 거사의 신호로 한다. 별궁에 불이 나면 네 명의 영사는 직책상 불을 끄러 화재 현장으로 가지 않을 수 없으니, 이때 수구파 요인을 처단한다.
> - 별궁 발화 후 대신들이 출입하는 금호문 밖에는 개화당 동지 43명을 매복시켰다가 대신들이 화재에 대한 문안차 입궐하면 즉시 처치한다.
> - 대궐 안의 내응으로는 친군영 전영소대장이 숙직을 자청한 후 대궐 밖의 움직임에 호응하여 군영 병사를 거느리고 있다가 대궐 안으로 들어오는 자가 있으면 처치한다.
> - 별궁에 불이 난 뒤 일본 공사관으로부터 일본군을 빌려 사고를 방지케 한다.

① 중추원이 의회의 기능을 갖추게 되었다.
② 조청 상민 수륙 무역 장정이 체결되었다.
③ 구본신참을 원칙으로 개혁이 이루어졌다.
④ 조선이 일본 공사관 신축비를 부담하였다.
⑤ 집강소가 설치되어 폐정 개혁안을 실천하였다.

키워드 Pick
• 우정총국 개국 축하연
• 일본군을 빌려

키워드 꼬리 질문
Q1 우정총국 개국 축하연에서 일어난 사건은?
Q2 위 사건을 주도한 인물은?

답변이 어렵다면 다시 학습
☞ 132쪽

02 다음 주장이 제기된 시기를 연표에서 옳게 고른 것은?

> 우리나라가 아시아의 중립국이 되는 것은 러시아를 막는 중요한 계기가 될 것이며, 또 아시아의 여러 대국이 서로 균형을 이루는 정략도 될 것이다. …… 오직 중립 한 가지만이 진실로 우리나라를 지키는 방책이지만 이를 우리가 먼저 제창할 수 없으니 중국이 이를 맡아서 처리하도록 해야 한다. …… 그리하여 중국이 맹주가 되어 영국, 프랑스, 일본, 러시아 등 아시아 지역과 관계가 있는 여러 나라와 만나고, 이 자리에 우리나라도 참여하여 공동으로 조약을 체결하도록 해야 한다.

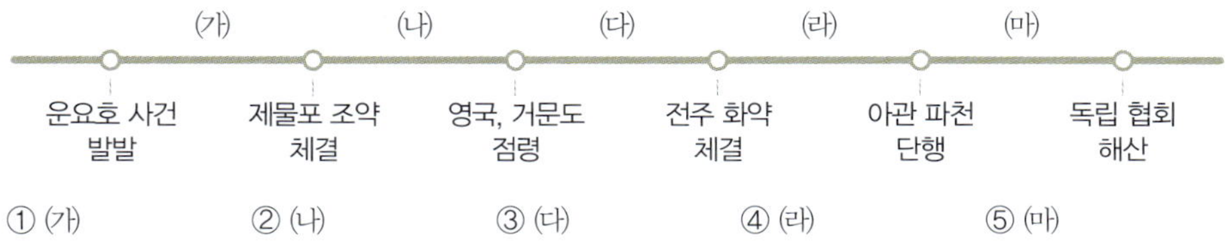

① (가)   ② (나)   ③ (다)   ④ (라)   ⑤ (마)

키워드 Pick
• 중립국
• 여러 대국이 서로 균형을 이루는 정략

키워드 꼬리 질문
Q1 조선 중립화론을 주장한 인물은?
Q2 위 주장이 제기된 시기 조선에 내정 간섭을 한 나라는?

답변이 어렵다면 다시 학습
☞ 132쪽

03 밑줄 친 '이 개혁'의 내용으로 옳은 것은?

> 경복궁을 점령한 일본의 강요로 조선은 김홍집을 총리대신으로 하는 내각을 수립하였다. 김홍집 내각은 군국기무처를 설치하고 갑신정변의 개혁안과 동학 농민군의 개혁 요구를 수용하여 개혁을 추진하였다. 이 개혁은 비록 일본의 강요로 시작되었지만, 일본은 당시 청·일 전쟁이 진행되는 상황에서 적극적으로 간섭할 수 없었고, 조선은 자주적으로 개혁을 추진할 수 있었다.

① 황제권을 강화하였다.
② 공·사 노비를 혁파하였다.
③ 재정을 탁지부에 전담하였다.
④ 러시아 재정 고문을 철수시켰다.
⑤ 김홍집·박영효 연립 내각이 수립되었다.

키워드 Pick
- 일본의 강요로
- 김홍집 내각
- 군국기무처

키워드 꼬리 질문
Q1 군국기무처가 설치된 개혁은?
Q2 개혁을 추진한 결과 있었던 조선 사회의 변화는?

답변이 어렵다면 다시 학습
☞ 134쪽

04 다음 (가) 정부가 수립되고 실시된 정책으로 옳은 것은?

> 1901년 10월 [(가)] 정부는 「칙령 제21호」로 지계아문직원급 처무 규정을 마련하였다. 이로써 지계아문은 한성부와 13도 지역에 걸쳐 토지에 대한 계약을 정리·실시하는 기구가 되었다. 지계아문은 전토의 답사, 계약에 관한 사항, 매매 증권의 발급 등을 전담하였다. 지계의 발급 대상도 농지에 국한되지 않고 산림, 토지, 전답, 가사 등으로 확대되었다. 또 정부는 지계의 발행 범위도 개항장 이외에는 내국인에게만 지계 발급을 명문화함으로써 외국인의 토지 소유를 정식으로 금지한다는 규제 조항을 실시하였다.

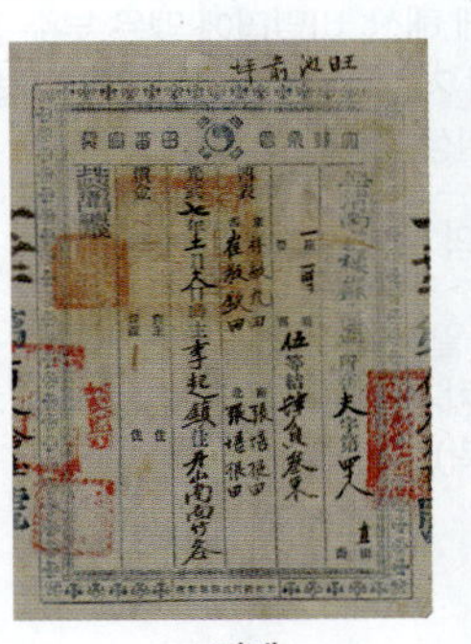

▲ 지계

① 원수부를 설치하였다.
② '건양' 연호를 사용하였다.
③ 일본에 조사 시찰단을 파견하였다.
④ 탁지아문으로 재정을 일원화하였다.
⑤ 집강소를 설치하고 개혁을 실시하였다.

키워드 Pick
- 지계아문
- 지계 발급

키워드 꼬리 질문
Q1 지계를 발급한 정부는?
Q2 지계를 발급한 당시의 개혁을 이르는 말은?

답변이 어렵다면 다시 학습
☞ 136쪽

03 국권 침탈과 국권 수호 운동

🔶 일제의 침략과 국권 피탈

1 러일 전쟁과 일제의 침략 자료①

러일 전쟁 발발 (1904. 2.)	• 배경: 만주와 한반도를 둘러싼 러시아와 일본의 대립 격화 • 러일 전쟁 발발: 러시아와 일본이 한반도의 주도권을 두고 협상 및 결렬 → 일본군이 러시아군을 기습 공격(전쟁 발발)
한일 의정서 (1904. 2.)	• 배경: 전쟁 직전 고종의 국외 중립 선언 → 일본의 무시 → 러일 전쟁을 일으킨 후 한성에 일본군 주둔 → 강제로 조약 체결 ┌ 전쟁에 휘말리지 않기 위함 • 내용: 전쟁 수행에 필요한 한국 내 지역을 일제가 군사 기지로 사용
제1차 한일 협약 (1904. 8.)	• 배경: 러일 전쟁의 전세가 일본에 유리해짐, 일제의 조약 체결 강요 • 내용: 재정·외교 분야에 일제가 추천한 고문 파견 → 재정 고문 메가타와 외교 고문 스티븐스를 파견하여 한국의 내정 간섭 └ 1905년 화폐 정리 사업을 추진하였다.
열강이 일제의 한국 지배 인정, 러일 전쟁 종결	• 가쓰라·태프트 밀약(1905. 7.): 미국과 일본이 필리핀, 한국 지배를 서로 인정 • 제2차 영일 동맹(1905. 8.): 영국이 일본이 한국에 대한 독점적 지배권 인정 • 포츠머스 강화 조약(1905. 9.): 미국의 중재로 러일 전쟁 종결, 일본이 러시아로부터 한국에 대한 독점적 지배권을 인정받음

┕ 미국의 외교관으로 일제가 대한 제국을 침략하는 데 도움을 주었다.

2 대한 제국의 국권 피탈 자료②

을사늑약 (1905. 11.) 강제·억지로 맺은 조약	• 전개: 일본이 고종과 대신들을 위협 → *을사오적을 앞세워 강제 체결 • 내용: 대한 제국의 외교권 강탈, 통감부를 설치하여 내정 전반 간섭 • 저항: 민영환과 조병세가 늑약 파기를 주장하며 자결, 장지연이 「*시일야방성대곡」 게재, 을사의병 전개, 학생들의 동맹 휴학, 상인들의 철시 • 고종의 대응: 을사늑약 무효 선언, 미국·독일에 친서 보냄, *헤이그 특사 파견 (이상설, 이준, 이위종) → 일본의 방해로 실패 → 고종 강제 퇴위, 순종 즉위 (1907)
한일 신협약 (정미 7조약, 1907. 7.) ┕ 정미년에 맺은 7개조의 조약	• 내정 간섭 강화: 통감의 권한 확대, 정부 각 부서에 일본인 차관 임명 • 군대 강제 해산: 비밀리에 맺은 부수 각서에 군대 해산 명시 ┌ 행정권 장악 • 한국인의 저항 차단: 보안법, 신문지법, 출판법 등 → 언론·출판·집회·결사의 자유 사실상 금지
기유각서(1909)	대한 제국의 사법권 강탈
*한국 병합 조약 (1910. 8.)	친일 단체 일진회가 합방 청원서 제출 → 합방 여론 조성, 총리대신 이완용과 통감 데라우치가 이른바 한국 병합 조약 체결 → 대한 제국의 국권 상실(일제의 식민지로 전락)

3 독도와 *간도

독도 자료③	• 우산국, 신라에 복속(512) → 삼국 시대부터 우리나라의 고유 영토 • 대한 제국, 「칙령 제41호」 반포(1900) → 독도를 울도군에 포함하여 관리 • 일제가 러일 전쟁 중 독도를 불법적으로 자국 영토에 포함시킴(시마네현 고시)
간도 자료④	• 백두산정계비 건립(1712): 19세기 후반 청과 간도 귀속 문제 발생 • 대한 제국의 정책: 간도 관리사(이범윤) 파견, 간도를 함경도에 편입 • 간도 협약(1909): 일제가 간도를 청의 영토로 인정하고 만주의 철도 부설권 획득

┕ 조선 숙종 때 조선과 청이 두 나라의 국경을 정하고자 세운 비석으로 동쪽은 토문강, 서쪽은 압록강을 국경으로 삼는다고 새겨져 있다.

***을사오적**
을사늑약 체결에 가담한 대한 제국의 다섯 명의 대신(박제순, 이지용, 이근택, 이완용, 권중현)을 말한다.

***「시일야방성대곡」**
'오늘을 목놓아 크게 운다.'라는 뜻의 사설로 『황성신문』에 게재되어 을사늑약과 을사늑약 체결에 앞장선 을사오적을 비판하였다.

***헤이그 특사**

▲ 왼쪽부터 이준, 이상설, 이위종

1907년 6월 고종이 파견한 특사는 네덜란드의 헤이그에서 열린 만국 평화 회의에 참석하여 을사늑약의 부당성을 호소하고자 하였다.

***한국 병합 조약**

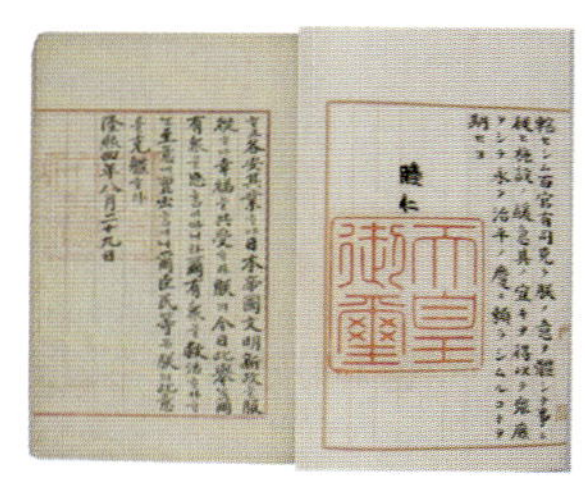

▲ 한국 병합 조약 문서

일본군이 서울 곳곳에 배치된 공포 분위기 속에서 강제로 체결되었다. 오른쪽 일본측 문서에는 일왕의 서명과 어새가 모두 있지만 왼쪽 대한 제국 측에는 어새만 있고 순종의 서명이 빠져 있어 비준이 이루어졌다고 볼 수 없다.

***간도**

▲ 「대한전도」(1907)

간도 협약 이전의 지도로, 대한 제국은 간도의 일부 지역을 함경북도에 포함하여 표시하였다.

자료 ① 한일 의정서와 제1차 한일 협약(재정·외교 고문 용빙에 관한 협정서)

제3국의 침해 또는 내란으로 인하여 대한 제국 황실의 안녕과 영토의 보전에 위험이 있을 경우에 대일본 제국 정부는 곧 필요한 조치를 취할 것이며, …… 대일본 제국 정부는 이러한 목적을 달성하기 위해 전략상 필요한 지점을 수시로 이용할 수 있다.　－『고종실록』－
└─ 군사 기지로 활용할 수 있는 곳

1. 대한 정부는 일본 정부가 추천한 일본인 1명을 재정 고문으로 삼아 재무에 관한 사항은 일체 그의 의견을 물어서 시행해야 한다. (메가타)
2. 대한 정부는 일본 정부가 추천한 외국인 1명을 외교 고문으로 삼아 외교에 관한 중요한 사무는 일체 그의 의견을 물어서 시행해야 한다. (스티븐스(미국인))　－『고종실록』－

일본은 러시아와 전쟁을 일으키고 한국의 영토를 군사 기지로 사용할 수 있도록 한일 의정서를 체결하였다. 이후 제1차 한일 협약을 통해 대한 제국 내정에 간섭하고자 외국인 고문 초빙을 강요하였다.

자료 ② 을사늑약과 한일 신협약(정미 7조약)

제2조　한국 정부는 지금부터 일본국 정부의 중개를 거치지 않고서는 국제적 성질을 가진 어떤 조약이나 약속을 맺지 않을 것을 서로 약속한다.
제3조　일본국 정부는 그 대표자로 한국 황제 폐하 밑에 1명의 통감을 두되, 통감을 오로지 외교에 관한 사항을 관리하기 위해 경성에 주재하고 ……　－『고종실록』－

제2조　한국 정부의 법령 제정 및 행정상의 처분은 미리 통감의 승인을 거친다.
제5조　한국 정부는 통감이 추천하는 일본인을 한국 관리로 임명한다.
부수 각서 제3조　…… 황궁 수위를 담당케 하고, 기타 군대를 해산한다.　－『순종실록』－

일본은 을사늑약으로 대한 제국의 외교권을 강탈하고 통감부를 설치하였다. 이후 헤이그 특사 파견을 구실로 고종을 강제 퇴위시키고 한일 신협약(정미 7조약)의 부수 비밀 각서를 통해 군대를 해산시켰다.

자료 ③ 대한 제국 『칙령 제41호』

제1조　울릉도를 울도로 개칭하여 강원도에 부속하고, …… 군등은 5등으로 할 것.
제2조　군청 위치는 태하동으로 정하고 구역은 울릉 전도와 죽도·석도(독도)를 관할할 것.
울릉도 인근의 대섬　－『관보』－

대한 제국은 울릉도를 군으로 승격시켜 독도를 관할하도록 명기한 대한 제국 『칙령 제41호』(1900)를 통해 독도가 대한 제국의 영토임을 명확히 하였다.

자료 ④ 간도 협약

제1조　청과 일본 두 나라 정부는 도문강(두만강)을 청과 한국의 국경으로 하고 강 원천지에 있는 정계비를 기점으로 하여 석을수(두만강의 지류)를 두 나라의 경계로 한다.
제6조　청 정부는 장차 길장(지린-장춘) 철도를 연길 이남으로 연장하여 한국의 회령에서 한국 철도와 연결할 수 있다. 연결 시기는 청 정부에서 일본 정부와 상의하여 정한다.　－『순종실록』－

을사늑약으로 대한 제국의 외교권을 강탈한 일제는 청과 간도 협약을 체결하여 간도를 청의 영토로 인정하고, 그 대가로 남만주 철도 부설권과 푸순 탄광 채굴권 등을 얻었다.

✱ 일제의 국권 침탈 과정

러일 전쟁 발발(1904. 2.)
↓
한일 의정서(1904. 2.)
일제가 전략상 필요한 지역을 군사 기지로 사용 가능
↓
제1차 한일 협약(1904. 8.)
재정 및 외교 고문 파견
↓
열강이 일본의 한국 지배 인정
가쓰라·태프트 밀약(1905. 7.)
제2차 영일 동맹(1905. 8.)
포츠머스 강화 조약(1905. 9.)
↓
을사늑약(1905. 11.)
외교권 강탈, 통감부 설치
↓
고종 강제 퇴위(순종 즉위)
↓
한일 신협약(정미 7조약, 1907. 7.)
통감의 내정 간섭 심화,
차관 정치, 군대 해산(부수 각서)
↓
기유각서(1909)
대한 제국의 사법권 강탈
↓
한국 병합 조약(1910. 8.)
대한 제국의 국권 피탈

✱ 독도의 역사

512	우산국, 신라에 복속
1454	『세종실록지리지』, 독도가 조선의 영토임을 명확히 함
1531	『신증동국여지승람』, 독도 표기
1693	안용복, 일본으로 납치, 독도 수호 활동
1696	에도 막부, 죽도(울릉도) 도해 금지령
1770	『동국문헌비고』, 독도 기술
1877	일본 태정관, 내무성에 독도가 일본과 상관 없음을 명시
1900	대한 제국 『칙령 제41호』 반포
1905	일본, 독도를 불법적으로 자국 영토로 편입

Tip 독도가 역사적으로나 국제법적으로 한국 고유의 영토인 이유를 시기별로 확인하자.

⊇ 항일 의병 운동과 의열 투쟁

1 항일 의병 운동 (자료⑤)

을미의병 (1895)	• 배경: 을미사변, 단발령 시행 • 특징: 유인석, 이소응 등 유생층 주도, 농민과 동학 농민군의 잔여 세력 가담 • 해산: 아관 파천 후 고종이 단발령 취소, 의병 해산 권고 조칙 발표 → 을미의병 해산 → 일부는 활빈당, 영학당 등을 조직하여 무장 투쟁 지속
을사의병 (1905)	• 배경: 을사늑약 태인에서 봉기한 최익현은 관군이 출동하자 스스로 체포되었고, 일본군에 넘겨져 쓰시마섬에 유배되었다가 순국하였다. • 특징: 민종식, 최익현 등의 유생 의병장이 봉기, 신돌석 등 평민 의병장 등장
*정미의병 (1907)	• 배경: 고종 강제 퇴위, 대한 제국의 군대 강제 해산 • 특징: 해산 군인 합류(전투력, 조직력 강화), 다양한 계층 참여(의병 전쟁으로 발전) • 서울 진공 작전: *13도 창의군 결성(1907) → 서울 진공 작전 전개(1908) → 실패 • 호남 의병: 호남에서 의병 활동 활발 → 일제는 *남한 대토벌' 작전을 전개하여 탄압
의의	일제의 한국 강점 지연, 한국의 독립 의지 표출 → 일제 강점기 무장 독립 전쟁으로 계승

연합 의병 부대는 각국 공사관에 의병을 국제법상 교전 단체로 승인해 달라고 요구하였다.

2 의열 투쟁

나철·오기호	'자신회'라는 5적 암살단 조직 → 을사늑약 체결에 협조한 매국노 처단 시도
장인환·전명운	일제의 한국 침략이 정당하다고 선전한 미국인 외교 고문 스티븐스 처단(1908) → 미주 지역 독립운동 단체가 연대하는 계기가 됨
안중근 (자료⑥)	이토 히로부미(초대 통감, 을사늑약 체결 주도)를 하얼빈역에서 사살(1909) → 『동양 평화론』 집필
이재명	명동 성당 앞에서 매국노 이완용을 습격하여 중상을 입힘

⊒ 애국 계몽 운동

1 애국 계몽 운동 단체
을사늑약을 전후로 국권 상실의 위기감이 고조되자 사회 진화론에 기초하여 실력 양성을 통한 국권 회복을 추진하였다.

보안회 (1904)	• 활동: 러일 전쟁 중 일본이 황무지 개간권 요구 → 반대 운동을 전개하여 철회시킴 • 해체: 일본의 압력으로 강제 해산
헌정 연구회 (1905)	• 활동: 독립 협회 계승, 의회 중심의 입헌 정치 체제 수립을 지향, 을사늑약 규탄 • 해체: 일제의 탄압으로 10개월 만에 해산 → 대한 자강회로 계승
대한 자강회 (1906) (자료⑦)	• 활동: 교육과 산업 진흥 강조, 입헌 군주제 지향, 전국에 지회 설치, 월보 간행 • 해체: 고종 강제 퇴위 반대 운동을 전개 → 일제의 탄압으로 강제 해산(1907)
신민회 (1907) (자료⑧)	• 조직: *안창호, 양기탁 등의 애국지사들이 비밀 결사로 조직 • 목표: 공화 정체의 근대 국민 국가 수립을 지향 • 활동: 산업 육성, 민족 교육 실시(대성 학교, 오산 학교 설립), 계몽 서적 출판(태극 서관 설립), 국외 독립운동 기지 건설 추진(*신흥 강습소 설립) • 해체: 일제가 조작한 *105인 사건으로 사실상 해산(1911)

이회영, 이상룡 등

2 교육과 언론 활동

(1) **학회 설립**: 기호 흥학회, 서북 학회 등이 설립되어 민중 계몽 활동 전개 _{학교 설립, 교과서 보급 등}

(2) **언론 활동**: 『황성신문』(을사늑약 규탄), 『대한매일신보』(국채 보상 운동 지원), 미주의 『신한민보』와 연해주의 『해조신문』이 일본의 침략상을 알림

＊정미의병

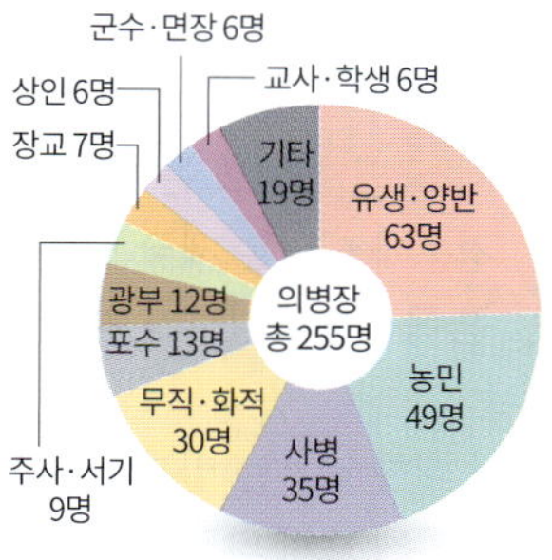

군수·면장 6명 / 교사·학생 6명 / 상인 6명 / 장교 7명 / 기타 19명 / 유생·양반 63명 / 광부 12명 / 포수 13명 / 의병장 총 255명 / 농민 49명 / 무직·화적 30명 / 주사·서기 9명 / 사병 35명

(박성수, 『독립운동사 연구』)

▲ 정미의병장의 신분·직업별 분포

정미의병은 다양한 계층이 참여하여 전국적인 항일 구국 전쟁으로 발전하였다.

＊13도 창의군

전국의 의병 부대들이 경기도 양주에 집결하여 편성된 연합 의병 부대로 이인영을 총대장, 허위를 군사장으로 추대하였다.

＊'남한 대토벌' 작전

일제가 1909년 9월부터 2개월간 호남 지역의 항일 의병을 완전히 탄압하기 위해 시행한 군사 작전을 의미한다.

＊안창호

신민회 회원인 안창호는 일제가 1908년 사립 학교령을 제정하여 민족 교육을 탄압하자, 평양에 대성 학교를 설립하였다. 대성 학교는 '건전한 인격을 함양한 애국심 있는 인재 양성'을 목표로 교육에 힘썼다.

＊신흥 강습소

남만주 삼원보에 독립군을 양성하기 위해 세워졌다. 훗날 신흥 무관 학교로 개편되었다.

＊105인 사건

일제가 데라우치 총독을 암살하려 했다는 죄목을 조작하여 신민회 회원들을 재판에 넘겼고, 그 가운데 105명이 유죄 판결을 받아 105인 사건이라 불린다.

자료 ⑤ 항일 의병 운동

• 을미의병

우리 국모의 원수를 생각하며 이미 이를 갈았는데, 참혹한 일이 더해 우리 부모에게서 받은 머리털을 풀 베듯이 베어 버리니 이 무슨 변고란 말인가. …… 이에 감히 의병을 일으키고 마침내 이 뜻을 세상에 포고하노니 …….

— 유인석, 『의암집』 —

• 을사의병

오호라 작년 10월에 저들이 한 행위는 만고에 일찍이 없던 일로서, 억압으로 한 조각의 종이에 조인하여 5백 년 전해 오던 종묘사직이 드디어 하룻밤에 망하였으니 …… 나라가 이와 같이 망해 갈진대 어찌 한번 싸우지 않을 수 있는가.

— 최익현, 『면암집』 —

• 정미의병

7월 이후로 황제 자리를 억박질러 빼앗고 거짓으로 <u>선위</u>라 하고 안의 10부 대신과 밖의 8도 수령을 일진회로 채워 넣어 세금을 강탈하고 미관말직이라도 일본인이 차지해 손대지 못하게 하니 백성이 발 디딜 곳이 없으므로 …….

임금의 자리를 물려줌

— 노희태, 『격고문』 —

항일 의병 운동은 초기에 위정척사 사상을 가진 유생이 주도하면서 봉건적 질서를 강조하였다. 하지만 다양한 계층이 의병 활동에 참여하면서 점차 그 성격에서 벗어나게 되었다.

자료 ⑥ 안중근의 『동양 평화론』

근심과 재난

지금 서양 세력이 <u>동양</u>으로 뻗쳐 오는 <u>환난</u>을 동양 사람이 일치단결해서 극력 방어함이 최상책이라는 것을 비록 어린아이일지라도 익히 아는 일이다. 그런데 무슨 이유로 일본은 이러한 순리의 형세를 돌아보지 않고 같은 인종인 이웃 나라를 치고 우의를 끊어 ……

뤼순 감옥에서 사형 집행을 앞둔 안중근은 『동양 평화론』을 집필하였으나 완성하지 못하고 순국하였다. 그는 일본이 내세운 '동양 평화'가 실상 침략 사상임을 비판하고, 한국, 중국, 일본이 서로 대등하게 존중하고 협력할 때 진정으로 동양의 평화를 지킬 수 있다고 주장하였다.

자료 ⑦ 대한 자강회 취지문

무릇 나라의 독립은 오직 자강의 여하에 달려있다. …… 자강의 방도는 다른 곳에 있지 않고 교육을 진작하고 산업을 일으키는 데 있다. …… 백성의 지혜를 깨우치고 국력을 양성할 방법은 오직 교육과 산업의 발달에 달려있지 않겠는가.

— 『대한 자강회 월보』, 제1호 —

자료 ⑧ 신민회

우리의 목적은 우리 한국의 부패한 사상과 습관을 혁신하고 국민을 새롭게 하며, 쇠퇴한 교육과 산업을 개량하고 사업을 혁신하게 하여, 새로운 자유 문명국을 성립하게 함에 있다.

— 안창호, 「대한 신민회 통용 장정」 —

남만주로 집단 이주하려고 기도하고, …… 한인 단체를 일으키며, 학교를 세워 민족 교육을 실시하고, 나아가 무관 학교를 설립하여 문무를 겸하는 교육을 실시하면서, 기회를 엿보아 독립 전쟁을 일으켜 구한국의 국권을 회복하려고 하였다.

— 「105인 사건 판결문」 —

신민회는 애국 계몽 운동에만 머무르지 않고 무장 투쟁과 결합하여 독립운동의 기반을 다졌다. 1911년 신민회는 일제가 조작한 105인 사건으로 와해되었지만 회원들이 국내외에서 독립운동을 이어 나갔다.

✖ 항일 의병 운동의 주도 세력과 활동

을미의병
• 주도 세력: 위정척사 사상을 가진 유생
• 활동: 지방 관청 공격, 개화파 관리 처단, 일본군 공격

↓

을사의병
• 주도 세력: 양반 유생, 평민 의병장
• 활동: 충청남도 홍주성 점령(민종식), 정읍·순창·곡성 장악(최익현), 평해·울진·영해 등에서 유격전(신돌석)

↓

정미의병
• 주도 세력: 다양한 계층의 의병 연합 부대 (유생, 전직 관료, 해산 군인, 농민, 상인, 포수 등)
• 활동: 의병 연합 부대 결성(13도 창의군) → 서울 진공 작전 → 동대문 인근까지 진격 → 일본군에 밀려 후퇴, 실패 → 이후 일본 침략 관련 시설물 파괴, 일진회 공격 등

TIP 각 의병 운동별로 주요 세력과 활동을 기억해서 구분할 수 있도록 하자.

✖ 항일 의열 투쟁의 전개

나철 오기호	'자신회'라는 5적 암살단을 조직해 매국노 처단 시도
장인환 전명운	샌프란시스코에서 미국인 외교 고문 스티븐스 처단
안중근	이토 히로부미 사살
이재명	매국노 이완용 습격

TIP 의거를 일으킨 인물과 처단 대상을 묶어서 학습하자. 또한 의거들이 을사늑약 이후의 일이라는 것도 기억하자.

✖ 신민회의 주요 활동

산업	자기 회사 설립, 방직 공장과 연초 공장 운영
교육	대성 학교와 오산 학교 설립
문화	태극 서관 설립(계몽 서적 출판)
군사	한인촌 건설(남만주 삼원보), 독립 전쟁 준비(신흥 강습소 설립)

개념  체크 문제

포인트 Pick

1 일제의 침략과 국권 피탈

(❶)	일본이 한국 내에서 필요한 지역을 군사 기지로 이용 가능
제1차 한일 협약	재정 및 외교 분야에 일본이 추천한 고문 파견
을사늑약	대한 제국의 (❷) 강탈, 통감부 설치
한일 신협약	일본인 차관 임명, 부속 각서에서 군대 해산 명시
기유각서	대한 제국의 (❸) 강탈
한국 병합 조약	대한 제국의 국권 피탈

2 독도와 간도

독도	대한 제국이 (❹) 반포 → 독도가 우리나라 영토임을 명시 → 일제가 러일 전쟁 중 독도를 불법적으로 강탈
간도	대한 제국이 간도 관리사(이범윤)를 파견해 간도 관리 → 일제가 (❺)을 통해 대가를 받고 간도를 청의 영토로 인정

3 항일 의병 운동

을미의병	• 배경: 을미사변과 단발령 실시 • 특징: 유인석 등 유생 주도 → 고종의 해산 조칙으로 해산
을사의병	• 배경: 을사늑약 • 특징: 최익현 등 유생 주도, 신돌석 등 평민 의병장 등장
정미의병	• 배경: 고종 강제 퇴위, 대한 제국의 군대 강제 해산 • 특징: 해산 군인의 합류, 항일 의병 전쟁으로 확대 • 전개: 연합 부대인 (❻) 결성 → 서울 진공 작전(실패) → 호남 의병 활동 → 일제가 '남한 대토벌' 작전으로 탄압

4 의열 투쟁

나철·오기호	'자신회'라는 5적 암살단 조직, 매국노 처단 시도
장인환·전명운	외교 고문 (❼)를 처단
(❽)	을사늑약 체결을 주도한 이토 히로부미 사살
이재명	명동 성당 앞에서 매국노 이완용 습격

5 애국 계몽 운동

보안회	일본의 황무지 개간권 요구 → 반대 운동 전개(철회시킴)
(❾)	• 활동: 의회 설립을 통한 입헌 군주 체제 지향 • 해체: 일제의 탄압으로 해산 → 대한 자강회로 계승
대한 자강회	• 활동: 입헌 군주제 지향, 전국에 지회 설치, 월보 간행 • 해체: 고종 강제 퇴위 반대 운동을 전개하다 해산
신민회	• 조직: 안창호, 양기탁 등이 비밀 결사로 조직 • 목표: 공화 정체의 근대 국민 국가 수립 • 활동: 산업 육성, 문화 활동, 민족 교육, 국외 독립운동 기지 건설 추진 • 해체: 일제가 날조한 (❿)으로 조직 와해

01 다음에서 설명하는 조약을 쓰시오.

> 러일 전쟁 승리로 대한 제국의 독점적 지배권을 확보한 일본은 군대를 동원하여 고종과 대신을 위협하고 대한 제국의 외교권을 강탈하는 조약을 체결하였다.

02 다음 조약을 체결된 순서대로 나열하시오.

보기
ㄱ. 기유각서   ㄴ. 을사늑약
ㄷ. 한일 의정서   ㄹ. 한일 신협약
ㅁ. 한국 병합 조약 ㅂ. 제1차 한일 협약

03 다음 서술이 옳으면 ○표, 틀리면 ×표 하시오.

(1) 단발령에 반발하여 을사의병이 일어났다. (   )

(2) 일제는 러일 전쟁 중 독도를 불법적으로 자국 영토에 편입하였다. (   )

(3) 일본은 미국과 포츠머스 강화 조약을 체결하여 대한 제국의 독점적 지배권을 인정받았다. (   )

04 다음 내용을 옳게 연결하시오.

(1) 월보 간행   •   • ㉠ 신민회

(2) 비밀 결사   •   • ㉡ 헌정 연구회

(3) 독립 협회 계승 •   • ㉢ 대한 자강회

05 다음 내용을 옳은 서술로 완성하시오.

(1) 을사의병에는 (㉠ 유인석 , ㉡ 신돌석) 같은 평민 의병장이 활약하였다.

(2) (㉠ 보안회 , ㉡ 신민회)는 민족 교육을 위해 대성 학교와 오산 학교를 설립하였다.

(3) 일제는 (㉠ 기유각서 , ㉡ 한일 의정서)를 통해 대한 제국의 사법권을 강탈하였다.

06 독립 전쟁 준비를 위해 신민회가 남만주 삼원보에 세운 무관 학교를 쓰시오.

01 다음 조약에 대한 설명으로 옳은 것은?

> 제3국의 침해 또는 내란으로 인하여 대한 제국 황실의 안녕과 영토의 보전에 위험이 있을 경우에 대일본 제국 정부는 곧 필요한 조치를 취할 것이며, …… 대일본 제국 정부는 이러한 목적을 달성하기 위해 전략상 필요한 지점을 수시로 이용할 수 있다.

① 해안 측량권을 허용하였다.
② 러일 전쟁 중에 체결되었다.
③ 통감부가 설치되는 근거가 되었다.
④ 정미의병이 일어나는 계기가 되었다.
⑤ 삼국 간섭이 일어나는 배경이 되었다.

02 가쓰라·태프트 밀약에 대한 설명으로 옳은 것은?

① 청일 전쟁의 결과로 체결되었다.
② 영국의 거문도 점령으로 이어졌다.
③ 일본이 랴오둥반도를 청에 반환하였다.
④ 러일 전쟁의 강화 조약으로 체결되었다.
⑤ 미국이 일본의 한반도 지배를 인정하였다.

03 다음 자료를 활용한 탐구 주제로 가장 적절한 것은?

> • 영국은 일본이 이익을 보호하고 증진하기 위해 정당하며 필요하다고 인정하는 지도·감리 및 보호의 조치를 한국에서 취할 권리를 승인한다.
> • 러시아 제국 정부는 일본국이 한국에서 정치상, 군사상 및 경제상의 탁월한 이익을 갖는다는 것을 승인하고 …… 간섭하지 않을 것을 약정한다.

① 청일 전쟁 발발의 배경
② 애국 계몽 단체의 활동
③ 항일 의병 운동의 전개
④ 통상 수교 거부 정책과 양요
⑤ 열강이 일본의 한반도 지배 승인

기출 변형

04 밑줄 친 '조약'이 체결된 결과로 옳은 것은?

> 민영환이 조약 체결에 항거하여 자결하였으니, 신들은 매우 놀랍고 슬펐습니다. 이는 그 사람을 위해서라기보다는 실로 나라와 천하를 위해 애통해하는 것입니다. …… 삼가 바라건대, 폐하께서는 속히 칙명을 내려 박제순·이지용·이완용·이근택·권중현 오적을 모두 처단하소서. 그리고 사리에 근거해 담판하여, 강제로 체결된 이 조약을 철회하소서.

① 고종이 강제 퇴위되었다.
② 조사 시찰단이 파견되었다.
③ 청군과 일본군이 철수하였다.
④ 대한 제국의 외교권이 강탈당하였다.
⑤ 메가타가 재정 고문으로 파견되었다.

중요

05 밑줄 친 '특사단'에 대한 설명으로 옳은 것은?

> 〈사료로 보는 한국사〉
>
> 대한 제국과 여러 국가 간의 외교 관계 단절은 한국의 의사에 의한 것이 아니라 일본이 우리나라의 권리를 침해한 결과라는 점에 비추어, …… 여러분들의 호의적인 중재를 허용해 주실 것을 간청하는 바 입니다.
>
> [해설] 위 사료는 고종이 헤이그에 파견한 특사단이 발표한 글이다. 특사단은 헤이그에 도착하여 외교 활동을 전개하고자 하였으나, 일본의 방해로 목적을 이루지는 못하였다.

① '자신회'를 조직하였다.
② 합방 청원서를 제출하였다.
③ 활빈당과 영학당을 조직하였다.
④ 대한 제국의 외교 고문으로 파견되었다.
⑤ 을사늑약의 부당함을 호소하고자 하였다.

06 다음 조약이 체결된 결과로 옳은 것은?

> 제1조 한국 정부는 시정 개선에 관해 통감의 지도를 받는다.
> 제2조 한국 정부의 법령 제정 및 행정상의 처분은 미리 통감의 승인을 거친다.
> 제5조 한국 정부는 통감이 추천하는 일본인을 한국 관리로 임명한다.
> 부수 각서 제3조 1. 육군 1대대를 존치하여 황궁 수위를 담당케 하고, 기타 군대를 해산한다.

① 사법권과 경찰권이 강탈되었다.
② 일본인 재정 고문이 파견되었다.
③ 의병에 해산 군인이 다수 가담하였다.
④ 을사오적을 앞세워 강제로 체결하였다.
⑤ 장지연이 「시일야방성대곡」을 게재하였다.

기출 변형

07 (가), (나) 시기 사이에 있었던 사실로 옳은 것만을 〈보기〉에서 고른 것은?

> (가) 러일 전쟁을 일으킨 일본은 전략상 필요한 지역을 임의로 사용할 수 있다는 한일 의정서를 강제로 체결하였다.
> (나) 고종이 강제 퇴위당하고 군대가 해산된 후 의병들이 13도 창의군을 결성하여 서울 진공 작전을 감행하였다.

> **보기**
> ㄱ. 단발령이 취소되었다.
> ㄴ. 평민 의병장이 등장하였다.
> ㄷ. 일본이 영국과 동맹을 맺었다.
> ㄹ. '남한 대토벌' 작전이 전개되었다.

① ㄱ, ㄴ 　② ㄱ, ㄷ 　③ ㄴ, ㄷ
④ ㄴ, ㄹ 　⑤ ㄷ, ㄹ

08 (가)~(다) 조약을 체결된 순서대로 나열한 것은?

> (가) 한국의 사법과 감옥 사무가 완비되었다고 인정될 때까지 한국 정부는 사법과 감옥 사무를 일본국 정부에 위탁한다.
> (나) 대한 정부는 일본 정부가 추천한 일본인 1명을 재정 고문으로 삼아 재무에 관한 사항은 일체 그의 의견을 물어서 시행해야 한다.
> (다) 한국 정부는 지금부터 일본국 정부의 중개를 거치지 않고서는 국제적 성질을 가진 어떤 조약이나 약속을 맺지 않을 것을 서로 약속한다.

① (가)-(나)-(다)
② (가)-(다)-(나)
③ (나)-(가)-(다)
④ (나)-(다)-(가)
⑤ (다)-(나)-(가)

중요 ☆

09 밑줄 친 '이 섬'에 대한 탐구 활동으로 가장 적절한 것은?

① 백두산정계비의 내용을 조사한다.
② 운요호 사건이 일어난 곳을 파악한다.
③ 러시아가 조차를 요구한 지역을 알아본다.
④ 영국이 불법으로 점령한 지역을 찾아본다.
⑤ 대한 제국 「칙령 제41호」의 내용을 분석한다.

10 간도에 대한 설명으로 옳은 것은?

① 13도 창의군이 집결한 곳이다.
② 이범윤을 관리사로 파견한 지역이다.
③ 안창호가 대성 학교를 세운 지역이다.
④ 농민군과 정부가 화약을 맺은 지역이다.
⑤ 이재명이 매국노 이완용을 습격한 곳이다.

중요

11 다음 의병에 대한 설명으로 옳은 것만을 〈보기〉에서 고른 것은?

> 국모의 원수를 생각하며 이미 이를 갈았는데, 참혹한 일이 더해 우리 부모에게서 받은 머리털을 풀 베듯이 베어 버리니 이 무슨 변고란 말인가. …… 이에 감히 의병을 일으키고 마침내 이 뜻을 세상에 포고한다.

보기

ㄱ. 13도 창의군을 결성하였다.
ㄴ. 을사늑약 체결에 반발하였다.
ㄷ. 유인석 등 유생층이 주도하였다.
ㄹ. 고종의 해산 권고 조칙으로 해산하였다.

① ㄱ, ㄴ 　　② ㄱ, ㄷ 　　③ ㄴ, ㄷ
④ ㄴ, ㄹ 　　⑤ ㄷ, ㄹ

12 밑줄 친 '의병'에 대한 설명으로 옳은 것은?

> 러일 전쟁이 일본의 승리로 마무리되고, 일제의 강요로 을사늑약이 체결되자 이에 반발하여 각지에서 의병이 일어났다. 전직 관료인 민종식이 충청도에서 봉기하였으며, 최익현과 임병찬도 전라도 태인에서 봉기하였다.

① 급진 개화파가 주도하였다.
② 서울 진공 작전을 전개하였다.
③ 정부와 전주 화약을 체결하였다.
④ 신돌석 등 평민 의병장이 활약하였다.
⑤ 구식 군인에 대한 차별 대우에 반발하였다.

기출 변형

13 다음 자료를 활용한 탐구 활동으로 가장 적절한 것은?

> • 태황제(고종)를 복위시켜라.
> • 외교권을 돌려놓아라.
> • 통감부를 철거하라.
> • 군대 시설의 자유를 회복하다.
>
> 13도 창의군의 군사장인 허위가 선발대를 이끌었다. …… 그 목적은 통감부를 무너뜨리고 한일 신협약 등을 파기하기 위함이었다.

① 삼국 간섭의 영향을 알아본다.
② 우금치 전투의 배경을 찾아본다.
③ 대한국 국제의 내용을 분석한다.
④ 갑신정변의 전개 과정을 조사한다.
⑤ 서울 진공 작전의 과정과 결과를 파악한다.

14 다음 인물에 대한 설명으로 옳은 것은?

① 독립 협회를 창립하였다.
② 헤이그 특사로 파견되었다.
③ 고부 농민 봉기를 일으켰다.
④ 을사늑약 체결에 반발하였다.
⑤ 서울 진공 작전을 주도하였다.

15 다음과 같이 주장한 인물에 대한 설명으로 옳은 것은?

> 지금 서양 세력이 동양으로 뻗쳐 오는 환난을 동양 사람이 일치단결해서 극력 방어함이 최상책이라는 것을 비록 어린아이일지라도 익히 아는 일이다. 그런데 무슨 이유로 일본은 이러한 순리의 형세를 돌아보지 않고 같은 인종인 이웃 나라를 치고 우의를 끊어 ……

① 외교 고문 스티븐스를 처단하였다.
② '자신회'라는 5적 암살단을 조직하였다.
③ 명동 성당 앞에서 이완용을 습격하였다.
④ 하얼빈에서 이토 히로부미를 사살하였다.
⑤ 『황성신문』에 「시일야방성대곡」을 게재하였다.

16 (가)에 들어갈 인물로 옳은 것은?

> 1909년 12월 22일, 총리대신 이완용이 명동 성당에서 나와 인력거를 타고 앞으로 지나치자 (가) 은 칼을 뽑아 이완용을 습격하였다. 여러 곳에 상처를 입은 이완용은 혼수상태에 빠져 병원으로 실려 갔고 (가) 은 현장에서 체포되었다.

① 이재명 　　② 안중근 　　③ 서재필
④ 이인영 　　⑤ 장인환

17 (가) 운동에 대한 설명으로 옳은 것은?

> 을사늑약을 전후하여 국권 상실의 위기감이 높아지는 상황에서 개화 운동과 독립 협회 활동을 계승한 지식인을 중심으로 (가) 운동이 전개되었다. 이들은 교육과 산업 분야에서 다양한 활동을 전개하여 국권을 회복하고, 근대 국가를 건설하고자 하였다.

① 성리학적 질서를 수호하고자 하였다.
② 집강소를 설치하고 폐정 개혁안을 실천하였다.
③ 관민 공동회를 개최하여 헌의 6조를 채택하였다.
④ 사회 진화론을 수용하여 실력 양성을 추진하였다.
⑤ 구본신참을 원칙으로 점진적인 개혁을 단행하였다.

18 다음 사건이 일어난 시기를 연표에서 옳게 고른 것은?

> 일본 공사 하야시는 대한 제국에 공문을 보내 대한 제국의 황무지 개간권을 일본인 나가모리에게 허락해 줄 것을 요구하고, 동시에 계약서를 외부대신 이하영에게 발송하였다. 이에 서울 종로에서 송수만, 심상진 등이 보안회를 조직하여 격렬한 반대 운동을 전개하였다. 이에 고종은 하야시에게 황무지 개간권을 허락할 수 없다는 뜻을 전달했고 하야시도 이에 동의한다고 통보하였다.

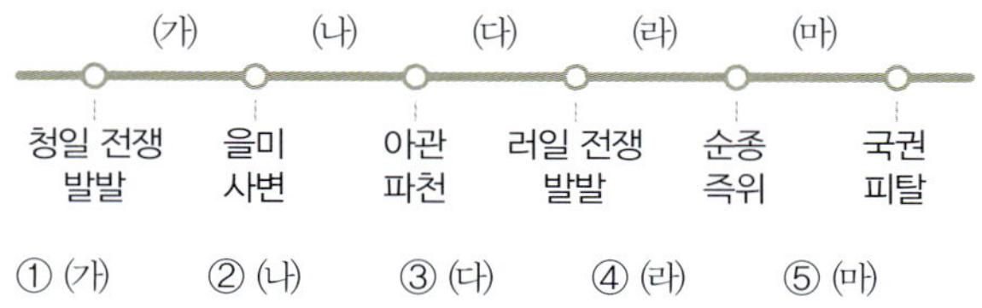

① (가) 　② (나) 　③ (다) 　④ (라) 　⑤ (마)

19 (가) 단체에 대한 설명으로 옳은 것만을 〈보기〉에서 고른 것은?

보기
ㄱ. 관민 공동회를 개최하였다.
ㄴ. 헌법을 제정하고자 하였다.
ㄷ. 대성 학교와 오산 학교를 설립하였다.
ㄹ. 고종 강제 퇴위 반대 운동을 전개하였다.

① ㄱ, ㄴ 　　② ㄱ, ㄷ 　　③ ㄴ, ㄷ
④ ㄴ, ㄹ 　　⑤ ㄷ, ㄹ

기출 변형

20 밑줄 친 '이 단체'에 대한 설명으로 옳은 것은?

> 질문: 피고인은 이 단체가 삼원보에 신흥 강습소를
> 세우고, 기회를 틈타서 독립 전쟁을 일으키고
> 자 하는 것을 알고 있었는가?
> 답변: 몇 년 전 한국인들이 교육과 산업 진흥을 목적
> 으로 조직했다고 들었을 뿐이다.
> 질문: 다른 이들의 진술에 따르면, 피고인이 자주 평
> 양에 가서 이 단체가 설립한 태극 서관의 모임
> 에 참석하였다고 한다. 또한 데라우치 총독을
> 암살하려고 사람들을 이끌었다고 들었다.
> 답변: 그러한 진술을 견딜 수 없는 고문 아래 강요된
> 것임이 이 공개 법정에서 드러나지 않았는가?

① 근대적 토지 문서를 발급하였다.
② 연해주에서 일제의 침략상을 알렸다.
③ 헌정 연구회를 계승하여 조직되었다.
④ 일제의 황무지 개간권 요구를 저지하였다.
⑤ 안창호와 양기탁이 비밀 결사로 조직하였다.

중요

21 (가)에 들어갈 내용으로 가장 적절한 것은?

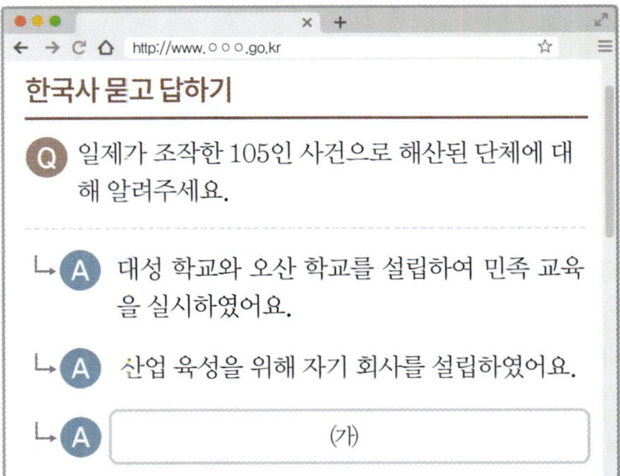

① 만민 공동회를 개최하였어요.
② 대한 자강회로 계승되었어요.
③ 13도 창의군을 결성하였어요.
④ 교조 신원 운동을 전개하였어요.
⑤ 삼원보에 독립운동 기지를 건설하였어요.

22 다음 격문과 관련된 의병의 명칭과 특징을 서술하시오.

> 황제 자리를 윽박질러 빼앗고 거짓으로 선위라 하고
> 안의 10부 대신과 밖의 8도 수령을 일진회로 채워
> 넣어 세금을 강탈하고 미관말직이라도 일본인이 차
> 지해 손대지 못하게 하니 백성이 발 디딜 곳이 없으
> 므로 팔도의 의사가 서로 모의하지 않고도 뜻을 같이
> 하니 이 또한 민심이 하늘의 뜻이라.

23 (가)에 들어갈 구체적 사례를 서술하시오.

> 을사늑약 이후 일제의 침략이 점차 가속화되는 상황
> 에서 국권 침탈에 앞장선 일제 침략자와 친일 매국노
> 를 처단하려는 애국지사들의 항일 의열 투쟁이 이어
> 졌다. 나철과 오기호는 '자신회'라는 5적 암살단을
> 조직하여 을사늑약에 앞장선 을사오적의 처단을 시
> 도하였다. 또한 _______(가)_______

24 다음 자료를 읽고 물음에 답하시오.

> 제1조 한국 황제 폐하는 한국 전체에 관한 모든 통
> 치권을 완전하고도 영구히 일본 황제 폐하에
> 게 양여한다.
> 제2조 일본국 황제 폐하는 앞 조에 기재된 양여한
> 다는 것을 수락하고, 또 완전히 한국을 일본
> 제국에 병합하는 것을 승낙한다.

(1) 위 조약의 명칭을 쓰시오.

(2) 위 조약의 불법성에 대해 이유를 서술하시오.

문제의 자료에서 **키워드**를 찾고, **키워드 꼬리 질문**에 답해 보자.
만약 **답변**이 **어렵다면** 다시 **학습**을 통해 복습해 보자.

01 밑줄 친 '합의'가 이루어진 시기를 연표에서 옳게 고른 것은?

> 일본 총리 가쓰라와 미국 육군 장관 태프트가 도쿄에서 대한 제국과 필리핀에 대한 이해관계를 두고 구두로 합의를 도출하였다. 합의에 따르면 일본은 필리핀에 대한 미국의 통치상의 안전을 보장해 주고, 미국은 대한 제국에 대한 일본의 보호권 확립을 인정하였다. 이는 대한 제국에 대한 보호권 확립이 불안정한 상태의 일본과 필리핀 일대에 대한 일본의 야심을 우려하던 미국의 이해가 맞아떨어져 성립된 것이었다.

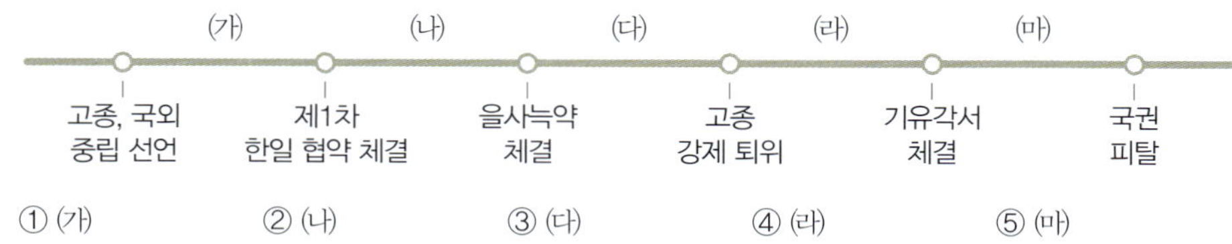

① (가) 　② (나) 　③ (다) 　④ (라) 　⑤ (마)

02 (가) 조약에 대한 설명으로 옳은 것은?

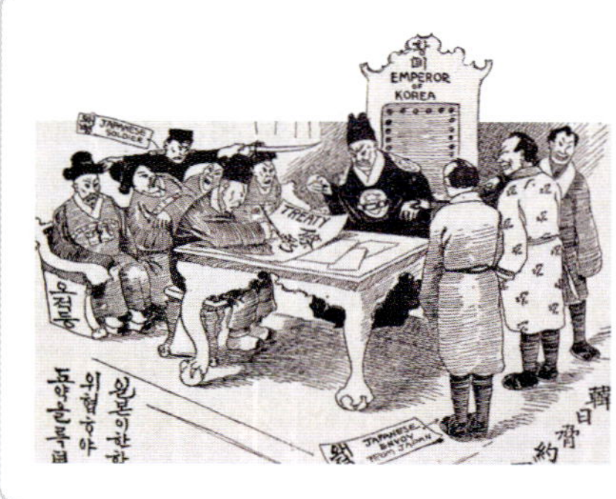

그림은 일제의 강요로 [(가)] 조약이 체결되는 모습을 보여 주고 있다. 고종의 오른쪽에는 일본 외교관이 있으며, 왼쪽에는 이른바 오적과 함께 일본 군인이 고종에게 대한 제국의 외교권을 강탈하는 [(가)] 조약 체결에 동의하라고 위협을 하고 있다. 그래서 그림에서는 협약의 '협'자를 협력을 의미하는 협(協)이 아닌, 위협을 의미하는 협(脅)으로 표기하였다.

① 러일 전쟁 중에 체결되었다.
② 통감부가 설치되는 근거가 되었다.
③ 재정 및 외교 고문 파견을 규정하였다.
④ 일본 공사관의 신축비를 부담하기로 하였다.
⑤ 대한 제국 정부에 일본인 차관을 임명하도록 하였다.

03 밑줄 친 '연합 부대'에 대한 설명으로 옳은 것은?

> 양주에 모여서 각 부서를 정할 때 이인영은 <u>연합 부대</u>의 총대장이 되고 허위는 군사장이 되어 전투 계획 수립을 맡았으며, 각 군의 대장과 대호를 정하니 관동창의대장은 민긍호, 호서창의대장은 이강년, 교남창의대장은 박정빈, 경기·황해 양도진동창의대장은 권의희, 관서창의대장은 방인관, 관북창의대장은 정봉준이 맡았다. …… 전군이 집합하기로 정한 떠가 어긋나고 일본군이 엄습하였다. 몇 시간을 지극히 맹렬하게 싸웠지만 후방의 부대가 오지 않았기에 퇴진하였다.

① 고종의 권고로 해산되었다.
② 서울 진공 작전을 전개하였다.
③ 광성보에서 미군에 항전하였다.
④ 외교권 강탈에 반발해 조직되었다.
⑤ 우금치에서 일본군과 전투를 펼쳤다.

키워드 Pick
- 이인영이 연합 부대의 총대장
- 허위는 군사장

키워드 꼬리 질문
Q1 위와 같이 조직된 의병 부대는?
Q2 위 의병 부대가 전개한 작전은?

답변이 어렵다면 다시 학습
☞ 148쪽

04 (가) 단체에 대한 설명으로 옳은 것은?

> ⎡(가)⎤의 목적은 한국인의 부패한 사상과 관습을 혁신하여 국민을 유신케 하며, 쇠퇴한 산업을 개량하여 산업을 유신케 하며, 유신한 국민이 통일 연합하여 유신한 자유 문명국을 성립케 한다고 말하는 것으로서, 그 깊은 뜻은 열국 보호 하에 공화 정체의 독립국으로 함에 목적이 있다고 함.
> — 일본 헌병대 기밀 보고서 —

① 독립문 건립을 주도하였다.
② '남한 대토벌' 작전을 전개하였다.
③ 미주에서 일제의 침략상을 알렸다.
④ 지회를 설립하고 월보를 간행하였다.
⑤ 태극 서관과 자기 회사를 설립하였다.

키워드 Pick
- 국민을 유신케 하며, 쇠퇴한 산업을 개량하여
- 공화 정체의 독립국

키워드 꼬리 질문
Q1 공화 정체를 지향한 애국 계몽 운동 단체는?
Q2 위의 단체가 산업을 육성하기 위해 한 일은?

답변이 어렵다면 다시 학습
☞ 148쪽

04 사회·경제의 변화와 문화 변동

1️⃣ 개항 이후 열강의 침탈과 경제 변화

1 일본 상인의 침투와 청·일 상인의 상권 경쟁

일본 상인의 *거류지 무역	• 일본 상인: 개항장에서 일본 화폐 사용, 무관세, 많은 양곡 수입, 영사 재판권 악용, 영국산 면직물 중계 무역 → 쌀값 폭등으로 조선 민중의 굶주림, 농촌의 가내 수공업 타격 • 조선의 *객주, 보부상 등 일부: 일본 상인과 내륙의 조선 상인 간 중개 무역으로 부 축적
청·일 상인의 상권 경쟁 자료 ❶	• 조청 상민 수륙 무역 장정(1882): 허가받은 청 상인은 개항장 밖에서도 활동 가능 • 조일 통상 장정(1883): 일본에 최혜국 대우 인정, 관세 부과, *방곡령 규정 • 조선의 상황: 청·일 상인 간 상권 경쟁 본격화, 시전 상인의 상권이 위협받음, 중개 상인(개항장 객주, 보부상 등) 타격 → 청일 전쟁 이후 일본 상인이 조선과의 교역 주도

— 개항 초기 외국 상인은 개항장 10리(4km) 이내의 거류지에서만 활동할 수 없었다.

2 제국주의 열강의 이권 침탈

서양 열강	• 아관 파천 이후 러시아, 미국, 영국, 프랑스 등이 최혜국 대우 이용 • 광산 채굴권, 삼림 채벌권, 철도·전차·해운·어업·전기 등의 경제적 이권 침탈
일본	철도 부설에 적극적(한반도 침략, 경제 침탈 목적) → 경인선, 경부선, 경원선, 경의선 등의 철도 부설권 차지 → 자원 수탈을 쉽게 하고 대륙 침략의 통로로 사용하려 함

3 러일 전쟁 후 일본의 경제 침략

화폐 정리 사업(1905) 자료 ❷	• 주도: 재정 고문 메가타(제1차 한일 협약에 따라 파견) • 내용: 전환국 폐쇄, 일본 제일 은행권을 법정 통화로 사용 → 기존 *백동화 등 구화폐 교환 → 백동화의 가치를 제대로 인정하지 않음 → 한국인 자본가와 상인, 농민 등 몰락
차관 강요	일본이 각종 명목으로 대규모 차관 도입 강요 → 대한 제국의 재정이 일본에 예속화
토지 약탈	• 토지 약탈: 청일 전쟁 이후 편법으로 일본이 대규모 토지 매입(농장 경영) → 러일 전쟁 발발 이후 한일 의정서를 근거로 군용지와 철도 부지 등 약탈 • 동양 척식 주식회사 설립(1908): 토지와 자원에 대한 수탈 및 관리 목적 → 황무지, 관청이나 역의 토지를 약탈 → 한국으로 이주해 온 일본인에게 넘김

2️⃣ 경제적 구국 운동

1 상권 수호 운동과 이권 수호 운동

상권 수호 운동	• 배경: 임오군란 후 일본 등 외국 상인의 내륙 진출 → 조선 상인과의 경쟁 시작 • 전개: *상회사 설립(대동 상회, 장통 상회), 시전 상인의 상권 수호 운동(철시 투쟁, *황국 중앙 총상회 조직), 은행 설립(조선 은행, 한성 은행, 대한 천일 은행) 자료 ❸
방곡령 선포	• 배경: *일본 상인에 의한 곡물 유출, 흉년 발생 → 조선인의 곡물 부족, 곡물 가격 폭등 • 전개: 조일 통상 장정에 근거해 지방관이 방곡령 선포(함경도, 황해도, 충청도 등) → 일본의 항의(1개월 전 통보 규정을 어겼다는 구실) → 방곡령 철회, 일본에 배상금 지불
이권 수호 운동	• 러시아의 침탈 저지: 독립 협회의 만민 공동회 개최 → *절영도 조차 요구 저지, 러시아 재정 고문 철수와 한러 은행 폐쇄 요구(관철시킴) 자료 ❹ • 일본의 침탈 저지: 러일 전쟁 중 일본이 황무지 개간권 양도 요구 → *농광 회사 설립(직접 황무지 개간 시도), 보안회의 반대 운동 → 일본이 요구 철회

＊거류지
외국인이 거주하거나 장사할 수 있게 인정한 지역으로, 외국인이 스스로 행정권과 경찰권을 행사할 수 있는 치외 법권 지역이었다.

＊객주
포구나 교통 중심지에서 중개업, 위탁 판매업, 운송업, 금융업, 숙박·창고 운영에 종사하던 상인이다.

＊방곡령
식량난 해소를 위해 식량 수출을 일시적으로 금지할 수 있는 명령이다. 조선은 조일 통상 장정에 곡물이 부족할 경우 지방관이 방곡령을 선포할 수 있는 내용을 포함시켰다.

＊백동화
백동화는 전환국에서 발행한 화폐로, 대량 남발되어 실질 가치와 명목 가치의 차이가 컸다.

▲ 백동화

＊상회사
같은 업종의 상인들이 함께 투자하여 설립한 상인 조합 회사이다.

＊황국 중앙 총상회
시전 상인들이 외국 상인의 상권 침투에 대항하여 민족적 권익을 수호하고 시전 상인의 독점적 이익을 유지하고자 조직한 단체이다.

＊일본 상인에 의한 곡물 유출
산업화가 진행 중이던 일본은 조선에서 곡물을 사들여 자국 도시 노동자의 낮은 임금을 유지하고자 하였다.

＊절영도 조차 요구
러시아는 부산 앞바다의 절영도에 석탄 저장소를 설치하려 하였다.

＊농광 회사
정부 관리와 기업가들이 직접 황무지를 개간하고자 설립한 근대적 농업 회사이다.

자료 ❶ 청·일 상인의 상권 침탈

- 조청 상민 수륙 무역 장정(1882)

제4조　중국 상인이 조선의 양화진과 한성에 들어가 영업소를 개설한 경우를 제외하고 각
　　　종 화물을 내지로 운반하여 상점을 차리고 파는 것을 허가하지 않는다. …… 내지
　　　로 들어가려는 자는 지방관이 발급한 허가증이 있어야 한다.　　－『고종실록』－
　　　　　　　　　　　　　　　　　　　　└ 내지 통상권

- 조일 통상 장정(1883)

제9관　입항하거나 출항하는 각 화물이 해관을 통과할 때는 응당 본 조약에 첨부된 세칙
　　　에 따라 관세를 납부해야 한다. － 관세 부과

제37관　조선국에서 가뭄, 홍수, 전쟁 등의 일로 국내 식량 결핍을 우려하여 일시적으로 쌀
　　　　수출을 금지하려고 할 때는 1개월 전에 지방관이 일본 영사관에 통지하여 미리 그
　　　　기간을 항구에 있는 일본 상인들에게 전달하여야 한다. － 방곡령 규정　　－『고종실록』－

임오군란 이후 조청 상민 수륙 무역 장정이 체결되어 청 상인은 허가를 받으면 내륙에서의 상업이 허용되었고, 조일 통상 장정을 통해 일본 상인의 내륙 진출도 가능해졌다. 이에 조선에서는 청 상인과 일본 상인의 상권 경쟁이 심화되었고, 다른 나라 상인들도 최혜국 대우 조항을 이용하여 내륙에서 활동하게 되었다.

자료 ❷ 화폐 정리 사업

질이 나쁜 백동화는 바꿔 주지 않는다. 상태가 매우 양호한 갑종 백동화는 개당 2전 5리의 가격으로 새 돈과 교환해 주고, 상태가 좋지 않은 을종 백동화는 개당 1전의 가격으로 정부가 매수하며, 매수를 원치 않는 자에 대해서는 정부가 절단해 돌려준다. 단, 형질이 조악하여 화폐로 인정하기 어려운 병종 백동화는 매수하지 않는다.
　　　　　　　　　　　　　　　　　　　　　　　　　－『관보』, 1905 －

자료 ❸ 황국 중앙 총상회 장정

요새 외국 상인은 발전하고 우리나라 상인의 생업은 쇠락하여 심지어 점포 자리를 외국 사람에게 팔아 버리는 지경에 이르렀다. …… 우리가 충심으로 본회를 설치하고 규칙을 만들었으니 우리와 뜻이 같은 이는 서로 권하여 충애하는 마음으로 상업을 일으킬 기초를 튼튼하게 하고 국가를 부강하게 할 방침을 찾아 억만년 이어지길 바란다.
　　　　　　　　　　　　　　　　　　　　　　　　－『독립신문』, 1898 －

자료 ❹ 독립 협회의 이권 수호 운동

러시아 공사 스페이에르가 부산 절영도를 조차해 석탄 창고를 짓고자 했다. …… 독립 협회 회원들이 독립관에서 회의를 열었다. …… "만약 한 치 한 자의 땅이라도 다른 나라 사람에게 내어 준다면 이는 황제 폐하에게 반역하는 신하요, …… 우리 대한 이천만 동포 형제에게는 원수가 됩니다."
　　　　　　　　　　　　　　　　　　　　　－ 정교, 『대한계년사』 －

독립 협회는 러시아의 이권 침탈을 규탄하여 러시아의 절영도 조차 요구 저지, 러시아 재정 고문 철수, 한러 은행 폐쇄라는 성과를 거두었다. 또한 프랑스와 독일의 광산 채굴권 요구도 저지하였다.

✖ 외국 상인의 침투

강화도 조약 및 부속 조약 체결
부산 · 원산 · 인천 개항, 거류지 설정, 일본 화폐 사용 가능, 무관세

↓

일본 상인의 거류지 무역 전개
일본 상인이 면직물 수출 및 쌀 수입, 조선의 중개 상인(객주 등) 부 축적

↓

외국 상인의 내륙 진출
조청 상민 수륙 무역 장정, 조일 통상 장정

↓

청·일 상인의 경쟁 심화
한성과 조선 내륙에 진출하여 상권 경쟁

↓

청일 전쟁 이후 변화
일본 상인이 교역 주도

✖ 화폐 정리 사업

주도	재정 고문 메가타
목적	대한 제국의 금융과 재정 장악
내용	기존의 백동화를 일본 제일 은행권으로 교환
결과	한국 상인과 자본가 등 몰락

✖ 상권 수호 운동

상회사	대동 상회, 장통 상회 설립
시전 상인	철시 투쟁, 황국 중앙 총상회 조직
경강상인	증기선 구입, 일본인의 세곡 운반 독점에 대응

Tip 시전 상인이 황국 중앙 총상회를 조직하여 상권 수호 운동을 전개하였음을 기억하자.

✖ 이권 수호 운동

독립 협회	만민 공동회 개최 → 러시아의 이권 침탈 저지(절영도 조차 요구 저지, 러시아 재정 고문 철수, 한러 은행 폐쇄)
보안회	일제의 황무지 개간권 요구 저지
농광 회사	일제가 황무지 개간권을 요구하자 설립하여 직접 개간 시도

Tip 독립 협회와 보안회의 활동을 구분하여 기억해 두자.

2 국채 보상 운동(1907) 자료 ⑤

배경	일제가 통감부 설치 후 대한 제국에 차관 도입 강요 → 차관은 식민 통치의 토대 마련에 사용 (경찰 기구 강화, 각종 시설 마련) → 대한 제국이 일본에 진 나랏빚 증가(대한 제국의 1년 예산 수준인 1,300만 원에 이름)
전개	• 시작: 대구에서 김광제, 서상돈 중심으로 국채 보상 운동 시작 → 한성에서 *국채 보상 기성회 조직 → 전국적인 모금 운동 전개 • 확산: 『대한매일신보』와 『황성신문』 등 언론 기관의 호응, 대한 자강회 등 애국 계몽 운동 단체의 동참 호소 → 국내외 각계각층의 사람들이 금연, 금주, 패물 헌납 등으로 성금 모금
결과	일제의 탄압(『대한매일신보』의 *양기탁 구속 등) → 목적을 이루지 못하고 중단

🔴 3 개항 이후 근대 문물의 수용과 사회 변화

1 근대 시설의 도입과 근대 교육의 확산

일본은 러일 전쟁 중에 경의선과 경부선을 부설하였다.

근대 시설의 도입	• 근대 시설 설치: 박문국(신문), 전환국(화폐), 기기창(무기), 우정총국(우편), *광혜원(병원) • 경운궁에 전화 최초 설치, *전신선 가설, 한성 전기 회사 설립(전차와 전등 가설) • 철도 부설: *경인선(1899, 최초로 개통), 경부선과 경의선 → 일본이 군사적 목적으로 부설
근대 교육의 확산	• 원산 학사(1883): 함경도 덕원 관리와 주민이 설립, 최초의 근대식 학교, 근대 학문과 외국어 교육 • 동문학(1883): 정부 설립, 외국어 교육 기관, 통역관 양성 목적 • 배재 학당, 이화 학당: 개신교 선교사 설립, 선교와 계몽 목적, 근대 학문 교육 • 육영 공원(1886): 정부 설립, 헐버트 등 미국인 강사 초빙, 상류층 자제에게 영어와 수학 등 근대 학문 교육 • 교육 입국 조서 반포(1895): 제2차 갑오개혁 때 반포 → 한성 사범 학교, 소학교, 외국어 학교 등 관립 학교 설립, 근대적 교육 제도 마련 자료 ⑥

2 언론의 발달과 근대 의식의 성장

언론 발달	• 『한성순보』: 박문국 발간, 최초의 신문, 순 한문, 정부의 개화 정책 홍보, 국내외 정세 소개 • 『독립신문』: 정부 지원으로 서재필 창간, 최초의 민간 신문, 순한글과 영문 발행, 민중 계몽 • 『제국신문』: 서민층과 부녀자 대상, 순한글 • 『황성신문』: 유림층 대상, 국한문 혼용, 을사늑약 체결을 비판하는 「시일야방성대곡」 게재 • 『대한매일신보』: 양기탁 등이 발간, 영국인 베델이 발행인으로 참여, 순한글·국한문·영문, 일제에 저항하는 기사 게재, 국채 보상 운동 지원 자료 ⑦
근대 의식 성장	• 평등사상 확산: 갑신정변과 동학 농민 운동의 요구 → 갑오개혁 때 신분제가 공식적으로 폐지 → 독립 협회의 자유 민권 운동, 애국 계몽 단체의 활동으로 확산 • 여성의 권리에 대한 인식: *「여권통문」 발표, 여성 단체(찬양회) 조직, 국채 보상 운동에 참여

독립 협회가 개최한 1898년 관민 공동회에서 백정 출신 박성춘이 연설을 하기도 하였다.

3 국학 연구와 종교·문학·예술의 변화

국권 피탈 이후 대종교는 총단의 중앙 기구를 간도로 옮기고 무장 독립 투쟁을 전개하였다.

국학 연구 자료 ⑧	• 일제의 침략으로 인한 민족적 위기 → 국사, 국어 등 국학 연구 활발 • 국사: 신채호(「독사신론」, 『이순신전』, 『을지문덕전』 저술), 박은식이 민족의식 고취 • 국어: 정부가 *국문 연구소 설립, 주시경 등이 『국어문법』 간행, 유길준의 『대한문전』	
종교	• 개신교: 미국과의 수교 이후 확산 • 천도교: 손병희가 동학을 개칭, 『만세보』 • 유교: 박은식의 「유교 구신론」	• 천주교: 프랑스와 수교로 선교의 자유 인정 • 대종교: 나철이 단군 신앙을 부활시켜 창시 • 불교: 한용운의 「조선불교유신론」
문학	신소설(이인직의 『혈의 누』, 안국선의 『금수회의록』), 신체시(최남선의 「해에게서 소년에게」)	
예술	서양 악곡에 맞춘 *창가와 창극 유행, 서양식 화법 소개, 원각사(최초의 서양식 극장) 건립	

▲ 경인선 기관차 도입 기념식(1899)

자료 ⑤ 국채 보상 운동

· 국채 보상 취지서

지금 우리들은 정신을 새로이 하고 충의를 떨칠 때이니 국채 1,300만 원은 우리 대한 제국의 존망에 직결된 것입니다. 이것을 갚으면 나라가 보존되고 이것을 갚지 못하면 나라가 망할 것은 필연적인 사실이나, 지금 국고에서는 도저히 갚을 능력이 없으며, 만일 나라에서 갚지 못한다면 그때는 이미 삼천리 강토는 내 나라 내 민족의 소유가 못 될 것입니다.

– 『대한매일신보』 –

· 우리 부인 동포들에게 알림

듣자 하니 국채를 갚으려고 이천만 동포가 석 달간 담배를 아니 피우그 금전을 모은다고 하니, 족히 사람으로 감동케 할 일이오. …… 그러나 부인은 논하지 말라니 여자는 백성이 아니란 말인가. 여자인 까닭에 이 몸에 값진 것이 다만 패물뿐이다. 하지만 큰 산이 흙덩이를 사양치 아니하고 큰 바다가 가는 물을 가리지 아니하기로, 적음으로 큰 것을 도우리오.

– 『대한매일신보』 –

자료 ⑥ 교육 입국 조서

세계의 정세를 보면 부강하고 독립하여 사는 모든 나라는 다 국민의 지식이 밝기 때문이다. 이제 짐은 정부에 명하여 널리 학교를 세우고 인재를 길러 새로운 국긴의 학식으로써 국가 중흥의 큰 공을 세우고자 하니, 국민은 나라를 위하는 마음으로 덕과 체와 지를 기를지어다. 왕실의 안전이 국민의 교육에 있고, 국가의 부강도 국민의 교육에 있도다.

– 『관보』 –

자료 ⑦ 베델과 『대한매일신보』

▲ 영국인 베델

신문으로서 붓을 듦에 보호의 한 구절을 노래하고 춤을 추며, 노예 두 글자를 단꿀로 알아서 5조약을 가장 큰 경사로 알고, 7조약을 두 번째 경사로 알며, 척식회사를 설립하는 데 기꺼워하는 잔을 들고, 사법권을 내어 주는 데 축하하는 노래를 불러서 개와 돼지의 낯을 하고 사람의 말을 하니 이는 신문으로 나라를 파는 자이다. – 친일파의 매국 행위 비판

– 『대한매일신보』, 1909 –

양기탁 등이 운영한 『대한매일신보』는 영국인 베델이 발행인으로 참여하여 일본의 사전 검열로부터 비교적 자유로울 수 있었다. 박은식, 신채호 등이 논설위원으로 활동하면서 일제의 침략과 친일파의 매국 행위를 신랄하게 비판하였다. 이에 통감부는 1907년 대한 제국에 신문지법을 공포하게 하고, 한국인이 발행하는 신문을 탄압하였다.

자료 ⑧ 신채호의 「독사신론」

국가의 역사는 민족의 소장성쇠의 상태를 서술할지라. 민족을 빼면 역사가 없으며 역사를 빼어 버리면 민족의 그 국가에 대한 관념이 크지 않을지니, 오호라 역사가의 책임이 그 역시 무거울지라.

– 『대한매일신보』 –

신채호는 「독사신론」에서 민족을 역사 전개의 주체로 강조하며 민족주의 역사 서술의 바탕을 마련하였다. 한편 박은식도 국사 연구로 민족의식을 고취하고자 『동명왕실기』, 『천개소문전(연개소문전)』 등을 남겼다.

✱ 국채 보상 운동

배경	일제에 진 나랏빚 증가
주요 내용	· 대구에서 서상돈 등이 시작 · 국채 보상 기성회 조직(한성) · 『대한매일신보』 등의 지원
결과	일제의 탄압으로 중단

Tip 국채 보상 운동이 『대한매일신보』 등 언론 기관의 지원 속에 확산되었음을 기억하자.

✱ 근대 교육의 확산

원산 학사(1883)
사립, 최초의 근대식 학교
↓
동문학(1883)
정부 설립, 외국어 교육
↓
육영 공원(1886)
정부 설립, 근대 학문 교육(미국인 강사)
↓
교육 입국 조서 반포(1895)
한성 사범 학교, 외국어 학교, 소학교 등 관립 학교 설립

Tip 학교들의 설립 시기 및 설립 주체, 교육 입국 조서 반포의 결과를 기억하자.

✱ 근대 언론의 발달

『한성순보』	순 한문, 최초의 신문
『독립신문』	순한글·영문, 서재필 발행
『제국신문』	순한글, 서민층·부녀자 대상
『황성신문』	국한문 혼용, 유림층 대상, 「시일야방성대곡」 게재
『대한매일신보』	· 순한글·국한문·영문 · 양기탁과 베델이 발행 · 항일 기사 게재 · 국채 보상 운동 지원

✱ 국학 연구

국사 연구	국어 연구
신채호, 박은식 (민족주의 사학)	국문 연구소 설립, 주시경, 『국어문법』

Tip 신채호에 대해 일제 강점기의 활동과 연관 지어서 기억하도록 하자.

포인트 Pick

1 개항 이후 열강의 침탈과 경제 변화

거류지 무역	• 개항 후 외국 상인들이 거류지 무역 시작 • 일본 상인이 곡물 대량 구매, 영국산 면직물 중계 무역 → 조선에서 쌀값 폭등, 조선의 가내 수공업 타격 • 조선의 일부 객주, 보부상 등은 중개 무역으로 부 축적
청·일 상인의 상권 경쟁	• (❶　　　　　　): 청 상인은 개항장 밖 활동 가능 • 조일 통상 장정: 일본에 최혜국 대우, 관세 부과, 방곡령 • 결과: 조선의 중개 상인 몰락, 시전 상인의 상권 위협받음
열강의 이권 침탈	(❷　　　　) 이후 본격화 → 러시아와 미국 등이 최혜국 대우를 이용해 이권 차지, 일본은 철도 부설권 획득
화폐 정리 사업	재정 고문 (❸　　　)의 주도, 백동화를 일본 제일 은행권으로 교환 → 한국의 자본가와 상인 등 몰락
토지 약탈	일본이 군용지, 철도 부지 등의 명목으로 토지 약탈

2 경제적 구국 운동

상권 수호 운동	• 상회사 설립: 대동 상회, 장통 상회 설립 • 시전 상인의 활동: 철시 투쟁, 황국 중앙 총상회 조직
방곡령	곡물 유출, 흉년으로 식량 부족 → (❹　　　　　　)에 근거하여 방곡령 선포 → 일본의 항의로 철회, 배상금 지불
이권 수호 운동	• 독립 협회: 절영도 조차 요구 등 러시아의 이권 침탈 저지 • (❺　　　): 일제의 황무지 개간권 요구 저지
국채 보상 운동	일제에 진 나랏빚 증가 → (❻　　　)에서 서상돈 등을 중심으로 시작 → 국채 보상 기성회 조직 → 『대한매일신보』 등 언론 기관 지원 → 각계각층에서 모금 운동에 참여

3 개항 이후 근대 문물의 수용과 사회 변화

근대 교육	• 원산 학사: 함경도 덕원 주민이 설립, 최초의 근대식 학교 • 동문학: 정부 설립, 외국어 교육 기관, 통역관 양성 • (❼　　　): 정부 설립, 미국인 강사 초빙, 근대 학문 교육 • 교육 입국 조서 반포: 한성 사범 학교, 소학교 등 설립
언론 발달	• 『한성순보』: 박문국 발행, 최초의 신문, 순 한문 • 『독립신문』: 서재필 발간, 최초의 민간 신문, 순한글, 영문 • 『황성신문』: 유림층 대상, 국한문, 「시일야방성대곡」 게재 • (❽　　　　　): 베델과 양기탁, 국채 보상 운동 지원
국학 연구	• 국사: (❾　　　)가 「독사신론」·『을지문덕전』·『이순신전』 저술, 박은식이 『동명왕실기』와 『천개소문전』 등 저술 • 국어: 국문 연구소 설립, 주시경 등이 『국어문법』 간행
종교계 변화	• 개신교: 미국과의 수교 이후 확산, 학교와 병원 설립 • 천주교: 프랑스와의 수교로 선교의 자유 인정, 고아원 운영 • 천도교: 손병희가 동학을 개칭, 교육과 언론 사업 등 계몽 운동 전개, 『만세보』 발간 • (❿　　　): 나철이 단군 신앙을 기반으로 창시 • 유교: 박은식의 「유교 구신론」 → 실천적 유교 정신 강조 • 불교: 한용운의 『조선불교유신론』 → 불교계의 혁신 주장

---

01 다음 서술이 옳으면 ○표, 틀리면 ✕표 하시오.

(1) 조청 상민 수륙 무역 장정이 체결되면서 청 상인은 허가만 받으면 개항장 밖에서도 활동이 가능하였다.　　　　　　　(　　)

(2) 정부는 원산 학사를 설립하고 미국인 강사를 초빙하여 근대 학문을 가르쳤다.　　　　(　　)

(3) 나철은 단군 신앙을 토대로 천도교를 창시하였다.　　　　　　　(　　)

02 다음 내용을 옳은 서술로 완성하시오.

(1) (㉠ 아관 파천 , ㉡ 국권 피탈) 이후 서양 열강은 최혜국 대우 규정을 이용하여 많은 이권을 침탈하였다.

(2) 최남선의 「해에게서 소년에게」는 (㉠ 신체시 , ㉡ 신소설)의 대표적인 작품이다.

03 다음 〈보기〉에서 옳은 내용을 찾아 기호를 쓰시오.

> **보기**
> ㄱ. 보안회 　　　　　　ㄴ. 독립 협회
> ㄷ. 국채 보상 기성회 　　ㄹ. 황국 중앙 총상회

(1) 상권 수호 운동을 전개하였다.　　　　(　　)

(2) 러시아의 이권 침탈을 저지하였다.　　(　　)

(3) 일제의 황무지 개간권 요구를 저지하였다. (　　)

(4) 금주, 금연 등을 통한 모금 운동을 전개하였다.　　　　　　　　(　　)

04 다음 내용을 옳게 연결하시오.

(1) 『한성순보』　　•　　　•㉠ 베델 참여

(2) 『독립신문』　　•　　　•㉡ 박문국 발행

(3) 『대한매일신보』•　　　•㉢ 서재필 창간

05 「독사신론」을 저술하여 민족주의 사학 연구의 토대를 마련한 인물을 쓰시오.

01 다음과 같은 무역이 이루어진 시기의 상황으로 가장 적절한 것은?

> 우리나라 상인 가운데 일본 상인의 금전을 받고 곡물 거래와 운송을 대신 처리하는 사람들이 (부산의) 구포 지역에 많습니다. 일본 상인이 …… (거류지를 벗어나) 구포로 가면서 이번 분쟁이 생겼습니다. 일본 상인은 본래 경솔하고 사나운 습성이 많아 종종 이런 일이 있으니 걱정됩니다.
> — 어윤중, 『담초』 —

① 경인선 철도가 개통되었다.
② 황국 중앙 총상회가 조직되었다.
③ 개항장에서 일본 화폐가 유통되었다.
④ 객주와 보부상 등의 중개 상인이 몰락하였다.
⑤ 보안회가 황무지 개간권 요구 저지 운동을 펼쳤다.

02 다음 조약 체결의 영향으로 가장 적절한 것은?

> 중국 상인이 조선의 양화진과 한성에 들어가 영업소를 개설한 경우를 제외하고 각종 화물을 내지로 운반하여 상점을 차리고 파는 것을 허가하지 않는다. …… 내지로 들어가려는 자는 지방관이 발급한 허가증이 있어야 한다.
> — 『고종실록』 —

① 동양 척식 주식회사가 설립되었다.
② 일본이 경부선 철도를 부설하였다.
③ 일본이 황무지 개간권을 요구하였다.
④ 일본 상인이 거류지 무역을 전개하였다.
⑤ 청·일 상인 간의 상권 경쟁이 치열해졌다.

03 조일 통상 장정에 대한 설명으로 옳은 것은?

① 방곡령 선포 규정이 포함되었다.
② 메가타가 파견되는 근거가 되었다.
③ 농광 회사가 설립되는 계기가 되었다.
④ 외국에 최초로 최혜국 대우를 인정하였다.
⑤ 부산, 원산, 인천이 개항되는 결과를 가져왔다.

04 다음과 같은 방법으로 시행된 사업에 대한 설명으로 옳은 것만을 〈보기〉에서 고른 것은?

> 상태가 매우 양호한 갑종 백동화는 개당 2전 5리의 가격으로 새 돈과 교환하여 주고, 상태가 좋지 않은 을종 백동화는 개당 1전의 가격으로 정부가 매수하며, 매수를 원치 않는 자에 대해서는 정부가 절단해 돌려준다. 단, 형질이 조악하여 화폐로 인정하기 어려운 병종 백동화는 매수하지 않는다.
> — 『관보』 —

보기
ㄱ. 제1차 한일 협약 체결의 계기가 되었다.
ㄴ. 일본 제일 은행권을 법정 통화로 삼았다.
ㄷ. 『대한매일신보』 등 언론의 지원을 받았다.
ㄹ. 재정 고문으로 파견된 메가타가 주도하였다.

① ㄱ, ㄴ   ② ㄱ, ㄷ   ③ ㄴ, ㄷ
④ ㄴ, ㄹ   ⑤ ㄷ, ㄹ

05 밑줄 친 '본회'가 전개한 활동으로 옳은 것은?

> 우리나라 상인의 생업은 쇠락하여 심지어 점포 자리를 외국 사람에게 팔아 버리는 지경에 이르렀다. …… 우리가 충심으로 본회를 설치하고 규칙을 만들었으니 우리와 뜻이 같은 이는 서로 권하여 충애하는 마음으로 상업을 일으킬 기초를 튼튼하게 하고 국가를 부강하게 할 방침을 찾아 억만년 이어지길 바란다.
> — 『독립신문』, 1898 —

① 농광 회사를 설립하였다.
② 조선 은행을 운영하였다.
③ 화폐 정리 사업을 추진하였다.
④ 지방 곳곳에서 방곡령을 선포하였다.
⑤ 외국 상인의 불법적인 상업 활동을 막았다.

06 다음 상황이 나타난 시기를 연표에서 옳게 고른 것은?

> 러시아 공사 스페이에르가 부산 절영도를 조차해 석탄 창고를 짓고자 했다. 2월 27일 독립 협회 회원들이 독립관에서 회의를 열었다. …… "만약 한 치 한 자의 땅이라도 다른 나라 사람에게 내어 준다면 이는 황제 폐하에게 반역하는 신하요, …… 우리 대한 이천만 동포 형제에게는 원수가 됩니다."
>
> – 정교, 『대한계년사』 –

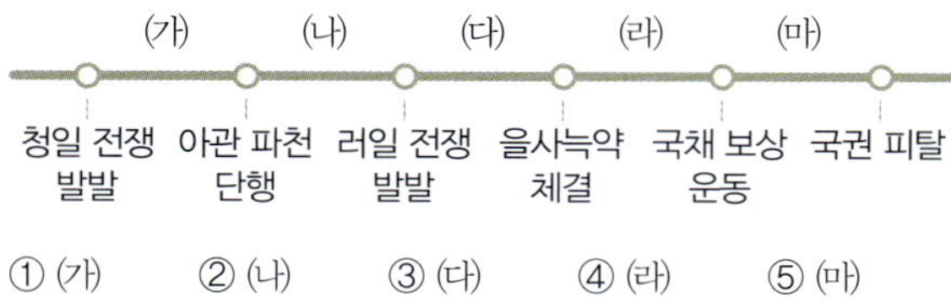

① (가) ② (나) ③ (다) ④ (라) ⑤ (마)

07 다음 요구에 대응하여 전개된 활동으로 옳은 것만을 〈보기〉에서 고른 것은?

> 1. 한국 궁내부는 전국 13도의 관유·민유 외에 산림과 못, 황무지의 개간을 일본인 나가모리에게 허가할 것
> 2. 나가모리는 특허에 따라 자기 재산으로 황무지를 개척하되, 개간일로부터 만 5개년 후부터 궁내부에 세금을 납부할 것
> 3. 합동 기한은 50개년으로 정하되, 사후에 다시 약정할 것
>
> – 『황성신문』, 1904 –

보기
ㄱ. 농광 회사가 설립되었다.
ㄴ. 지방관이 방곡령을 선포하였다.
ㄷ. 보안회가 반대 운동을 전개하였다.
ㄹ. 독립 협회가 이권 수호 운동을 하였다.

① ㄱ, ㄴ   ② ㄱ, ㄷ   ③ ㄴ, ㄷ
④ ㄴ, ㄹ   ⑤ ㄷ, ㄹ

08 밑줄 친 '이 운동'에 대한 설명으로 가장 적절한 것은?

> 〈사료로 보는 한국사〉
>
> 듣자 하니 국채를 갚으려고 이천만 동포가 석 달간 담배를 아니 피우고 금전을 모은다고 하니, …… 부인은 논하지 말라니 여자는 백성이 아니란 말인가. 여자인 까닭에 이 몸에 값진 것이 다만 패물뿐이다.
>
> [해설] 위 사료는 이 운동 당시 발표된 것으로 여성들의 동참을 호소하고 있다. 부녀자들은 비녀와 가락지 등을 모아 성금으로 내면서 기금 마련에 크게 기여하였고, 여성들의 주체적 움직임이 널리 확산되었다.

① 이화 학당이 설립되었다.
② 「여권통문」을 발표하였다.
③ 광혜원 설립에 영향을 주었다.
④ 최초의 서양식 극장인 원각사를 세웠다.
⑤ 서상돈 등을 중심으로 대구에서 시작되었다.

기출 변형

09 (가) 운동에 대한 설명으로 옳은 것만을 〈보기〉에서 고른 것은?

[우표로 보는 한국사]
- 주제: 가락지에 담긴 애국심
- 발행 연도: 2007년
- 발행 배경: 전국적으로 금주, 금연, 가락지 모으기 등을 통해 성금을 마련하여 일본에 진 나랏빛을 갚으려고 한 (가) 운동 100주년을 기념함

보기
ㄱ. 외국 상인의 상권 침투를 규탄하였다.
ㄴ. 『대한매일신보』 등 언론의 지원을 받았다.
ㄷ. 일본의 황무지 개간권 요구를 저지하였다.
ㄹ. 국채 보상 기성회가 조직되어 모금 운동을 하였다.

① ㄱ, ㄴ   ② ㄱ, ㄷ   ③ ㄴ, ㄷ
④ ㄴ, ㄹ   ⑤ ㄷ, ㄹ

10 (가) 철도에 대한 설명으로 옳은 것은?

① 최초로 개통된 철도이다.
② 러일 전쟁 중에 부설되었다.
③ 한성(서울)과 부산을 연결하였다.
④ 박문국이 설치되는 배경이 되었다.
⑤ 한성 전기 회사가 설립되면서 부설되었다.

11 다음 (가)에 이어질 말로 가장 적절한 것은?

① 함경도 덕원에 설립되었어.
② 한글 연구를 목적으로 설립되었어.
③ 통역관을 양성한 외국어 교육 기관이야.
④ 교육 입국 조서 반포 이후에 설립되었어.
⑤ 미국인 강사를 초빙하여 학문을 가르쳤어.

12 다음 자료가 반포된 영향으로 가장 적절한 것은?

> 세계의 정세를 보면 부강하고 독립하여 사는 모든 나라는 다 국민의 지식이 밝기 때문이다. 이제 짐은 정부에 명하여 널리 학교를 세우고 인재를 길러 새로운 국민의 학식으로써 국가 중흥의 큰 공을 세우고자 하니, 국민은 나라를 위하는 마음으로 덕과 체와 지를 기를지어다. 왕실의 안전이 국민의 교육에 있고, 국가의 부강도 국민의 교육에 있도다.

① 광무개혁 때 반포되었다.
② 배재 학당이 설립되었다.
③ 민족 운동가가 사립 학교를 설립하였다.
④ 평등사상이 확산되어 여학교가 설립되었다.
⑤ 한성 사범 학교와 외국어 학교가 설립되었다.

13 밑줄 친 '이 신문'에 대한 설명으로 옳은 것은?

① 서재필이 창간하였다.
② 박문국에서 발간하였다.
③ 국채 보상 운동을 지원하였다.
④ 「시일야방성대곡」을 게재하였다.
⑤ 영국인 베델이 발행인으로 참여하였다.

기출 변형

14 밑줄 친 '신문'에 대한 설명으로 옳은 것은?

선 고 문

피고인은 '장인환 등이 한국의 독립과 자유를 방해하는 스티븐스를 저격했으니 그야말로 애국지사'라는 내용의 기사를 게재했다. 이를 본 사람은 누구나 피고인이 항일을 주창한다는 것을 알 수 있었다. …… 피고인은 치외 법권에 의지하여 신문지법의 규제를 벗어났다. 이 때문에 일본에 저항하는 사람들은 피고인이 양기탁과 함께 발행하는 신문을 이용하려 한다. …… 본 재판관은 영국 법령에 따라 피고인을 3주간 수감할 것을 명한다.

① 전환국에서 발간하였다.
② 순 한문으로 발행되었다.
③ 부녀자들을 주 대상으로 삼았다.
④ 최초의 민간 신문으로 발간되었다.
⑤ 영국인 베델이 발행에 참여하였다.

중요

15 다음 자료를 활용한 탐구 주제로 가장 적절한 것은?

○ 공사 노비법을 혁파하고 사람을 사고파는 일을 금지한다.

– 군국기무처의 「의안」, 1894 –

○ 이 사람은 대한에서 가장 천한 사람이고 매우 무식합니다. 그러나 임금께 충성하고 나라를 사랑하는 뜻은 대강 알고 있습니다. …… 관리와 백성이 마음을 합하여 우리 대황제의 훌륭한 덕에 보답하고 국운이 영원토록 무궁하게 합시다.

– 박성춘의 관민 공동회 연설 –

① 평등사상의 확산
② 민족주의 사학의 발전
③ 근대적 교육 제도 마련
④ 경제적 구국 운동 전개
⑤ 항일 의병 운동의 확산

16 (가)에 들어갈 내용으로 가장 적절한 것은?

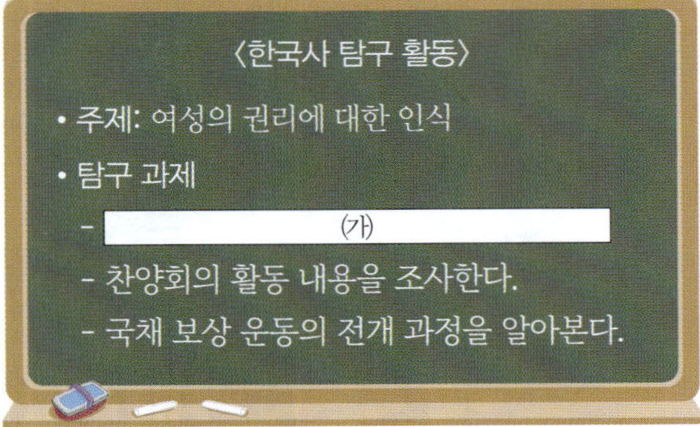

① 「여권통문」의 내용을 분석한다.
② 육영 공원의 설립 과정을 조사한다.
③ 교육 입국 조서의 영향을 파악한다.
④ 「시일야방성대곡」에 담긴 내용을 찾아본다.
⑤ 신소설과 신체시가 등장한 배경을 알아본다.

17 (가)에 들어갈 종교로 옳은 것은?

손병희는 동학을 (가) 로 개칭하고 교단에서 친일 세력을 몰아내며 조직망을 정비하였다. 국권 피탈 이후에도 (가) 는 교세를 확장하였고, 3·1 운동에 조직적으로 참여하였다.

① 불교　　　② 천주교　　　③ 천도교
④ 대종교　　　⑤ 개신교

18 다음 종교에 대한 설명으로 옳은 것은?

조미 수호 통상 조약 체결 당시 조선은 (가) 가 유교 질서를 무너뜨릴 것이라 우려하여 금지를 명문화하고자 하였으나 실패하였다. 조약에는 상업이나 여행, 교육 등으로 외국인이 들어올 수 있는 조항이 있었고, 이를 통해 아펜젤러, 언더우드 등 선교사가 조선에 들어와 (가) 를 전파하였다.

① 만주 지역으로 포교를 확대하였다.
② 배재 학당, 이화 학당 등을 설립하였다.
③ 위정척사 운동의 사상적 기반이 되었다.
④ 한용운이 자주성을 회복하고자 노력하였다.
⑤ 조선과 프랑스의 수교로 선교의 자유를 얻었다.

19 다음 인물이 전개한 활동으로 옳은 것은?

- 생몰: 1863~1916
- 주요 활동
- 29세에 문과에 급제
- 을사늑약 체결 이후 '자신회' 조직
- 황해도 구월산에서 순국

① 「독사신론」을 저술하였다.
② 『독립신문』을 창간하였다.
③ 전통적인 단군 신앙을 부활시켰다.
④ 육영 공원에서 강사로 활동하였다.
⑤ 외교 고문 스티븐스를 처단하였다.

중요

20 다음 글을 저술한 인물에 대한 설명으로 옳은 것은?

> 국가의 역사는 민족의 소장성쇠(消長盛衰)의 상태를 서술할지라. 민족을 빼면 역사가 없으며 역사를 빼어 버리면 민족의 그 국가에 대한 관념이 크지 않을지니, 오호라 역사가의 책임이 그 역시 무거울지라.
>
> – 『대한매일신보』 –

① 『국어문법』을 간행하였다.
② 하얼빈에서 이토 히로부미를 처단하였다.
③ 『이순신전』과 『을지문덕전』을 저술하였다.
④ 「유교 구신론」으로 개혁 방향을 제시하였다.
⑤ 『황성신문』에 「시일야방성대곡」을 게재하였다.

서술형 문제

21 밑줄 친 ⊙과 같은 문제점이 발생한 원인을 서술하시오.

> 한국인들의 백동화는 ⊙을이나 병으로 판정되는 경우가 많았다. 반면 일본인들은 미리 사업이 시행될 것을 알고 있어서 미리 품종이 좋지 않은 백동화를 좋은 백동화로 교환한 사람이 많았다.

22 다음 상황을 해결하고자 이루어진 대응을 밑줄 친 '조약'과 함께 서술하시오.

> 지난 기축년(1889)에 함경도에 기근이 들었는데 콩 생산 상황이 더욱 심각하기에 조약에 근거하여 외교 담당 부서에 알렸습니다. 그러자 외교 담당 부서에서 원산항 감리에게 공문을 보내 10월 초부터로 기한을 정하고 조약대로 수출을 금지하게 하였습니다. …… 그런데 몇 달이 되지 않아서 또 금지령을 늦추었습니다.
>
> – 『고종실록』 –

23 다음 (가) 신문이 밑줄 친 ⊙과 같이 보도할 수 있었던 이유를 서술하시오.

> 1904년 양기탁 등 애국지사들에 의해 ⎡ (가) ⎤가 창간되었다. 주필은 박은식이 담당하였고 신채호, 장달선 등이 필진으로 참여하였다. ⎡ (가) ⎤는 발행 부수가 1만 부를 넘길 정도로 인기를 끌었는데, 이는 ⊙일제의 침략을 널리 알렸고, 의병에 대해서도 타 신문들과 다르게 의병 운동을 사실 그대로 보도했기 때문이다.

01 (가) 정책에 대한 설명으로 옳은 것은?

> 일본 정부는 한국에서 [(가)] 시행을 앞두고 칙령을 발표하였다. 이를 통해 일본 제일 은행이 관금 취급 및 은행권 발행 업무를 위해 서울에 설치한 지점을 한국 총 지점으로 하고, 한국 내 각 지방의 지점·출장소 및 대리점을 총괄하게 하였다. 이로써 일본 제일 은행은 사실상 한국 중앙은행의 위치에서 [(가)]에 대한 준비를 하게 되었고, 일본 정부는 사업의 성공 여부가 달린 백동화의 정리 작업에 착수하게 되었다.

① 제1차 한일 협약 이후에 실시되었다.
② 전환국을 설립하여 사업을 추진하였다.
③ 동양 척식 주식회사 설립 결과 실시되었다.
④ 일본 화폐가 처음으로 유통되는 계기가 되었다.
⑤ 고종이 러시아 공사관에 머무르는 동안 실시되었다.

02 밑줄 친 '집회'가 개최된 시기를 연표에서 옳게 고른 것은?

① (가)   ② (나)   ③ (다)   ④ (라)   ⑤ (마)

03 다음과 관련된 민족 운동에 대한 설명으로 옳은 것은?

> 지금 우리들은 정신을 새로이 하고 충의를 떨칠 때이니 국채 1,300만 원은 우리 대한 제국의 존망에 직결된 것입니다. 이것을 갚으면 나라가 보존되고, 이것을 갚지 못하면 나라가 망할 것은 필연적인 사실이나, 지금 국고에서는 도저히 갚을 능력이 없으며, 만일 나라에서 갚지 못한다면 그때는 이미 삼천리 강토는 내 나라 내 민족의 소유가 못 될 것입니다.
>
> – 『대한매일신보』 –

① 대한 자강회 등이 동참을 호소하였다.
② 대한 제국 정부 중심으로 시작되었다.
③ 일제의 통감부 설치 이전에 전개되었다.
④ 한성에서 시작되어 전국으로 확산되었다.
⑤ 일제에 진 나랏빚을 모두 갚는 데 성공하였다.

키워드 **Pick**
• 국채 1,300만 원
• 이것을 갚지 못하면 나라가 망할 것

키워드 **꼬리 질문**
Q1 국채를 갚기 위해 시작된 운동은?
Q2 위 운동이 시작된 지역은?

답변이 어렵다면 다시 학습
☞ 160쪽

04 밑줄 친 '신문'에 대한 설명으로 옳은 것은?

> 신문으로서 붓을 듦에 보호의 한 구절을 노래하고 춤을 추며, 노예 두 글자를 단꿀로 알아서 5조약을 가장 큰 경사로 알고, 7조약을 두 번째 경사로 알며, 척식회사를 설립하는 데 기꺼워하는 잔을 들고, 사법권을 내어 주는 데 축하하는 노래를 불러서 개와 돼지의 낯을 하고 사람의 말을 하니 이는 신문으로 나라를 파는 자이다.

위 내용은 1909년 이 신문에 게재된 것으로, 친일파를 비판하는 내용이다. 이 신문의 발행인 중 한 명은 1907년 재판에 넘겨졌다. 첫 번째 재판은 서울 정동에 있는 영국 총영사관에 설치된 법정에서 열렸다. 일본은 "그가 발행하는 신문의 논설이 그대로 항일 의병의 창의문으로 쓰인다."라며 판사로 참석한 주한 영국 총영사 헨리 코번에게 이 발행인을 치안 방해로 처벌할 것을 요구하였다. 재판은 5시간 정도 진행되었고, 코번은 다음날 피고인에게 6개월 근신형과 보증금 300파운드를 납부하게 하였다. 재판 뒤에도 이 신문은 장인환과 전명운에 의한 스티븐스 암살 사건을 대서특필하는 등 항일 논조를 더욱 강경하게 이어나갔다.

① 박문국에서 발행하였다.
② 최초로 발행된 신문이다.
③ 독립문 건립을 주도하였다.
④ 국채 보상 운동을 지원하였다.
⑤ 일제의 황무지 개간권 요구를 비판하였다.

키워드 **Pick**
• 영국 총영사관에 설치된 법정
• 항일 논조

키워드 **꼬리 질문**
Q1 영국인이 발행인으로 참여한 신문은?
Q2 위 신문이 항일 논조를 이어나가며 1907년에 전개한 대표적인 활동은?

답변이 어렵다면 다시 학습
☞ 160쪽

01 국제 질서의 변동과 개항 ↻122~131쪽

1 제국주의의 확산과 동아시아의 변동

제국주의	독점 자본주의와 배타적·침략적 민족주의의 결합으로 등장
동아시아의 변동	• 청: 영국과 벌인 아편 전쟁에서 패배 → 난징 조약(개항) • 일본: 미국 함대의 무력시위 → 미일 화친 조약(개항) → 미일 수호 통상 조약 → 메이지 유신(근대적 개혁)

2 통상 수교 거부 정책과 양요

병인박해 (1866)	프랑스와의 동맹 추진(실패), 천주교 금지 여론 확산 → 흥선 대원군이 수많은 천주교 신자와 프랑스 선교사 처형
제너럴 셔먼호 사건(1866)	미국 상선 제너럴 셔먼호가 대동강 유역에서 통상 요구 → 조선이 거절했으나 불법 상륙, 살인, 약탈 → 평양 관민이 불태워 침몰시킴(평안도 관찰사 박규수 지휘)
병인양요 (1866)	병인박해를 구실로 프랑스군이 침략 → 한성의 양화진 침입(철수) → 병력을 보강하여 강화도 침략, 약탈 → 문수산성(한성근 부대), 정족산성(양헌수 부대)에서 조선군의 저항 → 프랑스군 철수, 의궤 등 외규장각 도서 약탈
오페르트 도굴 미수 사건	독일 상인 오페르트의 통상 요구 → 조선의 거절 → 오페르트가 남연군 묘 도굴 시도, 실패(1868)
신미양요 (1871)	제너럴 셔먼호 사건을 구실로 미국이 개항 요구 → 흥선 대원군의 거부 → 미군이 강화도 침공 → 미군이 초지진 함락, 광성보 공격 → 어재연의 조선군 수비대가 항전(패배) → 개항이 어렵다고 판단하고 미군 철수
척화비 건립	• 흥선 대원군 주도, 통상 수교 거부 정책을 널리 알림 • 신미양요 직후 전국 각지에 설립

3 개항과 근대적 조약 체제

통상 개화론 등장	• 주요 인물: 청의 문물을 접한 박규수, 오경석 등 • 주장: 자주적 문호 개방과 서양 문물 수용 통한 부국강병
일본과 갈등	일본이 조선에 외교 관계 요구 → 조선이 외교 문서(서계)의 형식을 지적하며 거절 → 일본에서 '정한론' 대두
운요호 사건 (1875)	일본 군함 운요호가 조선 영해 침범 → 강화 수비대의 경고 포격 → 운요호가 초지진 포격, 일본군의 영종도 상륙(살인, 약탈) → 일본이 사과 요구
강화도 조약 (조일 수호 조규, 1876)	운요호 사건 구실로 일본이 개항 요구 → 강화도 조약 체결 → 부산 등 3개 항구 개항, 해안 측량권과 영사 재판권(치외 법권) 허용(최초의 근대적 조약, 불평등 조약)
부속 조약	• 조일 수호 조규 부록: 개항장에 일본인 조계(거류지) 설정, 일본 화폐의 유통 허용 • 조일 무역 규칙: 양곡 무제한 유출 허용, 관세 규정 없음
조미 수호 통상 조약 (1882)	『조선책략』 유포, 청이 미국과의 수교 알선 → 조미 수호 통상 조약 체결(거중 조정 조항, 관세 조항, 영사 재판권 인정, 최혜국 대우 인정) → 미국 공사 부임, 조선의 보빙사 파견

02 근대 국가 수립을 위한 노력 ↻132~145쪽

1 개화 정책의 추진과 반발

개화 정책 추진	통리기무아문 설치, 별기군 창설, 5군영을 2영(무위영, 장어영)으로 통합, 사절단 파견(수신사, 조사 시찰단, 영선사 등)
위정척사 운동	• 1860년대: 이항로, 척화 주전론, 통상 수교 거부 정책 지지 • 1870년대: 최익현, 왜양 일체론, 개항 반대 운동 • 1880년대: 이만손, 『조선책략』 유포에 반발, 개화 반대
임오군란	구식 군인에 대한 차별, 도시 하층민의 궁핍 → 구식 군인의 봉기 → 흥선 대원군 재집권 → 청군 파견 → 군란 진압, 흥선 대원군을 청으로 납치 → 청의 간섭 확대, 제물포 조약 체결

2 갑신정변과 열강의 대립

배경	• 개화파의 분화, 청의 내정 간섭, 급진 개화파의 입지 약화 • 베트남 문제로 청군의 절반 철수, 일본의 군사적 지원 약속
전개	김옥균, 박영효 등 급진 개화파가 우정총국 개국 축하연에서 정변을 일으킴(1884) → 개화당 정부 수립(개혁 정강 반포) → 청군의 개입으로 3일 만에 실패
결과	청의 내정 간섭 심화, 한성 조약 체결, 톈진 조약(청·일본) 체결

3 동학 농민 운동과 갑오개혁

동학 농민 운동	농민의 궁핍, 동학 확산, 고부 군수 조병갑의 폭정 → 고부 농민 봉기 → 제1차 봉기('제폭구민', '보국안민') → 황토현, 황룡촌 전투 승리 → 농민군이 전주성 점령 → 청군, 일본군 파견 → 전주 화약 체결 → 집강소 설치(폐정 개혁안 실천) → 일본군의 경복궁 점령, 청일 전쟁 발발 → 제2차 봉기 → 공주 우금치 전투 패배 → 전봉준 등 지도부 체포
제1차 갑오개혁	• 전개: 일본의 개혁 강요, 교정청 폐지, 군국기무처 설치 • 내용: 개국 기년 사용, 궁내부 설치, 과거제 폐지, 재정의 일원화(탁지아문), 조세 금납화, 신분제 폐지, 공사 노비 제도 철폐, 조혼 금지, 과부 재가 허용, 고문과 연좌제 폐지
제2차 갑오개혁	• 전개: 일본 간섭 심화, 군국기무처 폐지, 홍범 14조 반포 • 내용: 의정부를 내각으로 개편, 지방 제도를 8도에서 23부로 개편, 재판소 설치(사법권 독립), 교육 입국 조서 반포
을미개혁	을미사변 후 추진, 태양력 사용, '건양' 연호 제정, 단발령 실시

4 독립 협회와 대한 제국

독립 협회	• 창립: 서재필 등이 독립문 건립을 추진하며 창립 • 활동: 토론회 개최, 만민 공동회 개최(열강의 이권 침탈 반대), 관민 공동회 개최(헌의 6조 결의), 의회 설립 운동 • 해산: 고종이 황국 협회를 동원하여 탄압하고 해산
대한 제국	• 대한국 국제 반포: 황제의 전제 정치 실시를 명문화 • 광무개혁: 구본신참의 원칙, 원수부 설치, 양전 실시, 지계 발급, 상공업 진흥, 외국 유학생 파견, 실업 학교 설립

1 일제의 침략과 국권 피탈

한일 의정서	일본이 한국 내에서 필요한 지역을 군사 기지로 사용
제1차 한일 협약	재정과 외교 분야에 일본이 추천한 고문을 둠(1904)
을사늑약(1905)	외교권 강탈, 통감부 설치 → 고종이 헤이그 특사 파견 → 일본의 방해로 실패 → 고종 강제 퇴위(1907)
한일 신협약	일본인 차관 임명, 부수 비밀 각서에 따라 군대 해산
기유각서	대한 제국의 사법권 강탈(1909)
한국 병합 조약	대한 제국의 국권 피탈(1910)

2 독도와 간도

독도	대한 제국이 「칙령 제41호」를 통해 우리 영토임을 명시 → 일제가 러일 전쟁 중 불법적으로 자국 영토에 편입
간도	• 대한 제국이 관리사로 이범윤을 파견해 관리 • 청과 일본이 간도 협약 체결(1909) → 일제가 청에 간도를 넘겨줌, 대가로 만주 철도 부설권 획득

3 항일 의병 운동과 의열 투쟁

을미의병	을미사변과 단발령 시행 → 유인석 등 유생 주도로 의병 항쟁 발생 → 고종의 의병 해산 권고 조칙으로 대부분 해산
을사의병	을사늑약 → 최익현 등 유생 주도, 평민 의병장 등장
정미의병	고종 강제 퇴위, 군대 해산 → 해산 군인 합류로 전투력 강화, 다양한 계층 참여, 전국적인 항일 의병 전쟁으로 확대 → 13도 창의군 결성, 서울 진공 작전 전개(실패) → 호남 의병 활동 → 일제가 이른바 '남한 대토벌' 작전으로 탄압
의열 투쟁	• 나철, 오기호: '자신회'라는 5적 암살단 조직 • 장인환, 전명운: 미국에서 외교 고문 스티븐스 처단 • 안중근: 을사늑약 체결을 주도한 이토 히로부미 사살 • 이재명: 명동 성당 앞에서 매국노 이완용 습격

4 애국 계몽 운동

보안회	일제의 황무지 개간권 요구 → 반대 운동 전개하여 저지
헌정 연구회	• 활동: 의회 설립을 통한 입헌 정치 체제 수립 노력 • 해산: 일제의 탄압으로 해산 → 대한 자강회로 계승
대한 자강회	• 활동: 입헌 군주제 지향, 전국에 지회 설치, 월보 간행 • 해산: 고종 강제 퇴위 반대 운동을 전개하다 해산됨
신민회	• 활동: 안창호와 양기탁 등이 항일 비밀 결사로 조직, 공화 정체의 근대 국민 국가 지향 → 대성 학교와 오산 학교 설립, 태극 서관 설립, 자기 회사 설립, 국외 독립운동 기지 건설 추진(남만주 삼원보에 한인촌 건설) • 해산: 일제가 날조한 105인 사건으로 사실상 해산

1 개항 이후 열강의 침탈과 경제 변화

거류지 무역 전개	• 일본 상인의 경제 침투(일본 화폐 사용, 양곡 유출, 영국산 면직물 중계 무역) → 조선의 쌀값 폭등, 가내 수공업 타격 • 일부 조선 객주, 보부상 등은 중개 무역으로 부 축적
청·일 상인의 경쟁	• 조청 상민 수륙 무역 장정: 청 상인의 내륙 진출 • 조일 통상 장정: 일본에 최혜국 대우, 관세 부과, 방곡령
열강의 이권 침탈	아관 파천 이후 서양 열강이 최혜국 대우를 이용 → 광산·삼림·철도·전차·해운 등 이권 침탈, 일본은 철도 부설권 독점
화폐 정리 사업	재정 고문 메가타의 주도, 백동화를 일본 제일 은행권과 교환 → 한국인 자본가와 상인, 농민 등 타격받음
토지 약탈	일제가 군용지, 철도 부지 등의 명목으로 토지 약탈

2 경제적 구국 운동

상권 수호 운동	외국 상인의 내륙 침투 → 상회사 설립(대동 상회, 장통 상회), 시전 상인의 철시 투쟁과 황국 중앙 총상회 조직
방곡령	조선의 곡물 부족 → 함경도 등 지방관이 조일 통상 장정에 근거하여 방곡령 선포 → 일본의 항의로 배상금 지불, 철회
이권 수호 운동	• 독립 협회: 러시아의 이권 침탈 저지(한러 은행 폐쇄 등) • 일제의 황무지 개간권 요구 → 농광 회사 설립, 보안회 조직
국채 보상 운동	통감부의 차관 강요(나랏빚 증가) → 대구에서 서상돈 등이 국채 보상 운동 시작 → 국채 보상 기성회 조직, 「대한매일 신보」 등 언론 기관의 지원, 각계각층에서 모금 운동 참여

3 개항 이후 근대 문물의 수용과 사회 변화

근대 시설	박문국 설치, 전환국 설치, 전신선 가설, 우편 사무 시행, 한성 전기 회사 설립(전차, 전등 가설), 일본이 철도 부설
근대 교육	• 원산 학사: 사립(함경도 덕원 주민), 최초의 근대식 학교 • 동문학: 정부 설립, 외국어 교육 기관 • 육영 공원: 정부 설립, 미국인 강사 초빙, 근대 학문 교육 • 교육 입국 조서 반포: 한성 사범 학교, 소학교 등 설립
언론 발달	• 「한성순보」: 박문국 발행, 최초의 신문, 순 한문 • 「독립신문」: 서재필 발간, 최초의 민간 신문, 순한글, 영문 • 「황성신문」: 유림층 대상, 「시일야방성대곡」 게재, 국한문 • 「대한매일신보」: 베델·양기탁 발행, 국채 보상 운동 지원
종교계 변화	• 개신교: 미국과의 수교 이후 확산, 교육 및 의료 보급 • 천주교: 프랑스와의 수교로 선교의 자유 인정, 교육·의료 • 천도교: 손병희가 동학을 개칭, 교육과 언론 활동 • 대종교: 나철이 단군 신앙을 부활시켜 창시 • 유교: 박은식 「유교 구신론」(유교의 개혁 방향 제시) • 불교: 한용운 「조선불교유신론」(불교의 자주성 회복 노력)
국학 연구	• 국사: 신채호가 「독사신론」, 「을지문덕전」, 「이순신전」 저술 • 국어: 국문 연구소 설립, 주시경 등이 「국어문법」 간행

01 다음 지도에 나타난 사건에 대한 탐구 주제로 적절한 것은?

① 조선의 문호 개방
② 폐정 개혁안 실천
③ 외규장각 도서 약탈
④ 제물포 조약의 체결
⑤ 운요호의 조선 영해 침범

02 (가)에 들어갈 사건과 관련된 내용으로 가장 적절한 것은?

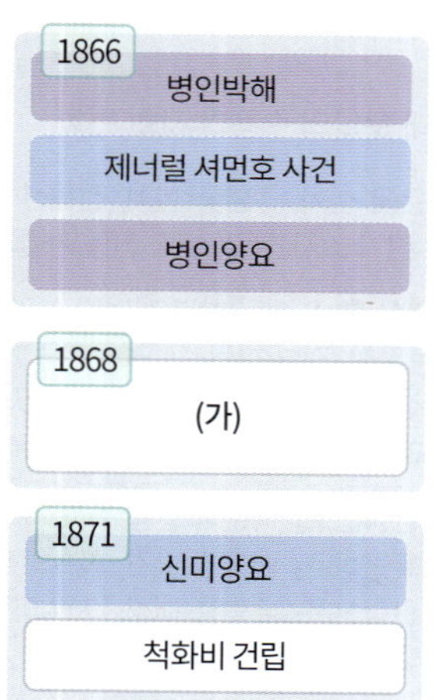

▲ 서양 세력의 접근과 조선의 대응

① 포함 외교를 모방하여 침범하였다.
② 독일 상인의 통상 요구를 거절하였다.
③ 조선에서의 천주교 포교가 승인되었다.
④ 무역 적자가 커지자 아편을 수출하였다.
⑤ 조선을 침공하자는 '정한론'이 등장하였다.

03 (가) 인물에 대한 설명으로 옳은 것은?

    (가)는 연암 박지원의 손자로 북학 사상을 계승하여 실용주의적인 사고방식을 지닌 인물이었다. 그가 평안도 관찰사로 있을 때 미국 상선 제너럴 셔먼호가 접근하여 불법 상륙하고 난동을 부렸고, 그는 평양 군민을 지휘하여 제너럴 셔먼호를 불태웠다.

① 보빙사로 미국에 파견되었다.
② 일본에서 『조선책략』을 들여왔다.
③ 13도 창의군의 총대장으로 추대되었다.
④ 하얼빈에서 이토 히로부미를 처단하였다.
⑤ 자주적으로 문호를 개방할 것을 주장하였다.

서술형

04 밑줄 친 '이 조약'이 체결된 배경을 서술하시오.

    이 조약은 조선이 서양 국가와 맺은 최초의 조약이었지만, 영사 재판권과 최혜국 대우가 포함된 불평등 조약이었다. 다음 해에 미국이 한성에 공사를 파견하자, 고종은 답례로 보빙사를 파견하였다.

05 (가)에 이어질 내용으로 가장 적절한 것은?

    군인들과 하층민들이 궁궐에 난입하고, 일본 공사관을 습격하자 고종은 급히 흥선 대원군을 불러 정권을 맡기며 사태를 수습하고자 하였다. 이에 흥선 대원군은 개화 정책의 중단을 선포하고 _____(가)_____

① 군국기무처를 설치하였다.
② 대한국 국제를 반포하였다.
③ 통리기무아문을 폐지하였다.
④ 신미년 이후 척화비를 세웠다.
⑤ 농민군과 전주 화약을 체결하였다.

06 다음 글이 설명하는 사건이 조선에 끼친 영향을 서술하시오.

김옥균, 박영효 등 급진 개화파는 일본 공사의 지원을 약속받고 우정총국 개국 축하연을 기회로 사건을 일으켜 권력을 장악하고 개혁 정강을 발표하였다. 하지만 청군의 개입으로 3일 만에 실패하였고, 살아남은 자들은 일본으로 망명하였다.

07 밑줄 친 '반란'을 일으킨 세력에 대한 설명으로 옳은 것은?

정부는 반란의 원인을 백성에게 돌리며, 우리 백성이 사납고 간교해서 난을 일으켰다고 하며 청에 원병을 구걸하였다. …… 탐학과 불법이 누적되어 오늘날 반란이 일어나게 된 것은 누구 때문인가?

– 박은식, 『한국통사』 –

① 단발령 시행을 계기로 봉기하였다.
② 구식 군인에 대한 차별에 반발하였다.
③ 집강소를 설치하고 개혁을 추진하였다.
④ 해산 군인의 합류로 전투력이 강화되었다.
⑤ 헌의 6조를 결의하여 고종의 재가를 받았다.

08 다음 개혁에 대한 설명으로 옳은 것은?

• 죄인 본인 외에 친족에게 연좌의 형률을 일체 시행하지 않는다.
• 과부가 재혼하는 것은 귀천을 막론하고 자신의 의사에 맡긴다.
• 공사 노비법을 혁파하고 사람을 사고파는 일을 금지한다.

① 군국기무처에서 실시하였다.
② 통리기무아문이 총괄하였다.
③ 을미사변 이후에 추진되었다.
④ 재정 고문 메가타가 주도하였다.
⑤ 한성 조약이 체결되는 계기가 되었다.

09 (가) 단체에 대한 설명으로 옳은 것은?

[(가)]가 『독립신문』을 오늘 처음으로 출판하는데 조선에 있는 내외국 인민에게 [(가)] 주의를 미리 알리려 한다. …… 정부에서 하는 일을 백성에게 전할 것이요. 백성의 정세를 정부에 전할 것이니 …… 탐관오리의 행적을 세상에 알릴 것이고, 백성이라도 불법을 저지르는 사람은 [(가)]가 찾아서 신문에 설명할 것이다.

① 별기군을 설치하였다.
② 만민 공동회를 개최하였다.
③ 서울 진공 작전을 전개하였다.
④ 『대한매일신보』를 발행하였다.
⑤ 태극 서관과 자기 회사를 운영하였다.

10 밑줄 친 '개혁'의 내용으로 옳은 것은?

제시된 사진은 하늘에 제사를 지내는 환구단과 천지신명의 위패를 모시는 황궁우이다. 고종은 1897년 10월 12일, 환구단에서 황제 즉위식을 성대하게 치르고 황제에 올랐고 부국강병을 위해 구본신참의 원칙을 토대로 점진적인 개혁을 실시하였다.

① 지계를 발급하였다.
② 태양력을 사용하였다.
③ 과부의 재가를 허용하였다.
④ 화폐 정리 사업을 단행하였다.
⑤ 교육 입국 조서를 반포하였다.

11 (가) 조약 체결의 영향으로 옳은 것은?

> 1914년 11월, 미국에서 발행된 『포퓰러 매거진』에는 대한 제국을 배경으로 한 「황제의 옥새」가 실렸다. 미국의 한 언론인이 쓴 이 작품의 주인공은 우리에게 『대한매일신보』 창간으로 익숙한 영국 출신 언론인 베델이다. 이 작품은 일본 정부가 대한 제국의 외교권을 강탈하는 ___(가)___의 체결을 강요하는 등 긴박하게 전개되었던 당시 한반도 상황을 역동적으로 보여 준다.

① 조선의 양곡 수출입이 허용되었다.
② 외교 고문으로 스티븐스가 파견되었다.
③ 청의 상인이 내륙으로 진출하게 되었다.
④ 고종이 러시아 공사관으로 거처를 옮겼다.
⑤ 민영환이 조약 체결에 반대하며 자결하였다.

12 (가) 지역에 관한 탐구 활동으로 가장 적절한 것은?

> **〈사료로 보는 한국사〉**
>
> 청과 일본 두 나라 정부는 도문강(두만강)을 청과 한국의 국경으로 하고, 강 원천지에 있는 정계비를 기점으로 하여 석을수(두만강 지류)를 두 나라의 경계로 한다.
>
> 〈해설〉 위 사료는 일본이 청과 체결한 ___(가)___ 협약의 일부이다. 을사늑약으로 대한 제국의 외교권을 강탈한 일제는 ___(가)___를 청의 영토로 인정하고, 그 대가로 만주의 철도 부설권과 탄광 채굴권을 획득하였다.

① 영국이 불법으로 점령한 지역을 조사한다.
② 러시아가 조차를 요구한 지역을 파악한다.
③ 국채 보상 운동이 시작된 지역을 찾아본다.
④ 이범윤이 관리사로 파견된 지역을 알아본다.
⑤ 대한 제국 「칙령 제41호」의 내용을 분석한다.

13 다음을 발표한 인물이 일으킨 의병의 활동 시기를 연표에서 옳게 고른 것은?

> 오호라 작년 10월 저들이 한 행위는 만고에 일찍이 없던 일로서, 억압으로 한 조각의 종이에 조인하여 5백 년 오던 종묘사직이 드디어 하룻밤에 망하였으니 …… 나라가 이와 같이 망해 갈진대 어찌 한번 싸우지 않을 수 있는가.

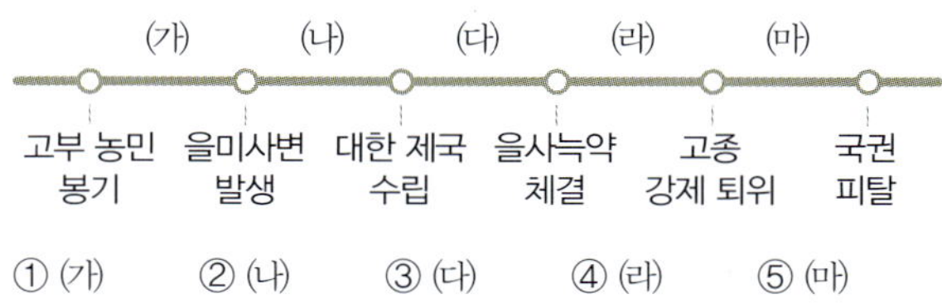

① (가)　　② (나)　　③ (다)　　④ (라)　　⑤ (마)

14 밑줄 친 '우리'에 대한 설명으로 옳은 것만을 〈보기〉에서 고른 것은?

> <u>우리</u>의 목적은 우리 한국의 부패한 사상과 습관을 혁신하고 국민을 새롭게 하며, 쇠퇴한 교육과 산업을 개량하고 사업을 혁신하게 하여, 새로운 자유 문명국을 성립하게 함에 있다.

보기
ㄱ. 한러 은행 폐쇄를 요구하였다.
ㄴ. 시전 상인을 중심으로 조직되었다.
ㄷ. 대성 학교와 오산 학교를 설립하였다.
ㄹ. 일제가 105인 사건을 날조하여 탄압하였다.

① ㄱ, ㄴ　　② ㄱ, ㄷ　　③ ㄴ, ㄷ
④ ㄴ, ㄹ　　⑤ ㄷ, ㄹ

서술형

15 다음 글과 같은 상황이 발생한 배경을 서술하시오.

> 아무리 후미진 곳에 있는 촌락일지라도 장날에는 청 상인들이 찾아온다고 한다. …… 이러한 상태가 계속된다면 조선 팔도의 상권은 남김없이 조선 상인의 손에서 청 상인의 손으로 넘어가고 말 것이다.

16 (가), (나) 조약에 대한 설명으로 옳은 것만을 〈보기〉에서 고른 것은?

> (가) 일본국 국민은 본국에서 사용되는 화폐로 조선국 국민이 보유하고 있는 물자와 마음대로 교환할 수 있다.
>
> (나) 조선국에서 가뭄, 수해, 전쟁 등의 일로 인하여 국내 식량 결핍을 우려하여 일시 쌀 수출을 금지하려고 할 때에는 1개월 전에 일본 영사관에 통지하여 …… 일본 상인들에게 전달하여야 한다.

┌─ 보기 ─
ㄱ. (가) – 임오군란의 결과로 체결되었다.
ㄴ. (가) – 일본 화폐의 유통을 허용하였다.
ㄷ. (나) – 최혜국 대우를 포함하였다.
ㄹ. (나) – 러일 전쟁 중에 체결되었다.

① ㄱ, ㄴ ② ㄱ, ㄷ ③ ㄴ, ㄷ
④ ㄴ, ㄹ ⑤ ㄷ, ㄹ

17 (가) 학당에 대한 설명으로 옳은 것은?

위 사진은 1916년 건립된 ⬚(가)⬚ 학당의 동관이다. ⬚(가)⬚ 학당은 1885년 헨리 아펜젤러가 세운 근대식 학교이다. 1887년 지어진 르네상스식 건물은 남아 있지 않지만 동관 건물은 현재 역사 박물관으로 이용되고 있다.

① 선교와 계몽을 목적으로 설립되었다.
② 교육 입국 조서 반포 이후 설립되었다.
③ 원산에 설립된 최초의 근대식 학교이다.
④ 미국 선교사 알렌의 건의로 설립되었다.
⑤ 정부가 세운 학교로서 상류층 자제를 교육하였다.

18 (가) 운동에 대한 설명으로 옳은 것만을 〈보기〉에서 고른 것은?

┌─ 보기 ─
ㄱ. 러시아의 이권 침탈을 비판하였다.
ㄴ. 집강소를 설치하고 개혁을 추진하였다.
ㄷ. 『대한매일신보』의 지원으로 확산되었다.
ㄹ. 대구에서 서상돈 등을 중심으로 시작되었다.

① ㄱ, ㄴ ② ㄱ, ㄷ ③ ㄴ, ㄷ
④ ㄴ, ㄹ ⑤ ㄷ, ㄹ

19 밑줄 친 '국학 연구'에 대한 탐구 활동으로 가장 적절한 것은?

① 「여권통문」에 담긴 주장을 알아본다.
② 『국어문법』을 간행한 사람을 조사한다.
③ 부녀자를 대상으로 한 신문을 찾아본다.
④ 「해에게서 소년에게」를 쓴 사람을 조사한다.
⑤ 백정 출신 박성춘이 참여한 집회를 알아본다.

메모

CHECK LIST

SUMMARY

고등 도서 안내

문학 입문서

손쉬운

작품 이해에서 문제 해결까지
손쉬운 비법을 담은 문학 입문서

현대 문학, 고전 문학

비주얼 개념서

룩 LOOK

이미지 연상으로 필수 개념을 쉽게 익히는
비주얼 개념서

국어 문법
영어 분석독해

수학 개념 기본서

수학중심

개념과 유형을 한 번에 잡는 강력한
개념 기본서

수학Ⅰ, 수학Ⅱ, 확률과 통계, 미적분, 기하

수학 문제 기본서

유형중심

체계적인 유형별 학습으로 실전에서 강력한
문제 기본서

수학Ⅰ, 수학Ⅱ, 확률과 통계, 미적분

사회·과학 필수 기본서

개념 학습과 유형 학습으로 내신과 수능을 잡는
필수 기본서

엔픽

[2022 개정]
사회 통합사회1, 통합사회2*, 한국사1, 한국사2*
과학 통합과학1, 통합과학2, 물리학*, 화학*, 생명과학*,
　　　지구과학*

*2025년 상반기 출간 예정

NEW 올리드

[2015 개정]
사회 한국지리, 사회·문화, 생활과 윤리, 윤리와 사상
과학 물리학Ⅰ, 화학Ⅰ, 생명과학Ⅰ, 지구과학Ⅰ

기출 분석 문제집

완벽한 기출 문제 분석으로 시험에 대비하는 1등급 문제집

1등급 만들기

[2022 개정]
수학 공통수학1, 공통수학2, 대수, 확률과 통계*, 미적분Ⅰ*
사회 통합사회1, 통합사회2*, 한국사1, 한국사2*,
　　　세계시민과 지리, 사회와 문화, 세계사, 현대사회와 윤리
과학 통합과학1, 통합과학2

*2025년 상반기 출간 예정

[2015 개정]
국어 문학, 독서
수학 수학Ⅰ, 수학Ⅱ, 확률과 통계, 미적분, 기하
사회 한국지리, 세계지리, 생활과 윤리, 윤리와 사상,
　　　사회 문화, 정치와 법, 경제, 세계사, 동아시아사
과학 물리학Ⅰ, 화학Ⅰ, 생명과학Ⅰ, 지구과학Ⅰ,
　　　물리학Ⅱ, 화학Ⅱ, 생명과학Ⅱ, 지구과학Ⅱ

엔픽

한국사1

바른답 알찬풀이

바른답 · 알찬풀이

바른답 · 알찬풀이

바른답 · 알찬풀이

I 근대 이전 한국사의 이해

01 고대 국가의 성장

14쪽

포인트 Pick

❶ 간석기 ❷ 위만 조선 ❸ 광개토 대왕 ❹ 근초고왕 ❺ 마립간
❻ 불교 ❼ 대가야 ❽ 고구려 ❾ 신문왕 ❿ 대조영

01 (1) ㉠ (2) ㉢ (3) ㉡ **02** (1) ◯ (2) ✕ (3) ◯ **03** (1) ㉢ (2) ㉠ (3) ㉡
04 (1) ㉡ (2) ㉠ (3) ㉠ **05** ㄹ-ㄱ-ㄷ-ㄴ **06** 해동성국

15~19쪽

01 ⑤ **02** ④ **03** ① **04** ③ **05** ④ **06** ①
07 ④ **08** ⑤ **09** ⑤ **10** ② **11** ⑤ **12** ③
13 ② **14** ⑤ **15** ④ **16** ③ **17** ④ **18** ①
19 ② **20** ⑤

21 (1) 진흥왕 (2) **예시 답안** 한강 유역을 장악하고, 함경도 일대까지 진출하였으며, 대가야를 정복하였다. 또한 화랑도를 국가적인 조직으로 개편하였다.
22 **예시 답안** 발해가 고구려 계승 의식을 갖고 있었다는 점을 알 수 있다.

01 주먹도끼를 처음 제작한 시대는 구석기 시대이다. 한반도와 만주 일대의 구석기 시대는 약 70만 년 전부터 시작되었고, 주먹도끼와 같은 뗀석기를 사용하였다.

알찬 선지 분석

① ✕ 토기를 사용하기 시작한 시기는 신석기 시대이다.
② ✕ 계급이 출현한 시기는 청동기 시대이다.
③ ✕ 사유 재산이 발생한 시기는 청동기 시대이다.
④ ✕ 비파형 동검을 사용한 시기는 청동기 시대이다.
⑤ ◯ 구석기 시대에는 이동 생활을 하면서 주로 동굴이나 막집에서 살았다.

02 자료의 토기는 신석기 시대에 제작된 빗살무늬 토기이다. 신석기 시대는 약 1만 년 전부터 전개되었다.

알찬 선지 분석

ㄱ. ✕ 구석기 시대에 대한 설명이다.
ㄴ. ◯ 신석기 시대에는 농경과 목축을 시작하였다.
ㄷ. ✕ 청동 거울은 청동기 시대에 사용되기 시작하였다.
ㄹ. ◯ 신석기 시대에는 강가나 바닷가에 움집을 짓고 살았다.

03 고인돌은 청동기 시대의 대표적인 무덤 양식이다. 지배층의 무덤으로 짐작되는 거대한 크기의 고인돌을 통해 당시 권력이 강한 지배자가 등장하였음을 알 수 있다.

알찬 선지 분석

① ◯ 청동기 시대에는 계급이 출현하고 지배자가 등장하였다.
② ✕ 농경과 목축을 시작한 시기는 신석기 시대이다.
③ ✕ 구석기 시대에는 무리 지어 이동 생활을 하였다.
④ ✕ 구석기 시대에는 주먹도끼를 제작하여 사용하였다.
⑤ ✕ 신석기 시대에는 토기를 만들어 사용하기 시작하였다.

04 자료는 고조선의 8조법이다. 고조선은 청동기 문화와 농경 문화를 바탕으로 성립하여 철기 시대까지 이어졌다.

알찬 선지 분석

① ◯ 고조선에서는 부왕과 준왕 등이 왕위를 세습하였다.
② ◯ 고조선은 한의 공격으로 멸망하였다.
③ ✕ 고조선은 청동기 문화와 농경 문화를 바탕으로 성립하였다.
④ ◯ 고조선은 왕 아래에 상, 대부, 장군 등의 관직을 두었다.
⑤ ◯ 고조선은 기원전 4세기경 중국의 연과 다툴 만큼 성장하였다.

05 (가) 국가는 동예이다. 동예에는 왕이 없었지만 읍군, 삼로 등의 정치적 지배자가 있었고, 읍락 간의 경계를 중시하는 책화의 풍습이 있었다.

알찬 선지 분석

① ✕ 삼한의 천군은 신성 지역인 소도를 관장하였다.
② ✕ 한은 고조선을 멸망시킨 후 낙랑군 등 군현을 설치하였다.
③ ✕ 고조선은 기원전 4세기경 중국의 연과 세력을 다투었다.
④ ◯ 동예는 연맹체 국가로 발전하지 못하였다.
⑤ ✕ 고구려는 제가 회의에서 국가 중대사를 결정하였다.

06 자료의 국가는 부여이다. 부여는 왕이 중앙을 다스리고 마가·우가·저가·구가 등 여러 가들이 사출도라고 불리는 영역을 관할하였다.

알찬 선지 분석

① ◯ 부여에 해당한다.
② ✕ 고구려에 해당한다.
③ ✕ 옥저에 해당한다.
④ ✕ 동예에 해당한다.
⑤ ✕ 삼한에 해당한다.

07 (가) 국가는 고구려이다. 고구려에서는 나라의 중대사를 제가 회의에서 결정하였으며, 왕 아래 상가, 고추가 등 가들이 각자 관리를 거느렸다.

알찬 선지 분석

① ✕ 옥저에는 민며느리제의 풍습이 있었다.
② ✕ 삼한에는 신지, 읍차 등의 정치적 지배자가 있었다.

③ ⓧ 고구려는 연맹체 국가에서 중앙 집권 국가로 발전하였다.
④ ◎ 고구려에는 왕 아래 상가, 고추가 등의 가들이 있었다.
⑤ ⓧ 위만 조선은 중국의 한과 한반도 남부의 진 사이에서 중계 무역을 하였다.

08 삼국은 중앙 집권적 고대 국가로 발전하면서 왕위가 세습되었고, 관등제가 마련되고 공복이 제정되었다. 각 부의 독자성은 약화되고 행정적 단위로 개편되었다.

알찬 선지 분석
① ◎ 중앙 집권적 국가로 발전하면서 왕위가 세습되었다.
② ◎ 관리의 복색인 공복을 제정해 중앙 집권 체제를 강화하였다.
③ ◎ 삼국은 율령을 반포하여 통치 기반을 마련하였다.
④ ◎ 관리의 위계를 나타내는 관등제가 마련되었다.
⑤ ⓧ 중앙 집권 과정에서 각 부의 독자성이 약화되었다.

09 고구려의 태조왕은 1세기 후반 옥저를 복속하고 요동 지방으로 진출을 시도하였다. 태조왕이 영토를 확장하는 과정에서 왕권이 강화되어 계루부 고씨가 독점적으로 왕위를 세습하게 되었다.

알찬 선지 분석
① ⓧ 소수림왕은 태학을 설립하여 인재를 양성하였다.
② ⓧ 장수왕은 남쪽으로 영역을 확장하며 평양으로 천도하였다.
③ ⓧ 광개토 대왕은 신라에 침입한 왜를 격퇴하였다.
④ ⓧ 고국천왕은 부족적 전통을 지닌 5부를 행정 구역적 성격의 5부로 개편하였다.
⑤ ◎ 태조왕 시기 계루부 고씨가 왕위를 독점적으로 세습하게 되었다.

10 지도는 4세기 백제의 전성기를 나타낸 것이다. 백제는 4세기 근초고왕 때 전성기를 맞이하여 마한의 남은 세력을 정복하였고, 고구려의 평양을 공격하여 고국원왕을 전사시켰다. 또한 동진, 일본 등과 활발하게 교류하였다.

알찬 선지 분석
① ⓧ 6세기 백제 성왕은 사비로 천도하였다.
② ◎ 4세기 백제는 일본에 칠지도를 전하였다.
③ ⓧ 6세기 백제 무령왕은 22담로에 왕족을 파견하여 지방 통제를 강화하였다.
④ ⓧ 3세기 백제 고이왕은 관등제와 관복제를 정비하였다.
⑤ ⓧ 5세기 고구려 광개토 대왕은 신라에 침입한 왜를 격퇴하였다.

11 (가) 국가는 신라이다. 신라는 진한의 소국 중 하나였던 사로국에서 출발하여 3~4세기에 진한 지역 소국의 대부분을 복속시켰다.

알찬 선지 분석
① ⓧ 위만은 고조선의 준왕을 몰아내고 스스로 왕위에 올랐다.

② ⓧ 고구려에는 서옥제의 풍습이 있었다.
③ ⓧ 고조선은 사회 질서를 유지하기 위해 8조법을 만들었다.
④ ⓧ 동예는 무천이라는 제천 행사를 개최하였다.
⑤ ◎ 신라에는 화백 회의라는 귀족 회의가 있었다.

12 밑줄 친 '이 국가'는 금관가야이다. 금관가야는 낙랑군과 왜를 연결하는 중계 무역으로 번성하였으나, 5세기 무렵 신라를 지원한 고구려 광개토 대왕의 공격을 받아 쇠퇴하였다.

알찬 선지 분석
ㄱ. ⓧ 금관가야는 낙동강 유역에서 성장하였다.
ㄴ. ◎ 금관가야는 고구려군의 공격을 받아 쇠퇴하였다.
ㄷ. ◎ 금관가야는 낙랑군과 왜 사이의 중계 무역으로 번성하였다.
ㄹ. ⓧ 신라 초기에는 박, 석, 김의 3성 중에서 지배자를 선출하였다.

13 (가) 지역은 한강이다. 한강 유역은 인구와 물자가 풍부하고, 중국과 직접 교류하기에도 편리한 전략적 요충지였다. 삼국은 한강 유역을 차지하여 항쟁의 주도권을 잡으려고 하였다.

14 (가) 국왕은 고구려의 광개토 대왕이다. 광개토 대왕은 백제를 압박하고 신라에 침입한 왜와 가야의 연합군을 격퇴하였다. 또한 거란과 후연 등을 격파하고 만주와 요동 일대를 장악하였다.

알찬 선지 분석
① ⓧ 백제 근초고왕은 마한의 남은 세력을 정복하였다.
② ⓧ 고구려 소수림왕은 율령을 반포하였다.
③ ⓧ 백제는 침류왕 때 동진으로부터 불교를 수용하였다.
④ ⓧ 백제 근초고왕은 평양을 공격하여 고구려의 고국원왕을 전사시켰다.
⑤ ◎ 광개토 대왕은 거란 등을 격파하고 만주 일대를 장악하였다.

15 자료는 신라가 고구려 광개토 대왕의 도움을 받아 가야·왜의 침입을 격퇴하였다는 내용의 대화이다. ④ 경주 호우총에서 출토된 청동 '광개토 대왕'명 호우를 통해 5세기 신라와 고구려의 관계를 짐작할 수 있다.

16 자료는 신라가 당에 김춘추를 파견하여 나당 동맹을 맺는 상황이다. 나당 연합군은 백제를 멸망시킨 뒤(660), 고구려를 무너뜨렸다(668). 이후 당이 한반도 전체를 지배하려 하자, 신라는 매소성과 기벌포 싸움에서 승리하여 당을 몰아내고 삼국 통일을 완수하였다(676).

알찬 선지 분석
① ◎ 나당 연합군은 백제를 멸망시켰다(660).
② ◎ 나당 연합군은 고구려를 멸망시켰다(668).
③ ⓧ 고구려는 살수 대첩에서 수의 군대를 물리쳤다(612).
④, ⑤ ◎ 신라는 매소성, 기벌포 싸움에서 승리하고 삼국 통일을 완수하였다(676).

17 제시된 지도는 통일 신라의 지방 행정 체제인 9주 5소경을 나타낸 것이다. 통일 이후 신라는 중앙 정치를 집사부 중심으로 운영하고, 그 장관인 중시(시중)의 권한을 강화하였다.

① ✘ 발해는 교육 기관으로 주자감을 설립하였다.
② ✘ 백제는 성왕 때 웅진에서 사비로 수도를 옮겼다.
③ ✘ 발해는 당의 3성 6부를 수용하여 중앙 정치 기구를 정비하였다.
④ ◯ 신라는 통일 이후 중앙 정치를 집사부 중심으로 운영하였다.
⑤ ✘ 고구려 미천왕은 낙랑군을 몰아내고 대동강 유역을 확보하였다.

18 자료는 신라 말 농민 봉기와 관련된 내용이다. 통일 신라는 8세기 후반부터 왕위 쟁탈전이 치열하게 전개되고, 농민 봉기가 확산되는 등 중앙 정부의 지방 통제력이 약화되었다.

① ◯ 신라 말 중앙 정부의 지방 통제력이 약화되자 지방에서는 호족이라는 새로운 세력이 등장하였다.
② ✘ 단양 신라 적성비는 6세기 진흥왕의 영토 확장 후 세워졌다.
③ ✘ 6세기 백제 성왕은 신라를 공격했으나 관산성에서 전사하였다.
④ ✘ 통일 신라의 신문왕은 관료전을 지급하고 녹읍을 폐지하여 귀족의 경제적 기반을 약화시켰다.
⑤ ✘ 7세기 고구려가 안시성에서 당을 격퇴하였다.

19 (가) 국가는 발해이다. 발해는 9세기 무렵 말갈 세력을 대부분 복속시키고 고구려 옛 땅을 대부분 차지하는 등 전성기를 누려 주변국으로부터 '동쪽에서 문물이 융성한 나라'라는 의미를 지닌 해동성국이라 불렸다.

① ✘ 신라는 통일 이후 중앙군으로 9서당을 편성하였다.
② ◯ 주변국들은 전성기를 누리던 발해를 해동성국이라 불렀다.
③ ✘ 신라는 감찰 기관인 사정부를 설치하여 관리에 대한 통제를 강화하였다.
④ ✘ 신라의 6두품 출신들은 뛰어난 학문 실력을 바탕으로 중앙 행정 실무를 담당하기도 하였다.
⑤ ✘ 신라는 통일 이후 왕권이 강화되며 무열왕 직계 자손들이 왕위를 독점하였다.

20 자료는 발해의 건국과 발전 과정을 정리한 것이다. 발해의 문왕은 당과 친선 관계를 맺고 당의 문물을 수용하여 통치 체제를 정비하였다.

① ✘ 통일 신라의 신문왕은 국학을 설치하여 인재를 양성하였다.
② ✘ 신라의 지증왕은 우산국을 복속하였다.
③ ✘ 삼국은 한강 유역 확보를 위해 치열한 쟁탈전을 벌였다.
④ ✘ 통일 신라의 신문왕은 김흠돌의 난을 진압하였다.
⑤ ◯ 발해 문왕은 당과 친선 관계를 맺고 3성 6부 등 당의 제도를 수용하면서 통치 체제를 정비하였다.

21

상	한강 유역 장악, 함경도 일대 진출, 대가야 정복, 화랑도 개편 등 진흥왕의 영토 확장과 정책을 두 가지 이상 서술한 경우
중	위 내용 중 한 가지만 서술한 경우
하	위 내용 중 한 가지도 서술하지 못한 경우

22

상	발해가 고구려 계승 의식을 갖고 있었다는 내용을 서술한 경우
하	위 내용을 서술하지 못한 경우

20~21쪽

01 ⑤ **02** ④ **03** ③ **04** ④

01 (가) 국가는 고구려이다. 졸본 지역에서 건국한 고구려는 국내성으로 천도하고 영토 확장을 꾀하였다. 이후 장수왕 때 남쪽으로 영역을 확장하며 평양으로 천도하였다.

① ✘ 삼한에서는 천군이 제사를 담당하였다.
② ✘ 삼한에는 신성 지역인 소도가 존재하였다.
③ ✘ 부여에는 마가, 우가, 저가, 구가 등 여러 가들이 다스리는 사출도가 존재하였다.
④ ✘ 백제는 귀족 회의인 정사암 회의에서 국가 중대사를 결정하였다.
⑤ ◯ 고구려는 5세기 장수왕 때 평양으로 천도하였다.

02 (가) 칭호는 마립간으로 신라 내물왕 때 처음 사용한 왕의 칭호이다. 내물왕은 왕의 칭호를 '대군장'을 뜻하는 마립간으로 바꾸었다.

① ✘ 신라는 법흥왕 때 율령을 반포하였다.
② ✘ 법흥왕은 금관가야를 복속시켜 낙동강 하류를 확보하였다.
③ ✘ 지증왕은 국호를 '신라'로 정하고, '국왕' 칭호를 사용하였다.
④ ◯ 내물왕은 김씨에 의한 왕위 계승권을 확립하였다.
⑤ ✘ 진흥왕은 화랑도를 국가적인 조직으로 개편하여 인재를 양성하였다.

03 자료는 신라 말 정치 혼란(김헌창의 난)과 관련된 내용이다. 신라 말에는 왕위 쟁탈전과 귀족들의 반란이 이어지며 중앙 정부의 지방 통제력이 약화되었다.

알찬 선지 분석

① ✕ 4세기 후반 백제의 근초고왕은 고구려의 평양을 공격하고 황해도 일대를 차지하였다.
② ✕ 고구려의 미천왕은 낙랑군을 몰아내고 대동강 유역을 확보하였다.
③ ◎ 신라 말에는 호족의 후원으로 참선과 수행을 중시한 선종이 유행하였다.
④ ✕ 고구려는 연개소문 사후 지배층 사이에 분열이 일어났고, 결국 나당 연합군에 의해 멸망하였다.
⑤ ✕ 금관가야는 낙랑군과 왜 사이의 중계 무역으로 번성하였다.

키워드 꼬리 질문
Q1 신라
Q2 호족

04 자료는 발해의 중앙 정치 기구인 3성 6부를 나타낸 것이다. 발해는 당의 3성 6부를 수용하였으나 명칭과 운영 방식에서는 독자성을 보였다.

알찬 선지 분석

① ✕ 궁예는 송악에서 후고구려를 건국하였다.
② ✕ 백제는 동진으로부터 불교를 수용하였다.
③ ✕ 고구려의 소수림왕은 중국의 전진과 외교 관계를 맺어 대외 관계를 안정시키고, 국가 체제를 정비하였다.
④ ◎ 발해는 9세기 선왕 때 말갈 세력을 대부분 복속시키고 요동과 연해주까지 진출하였다.
⑤ ✕ 신라는 통일 후 수도가 동남쪽에 치우친 점을 보완하고자 5소경을 설치하였다.

키워드 꼬리 질문
Q1 발해
Q2 선왕

02 고려의 통치 체제

개념 체크 문제

26쪽

포인트 Pick

❶ 광종 ❷ 도병마사 ❸ 과거제 ❹ 중방 ❺ 정방 ❻ 만적
❼ 권문세족 ❽ 전민변정도감 ❾ 신진 사대부 ❿ 홍건적

01 왕건 **02** (1) ○ (2) ✕ (3) ✕ **03** (1) ㉡ (2) ㉠ (3) ㉢
04 (1) ㉠ (2) ㉢ (3) ㉠ **05** ㄹ-ㄴ-ㄱ-ㄷ **06** 신흥 무인 세력

27~31쪽

01 ⑤	**02** ②	**03** ①	**04** ①	**05** ④	**06** ②
07 ⑤	**08** ②	**09** ②	**10** ⑤	**11** ⑤	**12** ⑤
13 ②	**14** ②	**15** ②	**16** ⑤	**17** ④	**18** ⑤
19 ②	**20** ②	**21** ⑤			

22 예시 답안 고려 태조는 지방 호족의 자제를 수도에 인질로 머무르게 한 기인 제도와 중앙의 고위 관리를 출신 지역의 사심관으로 임명하여 그 지역을 다스리게 한 사심관 제도를 실시하였다.

23 (1) 삼별초 (2) 예시 답안 진도와 제주도로 근거지를 옮겼다.

24 (1) 전민변정도감 (2) 예시 답안 공민왕은 권문세족이 빼앗은 토지를 본래 주인에게 돌려주고, 억울하게 노비가 된 자를 양인으로 풀어주기 위해 전민변정도감을 설치하였다.

01 (가)는 왕건이 고려를 건국한 918년, (나)는 고려가 후삼국을 통일한 936년의 사실이다. 고려는 건국 후 후백제와 경쟁하면서 신라와 우호적인 관계를 유지하였고, 신라 경순왕의 항복을 받아 전쟁 없이 신라를 통합하였다.

알찬 선지 분석

① ✕ 1126년에 이자겸의 난이 일어났다.
② ✕ 698년에 대조영이 발해를 세웠다.
③ ✕ 7세기 중반 나당 연합군이 결성되었다.
④ ✕ 900년에 견훤이 완산주에서 후백제를 건국하였다.
⑤ ◎ 935년에 신라 경순왕이 고려에 항복하였다.

02 (가) 국왕은 고려 태조이다. 고려 태조는 북진 정책을 추진하여 영토를 청천강 유역까지 확장하였으며, 훈요 10조를 남겨 후대 왕들이 지켜야 할 정책 방향을 제시하였다.

알찬 선지 분석

① ✕ 공민왕은 무신 정권의 인사 기구였던 정방을 폐지하였다.
② ◎ 고려 태조는 후대 왕들에게 훈요 10조를 남겼다.
③ ✕ 성종은 향리 제도를 시행하여 지방 세력을 견제하였다.
④ ✕ 광종은 관리의 공복을 제정하여 관리의 기강을 확립하였다.
⑤ ✕ 성종은 2성 6부의 중앙 관제를 마련하였다.

03 자료의 정책을 추진한 왕은 광종이다. 광종은 노비안검법을 실시하여 공신과 호족 출신 세력의 경제력과 군사력을 약화하고, 양인의 수를 늘려 국가 재정 기반을 확충하였다.

알찬 선지 분석

① ◎ 광종은 왕권을 강화하기 위해 노비안검법을 실시하였다.
② ✕ 신라 신문왕은 김흠돌의 난을 진압하였다.
③ ✕ 최씨 무신 정권 시기 만적이 개경에서 봉기를 모의하였다.
④ ✕ 신라 말 원종과 애노의 난 등 농민 봉기가 전국 각지에서 일어났다.
⑤ ✕ 신라는 삼국 통일 후 중앙군인 9서당에 고구려계와 백제계를 포함하였다.

04 도병마사는 고려의 국방 문제를 담당하던 기구로, 식목도감과 함께 중서문하성의 재신과 중추원 추밀의 합의제로 운영되던 고려만의 독자적인 기구였다.

① ⭕ 고려는 중앙군을 국왕의 친위 부대인 2군과 수도, 국경을 방어하는 6위로 편성하였다.
② ❌ 고구려는 교육 기관으로 태학을 설립하였다.
③ ❌ 발해는 지방 행정 구역을 5경 15부 62주 체제로 정비하였다.
④ ❌ 통일 신라는 중앙 정치를 집사부 중심으로 운영하였다.
⑤ ❌ 신라는 통일 후 군사·행정의 요충지에 5소경을 두었다.

05 지도는 고려의 지방 행정 구역을 나타낸 것이다. 고려의 군사 행정 구역인 양계(북계, 동계)에는 병마사가 파견되었고, 일반 행정 구역인 5도 아래에는 지방관이 파견되는 주현과 파견되지 않는 속현이 있었다.

ㄱ. ❌ 백제 무령왕은 22담로에 왕족을 파견하였다.
ㄴ. ⭕ 고려의 양계(북계, 동계)는 군사 행정 구역으로 병마사가 파견되어 행정과 군사 업무를 처리하였다.
ㄷ. ❌ 통일 신라에서는 말단 행정 구역인 촌을 토착 세력인 촌주가 관리하였다.
ㄹ. ⭕ 고려의 군현은 지방관(수령)이 파견되는 주현과 파견되지 않는 속현으로 구분되었다.

06 자료는 최승로의 시무 28조 중 일부이다. 고려 성종은 최승로의 건의를 받아들여 중앙 행정 제도와 지방 통치 제도를 정비하는 등 유교 정치 이념에 바탕을 둔 통치 질서를 확립하였다.

① ❌ 광종은 공복을 제정하여 관리의 기강을 확립하였다.
② ⭕ 고려 성종은 최승로의 건의를 받아들여 12목을 설치하고 지방관을 파견하여 지방 행정 조직을 점차 정비하였다.
③ ❌ 광종은 과거제를 실시하여 신진 세력을 등용하였다.
④ ❌ 광종은 노비안검법을 실시하여 국가 재정 기반을 확충하였다.
⑤ ❌ 고려 태조는 사심관 제도를 통해 호족 세력을 견제하고 지방 통치를 보완하였다.

07 (가) 기구는 중추원이다. 중추원은 군사 기밀과 왕명 출납을 담당하였다. 중추원의 고위 관리인 추밀은 중서문하성의 재신과 함께 도병마사와 식목도감에 참여하였다.

① ❌ 중서문하성은 최고의 중앙 관서로 국정을 총괄하였다.
② ❌ 삼사는 재정과 회계를 담당하였다.
③ ❌ 상서성은 6부를 관리하며 정책 집행을 담당하였다.
④ ❌ 어사대 관원은 중서문하성의 낭사와 함께 대간으로 불렸으며, 왕과 고위 관리를 견제하고 감시하였다.
⑤ ⭕ 중추원은 군사 기밀과 왕명 출납을 담당하였다.

08 고려의 관리 선발은 주로 과거와 음서를 통해 이루어졌는데, 과거 시험을 통해 유교적 소양을 평가하여 인재를 선발하였다. 교육 기관으로는 개경에 국자감(국학)을 설치하였고, 지방에 향교를 두어 유학 교육을 실시하였다.

ㄱ. ❌ 신라의 6두품은 골품제의 제약으로 승진에 제한을 받았다.
ㄴ. ❌ 고려 시대에는 공신과 5품 이상 고위 관리의 자손은 과거를 거치지 않고 음서를 통해 관리가 되는 것이 가능하였다.
ㄷ. ⭕ 고려는 과거 시험을 통해 유교적 소양을 평가하여 인재를 선발하였다.
ㄹ. ⭕ 고려는 지방에 향교를 세워 유학 교육을 실시하였다.

09 자료는 고려 시대 부패한 향리를 처벌하기 위해 왕이 내린 조서이다. 고려 시대 향리는 지방관이 파견되지 않은 속현에서 행정 실무를 담당하였기 때문에 향리가 백성을 수탈하는 경우도 있었다.

① ⭕ 고려 시대 향리는 주현에 파견되는 지방관이 관리하였다.
② ❌ 음서는 공신이나 5품 이상의 관리의 자손을 관리로 선발하는 제도였다.
③ ⭕ 고려 시대에는 지방관이 파견되는 주현과 지방관이 파견되지 않는 속현이 있었다.
④ ⭕ 향리는 속현의 지방 행정 실무를 담당하였기 때문에 백성을 수탈하는 경우가 있었다.
⑤ ⭕ 향리는 조세 징수와 군사 징발 등 지방 행정 실무를 직접 맡아 처리하였다.

10 (가) 세력은 문벌이다. 문벌은 전시과에 따라 과전과 녹봉을 받아 경제적으로 풍요로웠으며, 지위 강화를 위해 상호 간 혼인 관계를 맺었다.

ㄱ. ❌ 고려 건국 초 지방 호족은 기인 제도의 실시로 자제를 수도에 인질로 보내야 했다.
ㄴ. ❌ 원 간섭기 권문세족은 도평의사사를 장악하여 국정을 좌우하였다.
ㄷ. ⭕ 문벌은 전시과에 따라 과전과 녹봉을 받아 경제적으로 안정된 생활을 누렸다.
ㄹ. ⭕ 문벌은 서로 혼인 관계를 맺어 지위를 강화하였는데, 특히 왕실과의 혼인을 중시하였다.

11 자료는 고려 시대 대표적인 문벌인 경원 이씨 가문과 왕실의 혼인 관계를 나타낸 것이다. 경원 이씨와 같은 일부 문벌은 왕실과의 중첩된 혼인 관계를 통해 왕을 능가하는 권력을 행사하기도 하였다.

① ❌ 원 간섭기에 서경에 동녕부가 설치되었다.

② ❌ 원 간섭기에 고려군이 일본 원정에 동원되었다.

③ ❌ 고려 태조는 북진 정책을 추진하여 청천강 유역까지 영토를 넓혔다.

④ ❌ 고려 태조는 빈민 구제를 위해 흑창을 설치하였다.

⑤ ⊙ 경원 이씨 집안의 이자겸은 예종과 인종에게 딸들을 시집보내며 왕을 능가하는 권력을 휘둘렀다.

12 (가) 인물은 묘청이다. 묘청 등 서경 세력은 서경 천도를 추진하면서 칭제 건원과 금국 정벌을 주장하였으나 개경에 근거를 둔 보수적인 문벌 세력의 반대로 좌절되었다. 이에 묘청 등은 서경을 근거로 반란을 일으켰다.

① ❌ 묘청 세력은 김부식이 이끄는 관군에 의해 진압되었다.

② ❌ 이자겸은 척준경과 함께 난을 일으켰다.

③ ❌ 이자겸은 자신의 지위를 유지하기 위해 금의 사대 요구를 수용하였다.

④ ❌ 최씨 무신 정권은 사병 조직이었던 도방을 확대하여 군사적 기반으로 삼았다.

⑤ ⊙ 묘청은 서경 천도를 추진하면서 칭제 건원과 금국 정벌을 주장하였다.

13 자료를 통해 고려 시대 문신에 비해 차별받던 무신의 모습을 확인할 수 있다. 무신에 대한 차별과 하급 군인의 불만 누적 등이 원인이 되어 정중부 등 무신이 정변을 일으켰다(무신 정변, 1170).

① ❌ 주현군은 고려의 지방군으로 고려 초 지방 행정 조직이 정비되면서 편성되었다.

② ⊙ 문신에 비해 승진과 처우에서 차별받던 무신들은 정변을 일으켜 권력을 장악하였다.

③ ❌ 무신 집권기 만적이 신분 해방을 목표로 개경에서 봉기를 계획하였다.

④ ❌ 신라는 민족 포용책의 일환으로 중앙군인 9서당에 신라인뿐만 아니라 고구려계, 백제계 등도 포함하였다.

⑤ ❌ 김윤후는 몽골의 침입 당시 처인성에서 몽골 장수 살리타를 사살하였다.

14 (가) 시기는 최씨 무신 정권 시기이다. 무신 정변 직후에는 무신 사이의 권력 다툼으로 집권자가 여러 차례 교체되었으나, 최충헌이 권력을 잡으며 무신 정권은 점차 안정되었다. 최씨 무신 정권은 4대 60여 년간 지속되었다.

① ❌ 국방 문제를 담당하는 도병마사는 고려 초 중앙 통치 조직이 정비되면서 설치되었다.

② ⊙ 최충헌은 교정도감을 설치하여 최고 권력 기구로 삼았다.

③ ❌ 고려 성종은 개경에 유학 교육 기관인 국자감을 설립하였다.

④ ❌ 지배층의 내분으로 국력이 약화된 발해는 거란의 침략을 받아 멸망하였다(926).

⑤ ❌ 원 간섭기에 원은 고려 영토를 빼앗아 화주에 쌍성총관부, 서경에 동녕부, 제주도에 탐라총관부를 설치하여 직접 지배하였다.

15 자료는 사노비 만적이 개경에서 계획한 봉기에 대한 내용이다. 만적은 최씨 무신 정권 시기 신분 해방을 목표로 봉기를 계획하였으나 사전에 발각되어 실패하였다.

① ❌ 원 간섭기에 몽골풍이 유행하였다.

② ⊙ 무신 정권 시기에는 만적의 봉기 외에도 전국 각지에서 농민과 천민의 봉기가 이어졌다.

③ ❌ 신라 말 지방 통제력이 약화되자 지방에서 호족 세력이 등장하였다.

④ ❌ 기원전 108년 중국의 한은 고조선을 정복한 후 낙랑군 등 군현을 설치하였다.

⑤ ❌ 원 간섭기 권문세족은 다른 사람의 토지를 빼앗아 대농장을 차지하고 농민을 핍박하여 노비로 삼았다.

16 (가)에는 무신 정권 시기 농민과 천민의 봉기에 대한 내용이 들어가야 한다. 무신 정변 이후 무신 간의 권력 다툼으로 정치가 혼란하였으며 집권자들은 백성을 가혹하게 수탈하였다. 또한 천민 출신의 권력자가 등장하는 등 신분 질서도 흔들렸다. 이러한 상황에서 농민과 천민은 각지에서 봉기를 일으켰다.

① ❌ 신라 신문왕 때 왕의 장인이었던 김흠돌이 난을 일으켰으나 진압되었다.

② ❌ 1126년 대표적인 문벌이었던 이자겸이 척준경과 함께 난을 일으켰다.

③ ❌ 삼별초는 고려 정부가 몽골과 강화를 맺고 개경 환도를 결정하자 강화도에서 봉기하였다.

④ ❌ 신라 말 사벌주에서 원종과 애노가 난을 일으켰다.

⑤ ⊙ 무신 집권기 경상도 지역에서 김사미와 효심 등이 봉기하였다.

17 (가)는 몽골이다. 1231년 몽골은 몽골 사신 피살을 구실로 고려를 침입하였다. 몽골의 침입에 맞서 노비와 부곡민 등 하층민도 적극 항전하였다.

① ❌ 공민왕은 신돈을 등용하여 개혁을 추진하였다.

② ❌ 칠지도는 4세기경 백제에서 일본으로 전해졌다.

③ ❌ 1170년 정중부 등 무신이 정변을 일으켜 많은 문신을 죽이고 권력을 장악하였다.

④ ⊙ 몽골 침입 당시 김윤후는 처인성에서 부곡민을 이끌고 몽골 장수 살리타를 사살하였다.

⑤ ❌ 이자겸은 권력을 유지하기 위해 금의 사대 요구를 수용하였다.

18 중국 천자의 공주와 혼인하고, 황제의 외손자가 돌아와 세자

가 되었다는 내용을 통해 자료의 시기가 원 간섭기임을 알 수 있다.

① ◎ 원은 일본 정벌에 나서면서 정동행성을 설치하였다.
② ◎ 원 간섭기 원은 황실에서 일할 환관과 공녀를 요구하였다.
③ ◎ 원 간섭기 고려는 독립국의 지위를 지켰으나, 고려 왕은 원 황실의 부마(사위)가 되었다.
④ ◎ 원 간섭기 지배층인 권문세족은 도평의사사를 장악하여 국정을 좌우하였다.
⑤ ✕ 고려 성종은 당의 3성 6부와 송의 제도를 참고하여 2성 6부제를 중심으로 중앙 통치 조직을 정비하였다.

19 (가) 국왕은 공민왕이다. 14세기 중엽 원이 쇠퇴하자 공민왕은 쌍성총관부를 공격하여 원에 빼앗겼던 영토를 수복하는 등 원의 간섭에서 벗어나고자 반원 자주 정책을 추진하였다.

ㄱ. ◎ 공민왕은 기철 등 친원 세력을 숙청하였다.
ㄴ. ✕ 12세기 묘청 등 서경 세력은 풍수지리설을 앞세워 서경 천도를 추진하였다.
ㄷ. ✕ 광종은 광덕, 준풍이라는 독자적 연호를 사용하였다.
ㄹ. ◎ 공민왕은 변발 등 몽골풍을 금지하였다.

20 (가) 세력은 신진 사대부이다. 공민왕의 개혁 추진 과정에서 성장한 신진 사대부는 권문세족의 불법적인 농장 확대를 비판하고 불교의 폐단을 지적하는 등 고려 말 사회 모순을 개혁하고자 하였다.

① ✕ 신라의 6두품 중 일부는 당에 유학하였다.
② ◎ 신진 사대부는 성리학을 사상적 기반으로 삼아 고려 말 사회 모순을 개혁하고자 하였다.
③ ✕ 권문세족은 불법적인 방법으로 토지를 수탈하여 대농장을 차지하였다.
④ ✕ 최우는 정방을 설치하여 인사권을 장악하였다.
⑤ ✕ 권문세족 중에는 몽골어 통역관 등 원과의 특별한 관계를 통해 성장한 세력도 있었다.

21 (가)는 무신 정변(1170), (나)는 위화도 회군(1388)에 대한 내용이다. 정동행성 이문소는 14세기 중반 공민왕에 의해 폐지되었다.

① ✕ 12목은 고려 성종 때 최승로의 건의를 수용해 설치되었다.
② ✕ 묘청의 난은 무신 정변 이전인 1135년에 일어났다.
③ ✕ 견훤은 900년에 후백제를 세웠다.
④ ✕ 6세기 백제 성왕은 웅진에서 사비로 천도하였다.
⑤ ◎ 14세기 중반 공민왕은 고려의 내정을 간섭하던 정동행성 이문소를 폐지하였다.

22

상	기인 제도와 사심관 제도를 모두 서술한 경우
중	기인 제도와 사심관 제도 중 한 가지만 서술한 경우
하	기인 제도와 사심관 제도 중 한 가지도 서술하지 못한 경우

23

상	진도와 제주도 두 곳 모두 서술한 경우
중	진도와 제주도 중 한 곳만 서술한 경우
하	진도와 제주도 중 한 곳도 서술하지 못한 경우

24

상	권문세족이 빼앗은 토지를 본래 주인에게 돌려주고, 억울하게 노비가 된 자를 양인으로 풀어주기 위해서라는 내용을 모두 서술한 경우
중	위 내용 중 한 가지만 서술한 경우
하	위 내용 중 한 가지도 서술하지 못한 경우

32~33쪽

01 ① **02** ① **03** ④ **04** ②

01 밑줄 친 '이 왕'은 광종이다. 광종은 광덕, 준풍 등 독자적인 연호를 사용하였고, 노비안검법을 시행하여 호족 세력의 경제력과 군사력을 약화시키고자 하였다.

① ◎ 광종은 공복을 제정하여 관리의 기강을 확립하였다.
② ✕ 고려 성종은 국자감을 설립하여 유학 교육을 장려하였다.
③ ✕ 고려 성종은 향리 제도를 마련하여 지방 세력을 견제하였다.
④ ✕ 고려 태조는 919년 송악으로 수도를 옮겼다.
⑤ ✕ 고려 태조는 북진 정책을 추진하여 청천강 유역까지 영토를 확장하였다.

Q1 광종
Q2 공복 제정

02 (가)는 묘청을 중심으로 한 서경 세력이다. 묘청 등은 '칭제 건원'과 '금국 정벌'을 주장하면서 서경 천도를 추진하였으나,

개경에 근거를 둔 보수적인 문벌의 반대로 서경 천도가 좌절되었다. 이에 묘청은 반란을 일으켰으나, 김부식이 이끄는 관군에게 1년여 만에 진압되었다.

알찬 선지 분석

① ◎ 묘청 등 서경 세력은 풍수지리설을 내세워 서경으로 수도를 옮길 것을 주장하였다.
② ✕ 고려 말 신진 사대부는 신흥 무인 세력과 손을 잡고 권문세족을 몰아내면서 권력을 장악하였다.
③ ✕ 광종은 노비안검법을 실시하여 호족 세력의 기반을 약화시켰었다.
④ ✕ 고려 초 호족 세력은 기인 제도 등으로 견제를 받았다.
⑤ ✕ 최씨 무신 정권은 삼별초를 조직하여 군사적 기반으로 삼았다.

키워드 꼬리 질문
Q1 묘청
Q2 풍수지리설

03 (가)는 몽골이다. 몽골이 고려를 침략하자 최씨 무신 정권은 강화도로 천도하고 장기 항전을 준비하였다. 고려는 몽골의 침입에 맞서 약 30년간 항쟁하였다.

알찬 선지 분석

① ✕ 공민왕은 기철 등 친원 세력을 숙청하였다.
② ✕ 최씨 무신 정권 시기 만적이 개경에서 봉기를 계획하였다.
③ ✕ 신진 사대부는 공민왕이 성균관과 과거제를 정비하여 신진 세력을 적극 양성하면서 성장하였다.
④ ◎ 몽골의 침입으로 황룡사 9층 목탑과 초조대장경 등의 문화유산이 소실되었다.
⑤ ✕ 이자겸은 권력 유지를 위해 금의 사대 요구를 수용하였다.

키워드 꼬리 질문
Q1 몽골
Q2 황룡사 9층 목탑, 초조대장경

04 고려 왕실의 호칭과 관제가 격하된 시기는 원 간섭기이다. 몽골과 강화를 맺은 고려는 독립국의 지위를 유지하였지만 원의 간섭을 받았다.

알찬 선지 분석

① ✕ 통일 신라 신문왕 때 관료전이 지급되고 녹읍이 폐지되었다.
② ◎ 원은 화주에 쌍성총관부를 설치하여 직접 지배하였다.
③ ✕ 고려 성종 때 최승로가 시무 28조를 건의하였고, 성종은 이를 받아들여 통치 체제를 정비하였다.
④ ✕ 무신 정권 초기 중방을 중심으로 국정이 운영되었다.
⑤ ✕ 12세기 초 대표적인 문벌인 경원 이씨 가문이 권력을 장악하였다.

키워드 꼬리 질문
Q1 원
Q2 쌍성총관부, 동녕부, 탐라총관부

---

03 조선의 성립과 발전

개념 **체크** 문제

38쪽

포인트 Pick

❶ 위화도 회군　❷ 세종　❸ 경국대전　❹ 유향소　❺ 조의제문
❻ 조광조　❼ 이조 전랑　❽ 선조　❾ 중립 외교　❿ 병자호란

01 6조 직계제　**02** (1) ✕ (2) ◯ (3) ◯　**03** (1) ㉠ (2) ㉢ (3) ㉡
04 (1) ㉠ (2) ㉡ (3) ㉢　**05** ㄷ－ㄴ－ㄱ－ㄹ　**06** 사림

실력 **완성** 문제

39~43쪽

01 ④	**02** ③	**03** ⑤	**04** ①	**05** ②	**06** ③
07 ④	**08** ④	**09** ③	**10** ⑤	**11** ④	**12** ②
13 ①	**14** ③	**15** ①	**16** ②	**17** ⑤	**18** ③
19 ②	**20** ④				

21 (1) (가) 동인, (나) 서인　(2) 예시 답안 (가)는 척신 정치의 청산을 강력히 주장하였던 반면, (나)는 사림에 우호적인 외척을 포용하고자 하여 척신 정치 청산에 소극적이었다.
22 (1) 광해군　(2) 예시 답안 국제 정세의 변화를 살피며 명과 후금 사이에서 중립 외교를 펼쳤다.

01 밑줄 친 '나'는 조선 태조 이성계이다. 이성계는 위화도 회군으로 권력을 장악하여 조선을 건국하였다. 조선 태조 때는 정도전 등 개국 공신이 국정 운영을 주도하였다.

알찬 선지 분석

① ✕ 13세기 초 몽골이 고려를 침입하자 최우는 강화도로 천도하였다.
② ✕ 최충헌은 교정도감을 설치하여 국정을 운영하였다.
③ ✕ 세조는 정변을 일으켜 단종을 쫓아내고 왕위에 올랐다.
④ ◎ 이성계는 압록강 위화도에서 군대를 되돌려 최영을 제거하고 실권을 장악하였다.
⑤ ✕ 태종(이방원)은 공신과 왕족이 소유한 사병을 없애 군사권을 장악한 후 왕위에 올랐다.

02 (가)는 6조 직계제, (나)는 의정부 서사제이다. 6조 직계제는 국왕의 국정 주도권을 강화하였고, 의정부 서사제는 재상의 역할과 권한을 더욱 확대하였다.

알찬 선지 분석

ㄱ. ✕ 6조 직계제는 재상의 권한을 약화하고 국왕의 국정 주도권을 강화하였다.
ㄴ. ◎ 태종과 세조는 왕권 강화를 위해 6조 직계제를 실시하였다.
ㄷ. ◎ 의정부 서사제는 의정부 재상의 역할을 확대하고 국정 주도권을 강화하였다.
ㄹ. ✕ 호족 세력 견제를 목적으로 실시된 정책으로는 고려 초 기인 제도, 사심관 제도, 노비안검법, 과거제 등이 있다.

03 (가) 인물은 정도전이다. 정도전은 조선의 새로운 수도인 한양을 유교적 원리에 따라 설계하는 등 문물제도 정비에 힘썼다.

① ✕ 고려의 태조는 훈요 10조를 남겨 정책 방향을 제시하였다.
② ✕ 태종은 호패법을 실시하여 국가의 경제 기반을 안정시켰다.
③ ✕ 조선 성종은 『경국대전』을 반포하였다.
④ ✕ 중종 때 조광조는 현량과 실시를 건의하였다.
⑤ ◉ 정도전은 재상 중심의 국정 운영 체제를 추구하면서 유교적 민본 정치가 구현될 수 있도록 문물제도를 정비하였다.

04 자료는 두 차례 벌어진 왕자의 난에 대한 내용이다. 정도전이 주도하는 국정 운영에 불만을 품은 이방원(태종)은 왕자의 난을 일으켜 정도전 등을 제거하고 정치적 실권을 장악하였다.

① ◉ 1차 왕자의 난으로 정도전이 제거되었다.
② ✕ 고려 광종은 호족 세력을 견제하기 위해 노비안검법을 실시하였다.
③ ✕ 통일 신라의 신문왕은 김흠돌의 난을 진압하고 귀족 세력을 대거 숙청하였다.
④ ✕ 12세기 초 이자겸의 난을 계기로 고려 국왕의 권위는 크게 떨어졌고, 문벌 사회의 분열은 더욱 심화되었다.
⑤ ✕ 통일 신라의 신문왕은 관료전을 지급하고 녹읍을 폐지하여 귀족 세력을 약화시켰다.

05 자료의 법전은 『경국대전』으로 세조 때 편찬하기 시작하여 성종 때 완성하였다. 조선은 『경국대전』의 완성으로 유교적 법치 국가의 토대를 마련하였다.

① ✕ 세조는 집현전과 경연을 폐지하여 언론 활동을 제한하였다.
② ◉ 성종은 집현전을 계승한 홍문관을 설치하였다.
③ ✕ 위화도 회군으로 권력을 장악한 이성계와 신진 사대부는 과전법을 실시하여 토지 제도를 개혁하였다.
④ ✕ 6조 직계제는 태종과 세조 때 실시되었다.
⑤ ✕ 중종반정으로 폭압 정치를 펴던 연산군이 쫓겨나고, 중종이 즉위하였다.

06 자료는 조선의 중앙 정치 기구이다. 조선은 국왕을 정점으로 재상들의 합의 기구인 의정부와 정책을 운영하는 6조를 중심으로 국정을 운영하였다.

① ✕ 발해는 당의 3성 6부를 수용하여 중앙 정치 기구를 정비하였다.
② ✕ 백제 무령왕은 22담로에 왕족을 파견하였다.
③ ◉ 조선 시대에는 경연에서 활발하게 정책 토론이 이루어졌다.
④ ✕ 통일 신라는 9서당 10정의 군사 조직을 마련하였다.
⑤ ✕ 고려의 국방 문제를 담당하였던 도병마사는 중서문하성과 중추원의 고위 관리인 재신과 추밀의 합의제로 운영되었다.

07 (가)는 조선 시대 수령이다. 수령은 국왕의 대리인으로 모든 군현에 파견되어 지방의 행정·사법·군사권을 행사하였다.

① ✕ 조선 시대 재상들의 합의 기구는 의정부이다.
② ✕ 조선 시대에는 향·부곡·소가 일반 군현으로 승격하거나, 주변 군현에 통합되었다.
③ ✕ 사헌부, 사간원, 홍문관으로 이루어진 3사는 언론 활동을 통해 권력의 독점과 부정을 방지하였다.
④ ◉ 수령은 담당 군현의 행정·사법·군사권을 행사하였다.
⑤ ✕ 조선 시대 향리는 수령을 보좌하며 행정 실무를 담당하였다.

08 유향소는 각 군현에 설치된 지방 사족의 향촌 자치 기구이다. 유향소는 지방 사족의 여론을 모아 수령을 보좌하거나 견제하였으며, 향리의 비리를 감시하고 풍속을 교화하는 기능을 담당하였다. 조선 정부는 유향소를 적절히 활용하며 지방 통치의 효율을 높였다.

ㄱ. ✕ 조선 시대 수령은 모든 군현에 파견되었다.
ㄴ. ◉ 유향소는 향리의 비리를 감시하고 풍속을 교화하는 등의 기능을 담당하였다.
ㄷ. ✕ 각 도에 파견된 관찰사는 도의 행정을 총괄하였다.
ㄹ. ◉ 유향소는 지방 사족이 설치한 향촌 자치 기구이다.

09 자료는 조선의 과거에 대한 내용이다. 조선 시대 관리의 등용은 주로 과거를 통해 이루어졌다. 과거는 문관을 뽑는 문과, 무관을 뽑는 무과, 기술관을 뽑는 잡과가 있었다.

① ✕ 조선 시대 과거는 고려와 달리 무과가 제도화되었다.
② ◉ 조선 시대 과거는 3년마다 정기 시험인 식년시가 실시되었다.
③ ✕ 조선에서는 상피제를 운영하여 지방관을 임명할 때 출신 지역 사람을 임명하지 않았다.
④, ⑤ ✕ 조선 시대 천거는 고위 관리가 추천한 인물을 등용하는 것으로, 대개 기존 관리를 대상으로 실시되었다.

10 자료의 사헌부, 사간원, 홍문관은 조선 시대 3사로 언론 활동을 담당하였다. 3사의 언론 활동은 국왕이나 고위 관리도 막을 수 없었다.

① ✕ 춘추관은 역사서와 실록을 편찬하고 관리하는 업무를 담당하였다.
② ✕ 의금부는 국왕의 직속 사법 기구로 국가의 큰 죄인을 다스렸다.
③ ✕ 한성부는 조선의 수도 한성의 행정을 담당하였다.
④ ✕ 고려의 감찰 기구인 어사대 관원은 중서문하성의 낭사와 함께 대간으로 불렸다. 이들은 왕이나 고위 관리를 견제하고 감시하는 등 조선 시대 3사와 비슷한 역할을 담당하였다.

⑤ ◎ 3사는 언론 활동을 통해 잘못된 정책 결정을 비판하고 견제하는 역할을 하였다.

11 밑줄 친 '이들'은 사림이다. 사림은 고려 말 조선 건국에 반대한 길재 등의 학문 전통을 이어받아 성리학 연구와 제자 양성에 힘쓰던 지방 사족이었다.

알찬 선지 분석
① ✕ 신라의 6두품은 골품제의 폐단을 비판하였다.
② ✕ 정중부 등 무신은 무신 정변으로 권력을 장악하였다.
③ ✕ 세조의 즉위 과정에서 공을 세운 사람들은 훈구파이다. 이들은 15세기 조선의 중앙 정치를 장악하였다.
④ ◎ 사림은 유교 윤리를 바탕으로 향촌 자치를 주장하고, 도덕과 의리에 바탕을 둔 왕도 정치를 추구하였다.
⑤ ✕ 광종은 노비안검법을 실시하여 공신과 호족 출신 세력의 경제력과 군사력을 약화시켰다.

12 밑줄 친 '이 사건'은 무오사화이다. 훈구파는 김종직이 「조의제문」을 통해 세조를 비판했다고 주장하였고, 연산군과 훈구파는 이를 빌미로 무오사화를 일으켜 사림을 몰아냈다.

알찬 선지 분석
① ✕ 중종반정으로 연산군이 쫓겨나고 중종이 즉위하였다.
② ◎ 김종직의 「조의제문」을 빌미로 무오사화가 일어났다.
③ ✕ 임진왜란 중 명과 일본의 강화 협상 결렬로 1597년 일본군이 다시 조선을 침략하였다(정유재란).
④ ✕ 조선이 청의 군신 관계 요구를 거부하자 1636년 청이 조선을 침략하였다(병자호란).
⑤ ✕ 이방원(태종)은 왕자의 난을 일으켜 정치적 실권을 장악하였다.

13 밑줄 친 '그'는 조광조이다. 조광조는 현량과 실시, 소격서 폐지, 과대 평가된 훈구 대신의 공훈 삭제 등 개혁에 앞장섰으나, 이에 반발하던 훈구파의 모함을 받아 역적으로 몰려 죽음을 맞았다.

알찬 선지 분석
① ◎ 조광조는 도교 행사를 주관하던 관서인 소격서를 철폐하였다.
② ✕ 서인은 척신 정치의 청산에 소극적이었다.
③ ✕ 고려 말 승려 신돈은 공민왕에게 전민변정도감 설치를 건의하였다.
④ ✕ 정몽주 등은 조선 건국 과정에서 이성계와 정도전이 내세웠던 역성혁명에 반대하였다.
⑤ ✕ 정도전은 한양을 유교적 원리에 따라 설계하고, 『주례』를 근거로 경복궁 동쪽에는 종묘, 서쪽에는 사직단을 배치하였다.

14 자료는 중종 때 조광조의 건의로 실시된 현량과 관련된 내용이다. 무오사화는 연산군 때 일어났으며, 기묘사화로 조광조를 비롯한 많은 사림이 희생되거나 중앙 정계에서 쫓겨났다.

15 자료는 향약에 대한 설명이다. 사림은 서원과 향약을 기반으로 세력을 확대하였고, 선조 때 다시 중앙 정계에 진출하여 정치 주도권을 장악하였다.

알찬 선지 분석
① ◎ 향약은 사족에 의해 만들어진 향촌의 자치 규약으로 사림이 세력을 확대하는 기반이 되었다.
② ✕ 향교는 고려와 조선 때 지방에 세워진 유학 교육 기관이다.
③ ✕ 공론은 토론 등을 통해 형성된 사림의 여론이다.
④ ✕ 서원은 훌륭한 유학자의 학문과 덕행을 기리고 지방 사족의 유학 교육을 위해 지어졌다.
⑤ ✕ 경연은 왕과 신하가 모여 유교 경전과 역사를 공부하면서 학문과 정책을 토론하던 제도이다.

16 지도에 나타난 전쟁은 임진왜란이다. 임진왜란 초기 조선군은 일본군에게 잇따라 패하며 수도 한성을 빼앗겼고, 선조는 의주로 피란하였다.

알찬 선지 분석
① ✕ 초조대장경은 몽골의 고려 침입으로 불탔다.
② ◎ 임진왜란 당시 국왕이었던 선조는 의주로 피란하였다.
③ ✕ 후금과 전투를 벌이던 명이 조선에 지원군을 요청하자, 광해군은 강홍립이 이끄는 군대를 파병하였다.
④ ✕ 고려 정부가 개경으로 환도한 후에도 삼별초는 항전을 전개하며 강화도에서 진도를 거쳐 제주도로 이동하였다.
⑤ ✕ 몽골의 고려 침입 때 처인성에서 김윤후가 몽골 장수 살리타를 사살하였다.

17 밑줄 친 '이 전쟁'은 임진왜란이다. 왜란 이후 조선의 지배층을 중심으로 조선에 원군을 보낸 명을 숭상하는 분위기가 확산되었고, 명의 신종과 의종을 기리는 만동묘가 건립되었다.

알찬 선지 분석
① ✕ 원 간섭기에 왕실의 호칭과 관제가 격하되었다.
② ✕ 고려 말 홍건적과 왜구의 침입을 격퇴하면서 최영, 이성계 등 신흥 무인 세력이 성장하였다.
③ ✕ 후금은 물자 부족 해결과 명군에 대한 조선의 지원 차단을 위해 조선을 침략하였으나, 곧 조선과 화의를 맺고 철수하였다.
④ ✕ 몽골과의 강화로 고려 정부는 개경으로 환도하였다.
⑤ ◎ 임진왜란 이후 조선에서는 지배층을 중심으로 '나라를 다시 세워 준 은혜'를 입었다며 명을 숭상하는 분위기가 확산되었다.

18 (개 국왕은 광해군이다. 선조의 뒤를 이은 광해군은 전후 복구 사업에 주력하고, 명과 후금 사이에서 중립 외교를 펼치며 국가 안정을 도모하였으나 인조반정으로 왕위에서 쫓겨났다.

알찬 선지 분석
① ✕ 병자호란이 일어나자 인조는 남한산성으로 피신하여 항전하였지만 결국 청에 항복하였고, 조선은 청과 군신 관계를 맺었다.

② ❌ 『경국대전』은 세조 때 편찬하기 시작하였다.

③ ⭕ 서인 세력은 인조반정을 일으켜 광해군을 몰아내고 인조를 새 왕으로 추대하였다.

④ ❌ 단종을 쫓아내고 왕위에 오른 세조는 집현전과 경연을 폐지하여 언론 활동을 제한하였다.

⑤ ❌ 연산군은 갑자사화를 일으켜 생모의 폐위와 관련된 훈구파와 사림을 제거하였다.

19 (가)는 한산도 대첩, (나)는 병자호란 때 인조가 청에 항복하는 상황이다. 임진왜란 때 이순신은 한산도 앞바다에서 일본 수군을 크게 격파하였다(한산도 대첩, 1592). 청이 병자호란을 일으켜 조선을 침략하자, 인조는 남한산성으로 피신하여 청군에 맞섰지만 결국 항복하고 청과 군신 관계를 맺었다 (1636).

알찬 선지 분석

① ❌ 최영 등 신흥 무인 세력은 14세기 후반 왜구와 홍건적을 토벌하는 과정에서 성장하였다.

② ⭕ 후금은 물자 부족 해결과 명군에 대한 지원 차단을 위해 조선을 침략하였다(정묘호란, 1627). 후금은 명과의 전쟁이 중요하였기 때문에 곧 조선과 화의를 맺고 철수하였다.

③ ❌ 몽골의 고려 침입 당시 충주성에서 노비가 주축이 된 군대가 몽골군을 물리쳤다.

④ ❌ 묘청 등 서경 세력은 금국 정벌, 칭제 건원 등을 내세우며 서경 천도 운동을 추진하였다.

⑤ ❌ 16세기 초 폭압적인 정치를 펴던 연산군이 쫓겨나고 중종이 새 왕으로 즉위하였다(중종반정).

20 1636년에 벌어진 전쟁은 병자호란이다. 병자호란이 발발하자 인조는 남한산성으로 피신하여 청군에 맞섰으나, 결국 항복하여 군신 관계를 체결하였다.

알찬 선지 분석

① ❌ 조명 연합군은 임진왜란 당시 평양 탈환, 직산 전투 등에서 활약하였다.

② ❌ 정동행성은 원 간섭기에 일본 원정을 위해 설치된 기구이다.

③ ❌ 도요토미 히데요시는 전국 통일 이후 불평 세력의 관심을 밖으로 돌리고, 자신의 대륙 진출 야욕을 채우기 위해 조선을 침략하였다(임진왜란).

④ ⭕ 조선이 청의 군신 관계 요구를 거부하자 청이 다시 조선을 침략하였고, 인조는 남한산성으로 피신하였다.

⑤ ❌ 12세기 초 이자겸은 인종이 자신을 제거하려 하자 척준경과 함께 난을 일으켰다.

21 채점 기준

상	척신 정치 청산에 대한 (가)와 (나)의 입장을 모두 서술한 경우
중	위 내용 중 한 가지만 서술한 경우
하	위 내용 중 한 가지도 서술하지 못한 경우

22 채점 기준

상	명과 후금 사이의 중립 외교를 명확히 언급하면서 광해군의 대외 정책을 서술한 경우
중	광해군의 대외 정책을 서술하였으나, 명과 후금 사이의 중립 외교를 명확히 언급하지 못한 경우
하	명과 후금 사이의 중립 외교와 광해군의 대외 정책을 서술하지 못한 경우

44~45쪽

01 ②　**02** ④　**03** ④　**04** ⑤

01 자료는 조선의 통치 체제 정비 과정을 정리한 것이다. 태종은 호패법을 실시하고 양전 사업 등을 단행하여 국가의 경제 기반을 안정시켰다.

알찬 선지 분석

① ❌ 고려의 무신 최우는 정방을 설치하여 인사권을 장악하였다.

② ⭕ 태종은 호패를 발급하여 조세 징수와 군역 부과에 이용하였다.

③ ❌ 고려 성종은 국자감과 향교를 설립하여 유학 교육을 장려하였다.

④ ❌ 『경국대전』은 세조 때 편찬하기 시작하여 성종 때 완성하였다.

⑤ ❌ 고려 광종은 쌍기의 건의로 과거제를 실시하였다.

키워드 꼬리 질문

Q1 조선

Q2 호패

02 (가) 국가는 조선이다. 조선은 전국을 8도로 나누고, 그 아래에 부·목·군·현을 두었다. 또한 도 아래 모든 군현에는 지방관 (수령)이 파견되었다.

알찬 선지 분석

① ⭕ 조선은 8도 아래 부·목·군·현을 두었다.

② ⭕ 조선에서는 특수 행정 구역이었던 향·부곡·소가 일반 군현으로 승격되거나 주변 군현에 통합하였다.

③ ⭕ 조선 시대 향리는 수령을 보좌하며 행정 실무를 담당하는 역할에 머물러 고려에 비해 그 지위가 낮아졌다.

④ ❌ 조선 시대에는 모든 군현에 지방관이 파견되었다.

⑤ ⭕ 각 도에 파견된 관찰사는 도의 행정을 총괄하며 관할 지역의 수령을 지휘·감독하였다.

키워드 꼬리 질문

Q1 조선

Q2 관찰사

03 자료는 정유재란 시기 명량 대첩에 대한 내용이다. 임진왜란 중 명과 일본이 강화 협상을 벌였으나 결렬되어 일본이 다시 침략하였고, 이순신은 명량에서 일본 수군에 대승을 거두었다.

① ✕ 명군은 후금에 쫓겨 가도에 주둔하게 되었다.

② ✕ 철수하는 일본군을 격퇴하기 위해 노량 해전이 벌어졌다.

③ ✕ 몽골의 고려 침입으로 황룡사 9층 목탑이 불탔다.

④ ◎ 명과 일본의 강화 협상 결렬 이후에 일어난 정유재란에서 이순신은 명량에서 일본 수군에 대승을 거두었다.

⑤ ✕ 인조반정으로 정권을 잡은 서인의 친명 배금 정책은 후금을 자극하였다. 이런 상황에서 후금은 물자 부족 해결과 명군에 대한 조선의 지원 차단을 위해 조선을 침략하였다(정묘호란, 1627).

키워드 꼬리 질문
Q1 명량 대첩
Q2 정유재란

04 첫 번째 자료는 주화론, 두 번째 자료는 척화론이다. 후금이 나라 이름을 청으로 바꾸고 조선에 군신 관계를 요구하자, 조선에서는 화친을 주장하는 주화론과 오랑캐에게 굴복하면 안 된다는 척화론이 대립하였다. 결국 척화론이 우세하여 조선이 청의 요구를 거절하자 청은 병자호란을 일으켰다. 자료를 활용한 탐구 주제로 가장 적절한 것은 ⑤ 주화론과 척화론의 대립이다.

키워드 꼬리 질문
Q1 주화론, 척화론
Q2 청의 군신 관계 요구

04 조선 후기의 변화

개념 체크 문제

50쪽

포인트 **Pick**

❶ 비변사 ❷ 영정법 ❸ 예송 ❹ 영조 ❺ 규장각 ❻ 삼정
❼ 평안도 ❽ 삼정이정청 ❾ 당백전 ❿ 서원

01 훈련도감 **02** (1) ㉢ (2) ㉠ (3) ㉡ **03** 탕평비 **04** (1) ㉡
(2) ㉠ (3) ㉡ **05** ㄱ-ㄴ-ㄷ-ㄹ **06** (1) ○ (2) ✕ (3) ✕

실력 완성 문제

51~55쪽

01	④	02	⑤	03	④	04	①	05	②	06	③
07	④	08	③	09	①	10	④	11	②	12	②
13	③	14	⑤	15	④	16	①	17	①	18	③
19	①	20	②										

21 (1) 비변사 (2) 예시답안 왜란을 거치며 군사 문제를 담당하던 비변사에 고위 관리들의 참여가 늘어났고, 국정을 논의하는 최고 기구로 위상이 높아졌다.

22 (1) 서원 (2) 예시답안 서원은 제사 비용 등의 명목으로 백성을 수탈하고 면세와 면역의 특권을 누렸다.

01 자료에 제시된 책은 『비변사등록』이며, 밑줄 친 '이 기구'는 비변사이다. 왜란을 거치면서 군사 문제를 논의하던 비변사의 위상이 높아졌다. 비변사에는 3정승을 비롯한 고위 관리가 참여하였고, 외교·인사·재정 등 국가 정책 전반을 논의하는 최고 기구가 되었다.

알찬 선지 분석

ㄱ. ✕ 비변사는 임진왜란 이전인 16세기 초에 만들어졌다.

ㄴ. ◎ 비변사의 위상이 높아지면서 의정부와 6조 중심의 기존 행정 체계는 제구실을 하지 못하였다.

ㄷ. ✕ 비변사는 흥선 대원군이 권력을 장악하면서 축소(사실상 폐지)되었다.

ㄹ. ◎ 비변사는 여진족과 왜구의 침입에 대비하여 설치한 임시 회의 기구이다.

02 조선은 왜란과 호란을 거치면서 군사 제도를 개편하였다. 중앙군은 훈련도감 등 5군영 체제를 갖추었다. 지방군인 속오군은 평상시에는 생업에 종사하면서 향촌 사회를 지키다가 적이 침입해 오면 전투에 동원되었다.

알찬 선지 분석

① ✕ 9서당은 통일 신라의 중앙군이다.

② ✕ 고려 시대에는 5도에 주현군, 양계에 주진군을 편성하였다.

③ ✕ 고려 시대에는 양계 아래에 국방상 요충지를 중심으로 진을 설치하였다.

④ ✕ 삼별초는 고려 시대의 최씨 무신 정권 시기에 조직되었다.

⑤ ◎ 조선은 양 난을 거치면서 지방군인 속오군을 정비하였다. 속오군은 양반에서부터 노비까지 모든 신분으로 편성되었다.

03 자료의 (가)는 남인이다. 선조 때 사림이 동인과 서인으로 나뉘면서 붕당 정치가 시작되었다. 동인과 서인은 경쟁하면서도 서로의 입장을 존중하는 모습을 보였다. 하지만 현종 때 두 차례 예송이 일어나면서 서인과 남인은 점차 대립하였다.

알찬 선지 분석

① ✕ 서인이 친명 배금 정책을 펼쳤다.

② ✕ 인조반정으로 북인이 몰락하였다.

③ ✕ 무오사화는 연산군 때 훈구파에 의해 사림이 화를 입은 사건으로, 붕당 형성 이전에 벌어진 사건이다.

④ ◎ 남인은 현종 때 두 차례의 예송을 거치면서 점차 서인과 대립하였다.

⑤ ✕ 북인이 광해군 때 국정을 주도하였다.

04 자료는 예송에 대한 내용이다. 현종 때 서인과 남인은 두 차례 예송을 벌였다.

알찬 선지 분석

① ◎ 예송은 표면적으로는 자의 대비가 상복을 입는 기간을 둘러싼 대립이었지만, 차남으로 왕위에 오른 효종의 정통성과 관련된 정치 논쟁으로 발전하였다.

② ✕ 삼정의 문란은 세도 정치 시기에 극심하게 나타났다.

③ ✖ 임술 농민 봉기는 세도 정치 시기인 1862년에 일어났다.
④ ✖ 산림의 존재를 부정한 것은 영조 때의 일이다.
⑤ ✖ 김조순의 가문인 안동 김씨는 정조 사후 순조의 외척으로서 정치권력을 장악하였다.

05 예송 이후 숙종 때 환국이 여러 차례 일어나면서 점차 붕당 정치가 변질되었다.

① ✖ 중종반정은 연산군이 쫓겨나고 중종이 왕위에 오른 사건이다.
② ◎ 경신환국으로 인하여 남인이 몰락하고 서인이 집권하였다.
③ ✖ 정유재란은 임진왜란 이후 1597년 일본군이 재침입한 사건을 의미한다.
④ ✖ 이조 전랑의 권한을 약화시킨 것은 영조 때의 일이다.
⑤ ✖ 왜란이 벌어진 시기에 일본군에 맞설 수 있는 새로운 군대의 필요성이 대두되면서 훈련도감이 창설되었다.

06 (가)에 들어갈 내용은 환국이다. 숙종은 환국을 통해 여러 정치 세력을 조정하며 왕권을 강화하고 국정 운영을 주도하였다.

① ✖ 금위영은 조선 후기에 정비된 5군영 중 하나이다.
② ✖ 사림이 동인과 서인으로 분화한 것은 환국 발생 이전의 일이다.
③ ◎ 국왕이 환국을 주도함에 따라 국왕과 직결된 외척이나 종친의 정치적 비중이 커지고, 정치권력이 고위 관리에게 집중되는 현상이 나타났다.
④ ✖ 중종 때 훈구파 견제를 위해 사림이 등용되었다.
⑤ ✖ 상피제는 인사의 공정성을 위해 조선 전기부터 실시되었다.

07 (가) 균역법 실시는 영조 때, (나) 인조반정은 광해군 시기, (다) 환국 과정에서 노론과 소론이 분화한 것은 숙종 때, (라) 비변사 설치는 중종 때 이루어졌다. 그러므로 ④ (라)-(나)-(다)-(가) 순서로 사건이 일어났다.

08 자료의 밑줄 친 '왕'은 영조이다. 영조는 자신의 탕평 의지를 알리기 위해 교서를 반포하고, 성균관 앞에 탕평비를 건립하였다. 또한 청계천이 홍수로 범람하여 백성이 피해를 입자 홍수를 예방하기 위해 청계천 준천을 실시하였다.

① ✖ 선조는 임진왜란 중에 훈련도감을 창설하였다.
② ✖ 정조는 규장각 검서관에 서얼 출신 학자를 등용하였다.
③ ◎ 영조는 붕당의 뿌리를 제거하기 위해 산림의 존재를 인정하지 않고, 붕당의 본거지인 서원을 대폭 정리하였다.
④ ✖ 광해군은 영창 대군의 생모인 인목 대비를 폐위하였다.
⑤ ✖ 정조는 시전 상인의 특권을 축소하는 통공 정책을 실시하여 상업 활동의 자유를 확대하였다.

09 자료는 정조가 추진한 정책이다. 정조는 왕권 강화를 위해 탕평책을 실시하며 다양한 정책을 추진하였다.

① ◎ 정조는 왕권 강화를 위해 장용영을 설치하고, 규장각을 개혁 정책을 뒷받침하는 정치 기구로 육성하였다. 또한 수령이 향약을 직접 주관하게 하여 백성에 대한 국가의 통치력을 강화하였다.
② ✖ 세도 가문은 정조 사후 어린 순조가 즉위하면서 등장하였다.
③ ✖ 철종 시기인 1862년 진주 농민 봉기가 일어났다.
④ ✖ 정조 사후 세도 정치가 시작되면서 3사의 언론 기능은 상실되었다.
⑤ ✖ 평안도 지역에 대한 차별이 원인이 되어 순조 때인 1811년 홍경래의 난이 일어났다.

10 밑줄 친 '이 왕'은 정조이다. 정조는 국왕의 친위 부대인 장용영을 설치하고, 장용영 장교 백동수와 규장각 검서관 이덕무 등에게 명하여 『무예도보통지』를 편찬하였다. 또한 수원 화성을 건설하여 개혁의 새로운 거점으로 삼으려 하였다.

① ✖ 비변사는 흥선 대원군에 의해 축소(사실상 폐지)되었다.
② ✖ 영조가 탕평비를 건립하였다.
③ ✖ 삼정이정청은 임술 농민 봉기가 일어난 철종 때 설치되었다.
④ ◎ 정조는 젊고 재능 있는 관료를 선발하여 규장각에서 학문을 연구하게 한 초계문신제를 실시하였다.
⑤ ✖ 정조 사후 안동 김씨 등 세도 가문이 권력을 장악하였다. 이후 흥선 대원군이 국정 전반에 나서면서 세도 가문을 약화시켰다.

11 자료에서 밑줄 친 ㉠ 시기에는 안동 김씨 등 일부 가문이 정치권력을 독점하는 세도 정치가 전개되었다. 세도 가문은 비변사의 주요 관직을 독점하여 국정을 마음대로 운영하고, 다른 정치 세력이나 지방 사족을 권력에서 철저히 배제하였다. 또한 훈련도감을 비롯한 중앙 군영의 지휘권을 장악하여 정권 유지의 수단으로 삼았다.

ㄱ. ◎ 세도 가문의 권력 남용으로 정치 기강이 문란해져 과거 시험에서 부정행위가 만연하였다.
ㄴ. ✖ 남인과 소론은 권력에서 배제되었던 세력이었으나 정조의 탕평책이 실시되는 동안 중용되었다. 그러나 세도 정치가 시작되면서부터는 세도 가문 중심으로 정치가 운영되었다.
ㄷ. ◎ 세도 정치 시기에는 왕권이 약화되고, 3사의 언론 활동도 기능을 상실하여 세도 가문에 대한 견제가 어려워졌다.
ㄹ. ✖ 환국이 일어난 시기에 붕당 정치가 변질되면서 나타나기 시작한 현상이다.

12 자료는 삼정의 문란 중 환곡의 문란을 표현한 정약용의 글이다. 탐관오리들은 필요 없는 사람에게도 환곡을 이용하게 하고, 정해진 것보다 많은 이자를 거두어들여 배를 불리는 경우가 많았다.

① ✖ 삼정 중 전정은 토지세 징수와 관련이 있다.

② ◎ 환곡은 식량이 부족한 봄에 관청이 곡식을 빌려주고 추수한 후 약간의 이자를 붙여 갚게 한 제도였다. 자료에는 농민이 원치 않는데 억지로 시행한 사실, 많은 이자를 거둔 사실이 나타나 있다.

③ ✕ 정조는 통공 정책을 실시하여 상업 활동의 자유를 확대하였다.

④ ✕ 흥선 대원군이 정국을 운영하던 시기에 서원이 대폭 철폐되면서 양반 유생들이 반발하였다.

⑤ ✕ 흥선 대원군이 경복궁을 중건하면서 공사에 강제 동원된 백성이 불만을 갖게 되었다.

13 지도에 나타난 봉기는 홍경래의 난이다. 홍경래의 난은 봉기 세력이 정주성 전투에서 패배하면서 진압되었다.

알찬 선지 분석

① ✕ 홍경래의 난은 전국적 규모로 확산되지 못하였고, 청천강 이북 지역을 장악하였다가 진압되었다.

② ✕ 홍경래의 난은 세도 정치 시기에 일어났다.

③ ◎ 홍경래의 난은 정부의 평안도 지역에 대한 차별과 지배층의 수탈에 맞서 일어났다.

④ ✕ 임진왜란이 일어나자 선조는 의주로 피란하였다.

⑤ ✕ 고려 시대에 묘청 등이 풍수지리설을 앞세워 서경 천도를 추진하였다.

14 제시된 격문은 홍경래의 난과 관련 있다. 홍경래의 난은 세도 정치 시기인 1811년 순조 때에 일어났다. 임진왜란 발발은 1592년, 인조반정은 1623년, 병자호란 발발은 1636년, 경신환국은 1680년, 정조 즉위는 1776년, 삼정이정청 설치는 1862년이다. 홍경래의 난은 ㈐ 시기에 해당한다.

15 자료는 진주 농민 봉기에 대한 내용이다. 진주 농민 봉기는 경상 우병사 백낙신의 탐학에 맞선 농민들의 저항이었다. 진주 농민 봉기를 거치면서 1862년에는 농민 봉기가 전국으로 확산되었다(임술 농민 봉기).

알찬 선지 분석

① ✕ 토지를 기준으로 공납을 징수하는 대동법은 공납의 폐단을 시정하면서 농민들에게 도움이 되었다.

② ✕ 임술 농민 봉기는 서얼이 아닌 농민이 중심이 된 봉기이다.

③ ✕ 홍경래의 난을 일으킨 세력이 정주성 전투에서 관군에게 패배하면서 진압되었다.

④ ◎ 진주 농민 봉기는 전국적인 임술 농민 봉기로 이어졌고, 정부는 봉기의 계기가 된 삼정의 문란을 바로잡기 위해 삼정이정청을 설치하였다.

⑤ ✕ 왜란 중에 훈련도감이 창설되고, 이후 대외 관계와 국내 정세의 변화에 따라 어영청, 총융청, 수어청, 금위영이 추가되어 5군영 체제가 갖추어졌다. 5군영 중 마지막으로 정비된 금위영이 설치된 것은 숙종 때로, 진주 농민 봉기 이전에 모두 정비되었다.

16 제시된 화폐는 당백전이다. 흥선 대원군이 발행한 고액 화폐인 당백전은 물가 폭등을 초래하였다.

알찬 선지 분석

① ◎ 흥선 대원군은 경복궁 중건 비용 마련을 위해 고액 화폐인 당백전을 발행하였다.

② ✕ 통공 정책은 정조 때 실시되었다.

③ ✕ 대동법은 광해군 때 처음 실시되었다.

④ ✕ 붕당 정치의 폐단은 숙종 때 이르러 심각해졌다. 당백전은 붕당 정치 시기보다 훨씬 이후인 고종 때 흥선 대원군의 주도로 발행되었다.

⑤ ✕ 청이 조선을 침입한 병자호란은 17세기 전반에 발발하였다.

17 자료는 흥선 대원군이 세도 가문을 약화시키고 그동안 소외되었던 남인 등의 정치 세력과 종친을 등용하겠다는 의지를 드러낸 것이다.

알찬 선지 분석

① ◎ 흥선 대원군은 종친과 남인을 천거하여 세도 가문의 권력을 약화시키려고 하였다.

② ✕ 흥선 대원군의 정책은 왕권의 강화를 위한 정책이었다.

③ ✕ 흥선 대원군은 비변사를 축소(사실상 폐지)하였다.

④ ✕ 흥선 대원군은 서원을 47개만 남기고 철폐하였다.

⑤ ✕ 양반 유생들은 호포제 실시, 서원 철폐 등에 반발하였다.

18 자료는 경복궁 중건을 위한 원납전에 대한 내용으로 '대원위'는 흥선 대원군이다. 흥선 대원군은 경복궁을 중건하여 왕실의 권위를 세우고자 하였다.

알찬 선지 분석

ㄱ. ✕ 홍경래는 순조 때인 1811년 평안도 지역에서 난을 일으켰다. 흥선 대원군은 고종이 1863년 즉위하면서 권력을 장악하였다.

ㄴ. ◎ 흥선 대원군은 비변사를 약화시키고, 삼군부가 군사 업무를 맡도록 하였다.

ㄷ. ◎ 흥선 대원군은 통치 규범의 재정비를 위해 『대전회통』을 편찬하였다.

ㄹ. ✕ 임술 농민 봉기는 철종 때 일어났다.

19 흥선 대원군은 삼정의 문란을 바로잡기 위한 다양한 정책을 실시하였다. 양전을 실시하여 세금을 내지 않으려고 토지 대장에서 누락시킨 토지(은결)를 찾아내 전정의 문란을 해결하려 하였다.

알찬 선지 분석

① ◎ 흥선 대원군은 지방관과 향리의 횡포를 막기 위해 사창제를 실시하여 환곡의 폐단을 해결하고자 하였다.

② ✕ 영조는 균역법을 실시하여 백성의 군역 부담을 줄여주었다.

③ ✕ 영정법은 인조 때 시작되었고, 풍흉에 관계없이 전세를 1결당 쌀 4두로 고정한 정책이다.

④ ✕ 수원 화성은 정조가 건설하였다.

⑤ ✕ 흥선 대원군은 삼군부를 부활시키고 군사 업무를 맡게 하였다.

20 ㈎는 호포제이다. 흥선 대원군은 양반에게도 군포를 징수하는 호포제를 실시하여 군정의 문란을 바로잡았다.

① ✖ 호포제는 환곡이 아닌 군정의 문란을 시정하기 위한 제도로 실시되었다.

② ◎ 호포제가 실시되자 기존에는 군포 면제의 혜택을 누렸던 양반 계층이 반발하였다.

③ ✖ 숙종 때 경신환국이 일어나 남인 정권에서 서인 정권으로 바뀌었고, 이후로도 여러 차례의 환국이 일어났다.

④ ✖ 영조와 정조 때 탕평 정치를 추구하였다.

⑤ ✖ 호포제는 양반에게 군포를 징수하는 제도였으므로, 상민 계층의 군포 부담은 다소 완화되었다.

21 채점 기준

상	왜란이 일어났다는 당시 상황과, 비변사가 최고 기구가 되었다는 내용을 모두 서술한 경우
중	위 내용 중 한 가지만 서술한 경우
하	위 내용을 모두 서술하지 못한 경우

22 채점 기준

상	서원이 백성을 수탈하였다는 점, 면세와 면역의 특권을 누렸다는 내용을 모두 서술한 경우
하	서원이 백성을 수탈하였음을 서술하지 못한 경우

고난도 공략 문제

56~57쪽

01 ③ **02** ⑤ **03** ④ **04** ⑤

01 자료의 대화는 예송에 대한 내용이다. 예송은 효종과 효종의 비가 각각 죽었을 때 효종의 계모였던 자의 대비가 얼마 동안 상복을 입느냐를 놓고 벌어진 의례 논쟁이다.

알찬 선지 분석

① ✖ 예송은 현종 때 일어났고, 선왕인 효종과 그의 왕비에 대한 상복을 자의 대비가 어떻게 입을 것인가에 대한 논쟁이다.

② ✖ 예송 이전인 선조 때 사림이 동인과 서인으로 나누어졌다.

③ ◎ 1차 예송에서는 서인의 주장이 받아들여졌지만, 2차 예송에서는 남인의 주장이 받아들여져 정국의 주도권이 남인에게로 넘어갔다.

④ ✖ 예송은 왕위 계승에 대한 외척 간 갈등이 아닌, 차남으로서 왕위를 계승한 효종의 정통성에 대한 문제와 관련이 있다.

⑤ ✖ 신권을 중시한 서인은 왕실도 사대부와 같이 『주자가례』를 따라야 한다고 주장하였다. 반면 국왕의 권위를 중시한 남인은 왕실의 예는 사대부의 예와 다르다고 주장하였다.

키워드 꼬리 질문

Q1 효종
Q2 예송

02 자료의 밑줄 친 '전하'는 숙종이다. 자료는 환국이 나타난 정치 상황과 그 폐단에 대한 내용을 담고 있다. 숙종은 환국을 통해 여러 정치 세력을 조정하여 왕권을 강화하고 국정 운영을 주도하려 하였다.

알찬 선지 분석

① ✖ 인조반정으로 광해군이 쫓겨나면서 북인이 몰락하였다.

② ✖ 균역법은 영조 때 실시되었다.

③ ✖ 인조 때 후금(청)이 침략한 병자호란이 일어났다.

④ ✖ 선조는 임진왜란 중에 훈련도감을 창설하였다.

⑤ ◎ 환국이 되풀이되는 과정에서 서인은 남인에 대한 대응 문제를 놓고 노론과 소론으로 나뉘었다.

키워드 꼬리 질문

Q1 환국
Q2 숙종

03 자료의 밑줄 친 '일부 가문'은 순조, 헌종, 철종으로 3대 60여 년 동안 세도 정치를 전개한 세도 가문을 의미한다. 어린 국왕이 즉위하면서 안동 김씨, 풍양 조씨 등 몇몇 세도 가문이 정치권력을 독점하였다. 세도 가문은 비변사의 주요 관직을 독점하여 국정을 마음대로 운영하고, 다른 정치 세력이나 지방 사족을 권력에서 철저히 배제하였다.

알찬 선지 분석

① ✖ 광해군이 영창 대군의 생모인 인목 대비를 폐위하였다.

② ✖ 세도 정치 시기에 비변사는 국정 운영을 위한 핵심 기구였다.

③ ✖ 세도 정치 시기에는 정치 기강이 문란해져 관직을 사고파는 매관매직이 성행하였다.

④ ◎ 세도 가문은 5군영의 지휘권을 장악하여 정권 유지의 수단으로 삼았다.

⑤ ✖ 흥선 대원군이 삼군부를 부활시켰다.

키워드 꼬리 질문

Q1 안동 김씨 가문
Q2 세도 정치

04 자료는 당백전의 폐해를 비판하는 내용을 담고 있다. 어린 고종을 대신하여 정치적 실권을 장악한 흥선 대원군은 왕실의 권위를 세우기 위해 경복궁을 다시 지었다. 이 과정에서 공사비 마련을 위해 고액 화폐인 당백전을 발행하고 원납전을 강제로 걷어 원성을 샀다.

알찬 선지 분석

① ✖ 흥선 대원군은 왕권을 제약하던 비변사를 축소·폐지하였다.

② ◎ 수원 화성은 정조가 건설하였다.

③ ❌ 서원은 백성을 수탈하고, 면세와 면역의 특권을 누려 국가 재
정에 악영향을 끼쳤다. 서원 철폐는 백성의 생활 안정에 기여하였
으나 양반 유생은 거세게 반발하였다.
④ ❌ 흥선 대원군이 호포제를 시행하자 양반은 불만을 제기하였다.
⑤ ⭕ 흥선 대원군은 양전을 실시하고 은결을 찾아내어 전정의 문란
을 개혁하려 하였다.

> 키워드 꼬리 질문
> Q1 흥선 대원군
> Q2 경복궁 중건 비용 마련

대단원 문제

60~63쪽

01 ①　　02 ④　　03 [예시 답안] 위만 조선이 단군 조선을 계승
한 사실을 보여 준다. 04 ②　　05 ①　　06 ②　　07 ⑤
08 [예시 답안] 공신과 호족 출신 세력의 경제력과 군사력을 약화시키
고, 양인의 수를 늘려 국가 재정 기반을 확충하고자 하였다.
09 ⑤　　10 ④　　11 ⑤　　12 ②　　13 ①　　14 ①
15 ③　　16 ⑤　　17 ①　　18 ⑤　　19 ⑤
20 [예시 답안] 환곡에서 지방관과 향리의 횡포를 막기 위해 사창제
를 실시하였다.

01 비파형 동검은 청동기 시대의 대표적인 유물이다. 청동기 시
대에는 생산력이 더욱 발달하여 사유 재산이 발생하였고, 계
급이 출현하며 지배자가 등장하였다.

알찬 선지 분석

① ⭕ 청동기 시대에는 생산력이 발달하여 사유 재산이 발생하였다.
② ❌ 구석기 시대에 뗀석기를 처음 사용하였다.
③ ❌ 신석기 시대에 농경과 목축을 시작하였다.
④ ❌ 신석기 시대에 빗살무늬 토기를 처음 제작하였다.
③ ❌ 신석기 시대에는 주로 강가나 바닷가에 움집을 짓고 살았다.

02 자료에 해당하는 국가는 삼한이다. 기원전 5세기경부터 만주
와 한반도에서는 철기 문화가 확산되면서 여러 나라가 등장
하였는데, 한반도 중남부에서는 삼한이 성장하였다.

알찬 선지 분석

ㄱ. ❌ 고조선은 사회 질서 유지를 위해 8조법을 제정하였다.
ㄴ. ⭕ 삼한은 정치적 지배자와 제사를 주재하는 천군이 따로 존재
하는 제정 분리 사회였다.
ㄷ. ❌ 중국의 한은 고조선을 정복한 후 낙랑군 등 군현을 설치하였다.
ㄹ. ⭕ 삼한에는 신지, 읍차 등의 정치적 지배자가 있었다.

03 채점 기준

상	위만 조선이 단군 조선을 계승한 사실을 보여 준다라는 내용을 서술한 경우
하	위 내용을 서술하지 못한 경우

04 (가)는 초기 연맹체 국가, (나)는 중앙 집권적 고대 국가를 나타
낸 것이다. 삼국은 중앙 집권적 고대 국가로 발전하면서 왕권
이 강화되었고 각 부의 지배자는 왕권에 복속되어 중앙 귀족
이 되었다. 또한 공복 제정, 율령 반포, 불교 수용 등이 이루
어졌다.

알찬 선지 분석

ㄱ. ⭕ 삼국은 관등제를 정비하여 관리의 위계를 마련하였다.
ㄴ. ❌ 연맹체 단계에서는 각 부의 지배자가 각자 관리를 두고 영역
을 다스렸다.
ㄷ. ⭕ 중앙 집권적 고대 국가로 발전하면서 각 부는 독자성이 약화
되어 행정적 단위로 개편되었다.
ㄹ. ❌ 연맹체 국가 단계에서는 왕이 각 부의 지배자와 국가 중대사
를 협의하였다.

05 (가) 국왕은 고구려의 소수림왕이다. 소수림왕은 태학을 설립
하고 율령을 반포하는 등 국가 체제 정비에 힘썼다.

알찬 선지 분석

① ⭕ 고구려의 소수림왕은 율령을 반포하였다.
② ❌ 고구려의 장수왕은 평양으로 천도하였다.
③ ❌ 신라 법흥왕은 금관가야를 정복하였다.
④ ❌ 백제 무령왕은 22담로에 왕족을 파견하였다.
⑤ ❌ 신라 내물왕은 왕의 칭호를 마립간으로 바꾸었다.

06 지도는 6세기 신라의 발전을 나타낸 것으로 (가) 국가는 신라
이다. 신라는 6세기에 국력이 크게 성장하였다. 진흥왕은 고
구려와 백제를 공격하여 한강 유역을 장악하고 함경도 일대
까지 진출하였으며, 대가야를 정복하였다. 또한 화랑도를 국
가적인 조직으로 개편하였다.

알찬 선지 분석

① ❌ 4세기 고구려의 소수림왕은 태학을 설립하였다.

② ◎ 6세기 신라 진흥왕은 대가야를 정복하였다.
③ ✕ 백제는 6세기 성왕 때 사비로 천도하였다.
④ ✕ 백제는 4세기에 일본에 칠지도를 전하였다.
⑤ ✕ 5세기 고구려의 광개토 대왕은 내물왕을 도와 신라에 침입한 왜를 격퇴하였다.

07 고려를 건국한 태조 왕건은 919년에 송악으로 천도하였다. 935년에 견훤이 고려에 투항하자, 이어서 신라 경순왕이 항복하였다. 그 후 고려는 936년에 왕위 계승을 둘러싸고 내분이 일어난 후백제를 격파하고 후삼국을 통일하였다.

08 채점 기준

상	공신과 호족 출신 세력의 경제력과 군사력을 약화시키고, 양인의 수를 늘려 국가 재정 기반을 확충하고자 하였다는 내용을 모두 서술한 경우
중	위 내용 중 한 가지만 서술한 경우
하	위 내용 중 한 가지도 서술하지 못한 경우

09 (가) 고려 태조는 943년 후대 임금에게 훈요 10조를 남겨 정책 방향을 제시하였다. (나) 982년 고려 성종 때 최승로는 시무 28조를 통해 국가 체제의 정비를 건의하였다.

알찬 선지 분석

① ✕ 교정도감은 최씨 무신 정권 시기에 설치되었다.
② ✕ 1170년 정중부 등이 무신 정변을 일으켰다.
③ ✕ 1126년 이자겸이 척준경과 함께 난을 일으켰다.
④ ✕ 1388년 이성계가 위화도에서 군대를 돌려 최영을 제거하고 실권을 장악하였다.
⑤ ◎ 고려 광종은 광덕, 준풍이라는 독자적 연호를 사용하였다.

10 고려 시대 관리 선발은 주로 과거와 음서를 통해 이루어졌다. 과거는 시험을 통해 유교적 소양과 실무 능력을 갖춘 인재를 선발하는 데에 중점을 두었다.

알찬 선지 분석

ㄱ. ✕ 무과는 고려 시대에는 거의 실시되지 않았으며, 조선 시대에 제도화되었다.
ㄴ. ◎ 고려 시대 과거에는 문관을 선발하는 제술과와 명경과, 기술관을 뽑는 잡과, 승려를 대상으로 한 승과가 있었다.
ㄷ. ✕ 고려 시대 과거에는 법적으로 일반 농민도 응시가 가능하였다.
ㄹ. ◎ 공신이나 5품 이상 관리의 자손에게는 음서의 혜택이 있어 과거를 거치지 않고 관직에 등용되는 것이 가능하였다.

11 고려의 지방 행정 조직은 5도 양계를 기틀로 정비되었다. 일반 행정 구역인 5도 아래에 군현과 특수 행정 구역인 향·부곡·소 등이 있었다. 양계(북계, 동계)는 북방 민족의 위협에 대비하기 위해 설치된 군사 행정 구역으로 병마사가 파견되어 행정과 군사 업무를 처리하였다. (가)에 들어갈 내용은 병마사, (나)에 들어갈 내용은 향·부곡·소이다.

12 첫 번째 자료는 충주성 전투, 두 번째 자료는 처인성 전투에 대한 내용으로, 두 자료 모두 몽골의 고려 침략 당시 하층민의 항전을 보여 준다. 따라서 밑줄 친 '적'은 몽골이다. 몽골이 고려를 침략하자 최씨 무신 정권은 일단 강화를 맺은 뒤, 수도를 강화도로 옮기고 장기 항전을 준비하였다.

알찬 선지 분석

① ✕ 고려 초 군사 제도를 정비하면서 지방군을 5도에 주둔하는 주현군과 양계 지역을 지키는 주진군으로 편성하였다.
② ◎ 최씨 무신 정권은 몽골의 침입에 맞서 강화도로 천도하여 항쟁하였다.
③ ✕ 이자겸은 자신의 지위를 유지하기 위해 금의 사대 요구를 수용하였다.
④ ✕ 묘청 등 서경 세력은 서경 천도를 추진하면서 금국 정벌을 주장하였다.
⑤ ✕ 망이·망소이는 무신 정권 시기 수탈에 반발하여 공주 명학소에서 봉기하였다.

13 자료는 친원 세력인 기철이 횡포를 부리는 내용이다. 원 간섭기에는 친원적 성향을 가진 권문세족이 새로운 지배층으로 등장하였다. 권문세족은 도평의사사를 장악하여 국정을 장악하는 한편 토지를 수탈하여 대농장을 차지하였다. 특히 권문세족 중 원 황실과 혼인을 맺은 기철의 가문은 국왕을 압도하는 권력을 누렸다.

알찬 선지 분석

① ◎ 몽골과의 강화로 고려는 독립국의 지위를 유지하였지만 원의 부마국이 되어 간섭을 받았다.
② ✕ 통일 신라 신문왕 즉위 직후 왕의 장인인 김흠돌이 귀족들과 반역을 도모하였으나 진압되었고, 이를 계기로 귀족 세력이 대거 숙청되었다.
③ ✕ 만적의 봉기 모의는 무신 집권기에 일어났다.
④ ✕ 고려 태조는 호족 세력을 통합하기 위해 유력한 호족과 혼인을 맺거나 왕씨 성을 하사하였다.
⑤ ✕ 신라 말 무열왕계의 권력 독점에 불만을 품은 귀족이 대대적으로 반란을 일으켰고, 9세기 전반까지 귀족 사이에 왕위 쟁탈전이 치열하게 전개되었다.

14 자료는 조선 시대에 발급된 호패로, 밑줄 친 '이 제도'는 호패법이다. 호패는 태종 때 처음 발급되어 조세 징수와 군역 부과에 이용하였다. 위화도 회군은 조선 건국 이전, 『경국대전』 반포는 성종 때의 사실이므로 호패법이 처음 실시된 시기는 (가)에 해당한다.

15 자료는 조선 시대 의정부 서사제에 대한 내용이다. 의정부 서사제는 인사와 군사에 관한 일은 국왕이 직접 주관하면서도 재상의 국정 주도권을 강화하여 왕권과 신권의 조화를 추구하였다.

① ✘ 태종과 세조 때 6조 직계제가 실시되었다.
② ✘ 통일 후 신라는 중앙 정치를 집사부 중심으로 운영하였다.
③ ◎ 의정부 서사제는 재상의 권한을 확대하여 왕권과 신권의 조화를 추구하였다.
④ ✘ 6조 직계제는 정책 결정과 시행 과정에서 재상의 역할이 축소되어 국왕의 국정 주도권을 강화하였다.
⑤ ✘ 고려의 독자적 기구인 도병마사와 식목도감은 중서문하성과 중추원의 고위 관리인 재신과 추밀의 합의제로 운영되었다.

16 밑줄 친 '이 전쟁'은 임진왜란이다. 임진왜란 초기 조선군은 일본군에게 잇따라 패하며 수도 한성을 빼앗겼다. 선조는 명에 지원군을 요청하고 의주로 피란하였다. 이러한 가운데 바다에서는 이순신이 제해권을 장악하였고 육지에서는 각지에서 의병이 일어나 일본군에 타격을 주었다. 관군도 명의 원군과 함께 평양을 탈환하여 전세를 역전시켰다.

① ✘ 명의 요청으로 광해군은 강홍립이 이끄는 군대를 지원군으로 파견하였으나, 조명 연합군이 후금에 패하자 강홍립은 후금에 항복하였다.
② ✘ 고려 정부의 개경 환도 결정에 반발한 삼별초는 강화도에서 진도, 제주도로 이동하며 항전하였다.
③ ✘ 청이 조선을 침략하여 병자호란이 발발하자 인조는 남한산성으로 피란하였다.
④ ✘ 정묘호란 때 정봉수 등 의병의 활약으로 용골산성에서 후금군을 격퇴하였다.
⑤ ◎ 이순신은 명량에서 일본 수군을 크게 무찔렀다(명량 대첩).

17 밑줄 친 '왕'은 영조이다. 영조는 청계천이 홍수로 범람하여 백성이 피해를 입자 청계천 준천을 실시하여 홍수를 예방하였다. 또한 균역법을 실시하여 백성들의 군역 부담을 줄여주었다.

① ◎ 영조는 균역법을 실시하고 신문고를 부활시키는 등 민생 안정을 위한 개혁을 추진하였다.
② ✘ 선조는 임진왜란 중에 훈련도감을 설치하였다.
③ ✘ 세종은 이종무를 보내 쓰시마섬을 토벌하였다.
④ ✘ 정조는 『대전통편』을 편찬하여 문물제도를 정비하였다.
⑤ ✘ 숙종은 여러 차례 환국을 통해 왕권을 강화하고 국정 운영을 주도하였다.

18 밑줄 친 '이 왕'은 정조이다. 정조는 규장각의 기능을 강화하여 개혁을 뒷받침하는 기구로 삼고, 초계문신제를 실시하여 젊고 유능한 관리를 재교육해 개혁 세력으로 육성하였다. 그리고 자신의 정치적 이상을 실현하는 도시로 수원 화성을 건설하였다.

① ✘ 세조는 집현전과 경연을 폐지하여 언론 활동을 제한하였다.
② ✘ 공민왕은 기철 등 친원 세력을 숙청하였다.
③ ✘ 명종 때 외척 간의 갈등으로 사화가 발생하였다(을사사화).
④ ✘ 이방원(태종)은 공신과 왕족이 소유한 사병을 혁파해 군사력을 장악한 후 왕위에 올랐다.
⑤ ◎ 정조는 적극적인 탕평책을 추진하여 권력에서 배제되었던 소론과 남인 계열 인물을 중용하였다.

19 자료는 철종 때 일어난 임술 농민 봉기(1862)에 관한 내용이다. 수원 화성은 정조 때 완공되었으며, 호포제는 고종 때 흥선 대원군에 의해 실시되었다. 임술 농민 봉기가 일어난 시기는 (마)에 해당한다.

20

채점 기준	
상	환곡에서 지방관과 향리의 횡포를 막기 위해라는 내용을 서술한 경우
하	위 내용을 서술하지 못한 경우

01 국제 관계와 대외 교류

개념 체크 문제

70쪽

포인트 Pick

❶ 고구려 ❷ 별무반 ❸ 강화도 ❹ 요동 정벌 ❺ 4군 6진
❻ 쓰시마섬 ❼ 기유약조 ❽ 병자호란 ❾ 조선 중화주의
❿ 북학론

01 조공·책봉 관계　**02** (1) X (2) ○ (3) X　**03** (1) ㉠ (2) ㉠ (3) ㉢
04 (1) ㉠ (2) ㉠ (3) ㉠　**05** ㄹ-ㄷ-ㄴ-ㄱ　**06** 통신사

실력 완성 문제

71~75쪽

01 ②　**02** ②　**03** ①　**04** ⑤　**05** ⑤　**06** ④
07 ①　**08** ②　**09** ④　**10** ⑤　**11** ⑤　**12** ②
13 ⑤　**14** ⑤　**15** ④　**16** ③　**17** ⑤　**18** ①
19 ④　**20** ①

21 (1) 청해진　(2) 예시 답안 청해진은 해적을 소탕하는 해군 기지
이자 무역의 거점으로 활용되었다.
22 (1) 강동 6주　(2) 예시 답안 서희가 거란과 담판을 벌여 송과 외
교 단절, 거란과의 교류를 약속하였고, 고려는 그 대가로 강동
6주를 얻었다.

01 위만의 집권, 한반도 남부와 한 사이에서 중계 무역으로 이익
을 얻었다는 점 등을 통해 자료가 고조선의 대외 관계와 관련
된 대화임을 알 수 있다.

알찬 선지 분석

① ✖ 16세기 후반 일본의 도요토미 히데요시가 조선을 침략하면서
임진왜란이 발발하였다.
② ⭕ 한 무제는 고조선의 세력이 커지자 이를 견제하고자 고조선을
침략하였다.
③ ✖ 7세기 고구려에서 연개소문이 정변으로 권력을 장악하였다.
④ ✖ 백제는 4세기 후반 동진과 조공·책봉 관계를 맺었다.
⑤ ✖ 발해의 무왕은 당을 견제하고자 장문휴의 수군을 파견하여 산
둥반도의 등주를 공격하였다.

02 국강상광개토경평안호태왕, 백제와 신라가 속민으로 조공하
였다는 점 등을 통해 제시된 문화유산이 고구려의 광개토 대
왕릉비임을 알 수 있다. 광개토 대왕 시기 고구려는 강력한
국력을 바탕으로 독자적 천하관을 내세웠다.

알찬 선지 분석

① ✖ 원 간섭기 고려에 몽골의 풍습이 전해졌는데, 이를 몽골풍이
라 한다.

② ⭕ 중국을 통일한 수와 뒤를 이은 당이 잇달아 고구려를 침략하
였으나, 고구려는 수와 당의 침략을 격퇴하였다.
③ ✖ 고려 시대에는 벽란도가 국제 무역항으로 번성하였다.
④ ✖ 발해는 건국 초에 당과 적대적이었으나, 문왕 이후 당과 친선
관계를 맺고 교류하였다.
⑤ ✖ 신라는 성덕왕 이후 당과 공식·비공식 교류가 활발해졌다.

03 (가)는 7세기 중엽 신라와 당이 동맹을 맺는 상황이고, (나)는 7
세기 말 대조영이 발해를 건국하는 상황이다.

알찬 선지 분석

① ⭕ 신라는 당과 동맹을 맺고 백제와 고구려를 멸망시켰다.
② ✖ 16세기 초 3포 왜란이 발발하였다.
③ ✖ 10세기 초 건국된 고려는 건국 초부터 북진 정책을 추진하였다.
④ ✖ 가야는 왜와 교류하며 철기와 토기 제작 기술을 전해 주었다.
한편 가야는 신라의 공격을 받아 6세기 후반 멸망하였다.
⑤ ✖ 백제는 4세기부터 동진과 외교 관계를 맺은 이래 주로 남조의
왕조와 교류하였다. 한편 중국의 남북조 시대는 6세기 말 수에 의
해 통일되었다.

04 당·신라·일본을 잇는 국제 무역 항로의 중간 지대인 완도에
진을 설치하였다는 점을 통해 (가) 인물이 장보고임을 알 수
있다. 장보고는 9세기 통일 신라 시기에 활동하였다.

알찬 선지 분석

ㄱ. ✖ 병자호란 이후 즉위한 효종은 청에 당한 굴욕을 씻고자 북벌
운동을 추진하였다.
ㄴ. ✖ 수는 6세기 말부터 7세기 초에 중국을 통치한 왕조이다.
ㄷ. ⭕ 8세기 이후 신라와 당의 관계가 개선되면서 중국의 동쪽 해
안에 신라방, 신라소 등이 설치되었다.
ㄹ. ⭕ 통일 신라 시기에는 사포(울산)가 국제 교역항으로 번성하였다.

05 무왕이 장문휴를 보내 등주를 공격하였다는 점, 남쪽에 신라
가 있다는 점 등을 통해 (가) 국가가 발해임을 알 수 있다.

알찬 선지 분석

① ✖ 고려와 조선이 명에 사대하였다.
② ✖ 백제는 주로 남조의 왕조와 교류하였다.
③ ✖ 중국의 남북조 시대는 6세기 말 수에 의해 통일되었다. 발해
는 7세기 후반 건국되었다.
④ ✖ 고려 말과 조선 초 왜구가 해안 지역 등을 약탈하였다.
⑤ ⭕ 발해는 건국 초 신라, 당과 적대적인 관계에 있었다. 이에 발
해는 외교적 고립을 피하기 위해 일본과의 관계를 강화하였다.

06 거란이 고려와 송의 교류를 문제삼은 점, 고려와 거란 사이에
여진이 교류를 방해하는 점 등을 통해 자료가 거란의 1차 침
입 당시 서희와 소손녕의 회담 내용임을 알 수 있다.

알찬 선지 분석

① ✖ 고려는 몽골과 강화를 맺고 13세기 후반 개경으로 환도하였다.
② ✖ 발해는 문왕 이후 당과 친선 관계를 맺고 교류하였다.

③ ⓧ 12세기 초 여진이 세력을 키워 금을 건국한 후 고려에 군신 관계를 요구하자, 고려는 이를 수용하였다.
④ ◎ 서희의 담판으로 고려는 강동 6주 지역을 차지하였다.
⑤ ⓧ 일본이 신라를 조공국으로 간주하자 8세기 신라는 일본과 공식적인 외교 관계를 단절하였다.

07 강감찬이 거란군에 크게 승리한 점 등을 통해 자료가 거란의 3차 침입 당시의 상황임을 알 수 있다.

① ◎ 강감찬은 거란의 3차 침입 때 귀주에서 큰 승리를 거두었다 (귀주 대첩).
② ⓧ 7세기 말 대조영은 고구려 유민과 말갈족을 이끌고 동모산에서 발해를 건국하였다.
③ ⓧ 14세기 후반 홍건적이 두 차례 고려를 침략하였다.
④ ⓧ 17세기 전반 청이 조선을 공격하며 병자호란이 발발하였다. 조선은 결국 청에 굴복하고 군신 관계를 맺었다.
⑤ ⓧ 7세기 중엽 백제와 고구려의 협공을 당하던 신라는 고구려 정벌에 실패한 당과 동맹을 맺었다.

08 자료의 그림은 윤관이 동북 9성을 설치하고 국경을 나타내는 비석을 세우는 모습이다. 12세기 초 윤관은 별무반을 이끌고 여진을 토벌한 뒤 동북 9성을 축조하였다. 이후 여진은 세력을 더욱 확대하여 금을 건국하였다(1115). 고려의 건국은 10세기 초, 거란의 1차 침입은 10세기 말의 사실이다.

09 자국 사신의 피살을 구실로 침략하였으며, 몽골군의 침략을 방어하다 몰살당하였다는 내용을 통해 밑줄 친 '침략'은 13세기 몽골의 침략임을 알 수 있다.

① ⓧ 고려는 거란의 침략을 막아낸 이후 거란에 사대하였다. 그 결과 송과의 공식적인 외교 관계는 단절되었다.
② ⓧ 병자호란 이후 효종이 북벌 운동을 추진하였다.
③ ⓧ 당과 연합하여 백제와 고구려를 멸망시킨 신라는 한반도 전체를 차지하려는 당과 전쟁을 벌였다. 이후 신라는 당을 몰아내고 삼국 통일을 완성하였다.
④ ◎ 고려는 몽골과 강화를 맺고 이후 원의 내정 간섭을 받았다.
⑤ ⓧ 조선은 건국 초 명과 외교적 갈등이 일어나자 요동 정벌을 준비하기도 하였다.

10 위화도 회군으로 정벌이 끝났다는 내용을 통해 밑줄 친 '정벌'이 고려 말에 있었던 요동 정벌임을 알 수 있다. 고려는 명과 외교적 갈등이 일어나자 요동 정벌을 단행하였다.

① ⓧ 고려는 건국 초 발해를 멸망시킨 거란을 적대시하였다.
② ⓧ 신라는 당과 동맹을 맺고 백제와 고구려를 멸망시켰다.
③ ⓧ 고조선이 한반도 남부와 한 사이에서 중계 무역으로 이익을 취하자 한 무제가 고조선을 침략하였다.

④ ⓧ 고려는 여진이 국경 지역에서 약탈을 자행하자 윤관이 이끄는 별무반을 파견하여 여진을 토벌하였다.
⑤ ◎ 명이 쌍성총관부 지역에 철령위를 설치하여 자국의 영토로 삼으려 하자, 고려는 이에 반발하며 요동 정벌을 단행하였다.

11 수도 개경과 가까운 예성강 하류에 있다는 점, 명칭이 벽란정에서 유래하였다는 점 등을 통해 밑줄 친 '이 항구'가 고려 시대 벽란도임을 알 수 있다. 벽란도는 외국 상인들도 왕래하는 국제 무역항으로 번성하였다.

① ⓧ 고려 말과 조선 초에 쓰시마섬에 대한 토벌이 단행되었다.
② ⓧ 고려 정부가 개경 환도를 결정하자 이에 반발하여 삼별초가 봉기하였다.
③ ⓧ 임진왜란 이후 조선은 기유약조를 통해 부산포에 왜관을 설치하고 일본과 교역하였다.
④ ⓧ 임진왜란 이후 조선은 일본과 국교를 재개하고 통신사를 파견하였다.
⑤ ◎ 고려 시대의 벽란도에는 송이나 일본 상인뿐만 아니라 아라비아 상인들도 왕래하였다.

12 조선은 건국 초부터 명에 사대 외교를 전개하여 명과 조공·책봉 관계를 맺고 교류하였다.

① ◎ 조선은 명의 책봉을 받고 명의 연호를 사용하였다.
② ⓧ 조선은 명에 대해 사대 외교를 전개하였으나 내정 간섭은 받지 않았다.
③ ◎ 조선은 해마다 정기적으로 명에 조공 사절을 파견하였다.
④ ◎ 조선의 국왕은 즉위한 이후 명의 책봉을 받았다.
⑤ ◎ 조선이 명에 조공하는 과정에서 일종의 공무역이 이루어졌다.

13 경성, 경원 지방에 불화가 생길 우려가 있다는 점, 두 고을에 무역소를 설치하자는 점 등을 통해 자료가 조선이 여진에 대해 실시한 회유책의 내용임을 알 수 있다.

① ⓧ 인조반정 이후 조선의 외교 정책은 친명 배금 정책으로 바뀌었고, 이는 정묘호란이 일어나는 배경이 되었다.
② ⓧ 발해는 건국 초 당과 적대적인 관계에 있었으나 문왕 이후 친선 관계를 맺고 교류하였다.
③ ⓧ 서희와 거란의 담판 결과 고려는 강동 6주 지역을 확보하였다.
④ ⓧ 남북조 시대의 분열을 수습한 수는 자국 중심의 질서를 강요하며 고구려와 대립하였고, 여러 차례 고구려를 침략하였다.
⑤ ◎ 조선은 명에 대해서는 사대 외교를, 여진과 일본에 대해서는 교린 정책을 추진하였다.

14 조선의 4대 국왕이라는 점, 이종무에게 쓰시마섬의 토벌을 명하였다는 점 등을 통해 (가) 국왕이 세종임을 알 수 있다. 세종 때에 이종무가 왜구의 본거지인 쓰시마섬을 토벌하였다.

신사의 방문을 활용하여 쇼군의 정치적 권위를 세우고자 하였다.

ㄹ. ◎ 통신사는 외교 활동뿐만 아니라 학문과 예술 등 다양한 분야에서도 일본인들과 활발하게 교류하였다.

18 효종 관련 기사, 오랑캐 토벌을 요구하는 송시열의 글, 서인 세력의 국방력 강화 정책 등을 통해 (가)에는 북벌 운동과 관련된 내용이 들어가야 함을 알 수 있다.

① ◎ 병자호란 이후 청에 당한 굴욕을 씻기 위해 효종의 주도로 북벌 운동이 추진되었다.
② ✕ 고려 정부는 윤관의 건의를 받아들여 별무반을 편성하였다. 윤관은 별무반을 이끌고 여진을 토벌한 뒤, 동북 9성을 축조하였다.
③ ✕ 인조반정 이후 집권한 서인은 친명 배금 정책을 추진하였다. 이는 정묘호란과 병자호란이 일어나는 배경이 되었다.
④ ✕ 우리나라의 역대 왕조는 대체로 국력이 강한 중국에는 사대하였지만 자국 중심의 세계관에 바탕을 두고 대외 관계를 맺었다.
⑤ ✕ 조선과 청은 1712년 백두산정계비를 세워 국경을 확정하였다. 19세기 동쪽의 경계로 삼았던 토문강의 해석을 둘러싸고 양국 간에 간도 귀속 문제가 일어났다.

19 조선이 군신 관계 요구를 거절하자 청이 조선을 침략하였다(병자호란). 병자호란 이후 즉위한 효종은 북벌 운동을 전개하였다.

① ✕ 고려 정부가 개경 환도를 결정하자 이에 반발하여 삼별초가 봉기하였다.
② ✕ 임진왜란 이후 일본과 국교를 재개한 조선은 기유약조를 맺어 부산포를 개항하였다.
③ ✕ 광해군은 명과 후금 사이에서 중립 외교를 전개하였다.
④ ◎ 병자호란에서 패배한 조선은 명과의 관계를 단절하고 청과 군신 관계를 맺었다.
⑤ ✕ 조선은 쓰시마섬을 토벌한 이후 부산포, 제포, 염포 등 3포를 개항하여 일본과 제한적인 교역을 허용하였다.

20 법이 훌륭하고 제도가 아름다우면 오랑캐에게라도 배워야 한다는 점을 통해 자료가 청을 무조건 배척할 것이 아니라 앞선 문물은 수용해야 한다는 북학론의 주장임을 알 수 있다.

① ◎ 박지원, 박제가 등은 청의 문물을 수용하여 부국강병을 이루자는 북학론을 제기하였다.
② ✕ 고구려는 백제와 신라를 조공국으로 인식하는 등 자국 중심의 천하관을 드러냈다.
③ ✕ 조선은 중국에 사대하고 주변의 여진과 일본 등에 교린하는 사대교린을 외교의 원칙으로 삼았다.
④ ✕ 통신사는 공식적인 외교 사절의 역할뿐만 아니라 양국의 문화 교류에도 크게 기여하였다.
⑤ ✕ 효종, 송시열, 이완 등이 북벌 운동을 추진하였다.

① ✕ 을묘왜변은 16세기에 일어난 사건이다.
② ✕ 백제는 4세기 동진에 사신을 파견하고 교류하였다.
③ ✕ 신라는 발해 협공 이후, 발해는 문왕 이후 당과의 관계를 회복하였다.
④ ✕ 13세기 몽골의 침입 때 김윤후가 처인성에서 적장을 사살하였다.
⑤ ◎ 조선 세종 때 최윤덕, 김종서 등이 4군과 6진 지역을 개척하였다.

15 도요토미 히데요시가 요동을 침범하려고 하니 길을 빌려달라고 청하였다는 점, 우리나라가 거절하자 침략하였다는 점 등을 통해 자료가 임진왜란에 대한 내용임을 알 수 있다.

① ✕ 병자호란 이후 조선은 청에 연행사를 파견하였다.
② ✕ 16세기 초 3포 왜란이 발발하였다.
③ ✕ 조선은 쓰시마섬을 토벌한 이후 부산포, 염포, 제포 등 3포를 일본에 개항하고 제한적인 교역을 허용하였다(계해약조).
④ ◎ 임진왜란의 발발로 조선과 일본의 국교가 단절되었다. 조선과 일본의 국교 재개는 1607년 조선이 회답 겸 쇄환사를 파견하면서 이루어졌다.
⑤ ✕ 거란의 침략을 막아낸 고려는 국경에 천리장성을 축조하였다.

16 임진왜란 이후 에도 막부는 조선과의 국교 재개를 시도하였다. 조선이 에도 막부와 여러 차례의 교섭 끝에 회답 겸 쇄환사를 일본에 파견하면서 양국의 국교가 재개되었다(1607).

① ✕ 고려는 몽골과 강화를 맺고 개경으로 환도하였다.
② ✕ 17세기 중엽 조선에서는 멸망한 명을 대신해 중화 문명을 계승해야 한다는 조선 중화주의가 대두하였다.
③ ◎ 일본이 국교 재개를 요청하자 조선 정부는 회답 겸 쇄환사를 일본에 파견하여 국교를 재개하였다.
④ ✕ 병자호란 당시 삼전도에서 청과 굴욕적으로 강화를 맺은 조선은 이후 이러한 치욕을 씻고자 북벌 운동을 추진하였다.
⑤ ✕ 고려 말과 조선 초 왜구가 해안 지역을 약탈하자 왜구의 근거지인 쓰시마섬에 대한 토벌이 단행되었다.

17 공식적인 외교 사절이었다는 점, 조선의 선진 문물을 일본에 전파하는 역할을 하였다는 점 등을 통해 밑줄 친 '사절단'이 통신사임을 알 수 있다. 임진왜란 이후 조선은 10여 차례 일본에 통신사를 파견하였다.

ㄱ. ✕ 통신사는 막부의 쇼군이 바뀔 때 새로운 쇼군의 계승을 축하한다는 명분으로 파견된 사절단이었다.
ㄴ. ✕ 조선과 일본은 조공·책봉 관계가 아닌 대등한 입장에서 외교 관계를 맺었다.
ㄷ. ◎ 통신사는 에도 막부의 요청으로 파견되었다. 에도 막부는 통

21 채점 기준

상	청해진의 기능 두 가지를 모두 서술한 경우
중	청해진의 기능 중 한 가지만 서술한 경우
하	청해진의 기능을 서술하지 못한 경우

22 채점 기준

상	서희가 거란과 담판을 벌여 송과 외교 단절, 거란과의 교류를 약속하고 강동 6주를 획득하였다는 내용을 서술한 경우
중	위 내용 중 하나만 서술한 경우
하	위 내용을 서술하지 못한 경우

공략 문제

76~77쪽

01 ①　02 ②　03 ⑤　04 ④

01 안시성이 공격을 받았으며, 황제가 철군을 명하였다는 내용을 통해 자료가 안시성에서 고구려가 당의 침략을 막아내는 상황임을 알 수 있다.

알찬 선지 분석

① ◎ 백제와 고구려의 협공에 어려움을 겪던 신라는 고구려 공략에 실패한 당에 동맹을 제안하였고 당이 이를 수락하면서 나당 동맹이 성립하였다.
② ✕ 고조선이 중계 무역으로 이익을 얻는 등 국력이 커지자 이를 견제하기 위해 한 무제가 고조선을 침략하였다.
③ ✕ 5세기 장수왕은 남북조와 모두 조공·책봉 관계를 맺었다.
④ ✕ 고려는 거란의 침입 이후 거란과 군신 관계를 맺고 송과의 공식 관계를 단절하였다.
⑤ ✕ 발해는 건국 초부터 외교적 고립을 벗어나고자 일본과 적극적으로 교류하였다.

키워드 꼬리 질문

Q1 고구려
Q2 당

02 (가)에서 금이 국력이 강하여 사대하지 않을 수 없다는 내용을 통해 12세기의 상황임을 알 수 있고, (나)에서 최우가 강화도 천도를 단행하는 내용에서 13세기 초의 상황임을 알 수 있다.

알찬 선지 분석

① ✕ 15~16세기 조선은 3포를 개항하여 일본에 제한된 교역을 허용하였다.

② ◎ 몽골은 사신 피살을 빌미로 고려를 침략하였다. 몽골이 침략하자 고려는 강화도로 천도하여 항전하였다.
③ ✕ 11세기 초 강감찬이 거란의 군대를 귀주에서 크게 물리쳤다(귀주 대첩).
④ ✕ 14세기 후반 철령위 설치 문제로 고려와 명 사이에 외교 갈등이 발생하자 고려는 요동 정벌을 추진하였다.
⑤ ✕ 8세기 발해 무왕은 당의 등주를 공격하였다.

키워드 꼬리 질문

Q1 여진
Q2 몽골

03 대마도(쓰시마섬)가 소굴이라는 점, 백성들을 노략질한다는 점 등을 통해 자료가 조선 초 왜구가 기승을 부리는 상황임을 알 수 있다.

알찬 선지 분석

① ✕ 고려 정부가 몽골과 강화를 맺고 개경 환도를 결정하자 이에 반발하여 삼별초가 봉기하였다.
② ✕ 고려는 윤관이 이끄는 별무반을 파견하여 여진을 토벌하고 동북 9성을 축조하였다.
③ ✕ 조선은 여진에 대한 교린 정책의 일환으로 국경 지역인 경성과 경원에 무역소를 설치하였다.
④ ✕ 세종 때 여진을 토벌하고 4군과 6진 지역을 개척하였다.
⑤ ◎ 세종은 왜구의 약탈을 막기 위해 이종무가 이끄는 군대를 파견하여 쓰시마섬을 토벌하였다.

키워드 꼬리 질문

Q1 왜구
Q2 세종

04 효종이 군사 정책에 대해 묻고 북쪽으로 나아가 보려는 마음을 잊은 적이 없다는 내용을 통해 밑줄 친 '계획'이 북벌 운동임을 알 수 있다.

알찬 선지 분석

① ✕ 조선 초 명과 외교적 갈등이 심화되자 조선은 요동 정벌을 준비하기도 하였다.
② ✕ 14세기 후반 홍건적의 침략으로 수도 개경이 함락되었다.
③ ✕ 광해군은 국제 정세의 변화를 살피면서 명과 후금 사이에서 중립 외교를 펼쳤다.
④ ◎ 병자호란에서 패배한 조선은 청과 군신 관계를 맺었다. 효종은 이러한 굴욕을 씻고자 북벌 운동을 추진하였다.
⑤ ✕ 전국 시대의 혼란을 수습한 도요토미 히데요시는 내부의 불만을 잠재우고 자신의 대륙 진출 야욕을 채우기 위해 조선을 침략하였다(임진왜란).

키워드 꼬리 질문

Q1 북벌 운동
Q2 청

02 수취 체제와 경제생활

포인트 Pick

❶ 진대법　❷ 신라촌락문서　❸ 수조권　❹ 공물　❺ 직전법
❻ 방납　❼ 농사직설　❽ 영정법　❾ 광작　❿ 장시

01 전시과　　**02** (1) ○ (2) ○ (3) ✕　　**03** (1) ㉡ (2) ㉠ (3) ㉢
04 (1) ㉠ (2) ㉠ (3) ㉡　　**05** ㄴ-ㄱ-ㄷ-ㄹ　　**06** 상평통보

01 ②　**02** ④　**03** ⑤　**04** ③　**05** ⑤　**06** ①
07 ⑤　**08** ②　**09** ⑤　**10** ②　**11** ②　**12** ⑤
13 ⑤　**14** ④　**15** ③　**16** ②　**17** ⑤　**18** ③
19 (1) 관수 관급제　(2) **예시 답안** 토지의 수조권을 지급받은 관리
들이 수조권을 남용하였다.
20 (1) 균역법　(2) **예시 답안** 지주에게 결작을 징수하고 일부 부유
한 상민에게 선무군관포를 징수하였다.

01 삼국 시대에는 농업이 경제생활에서 가장 큰 비중을 차지하
였다. 이에 삼국은 농업 생산량을 높이기 위해 노력하였다.

알찬 선지 분석
ㄱ. ◎ 삼국은 농업 생산력을 높이기 위해 우경을 장려하였다.
ㄴ. ✕ 삼국 시대에는 시비법이 발달하지 못해 한 해 농사를 마치면
농토를 일정 기간 묵혀 두어야 하였다.
ㄷ. ✕ 모내기는 고려 말에 전래되어 조선 후기에 전국적으로 확대
되었다.
ㄹ. ◎ 삼국 시대에는 철제 농기구가 보급되면서 농업 생산력이 향
상되었다.

02 삼국 시대에는 재산의 많고 적음에 따라 호를 나누어 조세를
징수하였으며, 각 지역의 특산물을 공물로 거두었다.

알찬 선지 분석
① ✕ 조선 세종 때 전분6등법과 연분9등법을 실시하였다.
② ✕ 고려 시대에는 특수 행정 구역인 소에서 각종 수공업품이 생
산되었다.
③ ✕ 조선 후기 균역법 시행에 따른 재정 부족을 보충하기 위해 선
무군관포가 징수되었다.
④ ◎ 삼국 시대에는 15세 이상의 남자를 공사나 전쟁 등에 동원하
였다.
⑤ ✕ 고려는 조세를 토지 비옥도에 따라 3등급으로 나누어 징수하
였다.

03 자료에서 (가)는 관리가 조세를 징수하고 노동력을 징발할 수
있는 녹읍을, (나)는 관리가 조세만 징수할 수 있는 관료전을
나타낸 것이다.

알찬 선지 분석
① ✕ 조선 정부는 대동법을 실시하여 방납의 폐단을 시정하고자 하
였다.
② ✕ 조선 중기 직전법이 폐지되면서 관리에게 수조권을 지급하는
제도가 사라졌다.
③ ✕ 고려 후기 설치된 전민변정도감은 토지를 본래 주인에게 돌려
주고 억울하게 노비가 된 자를 양인으로 풀어 주었다.
④ ✕ 조선 후기 영정법이 시행되어 풍흉에 관계없이 전세를 징수하
였다.
⑤ ◎ 통일 신라의 신문왕은 관료전을 지급하고 녹읍을 폐지하여 토
지와 노동력에 대한 국가의 지배력을 강화하고자 하였다.

04 자료는 통일 신라 시기에 작성된 신라촌락문서의 기록을 정
리한 것이다. 신라촌락문서는 토지의 종류 및 면적, 인구수,
가축 및 나무의 종류와 수 등을 조사해 3년마다 기록하였다.

알찬 선지 분석
① ✕ 직전법은 조선 세조 때에 시행되었다.
② ✕ 빈민을 구제하는 정책으로는 고구려의 진대법 등이 있다.
③ ◎ 통일 신라는 신라촌락문서를 근거로 조세·공물·역을 부과하
였다.
④ ✕ 조선 후기 대동법의 시행으로 공인이 등장하면서 상품 화폐
경제가 발달하였다.
⑤ ✕ 고려와 조선은 경시서를 설치하여 시전의 상행위를 감독하였다.

05 자료에서 수도 상경과 교통의 요충지에 상업이 발달하였다는
점, 일본과 대규모로 교역이 이루어지는 점 등을 통해 (가) 국
가가 발해임을 알 수 있다. 발해는 8세기 이후 당, 일본 등과
활발히 교류하였다.

알찬 선지 분석
① ✕ 과전을 받는 관리들이 수조권을 남용하는 폐단이 발생하자 조
선 정부는 관수 관급제를 시행하였다.
② ✕ 신라는 수도에 동시를 설치하였고, 통일 이후 서시와 남시를
추가하였다.
③ ✕ 발해는 주로 밭작물을 재배하였다.
④ ✕ 통일 신라의 신문왕은 귀족 관리에게 조세만을 징수할 수 있
는 관료전을 지급하고 녹읍을 폐지하였다.
⑤ ◎ 발해는 말, 모피 등을 주로 수출하였다.

06 자료에서 문무백관으로부터 군인, 한인까지 대상인 점, 전지
와 시지를 나누어 주는 점 등을 통해 (가) 제도가 전시과임을
알 수 있다.

알찬 선지 분석
ㄱ. ◎ 전시과는 12세기 이후 문벌이 대토지를 소유하면서 제대로
운영되지 못하다가 무신 정변 이후 붕괴되었다.
ㄴ. ◎ 전시과에 따라 지급받은 토지는 수조권을 행사할 수 있었다.
ㄷ. ✕ 경기 지역의 토지에 한해 전현직 관리 등에게 수조권을 지급
한 것은 과전법이다.

ㄹ. ❌ 전시과에 따라 지급된 토지는 죽거나 관직에서 물러나면 반납하는 것이 원칙이었다.

07 자료에는 수확량의 10분의 1을 조세로 거두는 고려 시대 조세 수취의 원칙이 나타나 있다.

알찬 선지 분석

① ❌ 전시과 체제는 문벌의 대토지 소유 등으로 제대로 운영되지 못하다가 무신 정변 이후 붕괴하였다.

② ❌ 조선 세조 때 새로 임명된 관리에게 지급할 토지가 부족하자 현직 관리에게만 토지를 지급하는 직전법을 시행하였다.

③ ❌ 조선 중기 군역을 회피하기 위해 대립과 방군수포 등이 성행하였다.

④ ❌ 조선 후기 균역법 시행에 따른 재정 부족분을 충당하기 위해 지주에게 결작을 징수하였다.

⑤ ⭕ 고려는 토지를 비옥도에 따라 3등급으로 나누어 수확량의 10분의 1을 조세로 징수하였다.

08 자료에서 강화도의 간척지가 제시된 점, 정부가 개간과 간척 사업을 장려한 점 등을 통해 (가) 국가가 고려임을 알 수 있다.

알찬 선지 분석

ㄱ. ⭕ 목화 재배는 고려 말에 시작되었다.

ㄴ. ❌ 조선 후기 상업적 농업이 발달하면서 쌀의 상품화가 확산되고 인삼, 면화, 담배, 채소 등 상품 작물의 재배가 늘어났다.

ㄷ. ❌ 조선 후기 민영 광산의 운영은 덕대라는 전문 경영인이 담당하였다.

ㄹ. ⭕ 고려 시대에는 소를 이용한 깊이갈이가 일반화되었다.

09 고려의 수공업은 관청 수공업과 소 수공업을 중심으로 발전하였다. 고려 후기에는 민영 수공업과 사원 수공업이 발달하였다.

알찬 선지 분석

ㄱ. ❌ 조선 후기에는 수공업자가 상인에게 상품의 주문과 함께 자금과 원료를 미리 받아 생산하는 선대제 수공업이 발전하였다.

ㄴ. ❌ 청은 17세기에 등장한 왕조이다. 조선은 병자호란 이후 청과 군신 관계를 맺고 교류하였다.

ㄷ. ⭕ 고려 시대 특수 행정 구역인 소에서는 각종 수공업품이 생산되었다.

ㄹ. ⭕ 고려 후기에는 민영 수공업과 사원 수공업이 발전하였다.

10 자료는 고려 시대에 주조된 화폐들이다. 고려 시대에는 화폐가 주조되었으나 널리 유통되지 못하고 곡식이나 삼베가 일상적인 거래에 사용되었다.

알찬 선지 분석

① ❌ 고구려는 빈민을 구제하기 위해 진대법을 시행하였다.

② ⭕ 고려는 개경에 시전을 설치하고 상업을 육성하였다.

③ ❌ 조선 후기 장시가 활성화되며 5일장의 숫자가 크게 늘어났다.

④ ❌ 대동법 실시 이후 공인이 등장하여 왕실이나 관청에 물품을

조달하였다.

⑤ ❌ 조선 후기 상품 화폐 경제가 발전하면서 고추, 담배 등 상품 작물의 재배가 늘어났다.

11 자료는 토지의 반환이 제대로 이루어지지 않아 과전법이 제대로 운영되지 않는 상황이다. 과전은 받은 사람이 죽으면 국가에 반환하는 것이 원칙이었으나 세습되는 토지가 늘어나면서 신규 관리에게 지급할 토지가 부족한 현상이 나타났다.

알찬 선지 분석

① ❌ 통일 신라의 신문왕은 녹읍을 폐지하여 토지와 백성에 대한 국가의 지배력을 강화하고자 하였다.

② ⭕ 세조 때 직전법을 시행하여 현직 관리에게만 토지를 지급하였다.

③ ❌ 전시과는 고려 시대에 시행된 토지 제도이다.

④ ❌ 고려 태조는 후삼국 통일에 공이 컸던 일부 관리에게 역분전을 지급하였다.

⑤ ❌ 조선 후기 균역법 시행에 따른 재정 부족분을 충당하기 위해 선무군관포를 징수하였다.

12 자료에서 세종의 지시에 따라 백성들에게 전세 징수 방식에 대한 의견 조사를 진행하였다는 내용을 통해 밑줄 친 '노력'은 조선 세종 때의 수취 체제 정비 노력임을 알 수 있다.

알찬 선지 분석

① ❌ 조선 후기 영정법이 시행되어 풍흉에 관계없이 토지 1결당 4~6두를 징수하였다.

② ❌ 19세기 후반 삼정의 문란에 반발하는 봉기가 잇따르자 조선 정부는 삼정이정청을 설치하여 삼정을 개혁하고자 하였다.

③ ❌ 조선 후기 방납의 폐단을 시정하기 위해 공납을 쌀·무명·삼베·동전 등으로 대신 거두는 대동법이 시행되었다.

④ ❌ 조선 영조 때 균역법이 시행되어 농민의 군포 부담을 1필로 줄여 주었다.

⑤ ⭕ 조선 세종 때 토지의 비옥도와 풍흉을 고려하여 전세를 징수하는 전분6등법과 연분9등법이 시행되었다.

13 16세기에 이르러 조선의 수취 체제가 변질되면서 군역에서는 다른 사람을 사서 역을 대신하게 하거나(대립), 포를 내고 군역을 회피(방군수포)하는 경우가 많았다.

알찬 선지 분석

① ❌ 흥선 대원군은 경복궁 공사비 마련을 위해 원납전을 강제로 걷었다.

② ❌ 흥선 대원군은 군역의 폐단을 시정하고자 양반에게도 군포를 징수하는 호포법을 시행하였다.

③ ❌ 19세기 전반 평안도 지역에 대한 차별 등에 반발하여 홍경래가 난을 일으켰다.

④ ❌ 세도 정치의 폐단으로 정치 기강이 문란해지고 지배층의 수탈이 심화되는 상황에서 농민 봉기가 전국으로 확산되었다(임술 농민 봉기, 1862).

⑤ ⭕ 16세기 이후 군역을 회피하기 위해 관청에 포를 내고 군역을 회피하는 방군수포가 성행하였다.

14 조선은 건국 초부터 중농 정책을 펼쳐 『농사직설』을 편찬하고 우리 풍토에 맞는 농법을 정리하였다. 또한 새로운 농업 기술의 도입과 수리 시설 확충으로 농업 생산력을 늘렸다.

① ❌ 18세기 균역법 실시 이후 줄어든 군포 수입을 보충하기 위해 지주에게 결작을 징수하였다.

② ❌ 조선 후기 상업적 농업이 발달하였다.

③ ❌ 통일 신라 성덕왕 때 백성에게 정전을 지급하였다.

④ ◎ 조선 전기 시비법이 발달하면서 매년 경작할 수 있는 토지가 늘어났으며 밭농사의 경우 2년 3작이 행해졌다.

⑤ ❌ 조선 후기 모내기가 전국적으로 확대되면서 농업 생산력이 크게 증가하였다.

15 자료는 방납의 폐단을 보여 주고 있다. 조선 정부는 방납의 폐단을 시정하기 위해 광해군 때 경기도 지역에 대동법을 시행하였다.

① ❌ 조선 후기 영정법이 시행되어 풍흉에 관계없이 전세가 토지 1결당 4~6두로 고정되었다.

② ❌ 삼국 시대에는 전쟁이나 각종 토목 공사에 15세 이상의 남자를 동원하였다.

③ ◎ 대동법의 시행으로 호 단위로 토산물을 징수하던 공납이 토지 결수에 따라 쌀, 무명, 삼베, 동전 등을 징수하는 형태로 변화하였다.

④ ❌ 흥선 대원군은 환곡의 폐단을 시정하기 위해 사창제를 실시하였다.

⑤ ❌ 조선 성종 때 지방 관청이 수확량을 조사하여 조세를 거둔 후 관리에게 지급하는 관수 관급제가 시행되었다.

16 자료에서 김매기의 노력을 덜 수 있다는 점, 두 땅의 힘으로 하나의 모를 기른다는 점, 튼튼한 모를 고를 수 있다는 점 등을 통해 (가) 농법이 모내기임을 알 수 있다. 고려 말 전래된 모내기는 조선 후기 전국적으로 확대되었다.

ㄱ. ◎ 모내기에 따라 노동력이 절감되면서 넓은 토지를 경작하는 광작이 성행하였다.

ㄴ. ❌ 모내기로 수확량이 늘고 벼와 보리의 이모작이 가능해지면서 농업 생산력이 향상되었다.

ㄷ. ◎ 모내기를 하면 벼를 경작하고 수확한 뒤 그 자리에 보리를 재배하는 이모작이 가능하였다.

ㄹ. ❌ 시비법이 발달하면서 휴경하지 않고 매년 경작할 수 있는 토지가 늘어났다.

17 자료에서 파밭, 마늘밭, 배추밭, 오이밭의 이익이 수백 냥을 헤아린다는 점, 상평통보를 주조하여 시중에 유통시키도록 하였다는 점 등을 통해 조선 후기의 경제 상황임을 알 수 있다. 조선 후기에는 상품 화폐 경제가 발전하면서 상품 작물의 재배가 활발해졌다. 또한 상평통보가 주조되어 전국적으로 유통되었다.

① ◎ 조선 후기 상품 화폐 경제가 발달하면서 독점적 도매 상인인 도고가 등장하였다.

② ◎ 조선 후기 대외 무역이 발달하면서 개시·후시 무역이 성행하였다.

③ ◎ 조선 후기에는 만상, 송상 등 사상의 활동이 활발하였다.

④ ◎ 조선 후기 청과의 무역에서 은의 수요가 늘어나자 은광 개발이 활발해졌다.

⑤ ❌ 조선 후기에는 민영 수공업이 발달하였다.

18 자료의 그림은 보부상의 모습이다. 보부상은 봇짐 장수인 보상과 등짐 장수인 부상을 합쳐서 이르는 말로 조선 후기에 전국적으로 활발히 활동하였다.

① ❌ 식읍은 주로 삼국 시대에 왕족과 공신 등에게 지급한 일정 지역의 토지와 가호이다.

② ❌ 조선 시대에 시전 상인들은 금난전권을 행사할 수 있었다.

③ ◎ 보부상은 장시를 돌아다니며 상품을 판매하였고, 보부상의 활동으로 지방의 장시가 하나의 유통망으로 연결되었다.

④ ❌ 대외 무역이 확대되면서 무역에 관여하였던 만상, 송상, 내상 등이 대상인으로 성장하였다.

⑤ ❌ 조선 후기 민영 광산은 광산 전문가인 덕대가 상인 물주의 자본을 받아 운영하였다.

19

상	토지의 수조권을 지급받은 관리가 수조권을 남용하였다는 내용을 정확하게 서술한 경우
중	수조권을 언급하지 않고 관리가 권한을 남용하였다고만 서술한 경우
하	폐단에 대한 내용을 제대로 서술하지 못한 경우

20

상	결작과 선무군관포를 모두 언급하여 서술한 경우
중	결작과 선무군관포 중 한 가지만 언급하여 서술한 경우
하	세입 감소분을 보충할 대책에 대해 제대로 서술하지 못한 경우

고난도 공략 문제

88~89쪽

01 ⑤ **02** ⑤ **03** ① **04** ④

01 자료에서 문무 관료들에게 토지를 차등 있게 주었다는 것, 관리들의 녹읍을 폐지하였다는 내용을 통해 통일 신라의 정책임을 알 수 있다. 통일 신라의 신문왕은 토지와 노동력에 대한 국가의 지배력을 강화하고자 관료전을 지급하고 녹읍을 폐지하였다.

① ✕ 조선 후기 국경 지역에서 개시와 후시 무역이 이루어졌다.

② ✕ 고려 시대에 전현직 관리 등에게 전지와 시지를 지급하는 전시과가 시행되었다.

③ ✕ 고구려는 가난한 농민을 구제하기 위해 진대법을 시행하였다.

④ ✕ 발해는 문왕 이후 당과 친선 관계를 맺고 활발히 교류하였다.

⑤ ◎ 통일 신라는 신라촌락문서를 작성하여 세금 부과의 기초로 삼았다.

키워드 꼬리 질문
Q1 신문왕
Q2 신라촌락문서

02 자료에서 여러 소에서 공물로 바치는 물품의 징수가 극도로 과중하다는 점을 통해 고려 시대의 상황임을 알 수 있다. 고려 시대에는 특수 행정 구역인 소에서 수공업품을 생산하여 공물로 납부하였다.

① ✕ 통일 신라 때 장보고는 지금의 전라남도 완도군 장도에 청해진을 설치하였다.

② ✕ 신라는 수도에 동시를 설치하였다.

③ ✕ 조선 후기 영조 때 균역법을 시행하였다.

④ ✕ 조선 성종 때 관리의 수조권을 제한하는 관수 관급제를 시행하였다.

⑤ ◎ 고려 시대에는 수도 개경에서 가까운 벽란도가 국제 무역항으로 번성하였다.

키워드 꼬리 질문
Q1 고려
Q2 토산물

03 자료에서 정부가 토지에 부과하고 쌀, 옷감, 동전을 징수하는 점, 공인이 물품을 제공하는 점 등을 통해 (가) 제도는 대동법임을 알 수 있다.

ㄱ. ◎ 대동법으로 세금의 기준이 호에서 토지로 바뀌면서 부담이 늘어나게 된 양반 지주들이 대동법 시행에 크게 반발하였다.

ㄴ. ◎ 대동법의 시행으로 등장한 공인이 물품을 조달하는 과정에서 수공업 생산이 촉진되고 장시가 활성화되는 등 상품 화폐 경제가 발전하였다.

ㄷ. ✕ 전분6등법과 연분9등법은 복잡한 징수 절차 때문에 관행적으로 최저 세율로 전세를 징수하였다.

ㄹ. ✕ 균역법의 실시로 줄어든 군포 수입을 보충하기 위해 지주에게 거두던 결작은 점차 소작인에게 전가되는 경우가 많아지면서 농민의 부담이 다시 증가하였다.

키워드 꼬리 질문
Q1 각 가호마다 부과
Q2 공인

04 자료에서 사상들이 마음대로 중강 후시에서 교역하였다는 점, 책문 후시가 성행하였다는 점 등을 통해 조선 후기 대외 무역에 관한 내용임을 알 수 있다. 조선 후기에는 국경 지역에서 개시와 후시 무역이 활발하게 이루어졌다.

① ✕ 발해는 말, 모피 등을 중국과 일본에 수출하였다.

② ✕ 통신사는 일본으로 건너가 외교 활동 등을 수행하였다.

③ ✕ 통일 신라의 장보고는 청해진을 설치하고 신라와 당, 일본을 잇는 해상 무역을 장악하였다.

④ ◎ 조선 후기에는 만상, 송상 등 사상이 성장하였다. 특히 만상과 송상은 국경의 후시 무역을 주도하면서 크게 성장하였다.

⑤ ✕ 통일 신라 시기 수도 경주와 가까운 사포(울산)가 국제 무역항으로 번성하였다.

키워드 꼬리 질문
Q1 사상
Q2 후시

03 신분제에 기반한 사회 구조

개념 체크 문제
94쪽

포인트 Pick

❶ 골품제 ❷ 호족 ❸ 문벌 ❹ 백정 ❺ 공노비 ❻ 양반
❼ 서얼 ❽ 신량역천 ❾ 공명첩 ❿ 노비종모법

01 신분 **02** (1) ○ (2) ✕ (3) ○ (4) ✕ **03** (1) ㉡ (2) ㉠ (3) ㉣
(4) ㉢ **04** (1) ㉠ (2) ㉡ (3) ㉡ (4) ㉡

실력 완성 문제
95~99쪽

01 ⑤	02 ②	03 ④	04 ①	05 ⑤	06 ④
07 ④	08 ③	09 ④	10 ④	11 ①	12 ③
13 ④	14 ①	15 ①	16 ⑤	17 ①	18 ②

19 예시 답안 고려 시대 여성은 재혼이 비교적 자유로웠으며 재혼한 여성의 자녀도 차별받지 않았다.

20 (1) 노비종모법 (2) 예시 답안 노비종모법이 시행되기 이전에는 부모 중 한쪽이 노비이면 그 자녀는 노비가 되었는데, 노비종모법이 시행되면서 아버지가 노비라도 어머니가 양인이면 그 자녀는 양인이 되게 하였다.

01 대가, 하호 등의 표현을 통해 자료는 부여와 초기 고구려의 사회 모습을 보여 주는 것임을 알 수 있다. 부여, 초기 고구려에서는 가, 대가 등으로 불린 권력자가 각지의 호민을 통해 읍락을 다스렸다.

알찬 선지 분석
① ✖ 양천제는 사회 구성원을 양인과 천인으로 구분하는 것으로 고려 시대 이후에 해당한다.
② ✖ 골품제는 신라의 신분 제도이다.
③ ✖ 고려 지배층 중 일부는 여러 대에 걸쳐 고위 관리를 배출하며 문벌을 형성하였다.
④ ✖ 조선 후기 상민은 납속책 활용, 공명첩 구입 등 다양한 방법으로 신분을 상승시켰다.
⑤ ⦿ 부여, 초기 고구려의 읍락에는 경제적으로 부유한 호민과 농업에 종사하는 하호, 그리고 주인에게 예속된 노비가 있었다.

02 자료는 고구려 무용총의 고분 벽화인 접객도로, 신분에 따라 인물의 크기를 다르게 묘사하고 있다.

알찬 선지 분석
ㄱ. ⦿ 삼국 시대에는 최고 지배층인 귀족이 정치권력을 독점하고 사회적·경제적 특권을 누렸다.
ㄴ. ✖ 서얼은 양반 첩의 자손으로 조선 시대에 중인과 비슷한 대우를 받았다.
ㄷ. ⦿ 삼국 시대 평민은 생산 활동을 하면서 조세를 납부한 자유민이었다.
ㄹ. ✖ 조선 시대 중인에 대한 설명이다.

03 자료의 대화에는 천민의 대부분을 차지, 재산으로 간주 등 삼국 시대 노비의 특징이 나타나 있다. 삼국 시대 노비는 왕실과 관청, 귀족에게 예속되어 갖은 노역에 종사하였다.

알찬 선지 분석
① ✖ 부여와 초기 고구려의 가, 대가들이 호민을 통해 읍락을 지배하였다.
② ✖ 삼국 시대에는 최고 지배층인 귀족들이 국가 중대사를 결정하였다.
③ ✖ 신라의 3~1두품은 통일 무렵에 점차 평민과 동등하게 여겨졌다.
④ ⦿ 삼국 시대에는 전쟁 포로를 노비로 삼는 경우가 많았다.
⑤ ✖ 삼국 시대 자유민인 평민에 해당한다.

04 자료는 신라의 골품과 관등표이다. 골품제는 신라의 지배층을 세분하기 위해 만들어진 신분제로, 관등제와 결합하면서 골품에 따라 관등 승진의 상한선이 정해졌다.

알찬 선지 분석
① ✖ 6두품은 17관등 조위부터 6관등인 아찬까지 승진할 수 있었기 때문에 자색 관복을 제외한 모든 관복을 입을 수 있었다.
② ⦿ 4두품은 12관등인 대사까지만 승진이 가능하였다.
③ ⦿ 자색 관복은 5관등인 대아찬부터 1관등인 이벌찬까지 입을 수 있으므로, 오직 진골만이 입을 수 있었다.
④ ⦿ 진골은 1관등인 이벌찬까지 승진이 가능하였다.
⑤ ⦿ 골품제는 관등제와 밀접하게 연결되어 정치 활동의 범위를 제한하였다.

05 자료에서 신라는 사람을 등용하는 데 골품을 따진다는 것, 큰 재주와 뛰어난 공이 있어도 신분을 넘지 못한다는 것 등의 불만을 표현하고 있는 것과 중국으로 건너갔다는 것 등을 통해 밑줄 친 '설계두'가 진골이 아님을 알 수 있다. 설계두는 6두품 신분이었다.

알찬 선지 분석
① ✖ 발해의 평민은 고구려 유민보다 말갈인이 많았다.
② ✖ 사노비는 주인에게 예속되어 생활하였다.
③ ✖ 삼국 통일 무렵 성골이 없어지고, 진골은 최고 신분층이 되었다.
④ ✖ 노비 중에는 부채를 갚지 못해 노비가 된 경우도 많았다.
⑤ ⦿ 골품제에 불만을 갖고 있던 일부 6두품은 신라 말 호족과 함께 새로운 사회 건설을 도모하였다.

06 자료에서 고려 시대의 피지배층으로 일반 군현에 거주하였다는 점, 직역이 없는 양인 농민이라는 점 등을 통해 (가)에는 고려 시대 백정에 대한 내용이 들어가야 함을 알 수 있다. 백정은 피지배층 양인 중 가장 큰 비중을 차지하였다.

알찬 선지 분석
① ✖ 고려 시대에는 대를 이어 고위 관리를 배출한 몇몇 가문이 문벌을 형성하였다.
② ✖ 조선의 양반은 국역을 면제받는 등 각종 특권을 보장받았다.
③ ✖ 공노비 중 입역 노비는 관청의 잡역에 종사하였다.
④ ⦿ 고려 시대 백정은 조세, 공물, 역의 의무를 부담하는 대신 법적으로 과거에 응시할 수 있었다.
⑤ ✖ 고려 시대 최고 지배층인 왕족과 중앙의 고위 관리들의 후손은 과거와 음서 등을 통해 관직에 진출하였다.

07 고려 시대 특수 행정 구역에 거주하던 사람들이라는 점, 일반 군현민에 비해 사회적 지위가 낮았다는 점 등을 통해 (가)에는 향·부곡·소의 거주민에 대한 내용이 들어가야 한다.

알찬 선지 분석
① ✖ 고려와 조선 시대 외거 노비는 주인에게 신공을 납부하였다.
② ✖ 노비는 재산으로 간주되어 매매, 상속, 증여가 가능하였다.
③ ✖ 삼국은 귀족 관리에게 녹읍과 식읍을 지급하였다.
④ ⦿ 고려 시대 향·부곡·소의 거주민은 원칙적으로 거주지 이전이 금지되었다.
⑤ ✖ 서리는 중앙 관청에서 말단 행정 실무를 담당하였다.

08 자료에서 전쟁 포로나 빚을 갚지 못한 사람들이라는 점, 광종

이 안검(노비안검법)을 실시하였다는 점 등을 통해 (가) 신분이 노비임을 알 수 있다.

알찬 선지 분석

① ✕ 고려 시대에는 직역이 없는 양인 농민을 백정이라고 불렀다.
② ✕ 향리는 지방의 행정을 담당하였다.
③ ◎ 고려 시대 노비 중 일부는 재산을 모아 주인에게 값을 치르고 양인으로 신분을 상승시키기도 하였다.
④ ✕ 고려 시대 백정은 피지배층 양인의 대다수를 차지하였다.
⑤ ✕ 신라의 귀족들은 화백 회의에서 국가 중대사를 논의하였다.

09 자료는 고려 시대 신분 구조를 나타낸 것으로, (가)는 지배층의 하위에 있는 중간 계층에 해당한다.

알찬 선지 분석

① ✕ 노비는 매매·상속·증여가 가능하였다.
② ✕ 고려 시대 문벌은 왕실과 혼인 관계를 통해 지위를 강화하였다.
③ ✕ 고려 시대 최고 지배층의 일부는 여러 대에 걸쳐 고위 관직을 독점하여 문벌을 형성하였다.
④ ◎ 고려 시대 지배층의 하위에는 중앙 관청에서 말단 행정 실무를 담당한 서리, 궁중 업무를 담당한 남반, 지방 행정을 담당한 향리, 하급 장교 등이 있었다.
⑤ ✕ 고려 시대 향·부곡·소의 거주민은 일반 군현민에 비해 더 많은 세금을 부담하였다.

10 모든 사회 구성원을 양인과 천인으로 나누었다는 점, 양인층 내에서 지배층과 피지배층을 구분하는 반상제가 일반화되었다는 점 등을 통해 자료는 조선 시대 신분제에 대한 내용임을 알 수 있다.

알찬 선지 분석

① ✕ 삼국 시대와 남북국 시대에는 귀족이 최고 지배층을 형성하였다. 조선 시대에는 양반이 최고 지배층을 형성하였다.
② ✕ 신라 말 지방에서는 호족 세력이 성장하였다.
③ ✕ 부여와 초기 고구려는 가들이 호민을 통해 하호를 다스렸다.
④ ◎ 조선 시대에는 양반과 상민의 중간 신분인 중인이 하나의 신분 계층으로 자리잡았다.
⑤ ✕ 삼국은 지배층을 대상으로 별도의 신분제를 마련하였는데 신라의 골품제가 대표적이다.

11 그림에서 말 위에 탄 (가) 인물에게 길가의 사람들이 허리를 굽혀 인사하는 모습을 통해 (가)의 신분이 양반임을 알 수 있다.

알찬 선지 분석

① ◎ 조선 시대의 양반은 주요 관직을 차지하고 국역을 면제받는 등 특권을 누렸다.
② ✕ 조선 시대 천민은 최하층 신분으로, 노비 외에 백정, 무당, 광대 등도 천민으로 간주되었다.
③ ✕ 노비는 재산으로 취급되었다.
④ ✕ 서얼은 중인과 같은 처우를 받으며 문과 응시가 금지되었다.

⑤ ✕ 수공업자는 대부분 관청에 소속되어 물품을 생산하는 관영 수공업에 종사하였다.

12 자료에서 의관, 역관이라는 말을 통해 밑줄 친 '그들'이 조선 시대 중인임을 알 수 있다.

알찬 선지 분석

ㄱ. ✕ 부여의 가들이 사출도를 다스렸다.
ㄴ. ◎ 조선 시대 중인은 직역을 자손에게 세습하였다.
ㄷ. ◎ 의관과 역관은 조선 시대 잡과를 통해 선발된 기술관으로 중인에 해당한다.
ㄹ. ✕ 지방의 양반들은 유향소, 향회 등을 통해 향촌 사회를 이끌었다.

13 자료에서 높은 관직을 가진 자의 아들이지만, 오직 외가가 하찮아서 대대로 벼슬길이 막혀다는 점 등을 통해 (가) 신분이 조선 시대 서얼임을 알 수 있다.

알찬 선지 분석

① ✕ 조선 시대에는 고위 관리의 자손만 음서의 혜택을 받았다.
② ✕ 조선 시대 신량역천층에 해당한다.
③ ✕ 고려 시대 피지배층 양인 중 향·부곡·소 거주민에 해당한다.
④ ◎ 조선 시대 서얼은 적자에 비해 재산 상속과 관직 진출에서 차별을 받았다.
⑤ ✕ 조선 시대 중인은 직역을 세습하고 같은 신분끼리 혼인하였다.

14 자료는 조선 시대 신량역천층이 담당한 역할의 일부이다. 조선 시대에는 신분은 양인이지만 천한 일을 담당하는 수군, 역졸, 조례, 나장, 일수, 봉수군 등을 신량역천이라고 하였다.

알찬 선지 분석

ㄱ. ◎ 조례, 나장, 일수, 봉수군은 신분은 양인이지만 천한 일을 하는 신량역천층에 해당한다.
ㄴ. ◎ 신량역천층은 법적으로 양인층에 속하며, 상민의 최하층에 위치하였다.
ㄷ. ✕ 통일 신라의 신문왕 때 귀족 관리에게 관료전을 지급하였다.
ㄹ. ✕ 서얼들은 여러 차례 집단 상소를 올려 청요직 진출 허용을 요구하였다.

15 자료에서 사대부도 평민으로 낮아지기도 하고 평민도 사대부가 되기도 한다는 내용을 통해 신분제가 동요하던 조선 후기의 상황임을 알 수 있다.

알찬 선지 분석

① ◎ 조선 후기에 일부 양반은 경제적으로 몰락하여 농민과 다를 바 없는 잔반으로 전락하였다.
② ✕ 국학은 통일 신라 시대에 설치되었다.
③ ✕ 호족은 신라 말에 등장한 지방 세력이다.
④ ✕ 교정도감은 최씨 무신 정권 시기 최고 권력 기구이다.
⑤ ✕ 원 간섭기에 변발 등 몽골풍이 유행하였다.

16 노비들이 군공과 납속, 도망 등으로 신분에서 벗어나고자 했다는 점, 서얼들이 차별 철폐 운동을 전개하였다는 점, 중인들이 대규모 소청 운동을 벌였다는 점 등을 통해 밑줄 친 '학습 주제'는 조선 후기의 신분 상승 움직임과 관련된 내용임을 알 수 있다.

① ✕ 고려 시대에 무신에 대한 차별 대우 등을 배경으로 무신 정변이 일어났다.
② ✕ 고려 시대에는 일부 가문이 여러 세대에 걸쳐 고위 관료를 배출하며 문벌을 형성하였다
③ ✕ 조선 시대에는 사회 구성원을 양인과 천인으로 구분하는 양천제가 법제화되었고, 지배층인 양반과 피지배층인 상민을 구분하는 반상제가 확립되었다.
④ ✕ 고려 시대는 신라 골품제 사회에 비해 제한적이나마 지위와 신분을 상승시킬 수 있는 가능성이 열려 있었다.
⑤ ◎ 조선 후기에는 양반 중심의 신분 질서가 크게 동요하면서 각 신분의 신분 상승을 위한 움직임도 활발하게 일어났다.

17 자료에서 이름 적는 곳이 비어 있는 관직 임명장을 정부가 발행했다는 점 등을 통해 밑줄 친 '이 문서'가 공명첩임을 알 수 있다. 공명첩은 조선 정부가 왜란 이후 재정 부족 문제를 해결하기 위해 발행하였다.

① ◎ 조선 후기에 하층민의 신분 상승으로 양반 인구가 증가하였다.
② ✕ 조선 전기에 훈구와 사림의 대립 과정에서 여러 차례 사화가 발생하였다.
③ ✕ 신라의 골품제는 골품에 따라 집의 크기나 마굿간의 규모 등 일상생활까지 규제하였다.
④ ✕ 통일 신라는 전국을 9주로 나누고, 주요 지역에 5소경을 설치하였다.
⑤ ✕ 16세기 중엽 이후에는 관리에게 토지의 수조권을 지급하지 않고 녹봉만을 지급하였다.

18 제시된 그래프는 조선 숙종 때에 비해 철종 때 양반의 수가 급격히 증가하고 상민과 노비의 수가 감소하고 있음을 보여 주고 있다. 조선 후기에는 신분제가 동요하면서 양반 인구가 급격히 증가하고 상민과 노비의 수는 크게 감소하였다.

① ◎ 조선 후기 부유한 상민은 납속책과 공명첩을 활용하여 신분 상승을 추구하였다.
② ✕ 신분 제도는 19세기 말 폐지되었다.
③ ◎ 부유한 상민은 양반의 족보를 구매하거나 위조하는 불법적인 방법으로 양반을 사칭하기도 하였다.
④ ◎ 순조 때 중앙 관서에 소속되어 있던 6만여 명의 공노비가 해방되었다.
⑤ ◎ 노비는 신분적 속박에서 벗어나기 위해 도망가는 경우가 많았다.

19

상	고려 시대 여성의 재혼이 비교적 자유로웠고, 재혼한 여성의 자녀가 차별받지 않았다는 내용을 모두 서술한 경우
중	위 내용 중 한 가지만 서술한 경우
하	위 내용을 서술하지 못한 경우

20

상	노비종모법 시행 이전과 이후 신분 결정 방법을 모두 서술한 경우
하	노비종모법 시행 이전과 이후 신분 결정 방법 중에서 한 가지만 서술한 경우

100~101쪽

01 ⑤   **02** ④   **03** ⑤   **04** ④

01 자료에서 골품이 진골에서 한 등급 떨어졌다는 점을 통해 밑줄 친 '득난'이 6두품임을 알 수 있다. 득난은 6두품을 가리키는 표현이다.

① ✕ 조선 시대 신분은 양인이지만 천역을 담당하는 계층을 신량역천이라고 한다.
② ✕ 고려 말 지배층인 권문세족은 고위 관직을 독점하고 도평의사사를 장악하여 국정을 주도하였다.
③ ✕ 향·부곡·소는 고려 시대의 특수 행정 구역이었다.
④ ✕ 조선 시대 서얼들은 집단 상소를 올려 청요직 진출을 요구하였다.
⑤ ◎ 신라 말 6두품 세력은 지방 호족과 함께 새로운 사회 건설을 도모하였다.

Q1 성골, 진골
Q2 6두품

02 자료에서 양인의 대부분을 구성, 직역이 없는 양인 농민, 조세·공물·역 부담 등의 내용을 통해 (가)가 고려 시대 백정임을 알 수 있다.

① ✕ 고려와 조선 시대 외거 노비에 해당한다.
② ✕ 고려 시대 무신 정변을 일으킨 무신들은 초기에는 중방을 통해 권력을 행사하였다.

③ ✕ 조선 후기에 부유한 상민은 공명첩의 구입, 납속책 등의 방법을 활용하여 신분을 상승시켰다.
④ ◎ 백정은 법적으로 과거에 응시하여 신분을 상승시키는 것이 가능하였다.
⑤ ✕ 향·부곡·소의 주민들은 더 많은 세금을 납부하고 과거 응시에 제한을 받는 등 일반 군현민에 비해 낮은 대우를 받았다.

[키워드] 꼬리 질문
Q1 양천제
Q2 백정

03 첫 번째 자료는 농민이 군인으로 선발되었다가 군공으로 무관으로 신분을 상승시킨 사례, 두 번째 자료는 노비가 재산을 모아 신분을 상승시킨 사례, 세 번째 자료는 몽골어를 공부하여 신분을 상승시킨 사례로, 모두 고려 시대에 해당한다.

[알찬 선지 분석]
① ✕ 반상제는 조선 시대 양인을 지배층과 피지배층으로 구분하는 것이다.
② ✕ 조선 후기 정치적·경제적 변동을 배경으로 양반층은 권반, 향반, 잔반 등으로 분화되었다.
③ ✕ 골품제는 개인의 능력보다 신분만을 중시하는 한계를 갖고 있어 6두품 등의 불만을 샀다.
④ ✕ 납속은 국가의 재정 부족을 해결하거나 구호 사업을 위해 곡물을 바치게 하고, 그 대가로 일정한 혜택을 주던 정책으로, 조선 중기 이후 실시되었다.
⑤ ◎ 고려 시대는 제한적이나마 지위와 신분을 상승시킬 수 있는 가능성이 열려 있었다.

[키워드] 꼬리 질문
Q1 고려
Q2 신분 상승

04 자료에서 적자와 서자의 구별이 있다는 점, 한번 낮아진 신분이 대대로 후손에게 이어져 영구히 서족이 되었다는 점 등을 통해 밑줄 친 '저희들'이 서얼임을 알 수 있다.

[알찬 선지 분석]
① ✕ 노비종모법은 조선 영조 때 어머니의 신분에 따라 노비 자녀의 신분을 결정하게 한 법이다.
② ✕ 조선 시대 상민이지만 천역을 담당하던 계층을 말한다.
③ ✕ 의관, 역관 등 잡과로 선발된 기술관은 중인에 해당한다.
④ ◎ 서얼은 여러 차례 집단 상소를 올려 청요직 진출 허용을 요구하였고, 정조 때 일부 서얼이 규장각 검서관으로 기용되었다.
⑤ ✕ 고려 시대 향·부곡·소의 주민들은 원칙적으로 거주지 이전이 금지되었다.

[키워드] 꼬리 질문
Q1 서얼
Q2 중인

04 다양한 사상과 문화 교류

[개념 체크 문제]   106쪽

[포인트 Pick]
❶ 원효 ❷ 국학 ❸ 사신도 ❹ 과거제 ❺ 삼국사기 ❻ 해동 천태종 ❼ 묘청 ❽ 이이 ❾ 동사강목 ❿ 최제우

01 (1) ○ (2) ○ (3) ✕ (4) ✕　**02** (1) ㉢ (2) ㉣ (3) ㉡ (4) ㉠
03 실학　**04** (1) ㉡ (2) ㉡ (3) ㉠ (4) ㉡

[실력 완성 문제]   107~111쪽

01 ①	**02** ③	**03** ④	**04** ③	**05** ②	**06** ②
07 ⑤	**08** ③	**09** ⑤	**10** ③	**11** ⑤	**12** ②
13 ①	**14** ⑤	**15** ①	**16** ⑤	**17** ④	**18** ⑤

19 (1) (가) 의천, (나) 지눌 (2) [예시 답안] 의천은 교종을 중심으로 선종을 통합하였고, 지눌은 선종을 중심으로 교종을 통합하고자 하였다.
20 (1) 정약용 (2) [예시 답안] 정약용은 당시 농촌 사회의 문제가 토지 소유의 불균형에서 비롯되었다고 보았다. 이에 토지 제도를 개혁하여 자영농을 육성하고자 하였다.

01 원효와 관련된 종교는 불교이다. 통일 신라의 원효는 중생은 누구나 불성을 가졌다고 여기고 불교의 대중화에 앞장섰으며, 아미타 신앙을 전파하였다.

[알찬 선지 분석]
① ◎ 고구려는 소수림왕 때 전진으로부터, 백제는 침류왕 때 동진으로부터 불교를 수용하였다. 또한 신라는 법흥왕 때 이차돈의 순교를 계기로 불교가 공인되었다.
② ✕ 백제는 유학 교육을 위해 오경박사를 두었다.
③ ✕ 고려 말 안향에 의해 성리학이 본격적으로 소개되었다.
④ ✕ 풍수지리설을 통해 신라 말 지방 호족은 금성의 운수가 다하였다고 주장하며 자신의 근거지에서 세력을 키웠다.
⑤ ✕ 고려 시대에는 도교 행사인 초제가 자주 열렸다.

02 자료는 발해의 영광탑이다. 고구려 출신인 대조영은 고구려 유민과 말갈인을 이끌고 동모산에서 발해를 건국하였다. 발해는 불교문화가 발달하여 영광탑과 같은 문화유산을 남겼다.

[알찬 선지 분석]
① ✕ 고려 광종이 과거제를 도입하였다.
② ✕ 가야의 토기는 일본의 스에키 제작에 영향을 주었다.
③ ◎ 발해는 중앙 정치 기구로 3성 6부를 두었는데, 6부는 유교 덕목을 반영한 명칭을 사용하였다.
④ ✕ 원 간섭기에 고려의 충선왕이 원에 세운 만권당에서 고려와 원의 학자들이 교류하였다.

바른답 · 알찬풀이　**31**

⑤ ❌ 통일 신라의 원성왕은 관리 선발에 참고하기 위해 독서삼품과를 실시하였다.

03 ㈎ 종교는 도교이다. 제시된 사진은 고구려 강서 고분의 사신도 중 현무도로, 도교의 방위신을 표현한 것이다.

① ❌ 불교 종파 중 신라 말에 유행한 선종에 해당한다.
② ❌ 통일 신라 시대에 유교가 정치 이념으로 강조되면서 교육 기관인 국학이 설립되었다.
③ ❌ 통일 이후 신라는 유학을 정치 이념으로 삼고 유교를 진흥하였다.
④ ⭕ 삼국 시대에 전래된 도교는 불로장생과 신선이 되기를 추구하였다.
⑤ ❌ 신라 말 풍수지리설이 유행하면서 금성(경주) 중심의 국토관에 변화를 가져왔다.

04 제시된 자료의 왼쪽은 삼국 시대에 만들어진 금동 미륵보살 반가상이고, 오른쪽은 일본의 고류사 목조 미륵보살 반가상이다. 백제가 일본에 불교를 전해주는 등 삼국과 가야 문화가 일본에 전해져 아스카 문화의 발전에 영향을 끼쳤다.

① ❌ 발해는 8세기 전반 당과 대립하다가 8세기 후반 문왕 이후 친선 관계를 맺고 교류하였다.
② ❌ 조선은 건국 직후부터 승려의 수를 제한하는 등 불교를 억제하는 억불 정책을 실시하였다.
③ ⭕ 제시된 일본의 불상은 재료만 다를 뿐 형태가 우리나라 불상과 거의 비슷하여 삼국 문화의 영향을 받았음을 알 수 있다.
④ ❌ 원 간섭기에 몽골의 영향으로 고려에 몽골풍이 유행하였고, 원에서는 고려양이 유행하였다.
⑤ ❌ 통일 신라 시대 서역과의 교류를 보여 주는 유물로는 서역에서 유행한 방식으로 제작된 경주 계림로 보검 등이 있다.

05 고려의 최승로는 시무 28조를 통해 불교는 개인의 수양을 위한 사상이고, 유교는 나라를 다스리는 이념으로 그 역할이 서로 다르다고 지적하였다. ㈎에 들어갈 사상은 유교이다.

① ❌ 통일 신라의 승려 의상은 화엄 사상을 정립하였다.
② ⭕ 김부식은 유교적 합리주의 사관에 따라 『삼국사기』를 편찬하였다.
③ ❌ 팔관회는 국가와 왕실의 태평을 기원하는 국가 행사로 불교, 도교, 민간 신앙 등 다양한 사상이 반영되어 있다.
④ ❌ 삼국 시대에는 불교를 이용해 '왕이 곧 부처'라는 왕즉불 사상을 내세워 왕실의 권위를 높였다.
⑤ ❌ 신라 말에 전래된 풍수지리설에 해당한다.

06 자료에서 개경에 사찰을 지었고 연등회를 성대히 치렀으며, 승과를 실시하였다는 점 등을 통해 ㈎ 국가가 고려임을 알

수 있다.

① ❌ 고구려의 수산리 고분 벽화이며, 일본 문화에 영향을 주었음을 알려주는 문화유산이다.
② ⭕ 고려 시대에 만들어진 청자 투각 칠보무늬 향로이다.
③ ❌ 신라의 임신서기석이며, 유학을 공부한 내용이 기록되어 있다.
④ ❌ 통일 신라의 불교 문화유산인 석굴암 본존불이다.
⑤ ❌ 백제의 산수무늬 벽돌로, 도교의 영향이 나타나 있다.

07 ㈎에는 고려 후기에 활동한 지눌에 대한 내용이 들어가야 한다. 지눌은 독경과 참선을 강조하고, 선종을 중심으로 교종을 포용하려 하였다.

① ❌ 성리학은 고려 후기 안향에 의해 본격적으로 소개되었다.
② ❌ 『주자가례』는 성리학적 사회 규범의 정착을 위해 보급되었다.
③ ❌ 고려 때 몽골의 침입을 부처의 힘으로 극복하기 위해 팔만대장경을 조판하였다.
④ ❌ 고려 중기에 활동했던 대각국사 의천은 해동 천태종을 창시하였다.
⑤ ⭕ 보조국사 지눌은 신앙 결사 운동을 전개하면서 수선사 결사를 결성하였다.

08 고려 원 간섭기에 단군을 우리 민족의 시조로 기록한 일연의 『삼국유사』, 이승휴의 『제왕운기』가 편찬되었다.

① ❌ 측우기는 조선 세종 때 제작되었다.
② ❌ 묘청의 난(서경 천도 운동)은 고려 중기인 인종 때 일어났다.
③ ⭕ 고려 때 무신 정변과 몽골의 침입을 겪은 뒤 자주 의식에 바탕을 둔 역사서가 저술되었다. 이후 원 간섭기에 일연의 『삼국유사』, 이승휴의 『제왕운기』가 편찬되었다.
④ ❌ 조선 세종 때 유교 윤리의 보급을 위해 『삼강행실도』가 편찬되었다.
⑤ ❌ 주자감은 발해의 교육 기관이다.

09 조선 세종은 효자, 충신, 열녀의 이야기를 백성들이 쉽게 알 수 있게 글과 그림을 담아 『삼강행실도』를 편찬하였다. 이후 유교 윤리가 확산되며, 여성의 재가가 금지되는 등의 모습이 나타났다.

① ❌ 불로장생과 신선이 되기를 추구한 것은 도교이다.
② ❌ 통일 신라 시대 원효의 활동으로 불교가 대중화되었다.
③ ❌ 고려 무신 집권기에 지눌은 불교 본연의 모습을 찾으려는 신앙 결사 운동을 전개하였다.
④ ❌ 과학 기술의 발전을 바탕으로 조선 전기에 측우기, 앙부일구 등이 제작되었다.
⑤ ⭕ 조선 정부는 유교 윤리의 확산을 위해 『삼강행실도』 등의 윤리서를 편찬하였고, 『소학』을 보급하였다.

10 (가) 인물은 이황이다. 이황은 도덕적 행위의 근거로 심성을 중시하였고, 근본적이며 이상주의적인 경향을 보였다.

알찬 선지 분석

① ✕ 고려 중기에 김부식은 왕명을 받아 『삼국사기』를 편찬하였다.
② ✕ 조선 시대에 주세붕이 안향을 기리기 위해 우리나라 최초의 서원인 백운동 서원을 건립하였다.
③ ◎ 이황의 사상은 임진왜란 전후 일본에 전해져 에도 막부 시기의 성리학 발달에 기여하였다.
④ ✕ 조선 후기 송시열 등 서인 세력은 성리학에 대한 다른 해석을 배척하면서 윤휴를 사문난적이라 비판하였다.
⑤ ✕ 고려 중기 의천은 교종의 입장에서 선종을 통합하였다.

11 16세기 이후 지방의 사림은 각 지방에 서원을 세우고 향약을 보급하여 향촌 사회에 성리학적 윤리를 확산시켰다.

알찬 선지 분석

① ✕ 고려 후기 지눌은 수선사 결사를 결성하였다.
② ✕ 고려 시대에 국가적 차원에서 연등회와 팔관회와 같은 불교 행사가 거행되었다.
③ ✕ 조선 시대에 소격서가 도교 행사인 초제를 주관하였다.
④ ✕ 백제는 오경박사 등을 두어 유학을 교육하였다.
⑤ ◎ 서원은 지방 사족의 여론을 수렴하고 학문적 기반을 마련하여 사족의 권위를 강화하는 역할을 하였다.

12 조선 세종 때 독자적인 역법서인 『칠정산』을 편찬하였다. 이 역법은 중국의 원, 명과 아라비아의 역법을 참고하여 한성을 기준으로 천체의 운행과 위치를 정확하게 계산하였다.

알찬 선지 분석

① ✕ 석굴암은 통일 신라 때 조성되었다.
② ◎ 조선 세종은 한자를 모르는 백성을 위해 익히기 쉽고 사용이 편리한 훈민정음을 창제 및 반포하였다.
③ ✕ 강원도에 있는 평창 월정사 팔각구층석탑은 고려 시대에 세워졌다.
④ ✕ 황룡사 9층 목탑은 삼국 시대에 신라가 건립하였다.
⑤ ✕ 조선 후기인 18세기 후반 남인 계열의 일부 실학자에 의해 천주교가 신앙으로 받아들여졌다.

13 고려 시대에 풍수지리설은 미래의 길흉화복을 예측하는 도참사상과 결합하여 크게 유행하였다. 땅의 형세나 모양이 국가의 운명이나 개인의 삶에 영향을 준다는 이론으로서, 정치에도 영향을 끼쳤고 신라 말 호족의 세력 확대, 고려 시대 묘청의 서경 천도 운동 등에 이용되었다.

알찬 선지 분석

① ◎ 풍수지리설은 조선 건국 후 단행된 한양 천도에 반영되었다.
② ✕ 연등회는 불교 행사이다.
③ ✕ 고려 충선왕이 원에 세운 만권당에서 고려와 원의 유학자들이 교류하며 성리학에 대한 이해를 높였다.

④ ✕ 삼국과 가야의 문화가 일본 아스카 문화의 발달에 영향을 주었다.
⑤ ✕ 강화 참성단 초제는 조선 시대에 실시된 도교 행사이다.

14 실학자 중 농업 중심 개혁론자들은 토지 제도 개혁과 농촌 문제에 관심을 두었다. 유형원은 균전론, 이익은 한전론, 정약용은 여전론을 주장하였다.

알찬 선지 분석

① ✕ 조선 시대에 소격서는 강화 참성단에서 도교 행사인 초제를 주관하였다.
② ✕ 고려 후기 지눌은 선교 일치의 사상 체계를 정립하였다.
③ ✕ 고려 말 신진 사대부는 성리학을 개혁의 이념으로 삼았다.
④ ✕ 신라 말 일부 6두품 세력은 골품제를 비판하며 새로운 사회 건설을 도모하였다.
⑤ ◎ 조선 후기 유형원, 이익, 정약용 등의 실학자는 농민의 어려운 생활이 토지 소유의 불균형에서 비롯되었다고 보고, 자영농 육성을 위한 토지 제도 개혁론을 제시하였다.

15 제시된 자료는 박제가의 『북학의』이다. 박제가는 재물을 우물에 비유하며 소비로 경제를 활성화시키자고 하였고, 수레와 배의 이용을 주장하였다.

알찬 선지 분석

① ◎ 박제가는 청과 교류하며 문물을 수용할 것을 주장하였고 유수원, 홍대용, 박지원 등과 함께 북학파라고 불렸다.
② ✕ 조선 세종은 훈민정음을 창제하였다.
③ ✕ 안정복은 『동사강목』을 저술하여 우리 역사를 체계화하였다.
④ ✕ 조선 후기 김정호가 「대동여지도」를 제작하였다.
⑤ ✕ 고려 후기 이제현이 『사략』을 편찬하였다.

16 (가) 인물은 홍대용이다. 홍대용은 청에 방문했을 때 천문 관측 기관인 흠천감의 관리로 있었던 독일 선교사를 만났다. 이후 귀국한 홍대용은 천체의 운행을 관측하는 혼천의를 만들었다.

알찬 선지 분석

① ✕ 조선 후기 정약용이 서양 기술을 소개한 『기기도설』을 참고하여 거중기를 제작하였다.
② ✕ 통일 신라의 의상은 화엄 사상을 정립하였다.
③ ✕ 고려 중기에 묘청 등이 서경 천도 운동을 전개하였다.
④ ✕ 조선 후기에 한치윤이 『해동역사』를 저술하였다.
⑤ ◎ 홍대용은 상공업 진흥과 기술 혁신을 강조하였고, 청과 적극적으로 교류하며 선진 문물을 받아들이자고 주장하였다.

17 자료의 역사서는 조선 후기에 저술된 유득공의 『발해고』이다. 유득공은 『발해고』를 저술하여 발해를 본격적으로 우리 역사로 다루었으며, 발해사에 대한 관심을 높였다.

알찬 선지 분석

① ✕ 신라 말에 지방 호족은 선종을 후원하였다.

② ❌ 고려 후기에 몽골의 침략을 부처의 힘으로 격퇴하기 위해 팔
만대장경을 조판하였다.

③ ❌ 발해는 교육 기관으로 주자감을 두고 유학을 교육하였다.

④ ⭕ 조선 후기에는 서양 문물이 수용되면서 실학자와 일부 지식인
이 중국 중심의 세계관을 비판하고 국학을 연구하였다.

⑤ ❌ 고구려의 승려 담징이 종이, 먹 등의 제조 기술을 일본에 전하
였다.

18 제시된 자료는 천주교 교리에 대한 글이며, (가) 종교는 천주
교이다. 천주교는 17세기경 청의 수도 베이징을 왕래하던 사
신들에 의해 서학으로 소개되었다.

알찬 선지 분석

① ❌ 최제우가 창시한 동학 등에 해당한다.

② ❌ 고려 시대에는 국자감과 향교를 세워 유학 교육에 힘썼다.

③ ❌ 최제우는 동학을 창시하였다.

④ ❌ 불교를 수용한 삼국 시대의 국왕은 왕즉불 사상을 내세워 왕
권을 강화하였다.

⑤ ⭕ 천주교는 18세기 후반 남인 계열의 일부 실학자에 의해 신앙
으로 받아들여졌다.

19 채점 기준

상	의천의 주장과 지눌의 주장을 모두 서술하여 차이점을 밝힌 경우
하	의천의 주장과 지눌의 주장 중에서 한 가지만 서술한 경우

20 채점 기준

상	토지 소유의 불균형이라는 문제점과, 자영농 육성이라는 개혁 방향을 모두 서술한 경우
하	문제점과 개혁 방향 중에서 한 가지만 서술한 경우

고난도 공략 문제

112~113쪽

01 ① **02** ④ **03** ① **04** ③

01 자료는 백제의 금동대향로이다. 금동대향로에는 불교와 도교
의 사상이 반영되어 있고, (가)는 불교에 해당한다.

알찬 선지 분석

① ⭕ 불교는 통일 신라 시대에 원효 등의 활동으로 대중화되었다.

② ❌ 고구려 고분 벽화의 사신도, 백제 산수무늬 벽돌 등에 도교 사
상이 반영되어 있다.

③ ❌ 고려 말 안향에 의해 성리학이 본격적으로 소개되었다.

④ ❌ 조선 시대의 소격서는 도교 행사를 주관하는 관청이었다.

⑤ ❌ 신라 말 풍수지리설이 유행하면서 금성(경주) 중심의 국토관
에 변화를 가져왔다.

키워드 꼬리 질문

Q1 백제 금동대향로

Q2 불교

02 밑줄 친 '역사서'는 『삼국사기』이다. 김부식은 고려 인종 때
왕명을 받아 기전체 역사서인 『삼국사기』를 편찬하였다. 유
교적 합리주의 사관에 입각하여 쓰였고, 신라 중심의 역사의
식이 담겨 있다.

알찬 선지 분석

① ❌ 원 간섭기에 편찬된 역사서로는 일연의 『삼국유사』 등이 있다.

② ❌ 조선 후기에 유득공은 『발해고』를 저술하여 발해사에 대한 관
심을 높였다.

③ ❌ 원 간섭기에 편찬된 일연의 『삼국유사』와 이승휴의 『제왕운
기』에서는 단군을 우리 민족의 시조로 내세웠다.

④ ⭕ 고려 중기에 편찬된 『삼국사기』는 우리나라에서 현존하는 가
장 오래된 역사서이다.

⑤ ❌ 한치윤은 『해동역사』를 지어 고조선부터 고려까지의 역사를
실증적으로 서술하였다.

키워드 꼬리 질문

Q1 『삼국사기』

Q2 고려 시대

03 자료에서 '향촌 자치 규약'이라는 내용을 통해 (가)가 향약임
을 알 수 있다. 향약은 향촌 사회의 전통적인 공동 조직에 유
교 윤리를 결합시킨 것으로, 지방민의 일상생활에 성리학적
사회 윤리가 영향을 미치도록 만들었다.

알찬 선지 분석

① ⭕ 향약은 지방 사족의 주도로 운영되면서 풍속을 교화하고 향촌
질서를 유지하는 데 기여하였다.

② ❌ 풍수지리설이 양반의 묘지 선정에 영향을 주었다.

③ ❌ 조선 시대에 설치되었던 소격서가 도교 행사인 초제를 거행하
였다.

④ ❌ 성리학적 사회 규범이 정착되면서 향약이 운영되었다. 성리학
적 이념을 중시한 양반 사족들은 과학 기술 등 실용 학문은 천시
하는 경향을 보였다.

⑤ ❌ 16세기 이후 지방에 설립된 서원은 훌륭한 유학자에게 제사
지내며 인재를 키우는 역할을 하였다.

키워드 꼬리 질문

Q1 성리학

Q2 성리학적 윤리의 확산

04 제시된 자료를 남긴 최시형은 동학의 2대 교주이다. 동학은
인간의 존엄성과 평등을 강조하고 서양과 일본 세력의 침략
을 배척하였다. 동학이 민중에게 호응을 얻고 교세가 확장되
자 위기감을 느낀 정부는 세상을 어지럽히고 백성을 속인다
는 죄명을 씌워 동학을 창시한 최제우를 처형하였다.

① ✕ 풍수지리설이 조선의 한양 천도에 반영되었다.
② ✕ 천주교(서학)는 유교의 제사 의식을 거부하여 조선 정부의 탄압을 받았다.
③ ◯ 동학은 19세기 후반 경주의 몰락 양반 최제우가 창시하였다.
④ ✕ 동학은 인간 평등을 주장하여 양반 중심의 신분 질서를 강조하는 성리학적 질서와 다른 관점을 보였다.
⑤ ✕ 18세기 후반 남인 계열의 일부 실학자가 천주교를 신앙으로 받아들였다.

키워드 꼬리 질문
Q1 인간 평등
Q2 동학

대단원 문제

116~119쪽

01 ⑤ 02 ② 03 ⑤ 04 ③ 05 예시 답안 조선 전기에는 일본에 대해 군대를 파견하여 왜구의 본거지인 쓰시마섬을 토벌하는 강경책과 3포를 개항하여 일본이 제한된 범위 안에서 조선과 교역할 수 있도록 허용하는 회유책을 병행하였다.
06 ⑤ 07 ① 08 ② 09 ① 10 ⑤ 11 ①
12 ③ 13 ① 14 ④ 15 ③ 16 ②
17 예시 답안 동학, 인간의 존엄성과 평등을 강조하고, 서양과 일본 세력의 침략을 배척하였다. 18 ①

01 자료에서 공주 무령왕릉, 중국 남조의 영향을 받아 축조 등의 내용을 통해 문화유산을 남긴 국가가 백제임을 알 수 있다.

알찬 선지 분석
① ✕ 고구려는 6세기 말 수의 침략을 살수 등에서 격퇴하였다.
② ✕ 고구려 소수림왕은 전진으로부터 불교를 수용하였다.
③ ✕ 고조선은 기원전 108년 한 무제의 침략으로 멸망하였다.
④ ✕ 발해는 무왕 때 당의 등주를 공격하였다.
⑤ ◯ 백제는 5세기 후반 고구려의 압박에 대항하기 위해 북위에 사신을 파견하기도 하였다.

02 소손녕과 서희의 대화 내용을 통해 자료는 거란의 1차 침입과 관련이 있음을 알 수 있다. 거란의 1차 침입 당시 고려의 서희는 거란 장수 소손녕과 외교 담판을 벌여 강동 6주 지역을 확보하였다(993). 후삼국 통일은 936년의 사실이고, 몽골의 침입은 1231년 시작되었다.

03 자료에서 세종 때 최윤덕과 김종서가 4군 6진 지역을 개척하여 압록강과 두만강을 경계로 하는 국경선을 확정하였다는 내용을 통해 (가) 민족이 여진임을 알 수 있다.

알찬 선지 분석
① ✕ 거란은 발해를 공격하여 멸망시켰다.
② ✕ 명은 고려에 철령위 설치를 통보하였다.
③ ✕ 조선은 일본에 외교 사절인 통신사를 파견하였다.
④ ✕ 조선 세종은 쓰시마섬 토벌 이후 일본의 요청으로 3포를 개방하여 제한된 교역을 허용하였다.
⑤ ◯ 12세기 초 여진이 세력을 확장하자 고려 정부는 별무반을 편성하여 여진을 정벌하고 동북 9성을 쌓았다.

04 정예한 포병 10만을 길러 결사적으로 싸우는 용감한 병사로 만들고, 산해관으로 쳐들어갈 계획이라는 내용을 통해 자료가 조선 후기 북벌 운동과 관련된 것임을 알 수 있다.

알찬 선지 분석
① ✕ 9세기 장보고가 현재의 완도에 해상 기지이자 무역 거점인 청해진을 건설하였다.
② ✕ 고려 태조는 북진 정책을 추진하여 청천강까지 영토를 확장하였다.
③ ◯ 병자호란의 패배로 조선이 청과 군신 관계를 맺게 된 후, 조선 내부에서는 오랑캐에게 당한 치욕을 씻고 명에 대한 의리를 지키자는 북벌 운동이 일어났다.
④ ✕ 백제는 4세기 후반 근초고왕 때 동진을 비롯한 중국 남조의 여러 왕조와 조공·책봉 관계를 맺었다.
⑤ ✕ 조선 건국 초 명이 조선을 압박하자 조선도 요동 정벌을 추진하며 명과 대립하였다.

05
채점 기준

상	군대를 파견하여 쓰시마섬을 토벌했다는 점과 3포를 개항하여 일본이 제한된 범위에서 교역할 수 있게 허용하였다는 점 등 일본에 대한 강경책과 회유책 사례를 모두 서술한 경우
하	강경책 사례와 회유책 사례 중 한 가지만 서술한 경우

06 삼국 시대에 왕족과 공신에게 지급된 토지로, 조세 징수와 노동력 징발이 가능한 토지라는 점에서 퀴즈의 정답이 식읍임을 알 수 있다.

알찬 선지 분석
① ✕ 과전법은 고려 말에 제정되어 조선 전기까지 실시되었다.
② ✕ 고려의 토지 제도인 전시과에 대한 설명이다.
③ ✕ 고려 전시과 시행 초기에는 인품과 관품을 기준으로 수조권을 지급하였으나 이후 관품에 따라 등급을 나누어 지급하였다.
④ ✕ 전민변정도감은 권세가들이 부당하게 빼앗은 토지를 본래 주인에게 돌려주고 억울하게 노비가 된 자를 양인으로 해방시키기 위해 고려 후기 여러 차례 설치되었다.
⑤ ◯ 식읍은 녹읍과 함께 삼국 시대와 통일 신라 시대 귀족의 경제적 기반이 되었다.

07 자료에서 일본 도다이사의 쇼소인에서 발견된 문서, 서원경에 속한 촌을 비롯한 4개 촌락에 대한 기록 등의 내용을 통해

밑줄 친 ‘이 문서’가 통일 신라 시기에 작성된 신라촌락문서임을 알 수 있다.

① ⭕ 신라는 6세기 초 지증왕 때 금성(경주)에 동시가 설치되었으며, 삼국 통일 이후 서시와 남시가 추가로 설치되었다.
② ❌ 대동법 시행으로 토지가 없는 농민은 과세 부담에서 벗어났고 토지가 있는 농민도 대동세만 납부하게 되어 과세 부담이 줄었다.
③ ❌ 조선 후기 대동법 실시를 계기로 관청에 물품을 조달하는 공인이 성장하였다.
④ ❌ 왜란 이후 군역은 군대 복무 대신 군포를 납부하는 방식으로 바뀌어 갔다.
⑤ ❌ 소는 향, 부곡과 함께 고려 시대 특수 행정 구역의 하나이다.

08 (가)는 전현직 관리에게 경기 지역 토지의 수조권을 지급하였다는 사실을 통해 위화도 회군 이후 1391년에 실시된 과전법임을 알 수 있다. (나)는 지방 관청이 수확량을 조사하여 조세를 거둔 후 관리에게 지급하였다는 사실을 통해 1470년 성종 때 실시된 관수 관급제임을 알 수 있다.

① ❌ 고려의 요동 정벌을 반대하던 이성계는 1388년 위화도 회군을 단행하였다.
② ⭕ 1466년 현직 관리에게만 수조권을 지급하는 직전법이 시행되었다.
③ ❌ 통일 신라의 신문왕 때 관료전을 지급하고 녹읍을 폐지하였다.
④ ❌ 고려 초 거란의 1차 침입 당시 서희가 외교 담판을 벌여 강동 6주 지역을 확보하였다.
⑤ ❌ 조선 후기 영조 때 영정법이 실시되었다.

09 자료는 박지원의 『허생전』 내용의 일부로, 과일을 매점매석하여 큰돈을 번 도고의 모습이 담겨 있다.

① ⭕ 조선 후기 일부 상인은 특정 물품을 대량으로 거래하며 독점적 도매상인인 도고로 성장하였다.
② ❌ 조선 후기 민영 광산은 주로 덕대라는 전문 경영인이 상인 물주로부터 자본을 조달받아 운영하였다.
③ ❌ 조선 전기 세종은 합리적으로 조세를 징수하기 위해 전분6등법, 연분9등법의 공법을 시행하였다.
④ ❌ 고려 목종 때 관품의 높낮이에 따라 토지의 수조권을 지급하는 개정 전시과가 시행되었다.
⑤ ❌ 고려 시대 개경과 가까운 예성강 하구의 벽란도는 송이나 일본 상인뿐만 아니라 아라비아 상인들도 왕래하는 국제 무역항으로 번성하였다.

10 자료에서 방납의 폐단을 시정하기 위해 시행되었다는 점, 광해군이 경기도에 처음 시행하였다는 점 등을 통해 (가) 제도가 대동법임을 알 수 있다.

① ❌ 고려 시대에는 토지 비옥도에 따라 3등급으로 나누어 수확량의 10분의 1을 조세로 징수하였다.
② ❌ 조선 영조는 농민의 군포 부담을 1필로 줄여 주는 균역법을 실시하였다.
③ ❌ 조선 세종 때 실시된 전분6등법과 연분9등법에 해당한다.
④ ❌ 대동법의 실시로 토지가 없는 농민은 과세 부담에서 벗어났다.
⑤ ⭕ 대동법은 가호마다 토산물을 징수하던 공납을 전세화하여 토지 결수에 따라 쌀·무명·삼베·동전 등으로 징수한 제도이다.

11 자료의 그림은 모내기의 모습을 그린 것이다. 모내기법은 조선 후기에 전국으로 확대 보급되었다.

① ⭕ 고려 말 중국으로부터 목화씨가 전래되면서 목화 재배가 시작되었다.
② ❌ 모내기법으로 노동력을 절감한 일부 농민은 경작지 규모를 늘려 광작에 나섰다.
③ ❌ 광작의 유행으로 도시 인구가 증가하고 상품 유통이 활발해지면서 상품 작물 재배가 확산되었다.
④ ❌ 모내기법으로 광작과 이모작이 확대되면서 일부 농민이 부농으로 성장하였다.
⑤ ❌ 모내기법이 보급되면서 벼와 보리의 이모작이 확대되었다.

12 망이, 망소이 등이 무리를 불러 모아 공주를 공격하였다는 점 등을 통해 자료가 공주 명학소에서 일어난 망이·망소이의 봉기임을 알 수 있다. 따라서 (가)는 고려 시대 특수 행정 구역의 하나인 소임을 알 수 있다.

① ❌ 고려 시대 직역이 없는 양인 농민을 백정이라고 하였다.
② ❌ 고려와 조선 시대 외거 노비는 주인에게 신공을 납부하였다.
③ ⭕ 고려 시대 특수 행정 구역인 향·부곡·소의 거주민은 과거 응시에 제한을 받았다.
④ ❌ 신라의 6두품 등은 골품제에 따라 정치 활동과 사회 활동 등에 제한을 받았다.
⑤ ❌ 고려 시대에는 최고 지배층이 국가 중대사 결정에 참여하였다.

13 자료는 조선 시대 신분제에 대한 것이다. 서얼과 잡색이 한 계층이라는 점 등을 통해 (가)가 중인임을 알 수 있다.

① ⭕ 중인은 직역을 세습하였고, 같은 신분끼리 혼인하는 경우가 많았다.
② ❌ 부여에서는 가들이 사출도를 다스렸다.
③ ❌ 조선 시대에는 신분은 양인이지만 천역을 담당한 계층을 신량역천이라고 불렀다.
④ ❌ 조선 시대 양반은 국역을 면제받았다.
⑤ ❌ 6두품은 호족과 함께 새로운 사회 건설을 도모하였다.

14 자료의 현무도와 산수무늬 벽돌에는 도교 사상이 반영되어 있다.

① ✗ 고려 후기 지눌 등이 불교의 신앙 결사 운동을 전개하였다.

② ✗ 신라 말 참선과 수행을 강조하는 불교 종파인 선종이 유행하였다.

③ ✗ 이승휴의 『제왕운기』는 단군을 우리 민족의 시조로 내세웠다.

④ ◎ 조선 시대 소격서는 도교 행사인 초제를 주관하였다.

⑤ ✗ 고려 후기 안향은 성리학을 본격적으로 소개하였다.

15 자료의 (가)는 교리와 참선을 모두 중요시하는 주장을 통해 의천임을 알 수 있고, (나)는 선정과 지혜를 함께 닦아야 한다는 주장을 통해 지눌임을 알 수 있다.

ㄱ. ✗ 원 간섭기에 일연이 『삼국유사』를 편찬하였다.

ㄴ. ◎ 의천은 고려 중기에 해동 천태종을 창시하였다.

ㄷ. ◎ 지눌은 무신 정권 시기에 불교 개혁을 주장하며 수선사 결사를 결성하였다.

ㄹ. ✗ 지눌은 선종의 입장에서 교종을 포용하고자 하였다.

16 조선은 성리학을 통치 이념으로 확립하고 유교 윤리를 보급하기 위해 윤리서와 의례서를 편찬하였다. 세종 때 충신, 효자, 열녀의 행적을 담은 『삼강행실도』를 편찬하였으며, 성종 때 국가와 왕실의 각종 행사를 예법에 맞게 정리한 『국조오례의』를 편찬하였다.

① ✗ 조선 후기 사회 전반에 걸친 개혁을 통해 문제를 해결하려는 학문인 실학이 대두하였다.

② ◎ 조선은 성리학을 통치 이념으로 확립하고 유교 윤리를 보급하기 위해 『삼강행실도』와 『국조오례의』 등의 윤리서와 의례서를 편찬하였다.

③ ✗ 고려 시대 몽골의 침략을 부처의 힘으로 극복하기 위해 팔만대장경이 제작되었다.

④ ✗ 삼국과 가야 문화가 일본에 전파되어 아스카 문화의 발달에 영향을 주었다.

⑤ ✗ 삼국 시대에는 불교의 업설 등을 통해 귀족 중심의 신분 질서가 정당화되었다.

17

상	동학의 이름을 쓰고, 인간의 존엄성과 평등을 강조, 서양과 일본 세력의 침략을 배척하였다 등 동학의 주장을 두 가지 서술한 경우
중	동학의 이름을 쓰고 동학의 두 가지 주장 중 한 가지만 서술한 경우
하	동학만 쓴 경우

18 자료에서 『기기도설』을 참고하여 거중기를 제작하였고, 거중기가 정조 때 수원 화성 건설에 이용되었다는 점 등을 통해 (가) 인물이 정약용임을 알 수 있다.

① ◎ 정약용은 농민의 어려운 생활이 토지 소유의 불균형에서 비롯되었다고 보고, 자영농을 육성하기 위한 토지 개혁 방식으로 여전론을 제시하였다.

② ✗ 안정복은 『동사강목』을 저술하여 중국 중심의 사관에서 벗어나 민족사의 독자적 정통성을 내세웠다.

③ ✗ 조선 중기에 주세붕이 안향을 기리기 위해 우리나라 최초의 서원인 백운동 서원을 건립하였다.

④ ✗ 조선 후기에 김정호가 「대동여지도」를 제작하였다.

⑤ ✗ 고려 후기 일부 유학자들이 원에 세운 만권당에서 성리학을 연구하였다.

01 국제 질서의 변동과 개항

126쪽

포인트 Pick

❶ 사회 진화론 ❷ 양무운동 ❸ 병인박해 ❹ 강화도 ❺ 외규장각 ❻ 신미양요 ❼ 운요호 사건 ❽ 조일 수호 조규 부록 ❾ 조선책략 ❿ 거중 조정

01 제국주의 **02** (1) X (2) ◯ (3) ◯ **03** ㄱ—ㅁ—ㄷ—ㅂ—ㄴ—ㄹ
04 (1) ㉡ (2) ㉢ (3) ㉠ **05** (1) ㉠ (2) ㉡ (3) ㉢ **06** 보빙사

127~129쪽

01 ④ **02** ① **03** ⑤ **04** ② **05** ⑤ **06** ②
07 ⑤ **08** ② **09** ④ **10** ③ **11** ①

12 [예시 답안] 흥선 대원군이 병인박해를 일으켜 프랑스 선교사와 천주교 신자들을 탄압하였다.

13 [예시 답안] 흥선 대원군은 통상 수교 거부 정책을 널리 알리기 위해 전국에 척화비를 세웠다.

14 (1) 강화도 조약 (2) [예시 답안] 조선에 대한 청의 간섭을 배제하여 침략을 쉽게 할 수 있도록 하였다.

01 (가)는 제국주의이다. 제국주의는 독점 자본주의와 배타적 민족주의가 결합하면서 등장하였으며 사회 진화론과 백인 우월주의를 내세워 약소국에 대한 침략과 식민 지배를 정당화하였다.

[알찬 선지 분석]
ㄱ. ✖ 영국은 아편 전쟁을 벌였고 패배한 청이 개항하였다. 이후 미국의 무력시위로 일본이 개항하였다.
ㄴ. ◯ 산업 혁명 이후 자본주의가 성장하면서 서구 열강이 원료 약탈 등을 위한 판매 시장을 확보하려 하였다. 이 과정에서 독점 자본주의와 배타적 민족주의가 결합하여 제국주의가 등장하였다.
ㄷ. ✖ 청은 영국에 개항한 후 실추된 국권을 회복하고 서양의 기술을 도입하기 위해 중체서용을 바탕으로 한 양무운동을 추진하였다.
ㄹ. ◯ 제국주의 열강은 사회 진화론과 백인 우월주의를 바탕으로 침략을 정당화하고 식민지 쟁탈을 벌였다.

02 제시된 조약은 난징 조약(1842)이다. 청은 아편 전쟁에서 패하고 영국과 난징 조약을 체결하여 개항하였다.

[알찬 선지 분석]
① ◯ 영국은 청과의 무역 적자를 만회하려고 아편을 밀수출하였는데 청이 이를 단속하자 아편 전쟁을 일으켰다. 아편 전쟁의 결과 난징 조약이 체결되어 청이 영국에 개항하였다.

② ✖ 운요호 사건은 강화도 조약 체결에 영향을 주었다.
③ ✖ 일본은 미국 페리 함대의 무력시위에 굴복하여 미일 화친 조약을 체결하고 개항하였다.
④ ✖ 러시아는 청과 영국, 프랑스의 조약을 알선하고 그 대가로 연해주를 차지하여 조선과 국경을 접하게 되었다.
⑤ ✖ 프랑스 선교사를 통한 프랑스와의 교섭이 실패하자 흥선 대원군은 프랑스 선교사를 처형하고 천주교 신자를 탄압하였다.

03 제시된 사건은 병인양요(1866) 때 한성근 부대의 전투이다. 프랑스는 병인박해를 구실로 강화도를 침략하였으며 외규장각 도서 등의 문화유산을 약탈하였다.

[알찬 선지 분석]
① ✖ 강화도 조약 체결의 계기가 된 것은 운요호 사건이다.
② ✖ 미국은 제너럴 셔먼호 사건을 구실로 조선에 문호 개방을 요구하며 강화도를 침략하였다(신미양요).
③ ✖ 제2차 수신사로 일본에 파견된 김홍집은 『조선책략』을 들여왔다. 『조선책략』은 미국과의 수교 필요성을 인식시켰고, 조미 수호 통상 조약이 체결되는 데 영향을 주었다.
④ ✖ 메이지 유신 이후 일본이 보낸 서계(외교 문서)에 대해 흥선 대원군은 기존의 형식에 어긋난다며 접수를 거부하였다. 이에 일본에서는 조선을 정벌하자는 '정한론'이 대두하였다.
⑤ ◯ 병인양요 당시 프랑스군은 강화도에서 퇴각하면서 외규장각 도서를 비롯한 문화유산과 재물 등을 약탈하였다.

04 밑줄 친 '사건'은 오페르트 도굴 미수 사건(1868)이다. 독일 상인 오페르트는 조선에 들어와 통상을 요구하였지만 거부당하였고, 이에 흥선 대원군의 아버지인 남연군의 묘를 도굴하여 통상을 요구하려 하였지만 실패하였다. 병인박해와 병인양요는 1866년, 신미양요는 1871년, 운요호 사건은 1875년, 강화도 조약 체결은 1876년, 보빙사 파견은 1883년이다. 오페르트 도굴 미수 사건(1868)은 (나)에 해당한다.

05 제시된 자료는 척화비이다. 프랑스와 미국의 침입을 격퇴한 흥선 대원군은 전국 각지에 척화비를 세웠다.

[알찬 선지 분석]
① ✖ 박규수, 오경석 등의 통상 개화론자들은 자주적 문호 개방과 서양 문물 수용을 주장하였다.
② ✖ 운요호 사건은 척화비 건립 이후인 1875년에 벌어졌다.
③ ✖ 병인양요는 흥선 대원군이 병인박해를 일으켜 프랑스 선교사와 천주교 신자들을 처형한 것이 원인이 되었다.
④ ✖ 러시아 견제를 위해 조선이 가져야 할 방법은 『조선책략』에 제시되었다. 이는 미국과의 수교에 영향을 주었다.
⑤ ◯ 흥선 대원군은 통상 수교 거부 의지를 널리 알리고자 전국 각지에 척화비를 세웠다.

06 밑줄 친 내용은 통상 개화론이다. 조선 내부에서는 박규수, 오경석 등의 통상 개화론자들이 문호 개방을 주장하였다. 이

는 흥선 대원군이 정권에서 물러난 후 일본과 강화도 조약을
체결하는 데 영향을 주었다.

① ✕ 김홍집이 들여온 『조선책략』은 개항 이후 1882년에 추진된
미국과의 수교에 영향을 주었다.
② ◯ 박규수, 오경석 등의 통상 개화론자들은 부국강병을 위해 자
주적으로 문호를 개방하고 서양 문물을 수용할 것을 주장하였다.
③ ✕ 조미 수호 통상 조약 체결 이후 한성에 미국 공사가 부임하자,
조선은 답례로 미국에 보빙사를 파견하였다.
④ ✕ 양헌수가 정족산성(삼랑성)에서 프랑스군을 격퇴한 것은 병인
양요(1866) 때이다.
⑤ ✕ 메이지 유신 이후 일본 정부가 서계(외교 문서)를 보내자 흥선
대원군은 기존의 형식에 어긋난다는 이유로 접수를 거부하였다.

07 밑줄 친 '이 조약'은 강화도 조약(1876)이다. 운요호 사건을
계기로 조선은 일본과 강화도 조약을 체결하였다.

① ✕ 최혜국 대우는 강화도 조약에 없는 내용이며, 조미 수호 통상
조약(1882)에서 처음 규정되었다.
② ✕ 조선은 조미 수호 통상 조약에서 관세 자주권을 확보하였다.
③ ✕ 조선은 프랑스와는 천주교 포교 허용 문제로 수교가 지연되어
다른 서양 국가들보다 늦게 통상 조약을 체결하였다.
④ ✕ 미국에 보빙사를 파견한 것은 조미 수호 통상 조약 체결 이후
이다.
⑤ ◯ 강화도 조약에서는 부산을 포함한 3개 항구를 개항할 것을 규
정하였고 이후 부산, 원산, 인천이 차례로 개항되었다.

08 제시된 자료는 조선이 외국과 맺은 최초의 근대적 조약이라
는 내용 등을 통해 강화도 조약임을 알 수 있다. 조선은 일본
에 영사 재판권을 허용하는 등 불평등한 조약을 체결하였다.

① ✕ 흥선 대원군은 통상 수교 거부 정책을 알리는 척화비를 건립
(1871)하였으나, 조선은 1876년 일본에 개항하였다.
② ◯ 강화도 조약에는 영사 재판권 등 불평등한 조항이 포함되었다.
③ ✕ 미국은 제너럴 셔먼호 사건을 구실로 신미양요(1871)를 일으
켰다.
④ ✕ 병인양요 때 프랑스군은 강화도에서 철수하면서 외규장각 도
서를 비롯한 문화유산을 약탈하였다.
⑤ ✕ 흥선 대원군은 선교사를 통해 프랑스를 이용하여 러시아를 견
제하려 하였다. 이 계획이 실패하고 국내에 천주교 포교 금지에
대한 여론이 일자 병인박해를 일으켰다.

09 자료의 조약은 조선과 일본이 강화도 조약의 부속 조약으
로 맺은 조일 수호 조규 부록이다. 조약 체결의 결과로 일본
화폐가 국내에 통용되는 등 일본의 경제 침탈 발판이 마련되
었다.

① ✕ 신미양요(1871)는 조일 수호 조규 부록 체결 이전에 발생하
였다.
② ✕ 조선은 강화도 조약 체결 후 맺은 부속 조약인 조일 무역 규
칙에서 무관세를 허용하였다.
③ ✕ 조미 수호 통상 조약에서 조선과 미국은 거중 조정을 규정하
였다.
④ ◯ 조일 수호 조규 부록에는 일본인 거류지 설정, 일본 화폐의 조
선 유통 허용에 관한 내용 등이 있다.
⑤ ✕ 강화도 조약으로 부산, 원산, 인천을 개항하였다.

10 제시된 주장은 황준헌의 『조선책략』이다. 1880년 제2차 수
신사로 일본에 파견된 김홍집은 청의 외교관 황준헌이 지은
『조선책략』을 국내에 들여왔다. 이는 조미 수호 통상 조약 체
결에 영향을 주었다.

① ✕ 조선은 1876년 강화도 조약을 체결하여 부산 등 3개 항구를
개항하였다.
② ✕ 1866년 무장한 미국 상선 제너럴 셔먼호가 통상을 요구하며
난동을 부리자 평양 관민들이 배를 불태워 침몰시켰다.
③ ◯ 『조선책략』의 유포로 조선에서는 미국과의 조약 체결 필요성
이 제기되었고, 조미 수호 통상 조약이 체결되었다.
④ ✕ 흥선 대원군은 1866년 병인박해를 일으켜 천주교 신자를 처
형하는 등 탄압하였다.
⑤ ✕ 메이지 유신(1868) 후 일본이 조선에 서계(외교 문서)를 보내
자 흥선 대원군은 외교 형식에 어긋난다며 거부하였다.

11 제시된 자료는 조미 수호 통상 조약(1882)에 대한 것이다. 조
미 수호 통상 조약 체결 이후 미국 공사가 한성에 부임하자
민영익 등을 보빙사로 파견하였다.

① ◯ 조미 수호 통상 조약 체결 후 미국 공사가 한성에 부임하였다.
② ✕ 운요호 사건을 계기로 일본과 강화도 조약을 체결하였다.
③ ✕ 미국은 포함 외교를 통해 일본을 개항시켰다.
④ ✕ 제너럴 셔먼호 사건을 구실로 미국이 신미양요를 일으켰다.
⑤ ✕ 강화도 조약의 부속 조약인 조일 무역 규칙에서 조선 양곡의
무제한 유출을 허용하였다.

12

상	흥선 대원군이 병인박해를 일으켜 프랑스 선교사를 처형하고 천주교 신자를 탄압하였다고 서술한 경우
하	병인박해에 대해 서술하지 못한 경우

13

상	흥선 대원군이 척화비를 세워 통상 수교 거부 정책을 알렸다는 것을 서술한 경우
하	척화비 건립에 대해 서술하지 못한 경우

130~131쪽

01 ①　**02** ④　**03** ③　**04** ②

01 (가) 사건은 병인양요(1866)이다. 병인양요 당시 프랑스군은 양헌수 부대(정족산성)와 한성근 부대(문수산성) 등 조선군의 저항에 막혀 퇴각하였다. 이들은 퇴각하면서 외규장각에 보관 중이던 의궤를 비롯한 각종 문화유산과 재물을 약탈하였다.

알찬 선지 분석

① ◎ 정족산성에서 양헌수 부대가 프랑스군을 격퇴하였다.

② ✕ 『조선책략』에는 러시아의 남하를 막기 위한 조선의 방안으로 중국, 일본, 미국과 우호적인 관계를 맺을 것을 제안하였다.

③ ✕ 운요호 사건 결과 조선은 일본과 강화도 조약을 체결하였다.

④ ✕ 조미 수호 통상 조약이 체결된 후 미국 공사가 부임하자, 조선은 이에 대한 답례로 민영익 등을 보빙사로 파견하였다.

⑤ ✕ 미국이 제너럴 셔먼호 사건을 구실로 강화도를 침략하자 어재연이 이끄는 조선군이 광성보에서 항전하였다.

키워드 꼬리 질문

Q1 병인양요

Q2 한성근, 양헌수 등

02 제시된 (가)는 강화도이다. 강화도는 병인양요 때 프랑스 로즈 제독의 공격을 받았다. 또한 일본의 운요호가 강화도에 접근해 오자 강화 수비대가 포격을 가하였다.

알찬 선지 분석

ㄱ. ✕ 오페르트가 도굴을 시도한 남연군 묘의 위치는 덕산(현재의 충청남도 예산)이다.

ㄴ. ◎ 프랑스는 로즈 제독을 보내 강화도를 공격하였다. 프랑스군은 강화도에 주둔하며 약탈과 살인을 자행하였다. 이에 맞서 양헌수 부대가 강화 삼랑성(정족산성)에서 프랑스군을 물리쳤다.

ㄷ. ✕ 미국 상선 제너럴 셔먼호는 평양의 대동강을 거슬러 올라와 통상을 요구하였으나 받아들여지지 않자 선원들이 상륙하여 살인과 약탈을 하였다. 이에 평양 관민에 의해 불타고 침몰되었다.

ㄹ. ◎ 일본 군함 운요호가 허가 없이 강화도에 접근하였고, 강화도의 조선 수비대가 포격을 가하였다.

03 제1차 수신사는 1876년 강화도 조약이 체결된 해에 파견되었다. 강화도 조약이 체결된 후 같은 해에 부속 조약으로 조일 수호 조규 부록과 조일 무역 규칙이 체결되었다.

알찬 선지 분석

① ✕ 1880년 제2차 수신사로 일본에 다녀온 김홍집이 가져온 『조선책략』 내용에 유생들은 반발하였다.

② ✕ 1866년 평양 군민들이 제너럴 셔먼호를 불태워 침몰시켰다.

③ ◎ 1876년 강화도 조약 체결 후 같은 해 조일 무역 규칙을 체결하였다. 이를 통해 일본에 양곡의 무제한 유출을 허용하였고, 일본 상품에 관세를 부과하는 규정을 마련하지 못하였다.

④ ✕ 1866년 병인양요 때 양헌수가 이끄는 조선군은 정족산성(삼랑성)에서 프랑스군을 격퇴하였다.

⑤ ✕ 1883년 민영익, 홍영식 등 보빙사가 미국으로 파견되었다. 이는 1882년 조미 수호 통상 조약 체결 후 미국 공사 부임에 대한 답례로서 파견된 것이었다.

키워드 꼬리 질문

Q1 강화도 조약

Q2 1876년

04 (가) 국가는 미국이다. 조선이 미국과 외교 관계를 맺기 전에 미국 상선 제너럴 셔먼호가 대동강을 거슬러 올라와 통상을 요구하였다. 조선이 거부하자 선원들이 살인과 약탈을 저질렀고 평양 관민이 합세하여 배를 불태워 침몰시켰다.

알찬 선지 분석

① ✕ 프랑스는 병인양요를 일으켜 강화도를 침략하였고, 조선군의 저항에 막혀 철수하면서 외규장각 도서를 비롯한 문화유산과 재물을 약탈하였다.

② ◎ 미국은 제너럴 셔먼호 사건을 구실로 조선에 문호 개방을 요구하며 강화도를 침략하였다(신미양요).

③ ✕ 일본은 운요호 사건을 일으켜 조선에 개항을 요구하였고, 결국 조선은 일본과 강화도 조약을 체결하여 문호를 개방하였다.

④ ✕ 러시아는 청과 영국, 프랑스의 조약을 알선한 대가로 연해주를 차지하여 조선과 국경을 접하게 되었다.

⑤ ✕ 영국은 아편 전쟁에서 승리하고 난징 조약을 체결하였다.

키워드 꼬리 질문

Q1 미국

Q2 관세 협정, 최혜국 대우

02 근대 국가 수립을 위한 노력

포인트 Pick

❶ 통리기무아문 ❷ 제물포 조약 ❸ 우정총국 ❹ 전주 화약 ❺ 우금치 ❻ 군국기무처 ❼ 홍범 14조 ❽ 명성 황후 ❾ 의회 ❿ 대한국 국제

01 (1) ㉢ (2) ㉠ (3) ㉡   **02** 집강소   **03** (1) ✕ (2) ○ (3) ○
04 ㄹ-ㅂ-ㅁ-ㄷ-ㄱ-ㄴ   **05** (1) ㉠ (2) ㉡ (3) ㉠   **06** 대한국 국제

01 ①	**02** ③	**03** ⑤	**04** ④	**05** ④	**06** ①
07 ④	**08** ②	**09** ①	**10** ①	**11** ⑤	**12** ④
13 ②	**14** ④	**15** ⑤	**16** ③	**17** ③	**18** ③

19 (1) 임오군란 (2) 예시 답안 조선에 청군이 주둔하였고, 조선을 청의 속국으로 명시한 조청 상민 수륙 무역 장정이 체결되어 조선에 대한 청의 내정 간섭이 시작되었다.

20 예시 답안 갑신정변은 근대 국민 국가를 지향한 정치 개혁 운동으로서 갑오개혁에 영향을 주었다.

21 예시 답안 전주 화약 이후 농민군은 자치 기구인 집강소를 설치하고 폐정 개혁안을 실천해 나갔다.

01 개항 이후 조선은 개화 정책 총괄 기구인 통리기무아문을 설치하고, 그 아래 12사를 두었다. 또한 국방력 강화를 위해 신식 군대인 별기군을 창설하는 등 개화 정책을 추진하였다.

알찬 선지 분석
① ○ 정부는 개화 정책을 추진하며 신식 군대인 별기군을 창설하고 일본인 교관을 초빙하여 근대식 군사 훈련을 받게 하였다.
② ✕ 제1차 갑오개혁 때 신분제 폐지, 조혼 금지, 과부 재가 허용, 고문과 연좌제 폐지 등의 개혁을 실시하였다.
③ ✕ 을미개혁 때 김홍집 내각이 수립되어 태양력 사용, '건양' 연호 사용, 단발령 시행 등의 개혁이 이루어졌다.
④ ✕ 고종은 대한 제국 수립 후 원수부를 설치하였다.
⑤ ✕ 제1차 갑오개혁 때 정부는 교정청을 폐지하고, 군국기무처를 설치하여 개혁을 추진하였다.

02 (가)는 최익현의 왜양일체론, (나)는 이만손 등이 올린 영남 만인소이다. 일본이 개항을 요구하자 최익현 등은 일본이 서양 세력과 같다며 개항에 반대하였다. 이후 김홍집이 들여온 『조선책략』이 유포되자, 이만손 등은 반발하였다.

알찬 선지 분석
ㄱ. ✕ 박규수 등 통상 개화론자들이 북학파 실학자를 계승하였다.
ㄴ. ○ 최익현 등 유생들은 일본이 개항을 요구하자, 왜양 일체론을 주장하며 강화도 조약 체결에 반대하였다.

ㄷ. ○ 이만손 등 영남 유생들은 만인소를 올려 『조선책략』 유포와 개화 정책 추진에 반대하였다.
ㄹ. ✕ 급진 개화파는 신분제 폐지 등을 주장하며 서양의 기술뿐만 아니라 정치, 사상, 제도까지 수용하는 개혁을 주장하였다.

03 자료에 나타난 사건은 임오군란(1882)이다. 차별 대우에 분노한 구식 군인들은 봉기를 일으켰다. 임오군란의 영향으로 조선과 청은 조청 상민 수륙 무역 장정을 체결하였다.

알찬 선지 분석
① ✕ 경복궁을 점령한 일제의 강요로 김홍집 내각이 수립되고, 군국기무처가 설치되어 개혁을 추진하였다(제1차 갑오개혁).
② ✕ 대한 제국 수립을 선포한 고종은 대한국 국제를 반포하여 대한 제국이 전제 군주정임을 명문화하였다.
③ ✕ 미국은 제너럴 셔먼호 사건을 구실로 조선에 문호 개방을 요구하며 강화도를 침략하였다(신미양요).
④ ✕ 러시아, 프랑스, 독일의 삼국 간섭으로 일본이 랴오둥반도를 청에 반환하자, 고종은 일본을 견제하고자 친러 정책을 추진하였다.
⑤ ○ 임오군란 이후 청의 내정 간섭이 강화되는 가운데 조선을 청의 속국으로 명시한 조청 상민 수륙 무역 장정이 체결되었다.

04 (가)는 온건 개화파, (나)는 급진 개화파의 주장이다. 김윤식, 김홍집 등의 온건 개화파는 동도서기론을 바탕으로 점진적 개혁을 추구하였고, 청과의 우호 관계를 중요시하였다. 김옥균, 박영효 등의 급진 개화파는 서양의 과학 기술은 물론 근대 사상과 제도까지 수용할 것을 주장하며 청의 내정 간섭에서 벗어날 것을 강조하였다.

알찬 선지 분석
ㄱ. ✕ 김옥균, 박영효는 급진 개화파의 중심 인물로 청의 내정 간섭에서 벗어날 것을 주장하였다.
ㄴ. ○ 온건 개화파는 동도서기론을 주장하며 전통 질서를 유지한 채 서양의 과학 기술을 수용할 것을 강조하였다.
ㄷ. ✕ 왜양 일체론은 최익현 등 보수적 유생이 주장하였고, 이들은 개항에 반대하였다.
ㄹ. ○ 급진 개화파는 일본의 메이지 유신을 본받아 서양의 기술뿐만 아니라 정치, 사상, 제도까지 수용하는 개혁을 주장하였다.

05 밑줄 친 '변란'은 갑신정변(1884)이다. 김옥균과 박영효 등 급진 개화파는 우정총국 개국 축하연에서 갑신정변을 일으켰다. 이들은 개화당 정부를 수립하고 개혁 정강을 발표하였지만, 청군의 개입과 일본의 지원 철회로 3일 만에 실패하였다.

알찬 선지 분석
① ✕ 개항 이후 개화 정책의 추진 과정에서 별기군과의 차별 대우에 불만이 쌓인 구식 군인은 임오군란을 일으켰다.
② ✕ 대한 제국은 부국강병을 위해 구본신참의 원칙을 토대로 광무개혁을 실시하였다.
③ ✕ 성리학적 질서를 수호하려는 보수적 양반 유생들은 서양과 일본 세력을 오랑캐로 인식하고 위정척사 운동을 전개하였다.

④ ⊚ 갑신정변 이후 청과 일본은 양국 군대를 조선에서 철수하고, 향후 조선에 파병 시 서로 통보한다는 톈진 조약을 체결하였다.
⑤ ✕ 동학 농민군은 토지를 균분하여 경작할 것을 주장하였다.

06 제시된 자료는 갑신정변 당시 발표된 개혁 정강이다. 급진 개화파는 개화당 정부를 수립하여 청과의 사대 관계 청산, 문벌 폐지와 인민 평등권 보장, 지조법 개혁, 재정 일원화 등의 내용을 담은 개혁 정강을 발표하였다.

알찬 선지 분석

① ⊚ 갑신정변을 일으킨 급진 개화파는 개화당 정부를 수립하고 개혁 정강을 발표하였다.
② ✕ 고종은 부국강병을 위해 원수부 설치, 양전 사업 및 지계 발급 등을 주요 내용으로 하는 광무개혁을 실시하였다.
③ ✕ 개화 정책의 추진 과정에서 별기군에 비해 차별 대우를 받던 구식 군인이 봉기하여 임오군란이 일어났다.
④ ✕ 전주 화약을 체결한 동학 농민군은 집강소를 설치하고 폐정 개혁안을 실천하였다. 폐정 개혁안의 내용으로는 노비 문서 소각, 천인 차별 개선, 과부 재가 허용, 탐관오리 처벌 등이 있다.
⑤ ✕ 러시아, 프랑스, 독일의 압박으로 일본이 랴오둥반도를 청에 반환하자(삼국 간섭), 고종은 친러 정책을 추진하였다.

07 제시된 사건은 1885년 거문도 사건에 대한 내용이다. 영국은 조선의 거문도를 불법으로 점령하였다. 이후 영국군은 2년 만에 철수하였다.

알찬 선지 분석

① ✕ 을미개혁을 통해 갑신정변 이후 중단되었던 우편 사무가 재개되었다.
② ✕ 임오군란이 일어나자 민씨 세력의 요청으로 파견된 청군은 흥선 대원군을 군란의 책임자로 지목하여 청으로 압송하였다.
③ ✕ 조미 수호 통상 조약 체결 이후 미국은 한성에 공사를 부임시켰고 조선은 미국에 민영익, 홍영식 등을 보빙사로 파견하였다.
④ ⊚ 조선이 청을 견제하기 위해 러시아와 비밀 협약을 추진하자, 영국은 러시아의 남하를 저지한다는 명분으로 거문도를 점령하였다.
⑤ ✕ 을미사변 이후 고종은 신변의 안전을 도모하고, 일본의 영향력을 줄이기 위해 러시아 공사관으로 처소를 옮겼다(아관 파천).

08 자료는 동학 농민군의 사발통문이다. 전라도 고부의 농민들은 군수 조병갑의 비리와 학정에 시달렸다. 이에 전봉준을 중심으로 봉기를 일으켰다.

알찬 선지 분석

① ✕ 동학 농민군이 제1차 봉기를 일으키자, 정부의 요청을 받은 청이 군대를 파병하였고, 일본도 자국민 보호를 명분으로 군대를 파병하였다.
② ⊚ 고부 군수 조병갑이 수탈을 일삼자 농민들은 전봉준을 중심으로 사발통문을 돌려 동지를 모은 후 봉기를 일으켰다.
③ ✕ 동학교도들은 초대 교주 최제우의 죄를 벗기고, 억울함을 풀

어주어 포교의 자유를 얻기 위해 교조 신원 운동을 벌였다.
④ ✕ 외세가 개입하자 동학 농민군은 정부와 전주 화약을 맺었다.
⑤ ✕ 제2차 봉기를 일으킨 동학 농민군은 전봉준의 남접 부대와 손병희의 북접 부대가 논산에 집결하고 연합 부대를 형성하였다.

09 (가)는 고부 농민 봉기 이후 안핵사 이용태의 파견, (나)는 동학 농민군의 집강소 설치와 폐정 개혁안 실천이다.

알찬 선지 분석

ㄱ. ⊚ 청군과 일본군이 조선에 파병되자 정부와 농민군은 전주 화약을 체결하였다.
ㄴ. ⊚ 농민군은 황토현 전투와 황룡촌 전투에서 관군을 격파하고 전주성을 점령하였다.
ㄷ. ✕ (나) 이후의 사실이다. 일본군이 경복궁을 점령하여 내정 개혁을 강요하고, 청일 전쟁을 일으키자 농민군은 제2차 봉기를 단행하여 정부군·일본군과 우금치에서 충돌하였지만 패배하였다.
ㄹ. ✕ (가) 이전의 사실이다. 고부 농민 봉기 당시 농민들은 고부 관아를 점령하고 만석보를 파괴하였다.

10 (가)는 동학 농민 운동이다. 동학 농민 운동은 양반 중심의 지배 질서 타파를 시도하였으며 갑오개혁에 영향을 주었다.

알찬 선지 분석

① ⊚ 동학 농민 운동은 반봉건, 반침략을 지향한 농민 운동으로 갑오개혁에 영향을 주어 신분제 폐지 등의 개혁이 이루어졌다.
② ✕ 이만손 등 영남 유생들은 만인소를 올려 정부의 개화 정책 추진과 『조선책략』 유포에 반발하였다.
③ ✕ 독립 협회는 만민 공동회를 개최하여 러시아의 이권 침탈을 규탄하는 이권 수호 운동을 전개하였다.
④ ✕ 갑신정변 이후 조선은 일본과 한성 조약을 체결하여 일본에 배상금을 지불하고, 일본 공사관의 신축비를 부담하였다.
⑤ ✕ 흥선 대원군은 신미양요 이후 전국에 척화비를 건립하여 통상 수교 거부 의지를 명확하게 알렸다.

11 제시된 자료는 홍범 14조이다. 청일 전쟁에서 승기를 잡은 일본의 내정 간섭이 강화되는 한편 군국기무처가 폐지되고 박영효가 귀국하여 내각에 참여하였다. 군국기무처의 개혁을 계승하여 제2차 갑오개혁을 추진하였다.

알찬 선지 분석

① ✕ 갑신정변 이후 조선을 둘러싼 열강의 대립이 심화되자 부들러와 유길준은 조선 중립화론을 주장하였다.
② ✕ 제1차 갑오개혁 때 군국기무처는 고문과 연좌제를 폐지하는 등 개혁을 실행하였다.
③ ✕ 이만손 등 영남 유생들은 만인소를 올려 정부의 개화 정책 추진과 『조선책략』 유포에 반발하였다.
④ ✕ 독립 협회는 정부 대신과 민중이 참여한 관민 공동회를 개최하고 헌의 6조를 채택하였다.
⑤ ⊚ 일본의 내정 간섭이 심화되는 가운데 내각이 수립되어 군국기무처를 폐지하고 제2차 갑오개혁을 추진하였다. 고종은 홍범 14조를 반포하여 개혁의 기본 강령을 알렸다.

12 1895년 청일 전쟁에서 승리한 일본은 청과 시모노세키 조약을 체결하여 랴오둥반도와 타이완을 할양받았다. 그러자 러시아, 프랑스, 독일은 일본을 압박하여 랴오둥반도를 청에 반환하게 하였다. 강화도 조약은 1876년, 제물포 조약은 1882년, 톈진 조약은 1885년, 전주 화약은 1894년에 체결되었다. 을미사변은 1895년, 대한 제국 수립은 1897년의 일이다. 시모노세키 조약 체결과 삼국 간섭은 을미사변 이전에 일어났으므로 (라) 시기에 해당한다.

13 (가) 개혁은 을미개혁(1895)이다. 을미사변 이후 김홍집 내각이 수립되어 태양력 사용, '건양' 연호 사용, 단발령 실시, 우편 사무 재개 등의 개혁이 추진되었다(을미개혁). 을미개혁은 고종이 아관 파천을 단행하면서 중단되었다.

〔알찬 선지 분석〕

① ✕ 제1차 갑오개혁 때 중국 연호를 폐지하고 개국 기년을 사용하였다.
② ◯ 고종이 신변의 안전을 확보하고 일본의 영향력을 약화하기 위해 러시아 공사관으로 피신하면서 을미개혁은 중단되었다.
③ ✕ 제1차 갑오개혁 때 조세의 금납화를 추진하였다.
④ ✕ 제2차 갑오개혁 때 의정부를 내각으로 개편하였다.
⑤ ✕ 제2차 갑오개혁 때 전국 8도를 23부로 재편하였다.

14 밑줄 친 '이 단체'는 독립 협회이다. 서재필 등 개화 지식인들의 주도로 창립된 독립 협회는 「구국 운동 상소문」을 올렸으며 언론·출판·집회·결사의 자유를 요구하였다.

〔알찬 선지 분석〕

ㄱ. ✕ 김옥균, 박영효 등의 급진 개화파는 갑신정변을 일으키고 문벌 폐지를 주장하였다.
ㄴ. ◯ 독립 협회는 「구국 운동 상소문」을 올리고 재정·군사·인사권의 자주적 행사를 주장하였다.
ㄷ. ✕ 독립 협회는 의회 설립을 통한 입헌 군주제를 추진하였다.
ㄹ. ◯ 독립 협회는 자유 민권 운동을 전개하고 언론·출판·집회·결사의 자유를 요구하였다.

15 (가)는 중추원이다. 독립 협회는 의회 설립을 추진하여 박정양 내각과의 협상을 통해 중추원 관제 공포를 이끌어냈다.

〔알찬 선지 분석〕

① ✕ 집강소는 농민군이 전주 화약 체결 이후 전라도 각지에 설치한 자치 기구이다.
② ✕ 교정청은 농민군과 전주 화약을 체결한 정부가 자주적 개혁 추진을 위해 설치한 기구이다.
③ ◯ 중추원은 독립 협회와 박정양 내각의 합의로 공포된 중추원 관제에 따라 의회의 기능을 담당하게 되었다.
④ ✕ 군국기무처는 일본군의 경복궁 점령 이후 설치되어 제1차 갑오개혁을 추진하였다.
⑤ ✕ 통리기무아문은 개항 이후 개화 정책 총괄 기구로 설치되었다.

16 자료는 관민 공동회에서 결의된 헌의 6조의 내용 일부이다. 헌의 6조는 고종의 재가를 얻었지만 수구 세력의 방해로 실현이 좌절되었다.

〔알찬 선지 분석〕

ㄱ. ✕ 박영효는 제2차 갑오개혁 때 김홍집과 연립 내각을 구성하고 개혁을 추진하였다.
ㄴ. ◯ 독립 협회는 정부 대신들과 함께 관민 공동회를 개최하고 헌의 6조를 결의하였다.
ㄷ. ◯ 헌의 6조는 수구 세력의 방해로 실천되지는 못하였다.
ㄹ. ✕ 대한 제국은 광무개혁을 추진하여 징병제 시행을 준비하고 장교를 육성하였다.

17 제시된 문서는 고종이 1899년에 반포한 대한국 국제이다. 대한 제국은 1900년 파리 만국 박람회에 참가하는 등 외교 활동을 전개하였다.

〔알찬 선지 분석〕

① ✕ 제1차 갑오개혁 때 과거제가 폐지되었다.
② ✕ 제2차 갑오개혁 때 교육 입국 조서가 반포되어 근대 교육 제도가 마련되었다.
③ ◯ 대한 제국 정부는 파리 만국 박람회에 참가하여 대한 제국의 자원과 산업을 소개하는 등 외교 활동을 전개하였다.
④ ✕ 제1차 갑오개혁 때 재정을 탁지아문으로 일원화하였다.
⑤ ✕ 제2차 갑오개혁 때 재판소를 설치하고 사법권을 독립시켰다.

18 제시된 자료는 광무개혁에 대한 것이다. 대한 제국을 수립한 고종은 부국강병을 위해 구본신참의 원칙을 바탕으로 양전 사업을 실시하는 등 광무개혁을 추진하였다.

〔알찬 선지 분석〕

① ✕ 을미개혁 때 단발령이 시행되었다.
② ✕ 제1차 갑오개혁 때 궁내부가 설치되어 왕실과 국정 사무를 분리하였다.
③ ◯ 대한 제국은 국가 재정 확보를 위해 양전 사업을 실시하고, 근대적 토지 소유 문서인 지계를 발급하였다.
④ ✕ 동학 농민군은 폐정 개혁안에서 천인 차별을 개선할 것을 주장하였다.
⑤ ✕ 독립 협회는 「독립신문」을 창간하여 국민을 계몽하고 국내 사정을 외국인에게 전달하였다.

19 〔채점 기준〕

상	조선에 청군이 주둔하였고, 조선을 청의 속국으로 명시한 조청 상민 수륙 무역 장정이 체결되어 조선에 대한 청의 내정 간섭이 시작되었다고 서술한 경우
중	청군의 주둔, 조청 상민 수륙 무역 장정 체결, 조선에 대한 청의 내정 간섭 시작 가운데 두 가지만 서술한 경우
하	청군 주둔, 조청 상민 수륙 무역 장정 체결 가운데 한 가지만 서술하거나 청의 내정 간섭이 시작되었다고만 서술한 경우

상	근대 국민 국가를 지향한 정치 개혁 운동, 갑오개혁에 영향을 주었다는 내용을 모두 서술한 경우
중	위 내용 중 하나만 서술한 경우
하	갑신정변의 의의를 서술하지 못한 경우

21   채점 기준

상	자치 기구인 집강소를 설치하고 폐정 개혁안을 실천했다고 서술한 경우
중	집강소 설치, 폐정 개혁안 실천 가운데 하나만 서술한 경우
하	농민군의 개혁 활동을 서술하지 못한 경우

144~145쪽

01 ④   **02** ③   **03** ②   **04** ①

01 제시된 계획을 토대로 일어난 사건은 갑신정변(1884)이다. 정변은 청군의 개입과 일본의 지원 철회로 3일 만에 실패하였다. 일본은 갑신정변 당시 일본 공사관이 불에 타고, 일본인 사상자가 발생한 책임을 물어 조선 정부에 공사관 신축비를 부담하게 하였다.

알찬 선지 분석

① ✖ 독립 협회와 박정양 내각의 협의 속에 중추원 관제가 마련되었다. 관선 의원 25명, 민선 의원 25명으로 구성되는 중추원이 의회와 같은 기능을 하게 되었다.

② ✖ 임오군란 이후 조선을 청의 속국으로 명시한 조청 상민 수륙 무역 장정이 체결되었다.

③ ✖ 대한 제국을 수립한 고종은 옛것을 근본으로 새것을 참고한다는 구본신참을 원칙으로 개혁을 실시하였다.

④ ◎ 갑신정변 당시 민중들은 일본 공사관을 습격하였다. 이에 일본은 조선에 파괴된 일본 공사관의 신축비를 요구하였다.

⑤ ✖ 정부와 전주 화약을 체결한 농민군은 전라도 각지에 자치 기구인 집강소를 설치하고 폐정 개혁안을 실천하였다.

키워드 꼬리 질문
Q1 갑신정변
Q2 김옥균, 박영효, 홍영식 등

02 제시된 자료는 유길준의 조선 중립화론이다. 갑신정변 이후 청의 간섭이 심화되고 고종이 러시아와 비밀 협약을 추진하자 영국은 러시아의 남하를 막는다는 구실로 거문도를 불법으로 점령하였다. 이에 유길준은 「중립론」을 집필하여 조선을 중립화할 것을 주장하였다. 따라서 중립화론이 제기된 시

기는 영국이 거문도를 점령한 직후인 (다)에 해당한다. 운요호 사건은 1875년, 제물포 조약 체결은 1882년, 거문도 사건은 1885년, 전주 화약 체결은 1894년, 아관 파천은 1896년, 독립 협회 해산은 1898년의 일이다.

키워드 꼬리 질문
Q1 유길준, 부들러
Q2 청

03 밑줄 친 '이 개혁'은 제1차 갑오개혁이다. 제1차 갑오개혁 때 공·사 노비 혁파가 이루어지는 등 갑신정변과 동학 농민 운동의 요구가 다수 반영되어 사회 변화가 일어났다.

알찬 선지 분석

① ✖ 대한 제국은 광무개혁을 추진하여 지계를 발급하는 등 개혁을 추진하였지만 황제권 강화에 집중하기도 하였다.

② ◎ 제1차 갑오개혁에서 공·사 노비가 혁파되고 조혼을 금하였으며 과부의 재혼을 허가하는 등 갑신정변과 동학 농민 운동의 요구가 다수 반영되었다.

③ ✖ 독립 협회는 헌의 6조를 결의하여 재정을 탁지부에서 전담할 것을 주장하였다.

④ ✖ 독립 협회는 자주 국권 운동을 전개하여 러시아 재정 고문을 철수시키는 등의 성과를 거두었다.

⑤ ✖ 김홍집·박영효 연립 내각이 수립되어 제2차 갑오개혁을 추진하였다.

키워드 꼬리 질문
Q1 제1차 갑오개혁
Q2 신분제 폐지, 조혼 금지, 과부 재가 허용, 고문과 연좌제 폐지 등

04 (가)는 대한 제국이고, 제시된 정책은 대한 제국이 실시한 지계 발급이다. 대한 제국은 양전 사업을 실시하여 재정을 확보하고 일부 지역에서 근대적 토지 소유 문서인 지계를 발급하였다. 또한 원수부를 설치하는 등 군제 개혁을 실시하였다.

알찬 선지 분석

① ◎ 대한 제국은 황제권과 국방력을 강화할 목적으로 원수부를 설치하여 황제가 군대를 통솔하게 하였다.

② ✖ 을미사변 이후 수립된 김홍집 내각은 태양력 실시, '건양' 연호 사용, 단발령 시행, 우편 사무 재개 등의 개혁을 단행하였다(을미개혁).

③ ✖ 개항 이후 조선 정부는 일본의 정세를 파악하고, 개화 정책에 대한 정보를 얻고자 박정양 등을 조사 시찰단으로 파견하였다.

④ ✖ 제1차 갑오개혁 당시 경제적으로는 탁지아문으로 재정을 일원화, 조세의 금납화 등의 개혁이 이루어졌다.

⑤ ✖ 정부와 전주 화약을 체결한 농민군은 전라도 각지에 집강소를 설치하고 폐정 개혁안을 실천하였다.

키워드 꼬리 질문
Q1 대한 제국
Q2 광무개혁

03 국권 침탈과 국권 수호 운동

개념 체크 문제

150쪽

포인트 Pick

❶ 한일 의정서 ❷ 외교권 ❸ 사법권 ❹ 칙령 제41호 ❺ 간도 협약 ❻ 13도 창의군 ❼ 스티븐스 ❽ 안중근 ❾ 헌정 연구회 ❿ 105인 사건

01 을사늑약　**02** ㄷ-ㅂ-ㄴ-ㄹ-ㄱ-ㅁ　**03** (1) X (2) ○ (3) X
04 (1) ⓒ (2) ㉠ (3) ⓛ　**05** (1) ⓛ (2) ⓛ (3) ㉠　**06** 신흥 강습소

실력 완성 문제

151~155쪽

01 ②　**02** ⑤　**03** ⑤　**04** ④　**05** ⑤　**06** ③
07 ③　**08** ④　**09** ⑤　**10** ②　**11** ⑤　**12** ④
13 ⑤　**14** ④　**15** ④　**16** ①　**17** ④　**18** ④
19 ④　**20** ⑤　**21** ⑤

22 예시 답안 정미의병은 해산 군인의 합류로 전투력과 조직력이 강화되었고, 다양한 계층의 참여로 전국적인 항일 의병 전쟁으로 발전하였다.

23 예시 답안 장인환과 전명운이 스티븐스를 처단하였고, 안중근이 이토 히로부미를 사살하였으며, 이재명이 매국노 이완용을 습격하였다.

24 (1) 한국 병합 조약　(2) 예시 답안 일제가 군대를 동원하여 공포 분위기를 조성한 가운데 강제로 체결되었으며 순종의 서명이 없기 때문에 국제법상 무효이다.

01 제시된 조약은 한일 의정서(1904)이다. 일제는 러일 전쟁을 일으키고 전쟁 수행에 필요한 한국 내 지역을 군사 기지로 사용하기 위해 한일 의정서 체결을 강요하였다.

알찬 선지 분석
① ✕ 조선이 운요호 사건을 계기로 일본과 체결한 강화도 조약에는 해안 측량권 허용이 포함되었다.
② ◎ 일제는 러일 전쟁을 일으킨 직후에 전쟁에 대한 제국의 영토를 활용할 목적으로 한일 의정서를 강요하였다.
③ ✕ 일제의 강요로 체결된 을사늑약에 따라 통감부가 설치되고 이토 히로부미가 초대 통감으로 부임하였다.
④ ✕ 고종의 강제 퇴위와 대한 제국의 군대 해산을 계기로 정미의병이 일어났다.
⑤ ✕ 청일 전쟁에서 승리한 일본이 랴오둥반도를 차지하자 러시아, 프랑스, 독일은 일본을 압박하였고, 이에 굴복한 일본은 랴오둥반도를 청에 돌려주었다(삼국 간섭).

02 러일 전쟁에서 승기를 잡은 일본은 미국과 가쓰라·태프트 밀약(1905)을 체결하여 한국에 대한 지배권을 인정받았으며, 미국의 필리핀 지배를 인정하였다.

알찬 선지 분석
① ✕ 청일 전쟁의 결과 시모노세키 조약이 체결되어 일본은 청으로부터 배상금과 함께 랴오둥반도, 타이완을 할양받았다.
② ✕ 갑신정변 이후 청의 내정 간섭이 심화되는 가운데 고종은 러시아와 비밀 협약을 추진하였다. 그러자 영국은 러시아의 남하를 막는다는 구실로 거문도를 불법 점령하였다.
③ ✕ 삼국 간섭을 통해 일본은 랴오둥반도를 청에 반환하였다.
④ ✕ 미국의 중재로 러일 전쟁이 종결되고 포츠머스 강화 조약이 체결되어 러시아가 일본의 한국 지배를 인정하였다.
⑤ ◎ 가쓰라·태프트 밀약을 통해 일본은 미국으로부터 한국에 대한 독점적 지배권을 인정받았다.

03 제시된 자료는 제2차 영일 동맹(1905), 포츠머스 강화 조약(1905)이다. 일본은 동맹과 전쟁을 통해 서구 열강으로부터 한국에 대한 독점적 지배권을 인정받았다.

알찬 선지 분석
① ✕ 동학 농민 운동을 계기로 청군과 일본군이 조선에 파견되어 있는 상황에서 일본군이 청군을 공격하여 청일 전쟁을 일으켰다.
② ✕ 을사늑약 체결 무렵 개화 지식인들은 실력 양성을 통해 국권을 회복하려는 애국 계몽 운동을 전개하였다.
③ ✕ 을미사변, 을사늑약, 대한 제국 군대 해산 등을 계기로 의병이 조직되어 항일 의병 운동을 전개하였다.
④ ✕ 흥선 대원군이 프랑스와 미국의 통상 요구를 거절하자 프랑스(병인양요)와 미국(신미양요)이 강화도를 침략하였다.
⑤ ◎ 일본은 제2차 영일 동맹과 러일 전쟁을 통해 영국, 러시아로부터 한국에 대한 독점적 지배권을 인정받았다.

04 밑줄 친 '조약'은 을사늑약(1905)이다. 일제는 강압적으로 을사늑약 체결을 강요하였다. 이를 통해 일제는 대한 제국의 외교권을 강탈하고 통감부를 설치하였다.

알찬 선지 분석
① ✕ 고종이 을사늑약의 부당함을 알리려고 헤이그에 특사를 파견하자 일제는 고종을 강제로 퇴위시켰다.
② ✕ 조선 정부는 일본의 정세를 파악하고 개화 정책을 추진하기 위해 비밀리에 조사 시찰단을 파견하였다.
③ ✕ 갑신정변 이후 청군과 일본군은 조선에서 철수하며, 향후 조선에 파병 시 서로 통보한다는 내용의 톈진 조약을 체결하였다.
④ ◎ 일제가 공포 분위기 속에서 강제로 체결한 을사늑약으로 대한 제국의 외교권이 강탈되었고, 통감부가 설치되었다.
⑤ ✕ 러일 전쟁 중 체결된 제1차 한일 협약에서는 일제가 추천한 고문 파견이 규정되었고, 메가타가 재정 고문으로 파견되었다.

05 밑줄 친 '특사단'은 헤이그 특사(1907)이다. 을사늑약이 체결되자 고종은 을사늑약의 무효를 주장하기 위해 이상설, 이준, 이위종을 헤이그의 만국 평화 회의에 특사로 파견하였다.

알찬 선지 분석
① ✕ 나철과 오기호는 '자신회'라는 5적 암살단을 조직하여 매국노

처단을 시도하였다.
② ❌ 일진회는 합방 청원서를 제출하여 합방 여론을 조성하였다.
③ ❌ 을미의병 일부는 해산 이후에도 활빈당과 영학당을 조직하여 무장 투쟁을 지속하였다.
④ ❌ 제1차 한일 협약에 따라 미국인 스티븐스가 대한 제국의 외교 고문으로 파견되었다.
⑤ ⭕ 고종은 헤이그 특사를 파견하여 세계 각국에 을사늑약의 부당함을 알리고자 했지만 일본의 방해로 실패하였다.

06 제시된 조약은 한일 신협약(1907)과 부수 각서이다. 이를 계기로 강제 해산된 대한 제국 군인이 정미의병에 합류하여 항쟁이 더욱 거세졌고, 의병 전쟁으로 발전하였다.

① ❌ 1909년 기유각서를 통해 대한 제국의 사법권이 강탈되었고 이듬해에는 경찰권이 강탈되었다.
② ❌ 일본인 메가타가 제1차 한일 협약에 따라 대한 제국의 재정 고문으로 파견되었다.
③ ⭕ 한일 신협약의 부수 각서에 따라 군대가 강제 해산되었다. 해산된 군인이 합류한 정미의병은 전투력이 크게 향상되었다.
④ ❌ 일본은 군대와 을사오적을 앞세워 을사늑약을 강제로 체결하였다.
⑤ ❌ 을사늑약이 체결되자 장지연은 『황성신문』에 「시일야방성대곡」을 게재하여 이를 비판하였다.

07 ㈎는 한일 의정서 체결(1904), ㈏는 13도 창의군의 서울 진공 작전이다(1908). 일본은 러일 전쟁 발발 직후 한일 의정서를 체결하였으며 전쟁이 끝날 무렵에는 영국과 동맹을 맺었다. 같은 해 을사늑약을 강제로 체결하였고 이를 계기로 등장한 을사의병에는 평민 의병장이 등장하였다.

ㄱ. ❌ 을미사변을 계기로 일어난 을미의병은 고종이 단발령을 취소하고 의병 해산 권고 조칙을 내리자 해산하였다.
ㄴ. ⭕ 을사늑약 체결(1905) 이후 을사의병 활동 시기에는 신돌석 등 평민 의병장이 등장하였다.
ㄷ. ⭕ 일본은 영국과의 동맹(1905)을 통해 한국에 대한 독점적 지배권을 인정받으려 하였다.
ㄹ. ❌ 13도 창의군의 서울 진공 작전 실패 이후 호남에서 의병 활동이 활발하게 일어나자 일본은 '남한 대토벌' 작전을 전개하였다.

08 ㈎는 기유각서(1909), ㈏는 제1차 한일 협약(1904), ㈐는 을사늑약(1905)이다. 일제는 러일 전쟁 중 제1차 한일 협약을 강요하여 재정·외교 고문을 파견하고 대한 제국의 내정에 간섭하였다. 러일 전쟁 이후에는 을사늑약을 강요하여 대한 제국의 외교권을 강탈하고 통감부를 설치하였다. 이후 기유각서를 통해 대한 제국의 사법권도 강탈하였다.

09 밑줄 친 '이 섬'은 독도이다. 독도는 삼국 시대부터 우리나라

고유의 영토로, 대한 제국은 「칙령 제41호」를 통해 독도가 우리나라 영토임을 분명히 하였다. 하지만 일제는 러일 전쟁 중 독도를 불법적으로 자국 영토에 편입시켰다.

① ❌ 조선은 청과 협의하여 백두산정계비를 세웠다. 이후 백두산정계비의 내용 해석을 두고 간도 귀속 분쟁이 발생하였다.
② ❌ 일본 군함 운요호는 강화도를 침략하여 조선 강화 수비대와 충돌한 후 영종도에 상륙하여 살인과 방화를 저질렀다.
③ ❌ 러시아는 부산 앞바다의 절영도 조차를 요구하였고, 이에 독립 협회가 만민 공동회를 개최하여 이권 수호 운동을 전개하였다.
④ ❌ 갑신정변 이후 조선이 러시아와 밀약을 추진하자 영국은 러시아의 남하를 막는다는 구실로 거문도를 불법 점령하였다.
⑤ ⭕ 대한 제국은 「칙령 제41호」를 반포하고 대내외적으로 독도가 대한 제국 영토임을 명확히 하였다.

10 대한 제국은 1907년 제작한 지도에서 간도 일부를 대한 제국 영토로 표시하였고 이범윤을 간도 관리사로 파견하였다.

① ❌ 정미의병이 항쟁한 시기에 13도 창의군은 경기도 양주에 집결하였다.
② ⭕ 대한 제국은 이범윤을 간도 관리사로 임명하여 간도를 관리하도록 하였다.
③ ❌ 안창호는 평양에 대성 학교를 세워 민족 교육을 실시하였다.
④ ❌ 동학 농민군은 제1차 봉기 이후 외세가 개입하자 정부와 전주 화약을 체결하였다.
⑤ ❌ 이재명은 명동 성당 인근에서 을사오적 중 한 명인 이완용을 습격하여 중상을 입혔다.

11 자료는 을미의병에 관한 내용이다. 을미사변과 단발령 실시에 반발하여 양반 유생의 주도로 을미의병이 일어났다. 을미의병은 고종의 해산 권고 조칙으로 해산하였다.

ㄱ. ❌ 정미의병이 점차 조직력을 키워서 이인영을 총대장, 허위를 군사장으로 13도 창의군이 결성되었고 서울 진공 작전을 전개하였다.
ㄴ. ❌ 유생 최익현, 평민 신돌석 등이 을사의병을 일으켰다.
ㄷ. ⭕ 을미의병은 유인석, 이소응 등 유생층이 주도하였고, 농민과 동학 농민군의 잔여 세력이 가담하였다.
ㄹ. ⭕ 아관 파천 이후 고종이 단발령을 취소하고 의병 해산 권고 조칙을 내리자 을미의병은 해산하였다.

12 밑줄 친 '의병'은 을사의병이다. 을사의병은 최익현 등 유생층뿐만 아니라 신돌석과 같은 평민 의병장이 활약하였다.

① ❌ 임오군란 이후 민씨 일파를 비롯한 친청 세력이 정권을 장악하자 위기감을 느낀 급진 개화파는 갑신정변을 일으켰다.
② ❌ 다양한 계층이 참여한 정미의병은 점차 전투력을 갖추었다.

또한 연합 의병 부대인 13도 창의군이 결성되어 서울 진공 작전
이 전개되었다.

③ ❌ 동학 농민군은 청군과 일본군이 조선에 상륙하자 조선 정부와
전주 화약을 체결하였다.

④ ⭕ 을사의병이 일어난 시기에 평민 의병장 신돌석은 경상도와 강
원도 일대에서 유격전을 전개하여 일본군에 타격을 주었다.

⑤ ❌ 개화 정책이 추진되면서 창설된 별기군에 비해 열악한 대우를
받던 구식 군인은 차별 대우에 반발하여 임오군란을 일으켰다.

13 제시된 자료는 13도 창의군의 주장과 서울 진공 작전에 대한
것이다. 정미의병이 활동한 시기에는 의병 연합 부대로 13도
창의군이 결성되어 서울 진공 작전이 단행되었다.

알찬 선지 분석

① ❌ 삼국 간섭 이후 고종이 친러 정책을 추진하자 일본은 조선에
서의 영향력을 회복하고자 명성 황후를 시해하였다(을미사변).

② ❌ 제2차 봉기를 일으킨 동학 농민군은 공주 우금치에서 정부·
일본군과 충돌하였지만 패배하였다.

③ ❌ 대한 제국을 수립한 고종은 대한국 국제를 반포하여 대한 제
국이 전제 군주정임을 명문화하였다.

④ ❌ 급진 개화파는 우정총국 개국 축하연에서 정변을 일으켜 개화
당 정부를 수립하고 개혁 정강을 발표하였지만, 청군의 개입과 일
본의 지원 약속 철회로 실패하였다.

⑤ ⭕ 경기도 양주에 집결한 13도 창의군은 서울 진공 작전을 전개
하였으나, 우세한 화력을 지닌 일본군에 가로막히고 말았다.

14 제시된 인물은 최익현이다. 최익현은 개항 반대 운동을 펼쳤
고, 을사늑약이 체결되자 전라도 태인에서 의병을 일으켰다.

알찬 선지 분석

① ❌ 서재필 등 개화 지식인은 독립문을 건립한다는 명목으로 독립
협회를 창립하였다.

② ❌ 이상설, 이준, 이위종은 고종의 특사로 네덜란드 헤이그에 파
견되었다.

③ ❌ 전봉준 등 농민들은 고부 군수 조병갑의 폭정에 저항하여 고
부 농민 봉기를 일으켰다.

④ ⭕ 최익현은 을사늑약이 체결되자 제자들과 함께 전라도 태인에
서 의병을 일으켰다.

⑤ ❌ 이인영을 총대장, 허위를 군사장으로 13도 창의군이 결성되
어 1908년 서울 진공 작전을 전개하였다.

15 제시된 주장은 안중근의 『동양 평화론』의 내용이다. 연해주에
서 의병을 이끌던 안중근은 하얼빈에서 이토 히로부미를 사
살하였다.

알찬 선지 분석

① ❌ 장인환과 전명운은 샌프란시스코에서 대한 제국의 외교 고문
으로 일제의 한국 지배를 옹호하던 스티븐스를 처단하였다.

② ❌ 나철과 오기호는 '자신회'라는 5적 암살단을 조직하여 을사오
적과 매국노를 처단하려 하였다.

③ ❌ 이재명은 명동 성당 앞에서 이완용을 습격하여 중상을 입혔다.

④ ⭕ 안중근은 을사늑약 체결을 주도한 이토 히로부미를 하얼빈에
서 사살하였다.

⑤ ❌ 장지연은 『황성신문』에 「시일야방성대곡」을 게재하고 을사늑
약 체결과 을사오적을 비판하였다.

16 (가) 인물은 이재명이다. 이재명은 매국노를 처단하는 것이 국
권을 지키는 일이라 여기고 명동 성당 앞에서 이완용을 습격
하여 중상을 입혔다.

알찬 선지 분석

① ⭕ 이재명은 명동 성당 앞에서 이완용에게 중상을 입혔다.

② ❌ 안중근은 을사늑약 체결을 주도한 이토 히로부미를 하얼빈에
서 사살하였다.

③ ❌ 서재필은 개화 지식인들과 함께 독립문 건립을 명목으로 독립
협회를 창립하였다.

④ ❌ 이인영은 의병 연합 부대인 13도 창의군의 총대장으로 추대
되었다.

⑤ ❌ 장인환과 전명운은 샌프란시스코에서 외교 고문으로 파견되
었던 스티븐스를 처단하였다.

17 (가) 운동은 애국 계몽 운동이다. 개화 지식인과 자본가들은
사회 진화론을 수용하여 실력을 키워 국권을 회복하자는 애
국 계몽 운동을 전개하였다.

알찬 선지 분석

① ❌ 보수적 유생들은 서양과 일본을 조선의 전통 질서를 파괴하려
는 오랑캐로 인식하고 위정척사 운동을 전개하였다.

② ❌ 전주 화약 체결 이후 농민군은 전라도 각지에 집강소를 설치
하고 폐정 개혁안을 실천하였다.

③ ❌ 독립 협회는 정부 대신과 시민, 학생 등이 참여한 관민 공동회
를 개최하여 헌의 6조를 채택하였다.

④ ⭕ 개화 지식인들과 자본가들은 사회 진화론을 수용하여 국권 회
복을 위해서는 실력 양성이 필요하다고 강조하며 애국 계몽 운동
을 전개하였다.

⑤ ❌ 대한 제국은 부국강병을 위해 구본신참을 원칙으로 광무개혁
을 단행하였다.

18 러일 전쟁 중 일제가 황무지 개간권을 요구하자 보안회가 결
성되어 반대 운동을 전개하였고, 요구를 저지시키는 데 성공
하였다. 청일 전쟁 발발은 1894년, 을미사변은 1895년, 아관
파천은 1896년, 순종 즉위는 1907년, 국권 피탈은 1910년의
일이다.

19 (가) 단체는 대한 자강회이다. 대한 자강회는 입헌 군주제를
지향하였으며 고종 퇴위 반대 운동을 전개하였다.

알찬 선지 분석

ㄱ. ❌ 독립 협회는 정부 대신과 시민, 학생 등이 참여한 관민 공동
회를 개최하였다.

ㄴ. ◎ 헌정 연구회를 계승한 대한 자강회는 입헌 군주제를 지향하였다.

ㄷ. ✕ 신민회는 평양에 대성 학교, 정주에 오산 학교를 설립하고 민족 교육을 실시하였다.

ㄹ. ◎ 일제에 의해 고종이 강제 퇴위당하자, 대한 자강회는 고종 퇴위 반대 운동을 전개하였고. 일제의 탄압으로 해산되었다.

20 밑줄 친 '이 단체'는 신민회이다. 신민회의 국내 조직은 일제가 날조한 105인 사건으로 사실상 해산되었다.

알찬 선지 분석

① ✕ 대한 제국은 근대적 토지 소유 문서인 지계를 발급하는 등 구본신참을 원칙으로 광무개혁을 추진하였다.

② ✕ 『해조신문』은 언론 활동을 통해 연해주에서 일제의 침략상을 알렸다.

③ ✕ 대한 자강회는 헌정 연구회를 계승하여 조직되었다.

④ ✕ 보안회는 반대 운동을 통해 러일 전쟁 중 일제의 황무지 개간권을 요구를 저지하였다.

⑤ ◎ 안창호, 양기탁 등이 비밀 결사로 조직한 신민회는 공화 정체의 근대 국민 국가를 지향하며 실력 양성을 추진하였다.

21 신민회는 민족 교육 실시를 위해 대성 학교와 오산 학교를 설립하였다. 또한 산업 육성을 위해 태극 서관과 자기 회사를 설립하고 국외 독립운동 기지 건설을 추진하였다.

알찬 선지 분석

① ✕ 독립 협회는 최초의 근대적 민중 집회인 만민 공동회를 개최하여 러시아의 이권 침탈을 규탄하였다.

② ✕ 헌정 연구회를 계승한 대한 자강회는 교육과 산업 진흥을 통한 실력 양성을 강조하며 국권 수호 운동을 전개하였다.

③ ✕ 정미의병 당시 이인영을 총대장으로, 허위를 군사장으로 13도 창의군이 결성되어 서울 진공 작전을 전개하였다.

④ ✕ 동학 교도들은 교조 최제우의 누명을 벗기고, 포교의 자유를 얻고자 교조 신원 운동을 전개하였다.

⑤ ◎ 신민회는 국외 독립운동 기지 건설을 추진하여 남만주 삼원보에 한인촌을 건설하고 신흥 강습소를 설립하였다.

22 채점 기준

상	관련된 의병이 정미의병임을 쓰고 해산 군인의 합류로 전투력이 강화되었다는 점과 다양한 계층의 참여로 전국적인 의병 전쟁으로 발전했다는 점을 모두 서술한 경우
중	위의 내용 가운데 두 가지만 서술한 경우
하	위의 내용 가운데 한 가지만 서술한 경우

23 채점 기준

상	장인환과 전명운의 스티븐스 처단, 안중근의 이토 히로부미 처단, 이재명의 이완용 습격을 모두 서술한 경우
중	위의 내용 가운데 두 가지만 서술한 경우
하	위의 내용 가운데 한 가지만 서술한 경우

24 채점 기준

상	순종의 서명이 없는 점과 일제가 강제로 체결하였다는 점을 모두 서술한 경우
중	위의 내용 가운데 한 가지만 서술한 경우
하	위의 내용을 제대로 작성하지 못한 경우

고난도 공략 문제

156~157쪽

01 ② **02** ② **03** ② **04** ⑤

01 밑줄 친 '합의'는 가쓰라·태프트 밀약(1905)이다. 러일 전쟁의 승기를 잡은 일본은 총리 가쓰라가 미국 육군 장관 태프트와 밀약을 맺고 한국과 필리핀에 대한 지배권을 서로 인정하였다. 고종의 국외 중립 선언은 러일 전쟁 발발 직전, 제1차 한일 협약은 1904년 8월, 을사늑약 체결은 1905년, 고종 강제 퇴위는 1907년, 기유각서 체결은 1909년, 국권 피탈은 1910년이다.

키워드 꼬리 질문

Q1 가쓰라 · 태프트 밀약

Q2 포츠머스 강화 조약

02 (가) 조약은 을사늑약(1905)이다. 일제는 이완용, 박제순 등의 을사오적과 군대를 동원하여 을사늑약 체결을 강요하였다. 일제는 을사늑약을 통해 통감부를 설치하고 대한 제국의 외교권을 강탈하였다.

알찬 선지 분석

① ✕ 러일 전쟁 중에 한일 의정서와 제1차 한일 협약이 체결되었다.

② ◎ 을사늑약에서는 외교 사무를 대행할 통감을 둘 것을 규정하였다. 이에 따라 통감부가 설치되었다.

③ ✕ 러일 전쟁 중에 체결된 제1차 한일 협약에서는 재정 및 외교 고문 파견을 규정하였다.

④ ✕ 갑신정변을 계기로 조선은 일본과 한성 조약을 체결하여 일본에 배상금을 지급하고, 일본 공사관의 신축비를 부담하게 되었다.

⑤ ✕ 고종을 강제로 퇴위시키고 순종을 즉위시킨 일제는 한일 신협약(정미 7조약)을 강요하였다. 한일 신협약에 따라 대한 제국 정부에 일본인 차관이 임명되어 내정 간섭이 심화되었다.

키워드 꼬리 질문

Q1 을사늑약

Q2 통감부

03 밑줄 친 '연합 부대'는 13도 창의군이다. 정미의병 당시 이인영을 총대장, 허위를 군사장으로 결성된 의병 연합 부대인 13도 창의군은 서울 진공 작전을 전개하였다.

① ✕ 을미사변과 단발령을 계기로 일어난 을미의병은 아관 파천 이후 고종이 해산 권고 조칙을 내리자 대부분 해산하였다.

② ◯ 13도 창의군은 서울 진공 작전을 전개하였지만, 우세한 화력을 갖춘 일본군에게 가로막히며 실패하였다.

③ ✕ 미국이 제너럴 셔먼호 사건을 구실로 강화도를 침략하자 광성보에서 어재연이 이끄는 조선 수비대가 결사 항전하였다.

④ ✕ 일제가 을사늑약을 강요하여 대한 제국의 외교권을 강탈하자 최익현, 민종식 등이 을사의병을 일으켰다.

⑤ ✕ 남접과 북접의 연합 부대를 결성한 동학 농민군은 우금치에서 일본군 및 관군과 전투를 펼쳤지만 패배하였다.

키워드 꼬리 질문
Q1 13도 창의군
Q2 서울 진공 작전

04 (가) 단체는 신민회이다. 비밀 결사로 조직된 신민회는 공화 정체의 근대 국가를 지향하며 실력 양성을 위해 교육 분야뿐만 아니라 산업 분야에서도 회사를 설립하는 등 여러 활동을 전개하였다.

① ✕ 서재필 등 개화 지식인과 정부 관료가 창립한 독립 협회는 국민의 성금을 모아 독립문을 건립하였다.

② ✕ 정미의병 당시 호남에서 의병 활동이 활발하자 일제는 '남한 대토벌' 작전을 전개하였다.

③ ✕ 『신한민보』는 미주에서 일제의 침략상을 알렸다.

④ ✕ 헌정 연구회를 계승한 대한 자강회는 전국에 지회를 설립하고, 월보를 간행하며 민중 계몽 활동을 전개하였다.

⑤ ◯ 신민회는 민족 산업 육성을 위해 태극 서관과 자기 회사를 설립하였다.

키워드 꼬리 질문
Q1 신민회
Q2 자기 회사 설립, 방직 공장과 연초 공장 운영

04 사회·경제의 변화와 문화 변동

개념 체크 문제

162쪽

포인트 Pick

❶ 조청 상민 수륙 무역 장정 ❷ 아관 파천 ❸ 메가타 ❹ 조일 통상 장정 ❺ 보안회 ❻ 대구 ❼ 육영 공원 ❽ 대한매일신보 ❾ 신채호 ❿ 대종교

01 (1) ◯ (2) ✕ (3) ✕ **02** (1) ㉠ (2) ㉠ **03** (1) ㄹ (2) ㄴ (3) ㄱ (4) ㄷ **04** (1) ㉡ (2) ㉢ (3) ㉠ **05** 신채호

실력 완성 문제

163~167쪽

01 ③	**02** ⑤	**03** ①	**04** ④	**05** ⑤	**06** ②
07 ②	**08** ⑤	**09** ④	**10** ①	**11** ⑤	**12** ⑤
13 ①	**14** ⑤	**15** ①	**16** ①	**17** ③	**18** ②
19 ③	**20** ③				

21 예시 답안 화폐 정리 사업이 단행되어 백동화 등 기존 화폐를 일본 제일 은행권으로 교환하는 과정에서 백동화의 가치를 제대로 인정해주지 않았다.

22 예시 답안 지방관이 곡물 유출을 막기 위해 조일 통상 장정에 근거하여 방곡령을 선포하였다.

23 예시 답안 영국인 베델이 발행인으로 참여하여 일제의 사전 검열로부터 비교적 자유로웠기 때문이다.

01 제시된 상황은 거류지 무역이 이루어진 시기의 모습이다. 조일 수호 조규 부록(1876)에 따라 일본 상인은 개항장 10리 이내의 거류지에서만 활동할 수 있었다. 임오군란(1882) 이후 청 상인의 상권이 확대됨에 따라 점차 일본 상인도 개항장 밖으로 진출하였다.

① ✕ 미국으로부터 경인선 부설권을 사들인 일제는 1899년에 경인선 철도를 개통하였다.

② ✕ 외국 상인이 상권을 침탈하자 시전 상인들은 1898년 황국 중앙 총상회를 조직하여 상권 수호 운동을 전개하였다.

③ ◯ 조일 수호 조규 부록(1876)으로 개항장에서 일본 화폐 유통이 허용되었다.

④ ✕ 거류지 무역이 전개된 시기에 일부 객주와 보부상 등은 개항장의 일본 상인과 내륙의 조선 상인을 연결하는 중개 무역을 통해 부를 축적하였다.

⑤ ✕ 러일 전쟁 중 일본이 황무지 개간권을 요구하자 1904년 보안회는 반대 운동을 전개하여 일제의 요구를 저지시켰다.

02 제시된 조약은 조청 상민 수륙 무역 장정(1882)이다. 임오군란 이후 청의 내정 간섭이 심해지는 가운데 조선은 청과 조청 상민 수륙 무역 장정을 체결하였고, 청 상인은 이를 근거로

내륙으로 진출하여 활동하였다.

① ❌ 일제는 빼앗은 토지와 자원을 관리하고, 일본인의 농업 이민을 장려하기 위해 동양 척식 주식회사를 설립하였다(1908).

② ❌ 러일 전쟁을 일으킨 일본은 군사적 목적으로 경부선을 부설하였다(1905).

③ ❌ 러일 전쟁 중 일본은 황무지 개간권을 요구하였다.

④ ❌ 개항 초기 일본 상인은 조일 수호 조규 부록(1876)에 따라 허용된 지역 안에서 거류지 무역을 전개하였다.

⑤ ⭕ 조청 상민 수륙 무역 장정을 통해 내륙으로 진출하게 된 청 상인은 조선의 상권을 두고 일본 상인과 치열하게 경쟁하였다.

03 조일 통상 장정에서는 일본에 관세를 설정하였고, 방곡령 선포 규정이 포함되었지만 최혜국 대우가 규정되었다.

① ⭕ 함경도와 황해도 관찰사 등은 조일 통상 장정을 근거로 방곡령을 선포하였다.

② ❌ 제1차 한일 협약에서 재정·외교 고문 파견이 규정되었고, 이에 따라 메가타가 재정 고문으로 파견되었다.

③ ❌ 러일 전쟁 중 일제가 황무지 개간권을 요구하자 정부 관리와 기업가들이 농광 회사를 설립하여 직접 개간하고자 하였다.

④ ❌ 조선은 미국과 체결한 조미 수호 통상 조약을 통해 처음으로 외국에 최혜국 대우를 인정하였다.

⑤ ❌ 강화도 조약에서 부산 등 3개 항구를 개항할 것을 규정하였고, 이에 따라 부산, 원산, 인천이 차례로 개항되었다.

04 재정 고문 메가타는 화폐 정리 사업을 실시하였고 일본 제일 은행권을 법정 통화로 삼았다. 이 과정에서 기존에 유통되던 백동화의 가치를 제대로 인정하지 않으면서 한국인 상인과 자본가들이 몰락하였다.

ㄱ. ❌ 화폐 정리 사업은 제1차 한일 협약 체결 이후에 추진되었다.

ㄴ. ⭕ 화폐 정리 사업을 추진한 결과 기존의 상평통보와 백동화를 대신하여 일본 제일 은행권이 법정 통화가 되었다.

ㄷ. ❌ 국채 보상 운동이 『대한매일신보』 등 언론의 지원을 받아 전국으로 확산되었다.

ㄹ. ⭕ 제1차 한일 협약에 따라 파견된 재정 고문 메가타가 화폐 정리 사업을 주도하였다.

05 제시된 자료는 황국 중앙 총상회 장정이다. 외국 상인이 내륙으로 진출하여 상권을 침탈하자 시전 상인들은 외국 상점의 퇴거를 요구하며 철시 투쟁을 전개하였고, 황국 중앙 총상회를 조직하였다.

① ❌ 일제의 황무지 개간권 요구에 대응해 정부 관리와 기업가들이 농광 회사를 설립하여 직접 황무지를 개간하려 하였다.

② ❌ 외국의 침탈에 대응하고자 1896년 최초의 민간 은행인 조선 은행이 설립되었다.

③ ❌ 화폐 정리 사업은 재정 고문 메가타 주도로 실시되었다.

④ ❌ 개항 이후 일본 상인에 의한 곡물 유출이 심해지자, 지방관이 조일 통상 장정을 근거로 방곡령을 선포하였다.

⑤ ⭕ 시전 상인들은 황국 중앙 총상회를 조직하여 외국 상인의 불법적 상업 활동을 막는 상권 수호 운동을 전개하였다.

06 제시된 상황은 러시아의 절영도 조차 요구와 관련 있다. 청일 전쟁 발발은 1894년, 아관 파천 단행은 1896년, 러일 전쟁 발발은 1904년, 을사늑약 체결은 1905년, 국채 보상 운동은 1907년, 국권 피탈은 1910년의 일이다. 아관 파천으로 고종이 러시아 공사관에 머물렀던 ② (나) 시기에 러시아가 부산 앞바다의 절영도 조차를 요구하였다. 이에 독립 협회는 만민 공동회를 개최하고 이권 수호 운동을 전개하여 러시아의 절영도 조차 요구를 저지하였다.

07 제시된 자료는 러일 전쟁 중 일제가 나가모리라는 일본인을 내세워 대한 제국에 황무지 개간권을 요구한 것이다.

ㄱ. ⭕ 일제가 황무지 개간권을 요구하자 정부 관리와 기업가들이 농광 회사를 설립하여 직접 황무지를 개간하고자 하였다.

ㄴ. ❌ 개항 이후 일본 상인에 의한 곡물 유출로 곡물 가격이 폭등하였다. 이런 가운데 흉년이 겹쳐 곡물이 부족해지자, 지방관이 조일 통상 장정을 근거로 방곡령을 선포하였다.

ㄷ. ⭕ 일제가 황무지 개간권을 요구하자 보안회가 결성되어 반대 운동을 전개하였고, 일제의 요구를 저지시켰다.

ㄹ. ❌ 독립 협회는 러시아의 이권 침탈을 규탄하였다.

08 밑줄 친 '이 운동'은 국채 보상 운동이다. 일본에 진 나랏빚을 갚아 국권을 회복하자는 운동이 전개되어 전국으로 확산되었다. 국채 보상 운동 당시 각계각층에서 모금 활동을 전개하였는데, 여성들이 비녀와 가락지를 모아 성금으로 내며 주체적으로 활동하였다.

① ❌ 이화 학당은 개신교 선교사가 설립하였고, 근대 학문을 가르쳤다.

② ❌ 한성의 양반 부인들이 「여권통문」을 발표하여 여성도 교육을 받고 경제적 능력을 갖추어야 한다고 주장하였고, 이를 계기로 근대적 여성 단체인 찬양회가 조직되었다.

③ ❌ 갑신정변 이후 미국 선교사 알렌의 건의로 최초의 서양식 병원인 광혜원(이후 제중원으로 개칭)이 세워졌다.

④ ❌ 원각사는 광화문 앞에 세워진 최초의 서양식 극장으로, 신극이 공연되었다.

⑤ ⭕ 서상돈 등을 중심으로 대구에서 국채 보상 운동이 시작되어 전국으로 확산되었다.

09 (가) 운동은 국채 보상 운동이다. 일본에 진 나랏빚을 갚아 국

권을 지키자는 국채 보상 운동이 전개되자 각계각층에서 금주, 금연, 가락지 모으기 등을 통해 성금을 마련하였다.

ㄱ. ✕ 시전 상인들은 외국 상인의 상권 침투를 규탄하며 황국 중앙 총상회를 조직하고 상권 수호 운동을 전개하였다.
ㄴ. ◎ 국채 보상 운동은 『대한매일신보』, 『황성신문』 등 언론의 지원을 받아 전국으로 확산되었다.
ㄷ. ✕ 일제가 황무지 개간권을 요구하자 전직 관료와 유생 등을 중심으로 보안회가 결성되어 반대 운동을 전개하였다.
ㄹ. ◎ 국채 보상 운동이 일어나자 한성(서울)에서 국채 보상 기성회가 조직되어 모금 운동을 벌였다.

10 (가) 철도는 경인선이다. 경인선 부설권을 미국으로부터 사들인 일제는 1899년에 경인선을 부설하였다.

① ◎ 서울과 인천을 연결하는 경인선은 우리나라에서 최초로 개통된 철도로, 일본에 의해 부설되었다.
② ✕ 경인선은 러일 전쟁 발발 이전에 개통되었다.
③ ✕ 한성(서울)과 부산을 연결하는 경부선은 러일 전쟁 중 일제에 의해 부설되었다.
④ ✕ 박문국은 1883년 설치되어 『한성순보』를 발간하였다.
⑤ ✕ 한성 전기 회사는 1899년 서대문에서 청량리를 오가는 전차를 개통하였다.

11 조선 정부는 근대 교육 기관인 육영 공원을 설립하여 젊은 관리와 양반 자제들에게 근대 학문을 가르쳤다.

① ✕ 함경도 덕원의 주민과 관리들은 1883년에 최초의 근대식 학교인 원산 학사를 설립하여 근대 학문을 가르쳤다.
② ✕ 국문 사용이 점차 늘어나자 대한 제국은 국문 연구소를 세워 한글 문법을 체계적으로 연구하였다.
③ ✕ 정부는 1883년에 외국어 교육 기관인 동문학을 설립하여 통역관을 양성하였다.
④ ✕ 1895년 교육 입국 조서를 반포한 고종은 한성 사범 학교, 외국어 학교 등을 설립하여 근대식 교육 제도를 마련하였다.
⑤ ◎ 정부는 1886년 육영 공원을 설립하고 헐버트 등 미국인 강사를 초빙하여 영어, 수학 등 근대 학문을 가르쳤다.

12 제시된 자료는 교육 입국 조서(1895)이다. 고종은 교육 입국 조서를 반포하고 소학교, 한성 사범 학교와 외국어 학교 등을 설립하였다.

① ✕ 교육 입국 조서는 제2차 갑오개혁 때인 1895년에 반포되었다.
② ✕ 배재 학당은 개신교 선교사에 의해 세워졌다.
③ ✕ 애국 계몽 운동이 전개되면서 민족 운동가들이 사립 학교를 세웠다.
④ ✕ 교육 입국 조서로 인해 여학교가 설립되지는 않았다.

⑤ ◎ 고종은 교육 입국 조서를 반포하고 한성 사범 학교와 외국어 학교 등의 관립 학교를 세워 근대적 교육 제도를 마련하였다.

13 밑줄 친 '이 신문'은 『독립신문』이다. 서재필은 정부의 지원을 받아 『독립신문』을 창간하였다. 『독립신문』은 최초의 순 한글 신문으로 발행되어 민중을 계몽하였으며, 영문판도 발행하여 외국에 소식을 전하였다.

① ◎ 갑신정변 이후 미국으로 망명하였다가 돌아온 서재필은 우리나라 최초의 민간 신문인 『독립신문』을 창간하였다.
② ✕ 개항 이후 정부는 박문국을 설치하고 우리나라 최초의 신문인 『한성순보』를 발행하여 개화 정책을 홍보하였다.
③ ✕ 국채 보상 운동은 『대한매일신보』, 『황성신문』 등 언론의 지원 속에 전국으로 확산되었다.
④ ✕ 을사늑약이 체결되자 을사늑약과 을사오적을 비판하는 내용을 담은 「시일야방성대곡」이 『황성신문』에 게재되었다.
⑤ ✕ 양기탁 등 애국지사들이 운영한 『대한매일신보』는 영국인 베델이 발행인으로 참여하여 일제의 간섭에서 비교적 자유로웠다.

14 밑줄 친 '신문'은 『대한매일신보』이며, '피고인'은 베델이다. 양기탁 등 애국지사들이 운영한 『대한매일신보』에는 영국인 베델이 발행인으로 참여하였다.

① ✕ 전환국은 화폐를 주조하는 업무를 하였다.
② ✕ 박문국에서 발행된 『한성순보』는 우리나라 최초의 신문이며 순 한문으로 발행되었다.
③ ✕ 서민과 부녀자를 주 독자층으로 한 『제국신문』은 순한글로 발행되었다.
④ ✕ 서재필은 정부의 지원을 받아 최초의 민간 신문인 『독립신문』을 창간하였다.
⑤ ◎ 『대한매일신보』는 영국인 베델이 발행인으로 참여하여 일제의 간섭으로부터 비교적 자유로울 수 있었고, 이에 항일 논조의 기사를 다수 게재하여 인기가 높았다.

15 제시된 자료는 갑오개혁 당시의 신분제 폐지 내용과 관민 공동회에서 백정 출신 박성춘이 한 연설 내용이다. 갑오개혁으로 신분제가 폐지되고 백정 출신이 연단에 서는 등 평등사상이 확산되었다.

① ◎ 개항 이후 평등 사회를 지향하는 움직임이 일어났고, 이러한 사회적 요구가 반영되어 갑오개혁 때 신분제가 폐지되었다. 이후 차별받던 백정이 관민 공동회 연단에 서는 등 평등사상이 확산되었다.
② ✕ 신채호는 「독사신론」을 저술하여 민족을 역사 연구의 주체로 설정하고 민족주의 사학의 토대를 마련하였다.
③ ✕ 교육 입국 조서가 반포되고 한성 사범 학교와 외국어 학교 등이 설립되면서 근대적 교육 제도가 마련되었다.

④ ✕ 열강의 경제 침탈이 확산되는 가운데 이를 막아내기 위한 경제적 구국 운동이 여러 분야에 걸쳐 전개되었다.

⑤ ✕ 일본의 침략에 저항하여 을미의병, 을사의병, 정미의병 등이 활동하였다.

16 개항 이후 민권 의식이 성장하고, 여성들의 사회적 지위와 활동에 대한 인식이 변화되었다. 이런 가운데 최초의 근대적 여성 단체인 찬양회가 조직되었고, 국채 보상 운동에도 여성들이 주체적으로 참여하였다.

① ◎ 한성의 양반 부인들은 「여권통문」을 발표하여 여성 교육의 필요성과 직업을 가질 권리, 정치에 참여할 권리 등을 주장하였다. 이를 계기로 찬양회가 조직되었다.

② ✕ 정부는 미국에 파견되었던 보빙사의 건의를 수용하여 육영 공원을 설립하고, 미국인 강사를 초빙하여 상류층 자제에게 영어, 수학 등 근대 학문을 가르쳤다.

③ ✕ 교육 입국 조서 반포 이후 근대적 교육 제도가 마련되었고 한성 사범 학교와 외국어 학교 등이 설립되었다.

④ ✕ 일제의 강요로 을사늑약이 체결되자 장지연은 『황성신문』에 이를 비판하는 「시일야방성대곡」을 게재하였다.

⑤ ✕ 서양 문화가 들어오면서 문학 분야에 변화가 일어나 신소설과 신체시가 등장하였다.

17 (가) 종교는 천도교이다. 동학 농민 운동 이후 동학의 교세가 약화되자 손병희는 동학을 천도교로 개칭하고 『만세보』를 발간해 계몽 운동을 전개하였다.

① ✕ 한용운은 『조선불교유신론』을 통해 조선 불교의 자주성을 회복하고자 노력하였다.

② ✕ 프랑스와의 수교 이후 포교의 자유를 얻은 천주교는 성당 안에 고아원과 양로원 등을 설립하여 운영하였다.

③ ◎ 동학의 3대 교주인 손병희는 동학을 천도교로 개칭하고 교육과 언론 활동을 통해 민족의식을 고취하였다.

④ ✕ ‘자신회’라는 5적 암살단을 조직하였던 나철과 오기호는 단군 신앙을 기반으로 대종교를 창시하였다.

⑤ ✕ 미국과의 수교 이후 확산된 개신교는 배재 학당, 이화 학당 등을 설립하여 근대 교육 발전에 기여하였다.

18 (가) 종교는 개신교이다. 미국과의 수교가 시작된 조미 수호 통상 조약의 체결 이후 개신교가 확산되었다. 개신교는 선교 활동을 하며 병원을 세워 의료 발달에 기여하였다.

① ✕ 나철은 대종교를 창시하고 만주 지역에서 포교를 하였다. 대종교는 국권 피탈 후 무장 독립 전쟁에 기여하였다.

② ◎ 개신교 선교사들은 배재 학당, 이화 학당 등을 설립하여 근대 교육 발전에 기여하였다.

③ ✕ 성리학을 수호하려는 유생들은 서양 세력과 일본을 조선의 전통 질서를 파괴하는 오랑캐로 인식하고 위정척사 운동을 전개하였다.

④ ✕ 한용운은 『조선불교유신론』을 저술하여 조선 불교의 자주성 회복을 주장하였다.

⑤ ✕ 천주교는 조선과 프랑스의 수교를 계기로 포교의 자유를 얻었다.

19 제시된 인물은 나철이다. 나철은 을사늑약이 체결되자 오기호와 ‘자신회’라는 5적 암살단을 조직하여 을사오적 처단을 시도하였다.

① ✕ 신채호는 「독사신론」을 지어 국왕 중심의 유교적 역사 인식을 극복하고 민족을 중심으로 한국사를 체계화하고자 하였다. 또한 『을지문덕전』, 『이순신전』 등 구국 위인전을 써서 애국심을 일깨웠다.

② ✕ 아관 파천 후 서재필 등은 정부의 지원을 받아 『독립신문』을 창간하였다. 『독립신문』은 한글판과 영문판의 두 종류로 발행되어 국민을 계몽하고 국내 사정을 외국인에게도 전달하였다.

③ ◎ 나철은 단군 신앙을 토대로 대종교를 창시하였다.

④ ✕ 정부는 육영 공원을 설립하고 헐버트 등 미국인 강사를 초빙하여 상류층 자제에게 영어, 수학 등 근대 학문을 가르쳤다.

⑤ ✕ 장인환과 전명운은 일제의 한국 침략이 정당하다고 선전한 외교 고문 스티븐스를 처단하였다.

20 신채호는 『대한매일신보』에 연재한 「독사신론」을 통해 민족을 역사 연구의 주체로 설정하여 민족주의 역사 연구의 토대를 마련하였다.

① ✕ 주시경은 국어 문법 체계를 연구하고 정리하여 『국어문법』을 간행하였다.

② ✕ 연해주에서 의병장으로 활동하던 안중근은 을사늑약 체결에 앞장선 이토 히로부미를 하얼빈에서 처단하였다.

③ ◎ 신채호는 『이순신전』, 『을지문덕전』 등 외적의 침입을 물리친 인물의 전기를 편찬해 민족의 자긍심을 높였다.

④ ✕ 박은식은 「유교 구신론」에서 새로운 시대에 유교를 전승하고 보급하려면 교화 활동과 실천적인 유교 정신이 중요하다고 강조하였다.

⑤ ✕ 장지연은 『황성신문』에 「시일야방성대곡」을 게재하여 을사늑약 체결과 을사오적을 비판하였다.

21

상	화폐 정리 사업의 단행, 백동화의 가치를 제대로 인정해주지 않은 사실을 모두 서술한 경우
중	화폐 정리 사업이 단행되었다는 사실만 서술한 경우
하	화폐 정리 사업을 서술하지 못한 경우

22   채점 기준

상	조일 통상 장정에 근거하였다는 점, 방곡령을 선포한 것을 모두 서술한 경우
하	방곡령 선포에 대해 서술하지 못한 경우

23   채점 기준

상	영국인 베델이 발행인으로 참여한 것, 일제의 검열로부터 비교적 자유로웠음을 모두 서술한 경우
하	발행인으로 참여한 영국인 베델에 대해 서술하지 못한 경우

공략 문제

168~169쪽

01 ①   **02** ③   **03** ①   **04** ④

01 (가) 정책은 화폐 정리 사업(1905)이다. 일제는 화폐 정리 사업을 단행하여 기존의 상평통보와 백동화 등을 일본 제일 은행권으로 교환하였다. 이 과정에서 백동화의 가치를 제대로 인정해주지 않으면서 많은 한국인 자본가와 상인 등이 큰 타격을 입었다.

알찬 선지 분석

① ◎ 화폐 정리 사업은 제1차 한일 협약에 따라 재정 고문으로 파견된 메가타의 주도로 실시되었다.

② ✕ 일본은 대한 제국의 화폐를 발행하는 업무를 하던 전환국을 폐쇄하고 화폐 정리 사업을 시행하였다.

③ ✕ 1905년 화폐 정리 사업이 실시된 이후 1908년 동양 척식 주식회사가 설립되었다.

④ ✕ 일본 화폐는 1876년 강화도 조약의 부속 조약을 통해 개항장에서 유통되기 시작하였다.

⑤ ✕ 고종은 1896년 러시아 공사관으로 피신(아관 파천)하였다가 1897년 경운궁으로 환궁하였고, 이는 화폐 정리 사업(1905) 이전의 일이다.

키워드 꼬리 질문
Q1 화폐 정리 사업
Q2 재정 고문 메가타

02 밑줄 친 '집회'는 보안회의 활동이다. 러일 전쟁 중 일제가 황무지 개간권을 요구하자, 보안회가 조직되어 반대 운동을 펼쳤고, 결국 일제는 황무지 개간권 요구를 철회하였다. 조청 상민 수륙 무역 장정 체결은 1882년, 황국 중앙 총상회 조직은 1898년, 러일 전쟁 발발은 1904년, 을사늑약 체결은 1905년, 한일 신협약 체결은 1907년, 국권 피탈은 1910년의 일이다. (다) 시기에 일제는 대한 제국에 황무지 개간권을 요구하였다.

키워드 꼬리 질문
Q1 일제의 황무지 개간권 요구에 대한 반대 운동
Q2 러일 전쟁 중인 1904년

03 일제에 진 나랏빚이 증가하여 경제적 예속이 심해지자 국민의 성금을 모아 국채 1,300만 원을 갚아 국권을 지키자는 국채 보상 운동이 전개되었다.

알찬 선지 분석

① ◎ 국채 보상 운동이 시작되자 대한 자강회 등 애국 계몽 운동 단체가 동참을 호소하였다.

② ✕ 정부 차원이 아닌 김광제, 서상돈 등을 중심으로 시작되었다.

③ ✕ 일본은 통감부를 설치한 이후 대한 제국에 적극적으로 차관을 강요하였고, 그로 인해 국채가 쌓이게 되었다. 이 차관은 식민 통치의 토대를 닦기 위해 경찰 기구를 강화하거나 각종 시설을 만드는 데 사용되었다.

④ ✕ 1907년 대구에서 시작되어 국민의 큰 호응을 얻었고, 한성에서 국채 보상 기성회가 조직되는 등 전국으로 확산되었다. 일본 유학생이나 미주, 러시아 지역의 한국인들도 이 운동에 동참하였다.

⑤ ✕ 일본은 『대한매일신보』의 양기탁에게 보상금을 횡령하였다는 누명을 씌워 구속하는 등 국채 보상 운동을 배일 운동으로 간주하여 탄압하였다. 결국 국채 보상 운동은 목적을 이루지 못하고 중단되었다.

키워드 꼬리 질문
Q1 국채 보상 운동
Q2 대구

04 밑줄 친 '신문'은 『대한매일신보』이다. 양기탁 등 애국지사가 운영한 『대한매일신보』는 영국인 베델이 발행인으로 참여하여 일제의 검열로부터 비교적 자유로웠다. 이에 『대한매일신보』는 의병 기사를 상세히 보도하는 등 항일 기사와 일본을 비판하는 기사를 다수 작성하였다.

알찬 선지 분석

① ✕ 정부는 박문국을 설치하여 순 한문으로 된 신문인 『한성순보』를 발행하였다.

② ✕ 『한성순보』는 최초로 발행된 신문으로, 정부의 개화 정책을 홍보하였다.

③ ✕ 『독립신문』을 창간한 서재필은 개화 지식인과 함께 독립문 건립을 명목으로 독립 협회를 창립하였고, 국민의 성금을 모아 독립문을 세웠다.

④ ◎ 『대한매일신보』는 국채 보상 운동을 지원하여 국채 보상 운동의 확산에 기여하였다.

⑤ ✕ 러일 전쟁 중 일제가 황무지 개간권을 요구하자 전직 관료와 유생 등을 중심으로 보안회가 조직되어 반대 운동을 전개하였고, 결국 일본의 요구를 철회시켰다.

키워드 꼬리 질문
Q1 『대한매일신보』
Q2 국채 보상 운동 지원

01 ③　　**02** ②　　**03** ⑤　　**04** 예시 답안 조미 수호 통상 조약은 『조선책략』의 유포로 미국과의 조약 체결 필요성이 제기된 가운데, 일본과 러시아를 견제하려는 청의 알선으로 체결되었다.
05 ③　　**06** 예시 답안 갑신정변 이후 청의 내정 간섭이 심화되었으며, 일본과 한성 조약을 체결하고 배상금과 일본 공사관의 신축비를 부담하였다.　　**07** ③　　**08** ①　　**09** ③　　**10** ①
11 ⑤　　**12** ④　　**13** ④　　**14** ⑤　　**15** 예시 답안 임오군란 이후 조청 상민 수륙 무역 장정이 체결되어 청 상인이 조선의 내륙 시장까지 진출하였다.　　**16** ③　　**17** ①　　**18** ⑤　　**19** ②

01 지도는 병인양요의 전개를 다루고 있다. 병인양요 때 프랑스 군은 퇴각하면서 강화성 인근에 있던 외규장각의 도서를 약탈하였다.

알찬 선지 분석
① ✖ 조선은 일본과 강화도 조약을 체결하고 문호를 개방하였다.
② ✖ 동학 농민군은 정부와 전주 화약을 체결하고 농민 자치 기구인 집강소를 설치하여 폐정 개혁안을 실천해 나갔다.
③ ◎ 프랑스군은 병인양요 때 퇴각하면서 의궤 등 외규장각 도서를 약탈하였다.
④ ✖ 임오군란 이후 조선은 일본과 제물포 조약을 체결하고 배상금을 지급하였으며 일본 공사관에 일본군 주둔을 허용하였다.
⑤ ✖ 일본의 운요호는 조선을 개항할 목적으로 조선의 영해를 침범하였다.

02 (가)에 들어갈 사건은 독일 상인 오페르트의 도굴 미수 사건이다. 오페르트는 조선과의 통상 교섭에 실패하자 남연군의 묘를 도굴하려 하였다.

알찬 선지 분석
① ✖ 일본은 미국의 포함 외교를 모방하여 운요호를 보내 조선의 영해를 침범하였다.
② ◎ 오페르트는 통상 요구를 거절당하자 흥선 대원군의 아버지 남연군의 묘를 도굴하려다 실패하였다.
③ ✖ 조선과 프랑스가 수교한 뒤 조선에서의 천주교 포교가 승인되었다.
④ ✖ 영국은 청과의 무역에서 적자가 커지자 아편을 밀수출하였다. 청이 아편 단속을 강화하자 영국은 이를 빌미로 아편 전쟁을 일으켰고 전쟁에서 패한 청은 난징 조약을 체결하고 개항하였다.
⑤ ✖ 조선이 일본이 보낸 서계(외교 문서)의 형식을 문제 삼아 접수를 거부하자 일본에서는 조선을 침공하자는 '정한론'이 등장하였다.

03 (가) 인물은 박규수이다. 박규수는 통상 개화론자로서 조선이 자주적으로 문호를 개방해야 한다고 주장하였다. 평안도 관찰사로 부임한 박규수는 미국 상선 제너럴 셔먼호가 평양 대

동강을 거슬러 올라와 난동을 부리자 평양 군민을 지휘하여 불태워 침몰시켰다.

알찬 선지 분석
① ✖ 1883년 보빙사로 미국에 파견된 민영익, 홍영식 등은 미국 대통령을 만나 고종의 신임장을 전달하였다.
② ✖ 제2차 수신사로 일본에 파견된 김홍집은 청의 외교관 황준헌이 지은 『조선책략』을 들여왔다.
③ ✖ 1907년 이인영이 13도 창의군의 총대장으로 추대되었다.
④ ✖ 안중근은 을사늑약 체결을 주도한 이토 히로부미를 하얼빈에서 처단하였다.
⑤ ◎ 박규수 등의 통상 개화론자들은 자주적으로 문호를 개방하고 서양 문물을 수용하여 부국강병을 이룰 것을 주장하였다.

04 채점 기준

상	『조선책략』의 유포, 일본과 러시아를 견제하려는 청의 알선 두 가지를 모두 서술한 경우
하	위의 내용 가운데 한 가지만 서술한 경우

05 제시된 자료는 1882년 임오군란에 대한 내용이다. 임오군란을 계기로 다시 정권을 잡은 흥선 대원군은 개화 정책을 추진하던 통리기무아문을 폐지하였다.

알찬 선지 분석
① ✖ 1894년 경복궁을 점령한 일본은 조선 정부에 내정 개혁을 강요하였고 군국기무처가 설치되어 제1차 갑오개혁이 추진되었다.
② ✖ 1899년 고종은 대한국 국제를 반포하여 대한 제국이 전제 군주정임을 명문화하였다.
③ ◎ 임오군란의 수습을 명분으로 다시 정권을 잡은 흥선 대원군은 통리기무아문과 별기군을 폐지하는 등 개화 정책을 중단하였다.
④ ✖ 신미양요(1871) 이후 흥선 대원군은 통상 수교 거부 정책을 널리 알리고자 전국 각지에 척화비를 건립하였다.
⑤ ✖ 동학 농민군은 청군과 일본군이 조선에 상륙하자 외세의 개입을 막기 위해 정부와 전주 화약을 체결하였다.

06 채점 기준

상	청의 내정 간섭 심화, 일본과 한성 조약 체결, 조약의 내용을 모두 서술한 경우
중	위 내용 중 두 가지만 서술한 경우
하	위 내용 중 한 가지만 서술한 경우

07 밑줄 친 '반란'을 일으킨 세력은 동학 농민군이다. 정부가 원병을 요청한 청군뿐만 아니라 일본도 조선에 군대를 파견하자 정부와 농민군은 전주 화약을 체결하였다. 이후 농민군은 집강소를 설치하고 폐정 개혁안을 실천하였다.

알찬 선지 분석
① ✖ 을미사변과 단발령에 반발하여 을미의병이 일어났다.

② ❌ 별기군에 비해 차별 대우를 받던 구식 군인들이 봉기하여 일본 공사관과 궁궐을 습격하였다(임오군란).

③ ⦿ 전주 화약 이후 농민군은 전라도 각지에 농민 자치 기구인 집강소를 설치하고 폐정 개혁안을 실천해 나갔다.

④ ❌ 정미의병에는 강제 해산된 군인이 가담하여 의병의 전투력과 조직력이 향상되었다.

⑤ ❌ 독립 협회가 주최한 관민 공동회에서는 헌의 6조를 결의하였고, 고종의 재가를 받았다.

08 제시된 자료는 제1차 갑오개혁의 내용이다. 경복궁을 점령한 일본의 강요로 수립된 김홍집 내각은 군국기무처를 설치하여 제1차 갑오개혁을 실시하였다. 제1차 갑오개혁은 청과 전쟁을 치르던 일본의 간섭이 비교적 적은 가운데 갑신정변과 동학 농민 운동의 요구를 반영하여 추진되었다.

알찬 선지 분석

① ⦿ 군국기무처에서 제1차 갑오개혁을 주도하였다.

② ❌ 개항 이후 정부는 개화 정책 총괄 기구로 1880년 통리기무아문을 설치하고 개화 정책을 추진하였다.

③ ❌ 을미사변 이후 김홍집, 유길준 등이 참여한 내각이 수립되어 개혁을 추진하였다(을미개혁).

④ ❌ 제1차 한일 협약에 따라 파견된 재정 고문 메가타는 화폐 정리 사업을 주도하여 일본 제일 은행권을 법정 통화로 삼았다.

⑤ ❌ 갑신정변 이후 조선은 일본과 한성 조약을 체결하여 배상금을 지불하고, 일본 공사관의 신축비를 부담하였다.

09 (가) 단체는 독립 협회이다. 독립 협회는 만민 공동회를 개최하여 자주 국권 운동을 전개하였다.

알찬 선지 분석

① ❌ 조선 정부는 개화 정책을 추진하며 신식 군대인 별기군을 설치하고 일본인 교관에게 근대식 군사 훈련을 받게 하였다.

② ⦿ 독립 협회는 최초의 근대적 민중 집회인 만민 공동회를 개최하여 열강의 내정 간섭과 이권 요구를 규탄하였다.

③ ❌ 정미의병 당시 이인영을 총대장, 허위를 군사장으로 13도 창의군이 결성되어 서울 진공 작전을 전개하였다.

④ ❌ 『대한매일신보』는 양기탁 등 애국지사들이 운영하였으며, 영국인 베델이 발행인으로 참여하였다.

⑤ ❌ 안창호, 양기탁 등이 비밀 결사로 조직한 신민회는 민족 산업 육성을 위해 태극 서관과 자기 회사를 설립하여 운영하였다.

10 밑줄 친 '개혁'은 광무개혁이다. 대한 제국을 수립하고 황제 자리에 오른 고종은 지계를 발급하는 등 광무개혁을 실시하였다.

알찬 선지 분석

① ⦿ 지계는 근대적 토지 소유 증명서이다. 광무개혁 당시 대한 제국은 양전 사업을 실시하고, 이를 토대로 지계를 발급하였다.

② ❌ 을미사변 이후 추진된 을미개혁 때 태양력 사용을 추진하였다.

③ ❌ 군국기무처가 주도한 제1차 갑오개혁 당시 과부의 재가 허용,

조혼 금지, 고문과 연좌제 폐지 등의 사회 개혁이 이루어졌다.

④ ❌ 제1차 한일 협약에 따라 파견된 재정 고문 메가타는 대한 제국의 재정을 장악할 목적으로 화폐 정리 사업을 단행하였다.

⑤ ❌ 제2차 갑오개혁 당시 고종은 교육 입국 조서를 반포하고 학교를 설립하는 등 근대적 교육 제도를 마련하였다.

11 (가) 조약은 을사늑약이다. 열강으로부터 한국에 대한 독점적인 지배권을 인정받은 일제는 대한 제국에 을사늑약 체결을 강요하였다. 이에 민영환과 조병세 등 일부 대신은 강제적이고 불법적인 조약 체결에 반대하며 자결하였다.

알찬 선지 분석

① ❌ 강화도 조약의 부속 조약인 조일 무역 규칙으로 조선의 양곡 무제한 유출이 가능해졌고, 일본 상품에 대한 관세 규정을 마련하지 못하였다.

② ❌ 제1차 한일 협약 체결에 따라 외교 고문으로 조선에 파견된 미국인 스티븐스는 일제의 한국 침략이 정당하다고 선전하였다.

③ ❌ 조청 상민 수륙 무역 장정이 체결됨에 따라 청 상인은 한성에 상점을 개설할 수 있었고, 허가만 받으면 개항장 밖에서도 활동이 가능하게 되었다.

④ ❌ 을미사변 이후 고종은 신변의 안전을 우려하여 러시아 공사관으로 거처를 옮겼다(아관 파천).

⑤ ⦿ 일제는 이완용 등 을사오적을 앞세워 을사늑약 체결을 강요하였고, 민영환 등의 일부 대신은 이에 반대하며 자결하였다.

12 (가) 지역은 간도이다. 고종은 이범윤을 간도 관리사로 파견하여 간도를 관리하도록 하였다.

알찬 선지 분석

① ❌ 조선이 러시아와 비밀 협약을 추진하자 영국은 러시아의 남하를 막는다는 명분으로 조선의 거문도를 불법으로 점령하였다.

② ❌ 러시아는 대한 제국에 절영도 조차를 요구하였고, 독립 협회는 이권 수호 운동을 전개하여 러시아의 요구를 저지하였다.

③ ❌ 일제가 차관을 강요하여 나랏빚이 증가하자 대구에서 서상돈을 중심으로 국채 보상 운동이 시작되었다.

④ ⦿ 대한 제국은 이범윤을 간도 관리사로 파견하여 간도의 토지와 호구를 조사하는 등 간도를 적극적으로 관리하였다.

⑤ ❌ 대한 제국은 「칙령 제41호」를 반포하여 울릉도를 군으로 승격시켜 독도 영유를 명확히 하였다.

13 자료는 을사늑약(1905) 체결을 비판한 최익현의 글이며 '작년 10월'의 내용 등을 통해 1906년에 작성되었음을 알 수 있다. 고부 농민 봉기는 1894년, 을미사변 발생은 1895년, 대한 제국 수립은 1897년, 고종 강제 퇴위는 1907년, 국권 피탈은 1910년이다.

14 밑줄 친 '우리'는 신민회이다. 대성 학교, 오산 학교 등을 설립하며 민족 교육을 실시한 신민회는 일제가 날조한 105인 사건을 계기로 사실상 해체되었다.

ㄱ. ❌ 독립 협회는 만민 공동회를 개최하여 러시아의 내정 간섭과 이권 침탈을 규탄하고 한러 은행 폐쇄를 요구하였다.
ㄴ. ❌ 청과 일본 상인이 한성으로 침투하여 조선 상인의 상권을 침탈하자 시전 상인은 황국 중앙 총상회를 조직하여 상권 수호 운동을 전개하였다.
ㄷ. ⭕ 신민회는 평양에 대성 학교, 정주에 오산 학교를 설립하여 민족 교육을 실시하였다.
ㄹ. ⭕ 신민회의 국내 조직은 일제가 날조한 105인 사건으로 많은 회원이 구속되면서 사실상 해체되었다.

15 채점 기준

상	임오군란 이후 조청 상민 수륙 무역 장정이 체결되어 청 상인이 조선의 내륙 시장까지 진출하였다고 서술한 경우
하	조약 체결, 체결로 인한 결과 중 한 가지만 서술한 경우

16 (가)는 조일 수호 조규 부록(1876), (나)는 조일 통상 장정(1883)이다. 강화도 조약에 이어 체결된 조일 수호 조규 부록에서는 일본 화폐 사용을 규정하였다. 조일 통상 장정에서는 일본에 최혜국 대우를 부여하였고 조선의 방곡령 선포 규정이 포함되었다.

ㄱ. ❌ 임오군란의 결과 조선은 일본과 제물포 조약을 체결하여 일본에 배상금을 지불하고, 일본 공사관에 경비병 주둔을 허용하였다.
ㄴ. ⭕ 조일 수호 조규 부록에서는 일본 화폐를 조선에서 사용할 수 있도록 규정하였다.
ㄷ. ⭕ 조일 통상 장정에서는 관세 부과 조항을 규정하였고, 일본에 최혜국 대우를 부여하였다.
ㄹ. ❌ 러일 전쟁 중에 일본은 대한 제국에 한일 의정서와 제1차 한일 협약 체결을 강요하였다.

17 (가) 학당은 배재 학당이다. 배재 학당과 이화 학당 등은 개신교 선교사가 조선에 들어와 선교와 계몽을 목적으로 설립한 근대식 학교이다.

① ⭕ 1885년 근대식 학교로 설립된 배재 학당은 이듬해 고종이 인재를 배양한다는 뜻의 '배재'를 이름으로 하사하였다.
② ❌ 1895년 교육 입국 조서 반포 이후 한성 사범 학교와 소학교, 외국어 학교 등이 설립되었다.
③ ❌ 1883년 함경도 원산에 관리와 주민이 설립한 최초의 근대식 학교인 원산 학사가 설립되었다.
④ ❌ 갑신정변 때 부상당한 민영익을 치료한 알렌의 건의로 최초의 근대식 병원인 광혜원이 설립되었다.
⑤ ❌ 정부가 설립한 육영 공원은 미국인 강사를 초빙하여 상류층 자제를 교육하였다.

18 (가)는 국채 보상 운동이다. 일제에 대한 나랏빚이 증가하여 경제적 예속이 심해지자 대구에서 서상돈 등을 중심으로 국채 보상 운동이 시작되었다.

ㄱ. ❌ 독립 협회는 러시아의 이권 침탈을 규탄하여 절영도 조차 요구 철회, 재정 고문의 철수, 한러 은행 폐쇄의 성과를 거두었다.
ㄴ. ❌ 동학 농민군은 전라도 각지에 집강소를 설치하고 행정과 치안을 담당하면서 폐정 개혁안을 실천하였다.
ㄷ. ⭕ 국채 보상 운동은 『대한매일신보』 등 언론 기관의 지원 속에 전국으로 확산되었다.
ㄹ. ⭕ 국채 보상 운동은 대구에서 서상돈 등을 중심으로 시작되어 국민의 큰 호응을 얻었다.

19 일제의 침략에 따른 민족적 위기를 극복하기 위해 국어 분야에서 정부는 국문 연구소를 설립하였으며 주시경 등은 『국어 문법』을 간행하여 국학 연구를 전개하였다.

① ❌ 1898년 한성의 양반 여성들이 발표한 「여권통문」은 여성에게도 평등한 교육과 정치에 참여할 권리 등이 보장되어야 한다는 주장이 담겼다.
② ⭕ 국학 연구가 전개되면서 국어 분야에서는 정부가 국문 연구소를 설립하고, 주시경 등은 『국어문법』을 간행하였다.
③ ❌ 『제국신문』은 근대 의식이 성장하고 언론이 발달하면서 서민과 부녀자를 대상으로 발간한 순한글 신문이다.
④ ❌ 개항 이후의 사회 변화로 문학에서는 최남선이 신체시인 「해에게서 소년에게」를 썼다.
⑤ ❌ 독립 협회가 개최한 관민 공동회에서 백정 출신인 박성춘이 연설을 하기도 하였다.

실력 상승 문제집

파사쥬

대표 유형과 실전 문제로 내신과 수능을
동시에 대비하는 실력 상승 실전서

국어	국어, 문학, 독서
영어	기본영어, 유형구문, 유형독해, 20회 듣기모의고사, 25회 듣기 기본 모의고사
수학	수학Ⅰ, 수학Ⅱ, 확률과 통계, 미적분

수능 완성 문제집

수능 주도권

핵심 전략으로 수능의 기선을 제압하는
수능 완성 실전서

국어영역	문학, 독서, 언어와 매체, 화법과 작문
영어영역	독해편, 듣기편
수학영역	수학Ⅰ, 수학Ⅱ, 확률과 통계, 미적분

수능 기출 문제집

N기출

수능N 기출이 답이다!

국어영역	공통과목_문학, 공통과목_독서, 선택과목_화법과 작문, 선택과목_언어와 매체
영어영역	고난도 독해 LEVEL 1, 고난도 독해 LEVEL 2, 고난도 독해 LEVEL 3
수학영역	공통과목_수학Ⅰ+수학Ⅱ 3점 집중, 공통과목_수학Ⅰ+수학Ⅱ 4점 집중, 선택과목_확률과 통계 3점/4점 집중, 선택과목_미적분 3점/4점 집중, 선택과목_기하 3점/4점 집중

N기출 모의고사

수능의 답을 찾는 우수 문항 기출 모의고사

수학영역	공통과목_수학Ⅰ+수학Ⅱ 선택과목_확률과 통계, 선택과목_미적분

미래엔 교과서 연계 도서

미라엔 교과서 자습서

교과서 예습 복습과 학교 시험 대비까지
한 권으로 완성하는 자율학습서

[2022 개정]

국어	공통국어1, 공통국어2*
영어	공통영어1, 공통영어2
수학	공통수학1, 공통수학2, 기본수학1, 기본수학2
사회	통합사회1, 통합사회2*, 한국사1, 한국사2*
과학	통합과학1, 통합과학2
제2외국어	중국어, 일본어
한문	한문

*2025년 상반기 출간 예정

[2015 개정]

국어	문학, 독서, 언어와 매체, 화법과 작문, 실용 국어
수학	수학Ⅰ, 수학Ⅱ, 확률과 통계, 미적분, 기하
한문	한문Ⅰ

미라엔 교과서 평가 문제집

학교 시험에서 자신 있게
1등급의 문을 여는 실전 유형서

[2022 개정]

국어	공통국어1, 공통국어2*
사회	통합사회1, 통합사회2*, 한국사1, 한국사2*
과학	통합과학1, 통합과학2

*2025년 상반기 출간 예정

[2015 개정]

국어	문학, 독서, 언어와 매체